Annegret Wiese

Mütter, die töten

Psychoanalytische Erkenntnis und forensische Wahrheit

Wilhelm Fink Verlag · München

Mein Dank gilt allen FreundInnen und KollegInnen, die meine Arbeit mit Interesse und Anregungen begleitet haben. Hervorheben möchte ich die Unterstützung durch Frau Dr. Franziska Lamott und Herrn Prof. Dr. Horst Schüler-Springorum.
Besonders danke ich Frau Karen Fabian für ihren schreibtechnischen Einsatz sowie meinem Ehemann Udo Marx-Wiese für sein umfassendes Engagement und seine computertechnische Hilfe, ohne die die Abfassung der Arbeit in der vorliegenden Form nicht möglich gewesen wäre.

Umschlagabbildung:
Georgia O'Keeffe, *Stump in Red Hills*
(Oil on canvas, 30 x 24 cm)

Die Deutsche Bibliothek - CIP-Einheitsaufnahme

Wiese, Annegret:
Mütter, die töten : psychoanalytische Erkenntnis und
forensische Wahrheit / Annegret Wiese. - 2. Aufl. - München :
Fink 1996
   (Neue Kriminologische Studien ; Bd. 11)
   Zugl.: München, Univ., Diss., 1992
   ISBN 3-7705-2849-2
NE: GT

2. Auflage 1996
ISBN 3-7705-2849-2
© 1993 Wilhelm Fink Verlag, München
Herstellung: Ferdinand Schöningh GmbH, Paderborn
Gedruckt auf umweltfreundlichem, chlorfrei gebleichtem Papier

Inhaltsverzeichnis

Teil I   Psychoanalytische Erkenntnis

1	**Einführung**	13
1.1	Erkenntnisinteresse	13
1.2	Verbrechen als „Irrationales"	16
1.3	Gang der Arbeit	17
1.4	Begriffsklärung	19
1.5	Kindertötung in anderen Kulturen	20
1.6	Kindertötung in der Abendländischen Geschichte	22
1.7	Statistik	26
1.8	Kriminologie	27
1.9	Öffentliche Meinung	30
2	**Gesunde Mutter-Kind-Beziehung**	32
2.1	Überblick	32
2.2	Freuds „Auslassung"	34
2.3	Gesunde Mutter-Kind-Beziehung	35
2.3.1	Symbiose	36
2.3.2	Psychische Geburt	37
2.3.3	Mutterschaft als Entwicklungsphase	40
3	**Tötung des Kindes aus gestörter Identifikation**	43
3.1	Identifikationsmechanismen	44
3.1.1	Funktion der Identifikation	44
3.1.2	Ambivalenz	45
3.1.3	Spaltung	47
3.2	Projektive Identifikation	51
3.2.1	Genese der Destruktivität	52
3.2.2	Mutter als „Container"	55
3.3	Scheitern der projektiven Identifikation	56
3.3.1	Kindliches Erleben des offenen mütterlichen Hasses	56
3.3.1.1	Aufrechterhaltung der Spaltung	57
3.3.1.2	Regressive Verschmelzung	63
3.3.2	Kindliches Ausleben des verdeckten mütterlichen Hasses	64
3.3.2.1	Narzißtische Identifikation	66
3.3.2.2	Identifikation mit der Angreiferin	66
3.3.2.3	Globale Identifikation	67

3.3.2.4	Mutter-Tochter-Beziehung	70
3.3.2.4.1	Psychosexuelle Entwicklung des Mädchens	70
3.3.2.4.2	Kinderwunsch	74
3.3.2.4.3	Geburt und Kastration	78
3.3.3	„Beenden" des mütterlichen Hasses	79
3.4	Zusammenfassung	80
4	**Tötung des Kindes als Selbsttötung**	82
4.1	Selbstvernichtung als Triebkonflikt	82
4.1.1	Melancholie	83
4.1.2	Weibliches Über-Ich	85
4.1.3	Tötung des Kindes als Selbsttötung	87
4.2	Selbstvernichtung als narzißtischer Konflikt	89
4.3	Selbstvernichtung als aggressiver narzißtischer Rückzug	90
4.4	Zusammenfassung	91
5	**Tötung des Kindes als Beziehungsstörung**	92
6	**Tötung des Kindes als weiblicher Widerstand**	95
6.1	Gesellschaftlicher Erklärungswert der Psychoanalyse	96
6.2	Vermittlung von Natur und Kultur	98
6.2.1	Produktion von Subjektivität	99
6.2.2	Reproduktion von Mutterschaft	100
6.3	Mütterliche Subjektivität	104
6.3.1	Zweideutige Macht der Mutter	104
6.3.2	Mutterliebe	106
6.3.3	Mütterliches Alltagsleben	107
6.4	Tötung des Kindes als weiblicher Widerstand	109
6.5	Schlußbetrachtung	110
7	**Gespräche mit einer Täterin**	112
7.1	Lebens- und Tatgeschichte	113
7.2	Interpretation	119
7.3	Schlußbetrachtung	142
8	Statt einer Zusammenfassung: **Über die Schwierigkeiten einer Rekonstruktion**	143

Teil II   Forensische Wahrheit

1	**Exploration durch den Gutachter**	150
1.1	Untersuchungsmethode	150
1.2	Rechtliche Probleme der Begegnung	151
1.3	Stellenwert der Sprache	154
1.3.1	Sprache und Bild	155
1.3.2	Diskurs über Mutterbilder	156
1.4	Textanalyse eines psychiatrischen Gutachtens	158
1.4.1	Subjektivität	159
1.4.2	Verstehen – Erklären	160
1.4.2.1	Verständnis – Verstehbarkeit	162
1.4.2.2	Besonderheiten der forensischen Psychiatrie	164
1.5	Aktenanalyse	166
1.5.1	Version der Täterinnen	167
1.5.1.1	Beziehung zum Kind	168
1.5.1.2	Beziehung zum Partner	169
1.5.1.3	„Funktions"störungen	170
1.5.1.4	Beziehung zur Mutter	173
1.5.1.5	Spaltung	175
1.5.1.6	Motivation	176
1.5.2	Vergleich Aktenanalyse – Tiefeninterview	179
1.5.2.1	Konfrontation mit zwei Müttern	179
1.5.2.2	Die Tat als Ausweg	183
1.5.2.3	Krankheit	186
1.5.3	Erzählversion des Psychiaters	189
1.5.3.1	Manifestes Mutterbild	190
1.5.3.2	Kontaktverhalten	193
1.5.3.3	Wahrnehmung des Psychiaters	197
1.5.3.3.1	Bezugssysteme	198
1.5.3.3.2	Erwartungen der Justiz	201
1.5.4	Begriff der Gesundheit – ein Definitionsprozeß	203
1.5.4.1	Definitionssubjekt: männlicher Psychiater Definitionsobjekt: weibliches Delikt	205
1.5.4.2	Das unbewußte Zusammenspiel von diagnostischer und mütterlicher Macht	210

2	**Die Tat vor Gericht**	217
2.1	Strafrechtswissenschaft	218
2.2	Die Persönlichkeit des Strafrichters	220
2.3	Das schlechte Gewissen des Strafrichters	223
2.3.1	Aspekte des Über-Ich	224
2.3.2	Idealisierung des Richters	225
2.4	Erwartungen der Gesellschaft an den Strafrichter	230
2.4.1	Kollektives Strafbedürfnis	231
2.4.1.1	Klassischer Ansatz	231
2.4.1.2	Grenzen des klassischen Ansatzes	232
2.4.1.2.1	Kontroverse um den Triebbegriff	233
2.4.1.2.2	Kulturelles Triebschicksal	234
2.4.2	Deliktspezifische Differenzierung: Kindestötung durch die Mutter	236
2.4.2.1	Kindestötung und Öffentlichkeit	236
2.4.2.2	Generalprävention	238
2.4.2.3	Das Besondere am Delikt	242
2.4.2.4	Identifikationsprozesse der Öffentlichkeit	244
2.4.2.4.1	Identifikation mit dem Opfer	244
2.4.2.4.2	Identifikation mit der Täterin	258
2.4.3	Der mythische Gehalt des Strafrechts	259
2.4.3.1	Rationale Funktion des Strafrechts	259
2.4.3.2	Aspekte der Strafjustiz	261
2.4.3.3	Strafjustiz als Abwehrsystem	262
2.4.4	Die Suche nach der Wahrheit	269
2.4.4.1	Wahrheitsverständnis	270
2.4.4.2	Die Wahrheit in der Person des Richters	273
2.4.4.3	Die Wahrheit der Tat	277
2.4.4.3.1	Juristischer Krankheitsbegriff	280
2.4.4.3.2	Psychiatrischer Krankheitsbegriff	283
2.4.4.3.3	Mütter im juristischen und psychiatrischen Krankheitsbegriff	286
2.4.4.3.4	Die Aufdeckung der Tat- und Lebensgeschichte in foro	293
Literaturverzeichnis		307
Sachregister		337
Autorenregister		361

Nicht träge zaudernd geb ich meine Kinder hin,
will nicht von einem Feinde sie gemordet sehn.
Es gilt, sie müssen sterben; und muß dieses sein,
will ich sie selbst ermorden, ich, die sie gebar!
(. . .)
Tötest du sie auch, so waren sie Dir teuer doch.
Ich bin, ach, ein unglücklich Weib!

M e d e a   (Euripides)

Teil I

Psychoanalytische Erkenntnis

1 Einführung

1.1 Erkenntnisinteresse

Was hat mich dazu bewogen, mich auf ein Thema einzulassen, das viele erst einmal zusammenzucken läßt, wenn sie davon hören? Nicht nur andere, auch mich selbst hat das „Düstere der Problematik" zunächst abgeschreckt und eine Weile zögern lassen, bevor ich mich zu einer Auseinandersetzung mit dieser „Frage" entschlossen habe. Als „Frage" ist das Thema entstanden, eine Frage, die mir in den Kopf kam, als mir gleichzeitig die Bücher „Das Erbe der Mütter" von Nancy Chodorow sowie „Frauen, die töten" von Ann Jones begegneten. Der Gedanke, zwischen diesen Themen eine Verbindung zu schaffen, ist nun sicherlich nicht zufällig entstanden, sondern aus einem eigenen Erkenntnisinteresse an der Bearbeitung eines solchen Gegenstandes geboren worden.

Als Juristin und Psychologin – als Frau – habe ich mich schon eine Weile mit dem Phänomen der Kriminalität von Frauen sowie der Situation straffälliger Frauen auseinandergesetzt, theoretisch aus verschiedenen Blickwinkeln heraus, praktisch durch eine vorübergehende Tätigkeit in einer Sozialtherapeutischen Anstalt für Frauen.

In dieser Einrichtung traf ich auch Frauen, die ihre Kinder getötet haben, und mir fiel auf, daß ihr Status unter den Mitgefangenen sich von dem der anderen unterschied. Es wurde ihnen zu verstehen gegeben, daß ihr Delikt besonders verabscheuungswürdig sei. Auf der anderen Seite verhielten sich gerade die Frauen dieser Tätergruppe recht angepaßt und reserviert. Das Aufbauen der geschilderten Distanz unter den Mitgefangenen ließ mich vermuten, daß bei den anderen Insassinnen eigene destruktive Impulse, deren Eingeständnis nicht möglich erschien, das abgrenzende Verhalten erforderlich machten. Die Freudsche Erkenntnis, „wer das Verbotene tut, das Tabu übertritt, wird selbst tabu" (Freud 1912/13, S. 324), wirkte sich hier offensichtlich zum Nachteil der betroffenen Täterinnen aus. Eine gelungene Distanzierung von dem „Bösen" ist aber, so scheint mir, gerade nicht durch Entfernung gewährleistet, sondern durch Annäherung, durch Aufdecken der einer solchen Tat zuvorgegangenen entgleisten emotionalen Austauschprozesse (Spangenberg 1982, S. 97).

Meine Vermutung ging dahin, daß es sich bei der Tötung von Kindern durch ihre Mütter um ein, zwar unter kriminologischen Gesichtspunkten sowie von der Häufigkeit her betrachtet, eher untypisches, d. h. seltenes Delikt handelt, daß sich darin aber auf besonders tragische Weise die Situation von Frauen in unserer Gesellschaft widerspiegelt. So stelle ich mir vor, daß anhand der Darstellung eines Extrembeispiels – der Verletzung eines der schärfsten bei uns geltenden Tabus – zugleich auch Licht auf den normalen Lebensalltag von Frauen, von Müttern, fällt. Wie Freud schreibt, kann die Pathologie uns durch ihre Vergrößerungen und Vergröberungen auf normale Verhältnisse aufmerksam machen (Freud 1933 a, S. 497).

Auch Edward P. Thompson hat unter einem anderen Blickwinkel die ,,Untersuchung einer ,untypischen Episode oder Situation' als einen Weg beschrieben, die unausgesprochenen Normen einer Gesellschaft zu entdecken, sowohl im öffentlichen wie im gesellschaftlichen und häuslichen Raum" (Thompson 1980, S. 296).

Tötung von Kindern – dieses Delikt ist nicht losgelöst von der Mutterrolle zu betrachten. Die Mutterrolle wird bei uns überwiegend unter dem Aspekt der Mutterliebe glorifiziert. Eine Mutter ist diejenige, die Leben gibt, um so unvorstellbarer ist der Gedanke, daß sie auch Leben nehmen kann, dasselbe Leben, das sie zuvor geschenkt hat. Insofern berührt dieses Thema auch den tiefen Zusammenhang zwischen Leben und Tod.

Die Angst vor dem strafenden, kastrierenden Vater tritt in unserer Gesellschaft an vielen Stellen offen zutage, die Angst vor der destruktiven Mutter wird hingegen im allgemeinen mit dem Mantel der Liebe verhüllt. Doch Fromm äußert aufgrund seiner klinischen Erfahrung den Eindruck, daß diese Angst weit intensiver ist.

> Es sieht so aus, als ob man die vom Vater ausgehende Gefahr durch Gehorsam abwenden könnte, aber gegen die Destruktivität der Mutter gibt es keine Verteidigung; man kann sich ihre Liebe nicht verdienen, da sie keine Bedingungen stellt; ihrem Haß kann man nicht entgehen, da es auch dafür keine ,,Gründe" gibt. Ihre Liebe ist Gnade, ihr Haß ist Fluch, auf keines von beiden hat der Empfangende einen Einfluß. (Fromm 1977, S. 409)

Dadurch, daß diese Angst nicht zugelassen wird, sondern der Verdrängung anheimfällt, findet eine ,,Wiederkehr des Verdrängten" (Freud 1912/13, S. 572) statt, die sich gegen Frauen richtet. Einem positiven Mutterbild steht immer noch ein eher negatives Frauenbild gegenüber.

Eine Analyse der Mutterrolle – Inbegriff der Weiblichkeit – setzt eine eingehende Beschäftigung mit der Frauenrolle voraus. Indem ich annehme, daß sich bei der Tötung von Kindern frauenspezifische

14

Konflikte zugespitzt haben und in die Straffälligkeit gemündet sind, kann ich dieses Thema einerseits aus der Distanz derjenigen behandeln, die nicht in solche destruktionsfördernden Konflikte verstrickt ist, andererseits aber auch aus der „Nähe" derjenigen, die unter dem allgemeinen Frauenleitbild, dereinst Mutter – selbstverständlich „gute Mutter" – zu werden, in dieser Gesellschaft herangewachsen ist. Nur durch Vergegenwärtigung eigener Anteile wird meines Erachtens eine Objektrollenzuschreibung verhindert. (Piers 1976, S. 433)

Das Anliegen der Arbeit besteht nicht nur darin, die Tat, die Täterin, ihre Rolle zu fokussieren. Hierin besteht ein erster wichtiger Schritt in Richtung auf Auseinandersetzung mit diesem Delikt. Der zweite Schritt ist zu setzen aus der Überlegung heraus, daß eine Straftat begangen wurde. Die tötende Mutter hat eine – schwerwiegende – Norm verletzt, ein Verbrechen begangen. So sehr sie durch ihr Handeln auch auf zuvor ihr widerfahrenes Unrecht reagiert haben mag, was es zu betrachten gilt, ist doch die Gesellschaft angehalten, eine solche Tat mittels des juristischen Sanktionsapparates zu ahnden.

Die Täterin vor den Schranken des Gerichts heißt – in der gängigen Praxis – zunächst, daß diese in der Konfrontation mit der forensischen Psychiatrie steht. Hier wird die Brücke geschlagen von der tatsächlichen Lebensgeschichte zum juristisch relevanten Lebenssachverhalt, auf dessen Grundlage die Normanwendung sich vollzieht. Bleibt auch in diesem institutionellen Rahmen noch Raum für „eigene Anteile" der Handelnden oder sogar gerade dort?

Der vorliegende Text ist interdisziplinär. Psychoanalytische Erkenntnis wird mit juristischer Kenntnis verknüpft, verwoben mit Fäden psychiatrischen Wissens. Informationen aus mehreren Quellen werden herangezogen; welcher Bonus oder Zuwachs des Wissens erfolgt daraus? (Bateson 1982, S. 86). Es wird der „Unmöglichkeit" Rechnung getragen, „ein Verständnis des Menschen, der das Recht verletzt, nur von einer Wissenschaft aus zu gewinnen" (v. Engelhardt 1983, S. 262). Die erstgenannte Disziplin rückt das Handeln der Täterin in den Mittelpunkt; die beiden anderen Disziplinen stellen sich als Reaktionsinstrumente auf dieses Handeln dar. Aus Aktion und Reaktion erwächst eine spezifische Interaktion. Statt jeweils nur vom Blickwinkel einer Seite aus zu schauen, mit der Konsequenz einer monokularen Sicht des Geschehens, soll hier durch das gleichzeitige Betrachten ein binokulares und tiefes Bild entstehen. Im Prozeß der doppelten Beschreibung destilliert sich die Interaktion heraus (Bateson 1982, S. 165).

Die Interdisziplinarität ist im eigentlichen Sinne hier eine Intradisziplinarität, verglichen mit Kollektivarbeiten mehrerer Forscher. Hierin liegt sicherlich eine Gefahr der Einschränkung des Wahrnehmungsvorganges. Mein zweiseitiger Blick bietet keine Gewähr für die Abwesenheit blinder Flecke. Aber letztlich ist auch bei kollektiven Untersuchungen die Erkenntnis als solche immer und unausweichlich persönlich (Bateson 1982, S. 112), wie an anderer Stelle noch detaillierter auszuführen sein wird.

1.2 Verbrechen als „Irrationales"

Bei der Abfassung dieser Arbeit habe ich Quellen aus den genannten Wissenschaftsbereichen herangezogen.

Die Beschäftigung beispielsweise mit der psychiatrischen Literatur erlaubte mir eine feststellbare Distanz zum „Objekt Tötende Mutter", wird doch das Phänomen hier nur unter einem bestimmten Blickwinkel betrachtet. Es handelt sich um eine Wissenschaft, der eine „entfremdende" bzw. „verwertende" Tendenz im Sinne Erdheims innewohnt (Erdheim 1981, S. 507–509). Wissenschaft und Objekt sind klar voneinander getrennt.

Anders erging es mir bei dem Studium der psychoanalytischen Literatur. Dieser Wissenschaft ist im Sinne Erdheims eine „verstehende" Tendenz eigen (Erdheim 1981, S. 512). Die Trennlinie zwischen Objekt und Bearbeiterin verlief nicht so eindeutig. Je klarer aber die Trennung, desto weniger bedrohlich ist die Problematik; und ich konnte an bestimmten Punkten bei der Bearbeitung dieses Themas das Bestreben der Forscher, eine Methode zu wählen, die eine weitgehende Entfernung vom Forschungsgegenstand gewährleistet, gut nachvollziehen, es dient als Schutz. Hierin liegt meines Erachtens auch ein möglicher Grund für das Fehlen einer entsprechenden tiefergehenden Auseinandersetzung mit dieser Thematik in der Literatur, auch in der psychoanalytischen Literatur. Eine wissenschaftliche Herangehensweise an den Forschungsgegenstand wie die Psychoanalyse, die sich von anderen wissenschaftlichen Tendenzen durch ihren „Subjektivismus" unterscheidet, durch ihre Einbeziehung der Subjektivität des Forschers als integrierendem Bestandteil des Erkenntnisprozesses, begegnet Schwierigkeiten in der Konfrontation mit Verbrechen. Eissler hat darauf hingewiesen, daß die Psychoanalyse große „Fortschritte im Verständnis der Neurosen und Psychosen gemacht hat", aber weit in der „Erfassung der Verbrecher und Verwahrlosten" zurückgeblieben ist (Eissler 1968, S. 653).

Soweit Verstehen mit Empathie einhergeht, ergeben sich Schwierigkeiten daraus, daß die Begegnung mit dem Verbrechen die Begegnung mit dem Nichtverstehbaren bedeutet; der Wissenschaftler kann sich weder einfühlen noch sich damit identifizieren. Diese Betrachtung könnte es nahelegen, daß Verbrechen als etwas „Irrationales" (Erdheim 1981, S. 505) einer tiefergehenden wissenschaftlichen Untersuchung nicht zugänglich sind. Es ist unumgänglich, sich diese Grenze deutlich vor Augen zu führen; nur dann besteht eine Chance, sie zu überwinden. Dabei hilft, jedenfalls mir, die Erkenntnis, daß ich sehr wohl die „Tragik" einer Täterin sehen kann, ohne die Grausamkeit ihres Verbrechens zu verkleinern (Miller 1980, S. 234). Es reicht nicht aus, schreibt Bauriedl, nur das Opfer zu betrachten; „denn im Grunde genommen lebt jeder Mensch unter denselben Lebensbedingungen, die er anderen setzt" (Bauriedl 1984, S. 124). Dann aber wirft die Tötung eines Kindes nicht nur Licht auf die Lebensverhinderung des Opfers, sondern läßt lebensverhindernde Umstände auch bei der Mutter vermuten.

Empathie ist also nicht von vornherein ausgeschlossen, aber sie ist nicht durchgängig zu halten, d. h., es gab bei der Bewältigung dieses Themas einzelne Punkte, die für mich nicht zugänglich wurden, also irrational im Sinne Erdheims, nicht einfühlbar, blieben. So ist der Klärung des vorliegenden Phänomens ein Rest Irrationalität immanent. Görres sagt, daß die „psychoanalytische Untersuchung den festen Punkt niemals findet, und sie kann ihn nicht finden, an dem der Ursprung des Bösen in einem Leben festgemacht werden könnte" (Görres 1982, S. 16). Unter Außerachtlassung einer Kritik an der unglücklichen Wortwahl „Böse" drückt sich in dieser Bemerkung aus, daß es auch bei näherer Betrachtung nicht wirklich möglich ist, die zugrundeliegende Erscheinung abschließend zu erklären; mag es an Annäherungsproblemen liegen oder auch daran, daß hier das weite Feld der Auseinandersetzung „angeborener Todestrieb" versus „reaktives Verhalten" vor mir liegt, eine Diskussion, auf die ich an dieser Stelle nicht eingehen will.

1.3 Gang der Arbeit

Ich beschränke mich in der vorliegenden Arbeit in zweifacher Hinsicht auf eine Betrachtung der Mutter. Meine Arbeit handelt nur von tötenden Müttern und deren Verhältnis zur eigenen Mutter unter Einbeziehung gesellschaftlicher Aspekte. Ich widme mich nicht den tötenden Vätern, die es genauso gibt, noch stelle ich den Einfluß des Vaters in der Entwicklung der tötenden Mütter dar. An die Ausklammerung des väterlichen Einflusses ist keine inhaltliche Aussage zu knüpfen etwa in der Weise, daß er keinen Beitrag zu der tragischen Entwicklung geleistet hätte o. ä. Die Eingrenzung des Themas hat auch zur Folge, daß die von mir behandelten Theorien zur normalen Entwicklung des Kindes und zur Genese von Störungen unter dem Aspekt der Mutter-Kind-Beziehung herangezogen werden. Auch darin liegt keine Verkennung der väterlichen Funktion. Eine Betrachtung der väterlichen Rolle stelle ich einer eigenen Untersuchung anheim.

Im Kern der Arbeit überprüfe ich in Teil I die Anwendbarkeit psychoanalytischer Theorien auf den vorliegenden Forschungsgegenstand. Vorab betrachte ich das Phänomen jedoch unter ethnologischen, historischen, literarischen, statistischen, kriminologischen sowie allgemein-psychologischen Gesichtspunkten. Nach dem Theorieteil werde ich mich in einem empirischen Teil der Darstellung eines Einzelfalles widmen. Diese stützt sich auf Interviews mit einer betroffenen Frau. Die Gespräche mit der Mutter, die ihr Kind getötet hatte, führte ich schon vor einigen Jahren, kurze Zeit nach Entstehung der Idee zu diesem Thema. Sie erstreckten sich über den Zeitraum eines Vierteljahres und fanden einmal wöchentlich statt. Von meinem ursprünglichen Vorhaben, mit mehreren Frauen Interviews durchzuführen, habe ich aus objektiven und subjektiven Gründen Abstand genommen. In der Justizvollzugsanstalt für Frauen, in der ich zunächst über die Anstaltsleitung die Gesprächsbereitschaft der dort wegen einschlägiger Delikte einsitzenden Frauen erfragen ließ, war eine Frau spontan bereit und interessiert, die anderen verhielten sich reserviert bzw. ablehnend auf die Anfrage. Im Laufe der Zeit wurde bei den Treffen mit dieser Frau dann so viel „Material" zutage gefördert, daß es mir sinnvoller erschien, mich stärker auf diesen Einzelfall zu konzentrieren. Diese Fokussierung einer einzelnen Tat- und Lebensgeschichte zog ich auch unter dem Gesichtspunkt vor, daß sich zwangsläufig über diese Gespräche eine szenische Beziehung hergestellt hat, die für mich emotional nicht immer leicht zu bewältigen war. Von daher wollte ich mich nicht mehrmals kurz hintereinander auf einen solchen Prozeß einlassen.

Die forensische Problematik in Teil II der Arbeit erschließe ich – empirisch – mit Hilfe einer Aktenanalyse, der sämtliche forensisch-psychiatrischen Gutachten der forensischen Abteilung eines psychiatrischen Krankenhauses in einer bundesdeutschen Großstadt während eines Zeitraumes von sechzehn Jahren, d. h. von 1971 bis 1987, zugrunde liegen. Es handelt sich insgesamt um zehn begutachtete Fälle, die von drei Psychiatern bearbeitet wurden. Die begutachteten Frauen wurden stationär untersucht.

1.4 Begriffsklärung

Gegenstand der vorliegenden Auseinandersetzung ist die Tötung eines oder mehrerer älterer Kinder, auch als Infantizid oder Filizid bezeichnet. Nur am Rande beschäftige ich mich mit der Kindstötung im juristischen Sprachgebrauch, wie sie vom Gesetzgeber in § 217 StGB definiert wird: „Eine Mutter, welche ihr nichteheliches Kind in oder gleich nach der Geburt tötet . . ." Eine Frau hingegen, die ihr ein-, zwei- oder mehrjähriges Kind tötet, begeht keine Kindstötung; sie verübt ein Tötungsdelikt, für das ein juristischer Fachterminus nicht zur Verfügung steht. In einem allgemeinen Kontext, nicht bezogen auf eine bestimmte Tat, läßt sich hier auch von Kindertötung sprechen. Hinsichtlich der konkreten Einzeltat kennt die deutsche Sprache jedoch weder eine präzise Bezeichnung für die Tat noch für die tatausführende Frau. Die griechische Sprache nennt jede ihr Kind tötende Mutter „Medea", bezugnehmend auf den antiken Mythos, wonach Medea ihre zwei Kinder tötet.

Bei der Kindstötung im juristischen Sinne handelt es sich um ein spezifisches Problem. Es ist ein Grenzbereich zwischen Abtreibung, d. h. Tötung der Leibesfrucht, und Tötung des Kindes nach Abschluß der Geburt, d. h. eines Zeitraumes, der sich der Rechtsprechung zufolge, je nach psychischer Konstellation der Mutter, bis zu eininhalb Stunden nach der „eigentlichen" Geburt erstrecken kann (Schönke/Schröder 1985, § 217 StGB Rn 5).

Dieser Arbeit liegt nicht die weite Auffassung Alice Millers zugrunde, daß Tötung auch schon „Tötung des Lebendigen", der vitalen Regungen, darstelle (Miller 1980, S. 131) oder gar Milburns Ansicht, daß bereits „jedes Aufzwingen der Sohnes- bzw. Tochterrolle" Filizid sei (Milburn 1982, S. 27), ganz zu schweigen von Wittgensteins philosophischem Verständnis, daß „jedes Tun Töten" sei (O. G. Wittgenstein 1984, S. 264). Eine so weite Begriffsauslegung hätte zur Folge, daß der qualitative Wesensunterschied zwischen Aufzwingen/Erzwingen – mit welchen Mitteln auch immer – und

Lebensbeseitigung im Sinne einer totalen Existenzvernichtung verlorengeht.

Abgrenzen möchte ich das Thema auch gegenüber der Kindesmißhandlung, selbst wenn diese, wie es gelegentlich vorkommt, zur Tötung des Kindes führt. Lange Quälereien, die im Tod münden, haben einen anderen Charakter als die Tötung aus einer einmaligen Konfliktsituation heraus. Es handelt sich bei der Kindesmißhandlung auch im kriminologischen Sinn um einen anderen „Tattyp" (Rasch 1975, S. 382). Die Grenze zwischen beiden Delikten ist nicht immer leicht zu ziehen; dennoch sehe ich diese Arbeit auf der Basis des eben aufgezeigten Unterschiedes vor allem als eine Auseinandersetzung mit der einmaligen Konflikttäterin unter Hintanstellung der besonderen Probleme der Kindesmißhandlung. Bezugnehmend auf Resnicks Untersuchung aus dem Jahre 1969, gehe ich davon aus, daß Tötungshandlungen an älteren Kindern in der Mehrheit der Fälle aus einer altruistischen Haltung, d. h. dem gegenteiligen Motiv für eine Kindesmißhandlung, begangen werden (Resnick 1969, S. 77). Allerdings ist die Motivlage wohl weder bei dem einen noch bei dem anderen Delikt eindeutig, so daß nur Tendenzen beschrieben werden können.

Da die begriffliche Unterscheidung „Kindstötung – Tötung eines Kindes" in ethnologischen und historischen Arbeiten selten zu finden ist, verwende ich in den beiden folgenden Abschnitten, die diese Materie zum Gegenstand haben, entgegen obiger Begriffsklärung auch die Bezeichnung Kindstötung.

1.5 Kindertötung in anderen Kulturen

Kindertötung ist für uns heute eines der scheußlichsten Verbrechen. Jeder bekannt gewordene Fall ruft in der Presse, insbesondere in Boulevardzeitungen, Schlagzeilen hervor. Aber nicht zu allen Zeiten und bei allen Kulturen war die Tötung eines Kindes ein strafbares Delikt. Ein Blick auf das Erscheinungsbild in anderen Gesellschaften und anderen Epochen trägt zur Erhellung dieser Taten in unserer Kultur bei. Die Haltung gegenüber der Kindertötung reichte vom duldenden Schweigen über die Forderung zur Tötung aus ökonomischen oder religiösen Gründen bis zum strengsten Verbot und grausamster Strafverfolgung (Pfeil 1979, S. 178).

Die Forderung zur Tötung eines Kindes sowie die tatsächliche Umsetzung sind aus unserer heutigen Sicht kaum nachzuvollziehen,

20

so barbarisch muten sie an. Einer solchen Forderung zugrunde liegt oftmals ein religiöses oder mystisches Weltbild, das in der gesellschaftlichen Realität verankert ist bzw. verankert war.

In Indien und China wurden noch Anfang dieses Jahrhunderts von allen Kulturen der Erde die meisten Kinder getötet (Ploß 1911, S. 176). Gerade in Indien verwundert dieser „Rekord" nicht, erwächst er doch unter anderem aus einem bestimmten Aspekt der hinduistischen Religion. In weiten Teilen Indiens wird eine weibliche Gottheit verehrt, deren Muttersymbolik sich darin zeigt, daß ihr neben der Bezeichnung „Große Göttin" auch die Namen „Große Mutter" oder „Indische Weltmutter" gegeben werden (E. Neumann 1956, S. 149). Diese Muttergöttin birgt zwei gegensätzliche Aspekte in sich: sie schenkt Leben und bringt Tod. Als „Kali, die Schreckliche", fordert sie Opfer, tötet das Leben, das aus ihrem „eigenen Schoß" kam (Zimmer 1980, S. 56).

... wie du das Leben schenktest, bringst du den Tod. Das ist die Allmacht der Mutter gegenüber ihrem kleinen Kinde, aus ihrem Antlitz strahlt allumfangende Liebe, strahlt aller Zorn mit Kälte und Tod. Sie ist der unentrinnbare Schoß. (Zimmer 1980, S. 47)

Eine Göttin verkörpert die allmächtige Mutter der frühen Kindheit mit den „unversöhnbaren" Gegensätzen von Mutterliebe und Erbarmungslosigkeit (Zimmer 1980, S. 56).

Doch so fremd uns die makabre Inszenierung eines Kindesopfers, das auch in Indien von offizieller Seite her verboten war, erscheinen mag, stehen wir dem so fern wiederum nicht; immerhin gibt es auch in unseren religiösen Quellen Erwähnungen von Kindesopfern: nur exemplarisch sei die an Abraham gerichtete Forderung zur Tötung seines Sohnes Isaak im Alten Testament genannt – eine Beinahe-Opferung (Genesis 22). Diese Spur möchte ich hier allerdings nicht weiterverfolgen; die Tötung durch den Vater bzw. die an ihn gerichtete Forderung zur Tötung des Sohnes weist in eine andere Richtung als die Tötung eines Kindes durch die Mutter.

Abgesehen von diesen religiösen Kindesopfern finden sich zahlreiche Hinweise auf eine Verbreitung der Kindstötung durch die Mutter in anderen Kulturen, die auf andere Tötungsmotive schließen lassen. Je nach der Einstellung der Gesellschaft gegenüber der Kindestötung sind diese Hinweise offen oder verdeckt. In vielen Regionen der Erde war die Kindestötung aus bevölkerungspolitischen Motiven „normale" Gewohnheit, wie Heinrich Ploß schon Anfang dieses Jahrhunderts in einer Untersuchung aufzeigte (Ploß 1911, S. 160 ff.). Anhand eines umfangreichen Materials belegte er, daß die Mehrzahl der getöteten Kinder weiblichen Geschlechts war (Ploß 1911, S. 175). Aber auch heute noch gibt es Kulturen, deren Kinder zur Einhaltung der Bevölkerungszahl getötet werden, wie sich z. B. bei Forschungsaufnahmen im Jahre 1976 bei den Pygmäen im zentralen Hochland von Neuguinea gezeigt hat (Pfeil 1979, S. 231).

1.6 Kindertötung in der Abendländischen Geschichte

Kindermord!
Träum' ich oder wach' ich?
Ist sie möglich die That?
Geschieht sie?
Geschieht das namenlose –
nein, nicht das namenlose,
das genannte,
das in Wort gebrachte Verbrechen?
Verhülle Dein Antlitz, Jahrhundert!
Beug Dich nieder, Europa!
Vor Deinen Richterstühlen erschallt die Antwort:
zu Tausenden werden meine Kinder von der Hand der Gebärenden erschlagen.

                      (Pestalozzi 1783, S. 13).

Pestalozzis Entsetzen in seiner Schrift „Gesetzgebung und Kindesmord" aus dem Jahre 1783 zeigt an, wie verbreitet das Delikt der Kindestötung durch die Mutter zu der damaligen Zeit war. 1780 wurde das Problem sogar zur „Preisfrage" erhoben: „Welches sind die besten ausführbaren Mittel, dem Kindermord abzuhelfen, ohne die Unzucht zu begünstigen?" (Wächtershauser 1973, S. 34–35). Vierhundert „Preisschriften" wurden daraufhin eingesandt. Wie sehr dieses Thema damals im Blickpunkt des öffentlichen Interesses stand, wird auch dadurch deutlich, daß das „Kindesmordmotiv" ein zentrales Thema der literarischen Sturm-und-Drang-Periode war (Rameckers 1927, S. 142). Goethe behandelte den Stoff in der Gretchen-Tragödie seines „Faust", Wagner schrieb ein Drama „Die Kindermörderin", Schiller ein Gedicht „Die Kindesmörderin", um nur einige der bekanntesten Werke jener Zeit zu diesem Thema zu nennen.

    War die Entwicklung der Kindertötung im 18. Jahrhundert tatsächlich steigend, oder kam damals nur ein schon lange bestehendes Problem an die Öffentlichkeit? Für die letztgenannte Variante sprechen aus dem 16. Jahrhundert vorliegende Zitate, daß „die Latrinen von den Schreien der Kinder widerhallten, die man hineinwarf" (Johansen 1980, S. 53). Zugleich wird von der verbreiteten Tendenz berichtet, Kinder nicht „aktiv" umzubringen, sondern sie aus den verschiedensten Gründen nicht am Leben zu erhalten. Es bestand eine Grauzone von „Wollen, Vergessen und Ungeschicklichkeit" (Badinter 1984, S. 53). Insgesamt war die Kindersterblichkeit so erschreckend groß, daß der Tod eines Kindes nur noch ausnahmsweise Bedauern und keine besondere Gefühlserschütterung hervorrief (Johansen 1980, S. 51). Die Motive, Kinder zu töten oder sie jedenfalls nicht am Sterben zu hindern, waren vielfältig. Einem vor allem auch in ökonomischer Hinsicht nicht erwünschten Familienzuwachs Einhalt zu gebieten war sicherlich ein tragender Beweggrund. Doch auch Aberglauben hat dazu geführt, daß immer wieder bestimmte Kinder sowohl von ihrer Mutter als auch von der Umwelt nicht primär als menschliche Wesen, sondern als Symbolträger für Glück oder Unheil gesehen wurden. So war es noch im 16. Jahrhundert in einigen Gebieten Deutschlands verbreitet, Kinder in neuerbaute Häuser lebendig einzumauern, um das Unglück davon fernzuhalten (Radbill 1978, S. 48).

Doch vor dem 16. Jahrhundert wurde der Kindesmord nur sporadisch bestraft. Im 18. Jahrhundert begegnete man der Kindestötung mit verschiedenen Varianten der Todesstrafe (Heinsohn 1985, S. 286). Bemerkenswert ist aber, daß unter allen Umständen, ob verheiratet oder nicht, der Mutter eine Strafe auferlegt wurde; der Vater hingegen wurde, auch im Falle seiner Beteiligung, nur ganz ausnahmsweise bestraft (Piers 1976, S. 422).

Die häufigere Bestrafung läßt sich auf eine größere Häufigkeit des Delikts (Piers 1976, S. 429), aber auch auf gesellschaftliche Veränderungen im ausgehenden 18. Jahrhundert zurückführen. Gegen Ende des Absolutismus mit allmählichem Einsatz der Industrialisierung bekam das Kind einen kommerziellen Wert. Die Einstellung zum Kind veränderte sich. Seine potentielle spätere Arbeitskraft, die zur Produktion von Reichtümern für den Staat herangezogen werden konnte, wurde geschätzt. Außerdem garantierte eine hohe Bevölkerungszahl die militärische Macht des Staates (Badinter 1984, S. 120). So waren die Frauen denn aufgerufen, Kinder in die Welt zu setzen und großzuziehen. Plötzlich wurde das Gefühl der „Mutterliebe" in vielen Schriften proklamiert, was zugleich eine stärkere Rollenfixierung zur Folge hatte. Die Frau, die ihr Kind tötete, behielt sich damit das Recht auf eine gewisse Kontrolle vor – eine „Kontrolle", die dem Kindsvater in der Antike in Gesetzen sogar ausdrücklich zugestanden wurde (Radbill 1978, S. 56). Im Hinblick auf Frauen wurde nun ein solches Handeln nicht nur strafrechtlich geahndet, sondern es wurde auch als besondere Provokation gewertet – „ein Anschlag auf die patriarchalische Gesellschaft" (FR 26. 4. 1986).

Aber zu der härteren Bestrafung setzte zum Ausgang des 18. Jahrhunderts auch eine Gegenbewegung ein. So wurde Kindesmord das „Schlüsseldelikt aller strafrechtsreformerischen Bestrebungen des 18. Jahrhunderts" (Radbruch/Gwinner 1990, S. 302).

Im Laufe der letzten Jahrzehnte haben verschiedene Untersuchungen (Ariès 1975) die Aufdeckung dessen ermöglicht, was den Kindern seitens ihrer Mütter in der Vergangenheit widerfuhr, wobei z. T. nicht zwischen Mutter und Vater differenziert wurde. Dennoch bemerkt Lloyd de Mause, die Geschichte des Kindesmordes im Westen müsse erst noch geschrieben werden (de Mause 1977, S. 46); womit er sicherlich insoweit recht hat, als „Geschichtsschreibung die Sache derer ist, die schreiben können und die Geschichte aus ihrem Blickwinkel betrachten" (Piers 1976, S. 420).

In de Mauses psychogenetischer Geschichte der Kindheit zieht sich ein blutrotes Band von der Antike bis in unsere Zeit, die Gewalttätigkeit gegen Kinder erzählend. Was die Darstellung de Mauses angreifbar macht, sind meines Erachtens nicht die Fakten, sondern die Schlüsse, die daraus gezogen werden. Für de Mause ist die Kindheitsgeschichte eine Fortschrittsgeschichte, d. h., höchste Tötungsziffern in der Antike nehmen allmählich ab (de Mause 1977, S. 46). Diese Betrachtung stützt sich auf seine Annahme, daß die jeweils nachfolgenden Elterngenerationen die Fähigkeit besitzen, „sich in das psychische Alter ihrer Kinder zurückzuversetzen, um die Ängste dieses Alters, wenn sie ihnen zum zweiten Mal begegnen, besser zu bewältigen, als es ihnen in der eigenen Kindheit gelungen ist" (de Mause 1977, S. 14). Diese Hypothese ist aus psychoanalytischer Sicht nicht haltbar, wie im Kapitel 3 meiner Arbeit zu zeigen sein wird. So ist auch fraglich, ob die Kindertötung in der Antike vergleichbare Hintergründe zu der Kindertötung der beginnenden Neuzeit oder gar heute hat. De Mause überträgt das heutige Eltern-Kind-Beziehungsmuster implizit auf vergangene Erscheinungsformen. Es zeigt sich hier das „hermeneutische Problem der Retrospektion". Zwar läßt sich nur von der Kenntnis des historisch Gewordenen auf das zuvor Bestehende schließen, aber das verbaut bis zu einem gewissen Grad das Vorstellungsvermögen für die reale Befindlichkeit, die Denk- und Affektlage der zeitgenössischen Menschen (Becker 1977, S. 279).

Welche Erkenntnis ist aber gewonnen, wenn Zahlen aus der Antike heutigen Zahlen gegenübergestellt werden, ohne daß zugleich die Frage der Vergleichbarkeit aufgeworfen wird? Verschiedene Arbeiten (Heinsohn 1985, S. 288; Piers 1976, S. 421) sprechen übereinstimmend davon, daß während der letzten zweitausend Jahre, sicher bis 1360, Kindestötung gängige Praxis war. Aber Kindestötung umfaßt eben – aus nichtjuristischer Sicht – sowohl die Tötung eines älteren Kindes als auch die Tötung eines Neugeborenen. Diese Differenzierung erscheint wesentlich; denn die Aussagekraft ist eine andere, je nachdem, ob sich Praktiken der Erziehung, bzw. unbewußte Konflikte der Mutter ausdrücken oder ob eine verbreitete Maßnahme der Geburtenkontrolle aufgedeckt wird. Bei den aus Gründen der Geburtenkontrolle getöteten Kindern handelt es sich durchwegs um kleine Kinder, in der Regel kurz nach der Geburt; auch wird der Entschluß dieser Täterinnen eher in einer Situation relativer „Besonnenheit" gefaßt, soweit den Berichten zu entnehmen ist – relative Besonnenheit jedenfalls in Abgrenzung zu den Verzweiflungstaten heutiger Mütter gegenüber ihren Kindern.

In einer japanischen Studie über Kindestötung aus dem Jahre 1980 werden von Sakuta für diese beiden unterschiedlichen prädeliktischen Situationen der Täterinnen zwei verschiedene Fachtermini wiedergegeben (Sakuta 1980, S. 37 ff.). Kindestötung als traditionelle Methode der Geburtenkontrolle wird als Mabiki-Typ („Ausdünnungs-Typ") bezeichnet. Demgegenüber steht der „Anomie-Typ". Nach Durkheim beschreibt Anomie einen Zustand, in dem es ungenaue, konfliktfördernde und nicht integrierende Normen gibt, innerhalb derer das Individuum keine moralisch bedeutsamen Beziehungen zu anderen hat, oder wo es im Streben nach Vergnügen keine Grenzen gibt (Durkheim 1966, S. 394). Klare Daten aus der Vergangenheit, die diese beiden Typen auseinanderhalten, liegen nicht vor, so will ich es denn dabei bewenden lassen:

> Das wahre Bild der Vergangenheit huscht vorbei, nur als Bild, das auf Nimmerwiedersehen, im Augenblick der Erkennbarkeit eben aufblitzt, ist die Vergangenheit festzuhalten. (Benjamin 1977, S. 261)

und wende mich der Gegenwart zu.

1.7 Statistik

In einer Untersuchung von Rode und Scheld, in der sämtliche in der Bundesrepublik Deutschland begangenen Tötungsdelikte analysiert werden, finden sich für den Zeitraum von 1969 bis 1981 38 Frauen, die ihre Kinder getötet haben (Rode 1985, S. 12). Die Statistik des Statistischen Bundesamtes, die die wegen Straftaten an Kindern Abgeurteilten und Verurteilten auflistet, weist eine Gesamtzahl aller von Frauen an Kindern begangenen Delikte mit tödlichem Ausgang von 28 für 1983, 20 für 1984 sowie 14 für 1985 auf (Statistisches Bundesamt 1983/1984/1985). Bei diesen Zahlen sind nicht nur Mord und Totschlag, sondern auch Kindestötung, fahrlässige Tötung (außer im Straßenverkehr) sowie Körperverletzung mit Todesfolge addiert. Bei einer alleinigen Betrachtung der Ziffern für Mord und Totschlag lassen sich weniger als 10 Fälle pro Jahr feststellen, nämlich je 7 für 1983 und 1984, sowie 4 für 1985. Fälle von versuchter Tötung sind mit diesen Daten nicht erfaßt.

Die gesamte Kriminalitätsbelastung der Frau ist im Vergleich zum Mann sehr niedrig. Die offiziellen Zahlen der weiblichen Beteiligung am kriminellen Geschehen schwanken zwischen 13 bzw. 15 % (Schuh 1986, S. 62; Rode 1985, S. 1) und 20 % (H. J. Schneider 1987, S. 561). Ebenso werden in verschiedenen Untersuchungen über Tötungskriminalität aus der zeitlichen Spanne der Nachkriegszeit bis zu den siebziger Jahren differierende Daten über die weibliche Beteiligung angegeben. Rasch zufolge liegt die Beteiligung der Frauen an der Tötungskriminalität der Bundesrepublik Deutschland mit ca. 15 % etwas über ihrer durchschnittlichen Beteiligung an der Gesamtkriminalität (Rasch 1975, S. 373), für Rode bewegt sich der Frauenanteil in diesem Bereich um 10 % und damit leicht unter ihrer allgemeinen Deliktshäufigkeit (Rode 1985, S. 12).

Pauschale Vergleiche erlauben aber kaum verläßliche Generalisationen, da mit dem Auszählen von Grunddaten möglicherweise verschiedenartige Verhaltensmuster erfaßt werden (Rasch 1975, S. 374). Gerade im Hinblick auf dieses tatsächlich „Erfaßte" erscheint mir eine von Rasch zitierte statistische Erhebung interessant, die sich mit den Mord-Selbstmord-Fällen beschäftigt, bei denen der Täter nach der Tat Selbstmord verübt und dadurch eine Strafverfolgung entfällt. Der Anteil der Frauen beträgt hier ca. 40 % (Rasch 1975, S. 373). Unter Heranziehung dieser Fälle wäre der durchschnittliche weibliche Kriminalitätsanteil überstiegen. In 90 % aller Tötungsdelikte beseitigen Frauen nahe Familienangehörige, während nur in 5 % das Opfer den Frauen völlig unbekannt ist. Bezogen auf den Bereich der Tötung von Kindern durch die Eltern beträgt der Anteil von Frauen laut einer Untersuchung von Trube-Becker aus dem Jahre 1982 „Gewalt gegen das Kind" 50 %, d. h., in diesem spezifischen Deliktsbereich liegt der Anteil der Frauen nicht nur erheblich über dem durchschnittlichen Prozentsatz, sondern ist sogar gleich hoch wie der der Männer (Trube-Becker 1982, S. 62). Bei der Betrachtung der offiziellen Zahlen ist zu bedenken, daß eine nicht bekannte, möglicherweise beträchtliche Dunkelziffer in der Statistik nicht zum Vorschein kommt. Für Tötung an Kindern sind die Vermutungen hinsichtlich des Dunkelfeldes recht vage, während bei der Kindesmißhandlung zahlreiche Veröffentlichungen davon ausgehen, daß nur etwa 5 % aller Fälle vor den Strafrichter kommen (Zenz 1979, S. 157). Wenn auch durch die Tatsache des Todeseintritts selbst im häuslichen Rahmen die Möglichkeiten der Vertuschung im Vergleich zur Kindesmißhandlung stark eingeschränkt sind, sollte das Gewicht eines potentiellen Dunkelfeldes nicht außer acht gelassen werden.

1.8 Kriminologie

Der niedrige statistisch belegte Prozentanteil mag einer der Gründe sein, warum Frauenkriminalität der kriminologischen Wissenschaft bis Ende der sechziger Jahre keine eigene Untersuchung wert schien (Heidensohn 1985, S. 111 und S. 126).

Aber der fehlenden Berücksichtigung der Frauen in der wissenschaftlichen Diskussion und Theoriebildung (Bamberg/Mohr 1982, S. 3) steht eine ausschließliche Präsenz in einem bestimmten kriminologischen Bereich gegenüber (Heidensohn 1985, S. 153). Die klassische Kriminologie, die ausgehend von Lombroso ausschließlich biologische Faktoren als kriminogen annahm, hat sich von der wissenschaftlichen Bildfläche entfernt und einer in den vierziger bis fünfziger Jahren in den USA einsetzenden sozialwissenschaftlichen Betrachtungsweise Platz gemacht, die im Laufe der Zeit ein breites Spektrum von Einzeltheorien ins Leben rief. Vergeblich ist die Suche nach Frauenkriminalität in den Schlagwortregistern dieser Werke – übrigens auch noch in einem Werk aus dem Jahre 1979, in dem alle gängigen Theorien abweichenden Verhaltens dargestellt werden (Lamnek 1979). Etwas zugespitzt läßt sich formulieren, daß sozialwissenschaftlichen Theorien Frauenkriminalität nicht bemerkenswert erschien, biologisch orientierte Kriminologen sich hier jedoch eine „Nische reservieren" konnten (Rode 1985, S. 1); denn wenn sich in den herkömmlichen Lehrbüchern der Kriminologie überhaupt Erklärungsansätze finden, so gehen diese überwiegend von einem biologischen Modell aus. In umfangreichen Werken ist die Darstellung der Frauenkriminalität auf wenige Seiten beschränkt; selbst wenn diese Autoren sich die biologische Betrachtungsweise nicht direkt zu eigen machen, so geben sie dieser doch Raum, ohne sie dabei zu hinterfragen (Göppinger 1980, S. 514–515). Erst allmählich zeichnet sich eine Veränderung dahingehend ab, daß vereinzelt auch in der kriminologischen Literatur die Behandlung der Frauenkriminalität ein breiteres Feld besetzt, z. B. in der „Kriminologie" Schneiders (H. J. Schneider 1987). Solange aber die biologischen Ansätze immer noch kommentarlos weitergegeben werden, bleibt es bei diesem Bild der Frau als einem von der Biologie bestimmten Wesen, das den Einflüssen von Menstruation, Schwangerschaft und Klimakterium ausgesetzt ist.

Diese allgemein als kriminalitätsverursachend angesehenen Faktoren werden auch in dem speziellen Bereich der weiblichen Tötungskriminalität genannt. Trube-Becker kam in ihrer 1974 erschienenen Studie „Frauen als Mörder"(!) zu dem Ergebnis, daß von 86 untersuchten Frauen fast die Hälfte, nämlich 41 Frauen, zum Tatzeitpunkt den besonderen physischen und psychischen Belastungen des Prämenstruums, der Schwangerschaft oder des Klimakteriums ausgesetzt waren (Trube-Becker 1974, S. 80 ff.). Dieses Standardwerk über Tötungsdelikte von Frauen weist erhebliche methodische Mängel auf; so bleibt unklar, wie der Nachweis für einen Zusammenhang zwischen Tötungshandlung und spezifischer hormoneller Umstellung längere Zeit nach der Tat zu führen ist (Rode 1985, S. 4); abgesehen davon, daß die prämenstruelle Phase, jedenfalls bei den Lebensverhältnissen der Frauen unseres Kulturkreises, zwar oft zu einer leichten Verstimmung führen mag, jedoch nicht als wesentliche Ursache einer kriminellen Handlung, einer Tötungshandlung gar, herangezogen werden kann; es müßte sonst wohl auch sehr viel mehr kriminelle Frauen geben.

Die vorliegenden Forschungsarbeiten „leiten alles aus physiologischen und nicht aus gesellschaftlichen und ökonomischen Ursachen ab, welche die physiologische und psychologische Entwicklung der Frau aufs allerstärkste beeinflussen" (Rode 1985, S. 4), und sind darüber hinaus auch nicht durch Datenmaterial gestützt (Fox Piven/Cloward 1984, S. 138). Kriminelles Verhalten trägt problemlösenden Charakter. Es stellt eine Möglichkeit sozialen Verhaltens dar (Rode 1985, S. 10). Frauen zeigen eher anderes Problemlösungsverhalten.

Ausgehend von der strukturell-funktionalen Kriminalitätstheorie nach Merton (Lamnek 1979, S. 96) bedingen bestehende Unterschiede in der Gelegenheit, Verbrechen zu begehen, die Häufigkeit, mit der kriminelle Taten ausgeführt werden. Auf Frauen übertragen, bedeutet diese Sichtweise, daß sich in Folge der spezifischen Position der Frau in unserer Gesellschaft neben vielen anderen Chancen auch die „Deliktchance" einengt. Noch immer wird der Frau im Rahmen der geschlechtsspezifischen Arbeitsteilung überwiegend die Verantwortung für die Reproduktion in Ehe und Familie übertragen. Im Rahmen der weiblichen Rollendefinition wird ferner von ihr erwartet, keine antisozialen Verhaltensweisen zu zeigen (Schuh 1986, S. 70). Die informelle soziale Kontrolle durch Primär- und Kleingruppen, insbesondere die Familie, aber auch die verinnerlichte Kontrolle als Ergebnis des weiblichen Sozialisationsprozesses führen zur quantitativ geringeren Ausprägung kriminellen Verhaltens bei Frauen und tragen dazu bei, daß Frauen nach anderen Konfliktlösungsstrategien Ausschau halten, die tendenziell eher selbstdestruktiven Charakter haben (Fox Piven/Cloward 1984, S. 142).

Der Aktionsradius der Frau wird durch die dargestellten Faktoren eingeengt; dennoch muß sie ihre Konflikte in eben diesem begrenzten sozialen Feld, das ihr zugewiesen ist, zu lösen versuchen: Haus, Familie, nähere Umgebung (Schuh 1986, S. 74). So deckt denn auch die qualitative Struktur der Frauenkriminalität, die die überdurchschnittliche weibliche Beteiligung an bestimmten Deliktsgruppen heraushebt, auf, daß es sich primär um solche Straftaten handelt, die tattypisch in Bereichen auftreten, die in engem Zusammenhang mit der Rolle der Frau und ihrem spezifischen sozialen Handlungsraum stehen (Rode 1985, S. 2). Vor diesem Hintergrund erstaunen die oben genannten Zahlen nicht, wonach Frauen entgegen ihrer sonstigen geringen kriminellen Belastung sich einer Tötung der eigenen Kinder genauso häufig schuldig machen wie Männer. Ein Hinweis für die Ausweglosigkeit der tötenden Frauen ist es auch, daß 25 % von ihnen im Zusammenhang mit dem Delikt einen Selbstmordversuch begehen (Rode 1985, S. 13). Aus anderen Untersuchungen werden noch höhere Zahlen genannt.

Abschließend sei zu der kriminologischen Betrachtung „Tötungsdelikte von Frauen" noch eine neuere Kriminalitätstheorie erwähnt, die besagt, daß durch die Emanzipation der Frauen deren Kriminalität, gerade auch die Gewaltdelikte, im Steigen begriffen wäre (Adler 1975, S. 95). Untersuchungen über tötende Frauen, z. B. die von Rode und Scheld, belegen jedoch, daß es sich bei den Täterinnen überwiegend um passive, angepaßte, unterdrückte, unselbständige, abhängige Menschen handelt, die in schweren Konfliktlagen keinen anderen Ausweg sehen (Rode 1985, S. 16; Heidensohn 1985, S. 155). Die Ansicht von Adler beinhaltet daher keinen Erklärungswert für das vorliegende Delikt.

Um die Tötungskriminalität von Frauen an ihren eigenen Kindern erfassen zu können, reicht es nicht aus, die kriminologischen bzw. soziologischen Theorien zum abweichenden Verhalten frauenspezifisch zu modifizieren, sondern es geht auch darum, die Rolle der Mutter zu verstehen, deren Inhalte in einem prozeßhaften Geschehen von außen festgelegt und von innen übernommen werden. An einem bestimmten Punkt kann diese Rolle dann nicht mehr gelebt werden. Sie wird in einem tödlichen Ausbruch verlassen. Eine Erhellung dieses Phänomens bedarf der Zuhilfenahme psychodynamischer Erklärungen.

In der vorliegenden Arbeit möchte ich darauf verzichten, die psychiatrischen Erklärungsmodi im einzelnen darzustellen, da sie meines Erachtens für das Anliegen dieses Themas nicht sehr hilfreich sind.

Bezogen auf allgemein-psychologische Forschung und Wissenschaft sei noch darauf verwiesen, daß trotz intensiver Untersuchung der frühen Mutter-Kind-Beziehung kaum Theorien für das Tötungsdelikt von Müttern an ihren eigenen Kindern entwickelt wurden (Riehl 1978, S. 22).

1.9 Öffentliche Meinung

Wer sein Kind tötet oder mißbraucht, scheint das Verbrechen schlechthin zu begehen, ein Verbrechen „wider die Natur"; denn als natürlich gilt, daß man sein Kind liebt (Mauz 1975, S. 8).

Kindertötung gehört in der öffentlichen Meinung zu den schlimmsten Verbrechen. Diese Haltung ist jedoch eine kulturelle Neuerwerbung der jüngsten Zeit (Zenz 1978, S. 21), wie im historischen Abriß gezeigt wurde (s. Kap. 1.6). Da die soziale Mißbilligung noch so jung und ungesichert ist, stellt sie sich andererseits besonders rigide dar. Bei Bekanntwerden derartiger Tötungsfälle treten z. T. heftige Gefühlsreaktionen in der Bevölkerung auf, die auf eigene unterdrückte Gefühle hinweisen – auf eine starke Ambivalenz. Das zeigt sich auch darin, daß an Prozessen, bei denen es um Tötung von Kindern geht, die Öffentlichkeit in besonderem Maße Anteil nimmt. Das jüngste Beispiel ist der Prozeß gegen Monika Weimar, die sich wegen des Verdachts, ihre beiden Kinder getötet zu haben, vor dem Landgericht Fulda seit Ende März 1987 zu verantworten hat.

> Der erste kam um 4.30 Uhr mit Klappstuhl und Decke, gegen 8 Uhr standen etwa 200 Menschen im Vorderhof des Fuldaer Barockschlosses und warteten [. . .] auf – Monika Weimar. (FR 24. 3. 1987)

Die Allgegenwärtigkeit des Interesses wirft aber auch die Frage auf, ob das Phänomen der Tötung von Kindern zumindest in der Phantasie nicht eine verbreitete Erscheinung ist, die aber, nicht zuletzt wegen des geltenden unantastbaren Postulats der Mutterliebe, nicht wahrgenommen werden darf, vielmehr abgewehrt werden muß und – in diesem Fall – durch Projektion nach außen verlagert wird. Das Maß des Interesses der Allgemeinheit an diesen Delikten entspricht demnach offensichtlich dem Maß der Verdrängung. Freud verweist in diesem Zusammenhang auf Plato, der schrieb,

> . . . daß die Guten diejenigen sind, welche sich begnügen, von dem zu träumen, was die anderen, die Bösen wirklich tun. (Freud 1916/17, S. 157)

2 Gesunde Mutter-Kind-Beziehung

2.1 Überblick

Die Beschäftigung mit dem Thema ließ bei mir die Vermutung aufkommen, daß eine Frau, die ihr Kind tötet, Probleme nicht nur mit ihrem Muttersein, sondern auch mit ihrer eigenen Mutter hat. Doch worin liegen diese Probleme? Welche Entwicklungsstörungen sind zu vermuten? Angesichts der Verschiedenheit der einzelnen Fälle – der kaum je wirklich zu entschlüsselnden Tat- und Lebensgeschichten – stellt sich in stärkerem Maße als ohnehin heraus, daß „Theorie immer nur eine schlechte Verallgemeinerung dessen sein kann, was sich in der Realität ereignet" (Orban 1986, S. 11). Es gibt keine ausführliche Auseinandersetzung mit diesem Phänomen in der psychoanalytischen Literatur. Um einer Beantwortung der Frage näher zu kommen, ziehe ich die Konzepte heran, die einen gewissen Erklärungswert haben könnten, stelle sie dar und betrachte sie dann im Lichte des vorliegenden Problems. Ich richte zunächst den Blick „rückwärts", um anhand des normalen Verlaufs einer Mutter-Kind-Beziehung potentielle Störungseinflüsse in der Entwicklung einer tötenden Mutter auszumachen und Theorien auf ihre singuläre oder auch kombinierte Anwendung hin zu überpüfen. Dabei werde ich mich in großem Maße den Identifizierungen widmen, unter Einschließung der Besonderheiten der Mutter-Kind-Beziehung. Dem „Blick-Zurück" folgt jeweils eine Auseinandersetzung mit den Einflüssen der Entwicklungsstörung auf das eigene Muttersein, die Beziehung zum Kind. Einbezogen ist eine Betrachtung der spezifischen Erscheinungsformen des Kinderwunsches.

Der Beschäftigung mit der Heteroaggression folgt eine solche mit der Autoaggression in einem gesonderten Abschnitt über die Selbsttötung, da Tötung des eigenen Kindes häufig mit sogenanntem erweitertem Selbstmord einhergeht, aber auch in anderen Fällen oft ein verkappter Selbstmord vorliegt. In diesem Zusammenhang spielt auch das nicht selten genannte Motiv des Altruismus eine Rolle.

Das Problem der Tötung eines Kindes ist auch systemisch zu sehen. Diesen Gesichtspunkt werde ich im Rahmen der vorliegenden Arbeit allerdings nur streifen in einem Kapitel über die Tötung eines Kindes als Beziehungsstörung.

Ein gesonderter Abschnitt gilt den gesellschaftlichen Einflüssen auf das Muttersein. Dort versuche ich der Frage nachzugehen, inwieweit sich in der Tötung eines Kindes weiblicher Widerstand gegen die Mutterrolle und die damit verbundene gesellschaftliche Situation ausdrückt. Zur Klärung des vorliegenden Problems und aus Gründen der Übersichtlichkeit nehme ich diese formale Unterscheidung in individuelle und kulturelle Aspekte vor. Darin liegt jedoch keine inhaltliche Aussage dahingehend, daß eine solche Trennung der verschiedenen, auf ein Individuum einwirkenden Faktoren in der Realität überhaupt möglich ist. Um Mißverständnissen beim Lesen des ersten Abschnitts zu begegnen, weise ich schon an dieser Stelle darauf hin, daß die individuelle Mutter-Kind-Beziehung nicht losgelöst von dem gesellschaftlichen Umfeld gelebt wird. Nähere Ausführungen zu diesem Themenkomplex mache ich in Kapitel 6.

Jeweils im Kontext werde ich einige Theorien über potentielle Zusammenhänge zwischen mütterlichem Erleben und der Tötung des Kindes aufzeigen, vorsichtige Antworten auf obige Fragen.

Die Arbeit hat eine Drei-Generationen-Kette zum Gegenstand, Großmutter – Mutter – Kind. Die vorgenannte Bezeichnung wäre angemessen aus der Sicht des Kindes, das zum Opfer wird. Im Hinblick auf die im Mittelpunkt stehende Mutter als Täterin ist jedoch nicht von Großmutter, sondern von Mutter zu sprechen; sie selbst ist insoweit Kind. Sowohl mit „Mutter" als auch mit „Kind" sind daher je nach Zusammenhang unterschiedliche Personen gemeint. Diese Verschiebung des Blickwinkels von der Betrachtung der Frau als Kind ihrer eigenen Mutter zur Frau als Mutter ihres Kindes unter Beibehaltung derselben Begriffe mag für den Leser nicht immer leicht nachvollziehbar sein, erscheint mir aber für die Herleitung der Erklärungsansätze unumgänglich.

In der psychoanalytischen Theoriediskussion werden üblicherweise das – klassische – strukturelle Konfliktmodell (mit den Instanzen Ich – Es – Über-Ich), das objektbeziehungstheoretische Konfliktmodell sowie das Modell der narzißtischen Frühstörungen unterschieden. Diese Modelle werden hinsichtlich des vorliegenden Phänomens nicht gesondert auf ihren Erklärungswert betrachtet; hingegen beinhaltet meine Arbeit schwerpunktmäßig integrative Erörterungen. Ich werde die verschiedenen Modelle im Zusammenhang statt separat darstellen; nur dort, wo es mir sinnvoll erscheint, habe ich eine Trennung durchgeführt.

Diese Arbeit hat die primäre dyadische Beziehung zwischen Mutter und Kind zum Gegenstand. Gerade die Objektbeziehungstheorie beschäftigt sich besonders mit dieser Beziehung sowie den intrapsychischen Strukturen, die diese Beziehung repräsentieren. Ihr kommt daher eine Schlüsselrolle zu, wobei dieser Abhandlung das Verständnis einer Objektbeziehungstheorie zugrunde liegt, die gerade die Konstituierung von intrapsychischen Selbst- und Objektbildern aus der ursprünglichen Mutter-Kind-Beziehung heraus betont, einer Auffassung, die unter Bezugnahme auf Kernberg (Kernberg 1981, S. 55) verschiedene Standpunkte im Hinblick auf Triebtheorie, psychische Strukturmodelle, aber auch der Erklärung narzißtischer Störungen einzuschließen vermag.

Meine Vorgehensweise, das Augenmerk zunächst auf das Normale und dann auf das Pathologische zu richten, widerspricht dem klassischen psychoanalytischen Blickwinkel, über die Pathologie die Normalität zu erfassen. Letztlich wende ich also die aus der Pathologie gewonnenen Erkenntnisse über das Normale an, um eine besondere Form der Pathologie zu erschließen.

2.2 Freuds „Auslassung"

Es ist auffällig, daß sich Freud in seinem umfangreichen Werk nicht mit diesem Thema auseinandergesetzt hat. Das Thema ist insoweit umfassender zu verstehen, nicht nur als das Töten der eigenen Kinder, sondern auch schon als der Wunsch, die eigenen Kinder zu töten, sowie deren Angst davor. Diese Auslassung ist auffällig von daher, als sich Freud verwandten Problemen durchaus gewidmet hat. Immerhin war es Freud, der die Verbreitung des Wunsches, andere zu töten, offengelegt hat. So hat er die Verankerung des gesellschaftlichen Tötungsverbots als eine Reaktion auf die Verbreitung eben dieses Wunsches gesehen.

> Ein so starkes Verbot kann sich nur gegen einen ebenso starken Impuls richten. Was keines Menschen Seele begehrt, braucht man nicht zu verbieten, es schließt sich von selbst aus. (Freud 1915 b, S. 56)

Weiter schreibt Freud:

> Der Laie empfindet ein außerordentliches Grauen vor dieser Gefühlsmöglichkeit. (Freud 1915 b, S. 59)

Vielleicht hat Freud selbst ein „Grauen" vor der Beschäftigung mit der Tötung von Kindern bzw. entsprechenden Wünschen empfunden. Wenige Hinweise finden sich in seiner Behandlung der weiblichen Entwicklung.

34

Denn dies scheint die überraschende, aber regelmäßig angetroffene Angst, von der Mutter umgebracht (aufgefressen?) zu werden, wohl zu sein. Es liegt nahe anzunehmen, daß die Angst einer Feindseligkeit entspricht, die sich im Kind gegen die Mutter in Folge der vielfachen Einschränkungen der Erziehung und Körperpflege entwickelt, und daß der Mechanismus der Projektion durch die Frühzeit der psychischen Organisation begünstigt wird. (Freud 1931, S. 277)

An anderer Stelle bemerkt er:

. . . Angst, von der Mutter umgebracht zu werden, die ihrerseits den Todeswunsch gegen die Mutter, wenn er bewußt wird, rechtfertigt. Wie oft diese Angst vor der Mutter an eine unbewußte Feindseligkeit der Mutter anlehnt, die das Kind errät, läßt sich nicht angeben. (Freud 1931, S. 286–287)

Zwar läßt Freud es offen, ob eine entsprechende Feindseligkeit der Mutter vorhanden ist, primär ist die Todesangst danach aber auf eine Projektion des Kindes zurückzuführen.

Bemerkenswert ist in diesem Zusammenhang auch Freuds Auslassung in der Wiedergabe der Ödipus-Sage. Freud stützt seine Theorie des Ödipus-Komplexes auf die griechische Sage des Ödipus, der seine Mutter begehrt und seinen Vater umbringt. Während in der Sage vor den Taten des Ödipus die Eltern den Sohn aussetzten, ihn also dem Tod anheimgaben, Ödipus folglich nur reagierte, erscheint Freud dieser Part der Geschichte nicht erörterungswürdig (D. Bloch 1978, S. 9). Der hier vorliegende primäre Tötungswunsch gegenüber dem Kind bleibt tabu. Dabei ist gerade die Angst vor einer Tötung durch die destruktive Mutter klinisch häufig zu beobachten, wie u. a. auch das in der Einleitung angeführte Fromm-Zitat (s. Kap. 1.1) zeigt.

2.3 Gesunde Mutter-Kind-Beziehung

Wie sieht eine gesunde Mutter-Kind-Beziehung aus? An welchen Punkten der Entwicklung können Störungen in der Weise hervortreten, daß sofort oder später beim Hinzutreten weiterer Umstände die Begehung einer solchen Tat möglich wird? Nur vor diesem Hintergrund ist die Tötungshandlung einer Mutter an ihrem Kind zu begreifen.

Wenn ich im folgenden von einer gesunden bzw. normalen Mutter-Kind-Beziehung spreche, ist „Normalität" nichts weiter als eine nützliche Orientierungsmarke auf einem Kontinuum" (Mitchell

1985, S. 31), „ein solches Normal-Ich ist, wie die Normalität überhaupt, eine Idealfiktion [...] Jeder Normale ist eben nur durchschnittlich normal, sein Ich nähert sich dem des Psychotikers in dem oder jenem Stück in größerem oder geringerem Ausmaß..." (Freud 1937, S. 375).

2.3.1 Symbiose

Mutter und Kind befinden sich in einem Zustand der Nähe, einem „Homöostatischen Gleichgewicht", wie Mahler es nennt (Mahler 1980, S. 62) oder der „primären Ungeschiedenheit" nach Sandler (Sandler 1967, S. 149). Folgendes, das Erleben einer Psychoanalytikerin kurz nach der Geburt ihres ersten Kindes wiedergebende Zitat mag verdeutlichen, wie schon im „normalen Empfinden" nicht nur das Kind sich als eins sieht mit der Mutter, sondern daß dieses Gefühl der Einheit zu Beginn im Anfangs- bzw. Vorstadium der Mutter-Kind-Symbiose auch auf die Mutter zutrifft.

> Doch dann setzt eine Verwandlung ein: plötzlich ist Nina mein Mund und ich habe Ninas Gesicht. Nina ist einen Tag und zwei Nächte alt, ich habe sie vor 30 Stunden im Kreißsaal der Klinik geboren. Hier ist kein Traum am Werk, keine Phantasie, kein Gefühl des Als-ob. Sie *ist* mein Mund, ich *bin* ihr Gesicht. Mein Körper dröhnt in rhythmischer Bestätigung dieses Tatbestandes. Ich habe das Gesicht meines Säuglings, mein Säugling ist mein Mund. (Gambaroff 1984, S. 61)

Im obengenannten Beispiel hält dieses intensiv erlebte Einssein nur einen kurzen Moment an.

Winnicott beschreibt einen Zustand „primärer Mütterlichkeit", in dem er einen spezifischen Zustand erhöhter Sensibilität der Mutter nach der Geburt darstellt, den er als „einer Krankheit gleich" sieht (Winnicott 1956 S. 159). Etwas Ähnliches stellt Spitz dar, der in seinen Untersuchungen eine Reaktivierung der Fähigkeit zur koenästhetischen Wahrnehmung im Zuge von Schwangerschaft und Geburt beobachtet hat (Spitz 1987, S. 155).

Auf seiten der Mutter ist in diesem Stadium eine Identifizierung mit dem Kind normal. Das Kind identifiziert sich hingegen noch nicht mit der Mutter, da die Identifizierung eine gewisse Entwicklung der perzeptiven und kognitiven Entwicklung voraussetzt. Beim Kind besteht eine Abhängigkeit von der Mutter (Winnicott 1983, S. 158). Beides zusammen ergibt das „Homöostatische Gleichgewicht".

36

Der in dieser frühen Interaktion stattfindende „Dialog" (Spitz 1987, S. 338) ist dann geglückt, wenn die Bedürfnislage des Säuglings jeweils averbal von der Mutter verstanden und deshalb in der richtigen Art und Stärke beantwortet werden kann. Neben der Befriedigung körperlicher Bedürfnisse ist besonders wichtig das Bedürfnis nach körperlichem Kontakt. Sinnvoller erscheint es, statt von „Dialog", als einem Zyklus von Aktion, Reaktion, Aktion, hier mit Lorenzer (Lorenzer 1985, S. 243) von „Einigungssituationen" zu sprechen, da dieser Begriff in stärkerem Maße bereits hier bestehende Schwierigkeiten und Konflikte impliziert. Eine Einigungssituation ist dann gegeben, wenn die Bedürfnisse des Kindes mit der Art von Bedürfnisbefriedigung, die die Mutter zu gewähren imstande ist, übereinstimmt. Die Entwicklung für beide – Mutter und Kind – hat auf unterschiedlichen Bahnen zu verlaufen. Die Mutter muß die Identifikation mit dem Kind aufgeben, das Kind hingegen muß im Wege des Ich-Aufbaues den Zustand der Identifizierung mit der Mutter als Voraussetzung für diesen Aufbau einer Ich-Identität allmählich erreichen.

2.3.2 Psychische Geburt

Diese „Psychische Geburt" (Mahler 1980) vollzieht sich in verschiedenen Phasen und soll im folgenden beschrieben werden. Auf eine Darstellung des triebtheoretischen Entwicklungsmodells verzichte ich.

Während der Zustand des homöostatischen Gleichgewichts, der den Säugling in besonderer Weise von Außenweltreizen abschirmt, ca. vier Lebenswochen andauert, beginnt mit der Entstehung der Fähigkeit zur diffusen Wahrnehmung von äußeren Stimuli und zum Bezogensein auf die bedürfnisbefriedigenden Verhaltensweisen der Mutter die eigentliche symbiotische Phase (Mahler 1980, S. 62).

Diese zeichnet sich vor allem durch die „halluzinatorisch-illusorische somatopsychisch omnipotente Fusion mit der Mutter, und insbesondere, die illusorische Vorstellung einer gemeinsamen Grenze der beiden in Wirklichkeit physisch getrennten Individuen" aus (Mahler 1980, S. 63–64). Diese frühesten Wunschphantasien von Verschmelzung und Einssein mit der Mutter sind sicherlich das Fundament, auf dem alle Objektbeziehungen wie auch alle zukünftigen Arten von Identifizierungen aufgebaut werden (Jacobsen 1978 a, S. 50). Müller-Braunschweig spricht von „Uridentifikation" (Müller-Braunschweig 1975, S. 72), Laplanche und Pontalis bezeichnen diesen Vorgang als „primäre Identifikation" (Laplanche/Pontalis 1986, S. 226), wobei Freud diesen Ausdruck auch anders verwendet.

Im Alter von vier bis fünf Monaten beginnt die erste Subphase der Loslösungs- und Individuationsphase. In dieser Differenzierungsphase nimmt sich das Kind als von der Mutter getrennte Existenz wahr (Mahler 1980, S. 72). Die Entwicklung verläuft über die körperliche Differenzierung, im Gegensatz zur späteren Entwicklung der Individuation, die mit intrapsychischer Autonomie einhergeht. Je weiter die motorische Entwicklung fortgeschritten ist, desto stärker probiert das Kind diese Fähigkeiten in der „Übungsphase" aus, wobei das sicherheitsverleihende emotionale Wiederauftanken bei der Mutter einen hohen Stellenwert hat (Mertens 1981, S. 50). Diese Phase ist auch gekennzeichnet durch starke narzißtische Besetzung der neu erworbenen Funktionen. Das Kind ist erfüllt von seiner Größe und Omnipotenz. In diesem Entwicklungszeitraum sind der kindliche Narzißmus und die ihm von seiten der Mutter eingeräumte Spiegelmöglichkeit normal und wichtig für den Aufbau des kindlichen Selbst. Narzißtische Störungen können hier durch Nichterleben des mütterlichen Spiegels u. ä. ihren Ausgang nehmen.

Mit dem Gewahrwerden der eigenen Grenzen findet in der Zeit vom 16. oder 18. bzw. 22. oder 24. Lebensmonat die „Wiederannäherungsphase" statt, deren besonderes Kennzeichen eine starke Trennungsangst ist bzw. Angst, die Mutter zu verlieren. In dieser Phase schwankt das Kind zwischen Anklammerung und Autonomiestreben. Dieser Widerspruch verlangt von der Mutter größtmögliche Toleranz (Mertens 1981, S. 53). Eine gefühlsmäßig selbstsichere und ausgeglichene Mutter ist in der Lage, dem Kind sowohl die nötige Sicherheit zu geben, als auch das Autonomiestreben zu unterstützen (Mertens 1981, S. 53). Dadurch wird die Objektkonstanz des Kindes ermöglicht, d. h. die Fähigkeit zu einer konstanten Beziehung zum Liebesobjekt (Mertens 1981, S. 54).

Mit der vom 20. oder 22. bis zum 30. oder 36. Lebensmonat andauernden vierten Subphase wird zum einen Individualität errungen, zum anderen auch die Fähigkeit, in Abwesenheit der Mutter eine gefühlsmäßige Bindung am Leben zu erhalten, sogenannte „emotionale Objektkonstanz" (Mertens 1981, S. 54). Die Trennung der Selbst- und Objektrepräsentanzen beim Kind, die dadurch möglich wird, führt zur eigenen Identität.

Störungen des Entwicklungsverlaufs können in jeder der genannten Phasen vorkommen, sie korrespondieren mit Störungen seitens der Mutter. So kann in dieser „Einigungssituation" auf sehr verschiedenartige Weise Einigung nicht zustande kommen. Aufgabe der Mutter in diesem Entwicklungsgeschehen ist es, wie bereits erwähnt, die Phase ihrer anfänglichen Identifikation zu verlassen, die symbiotische Verschmelzung zu lösen.

Die Mutter, bei der die Identifikation allein aufgrund „primärer Mütterlichkeit" stattgefunden hat, wird die Identifikation mit dem Kind lassen können. Umgekehrt ausgedrückt, wird die Mutter an dieser Identifizierung festhalten, die das Kind um ihrer selbst willen braucht. Eine entscheidende Rolle dabei spielt die Stärke der mütterlichen Ich-Identität. Nur wenn diese entsprechend ausgebildet ist, d. h. nicht nur aus einer Summe nicht integrierter Kindheits-Identifikationen besteht (Erikson 1966, S. 139), hat die frühe Identifikation der Mutter mit ihrem Kind lediglich die Funktion einer „Regression im Dienste des Ich" (Kris 1943, S. 448), bzw. präzise ausgedrückt einer „Regression im Dienste der Art" (Kleiner 1984, S. 148), und eine „Ent-Identifizierung", (Sandler 1967, S. 150), d. h. eine Unterscheidung zwischen Selbst und Objekt, wird zugelassen. Ist die Mutter aber nicht imstande, ihre eigene Identität zu erleben, kann sie auch keine emotionale Besetzung des Kindes als eines von ihrem eigenen Selbst unabhängigen Objekts vollziehen (Jacobsen 1978 a, S. 74).

In dem frühen Umgang der Mutter mit dem Kind üben stärker noch als in anderen Lebensbereichen nicht die bewußten Handlungen der Mutter den größten Einfluß auf das Verhalten des Kindes aus, sondern ihre unbewußte Haltung (Stork 1976, S. 898).

Obwohl auch diese (bewußte) Art Nichteinigung ihre Spuren in Form von Versagungserlebnissen symbolisch hinterläßt, dürfte sie nicht so gravierend sein, wie die, bei der die Mutter Einigung herstellen will, es jedoch aus unbewußten Gründen nicht kann. (Orban 1986, S. 50)

In dem Verständnis der Psychoanalyse als „Theorie der sozialen Reproduktion" (Chodorow 1985, S. 266) werden kindliche Phantasien und Abwehrmechanismen durch reale Situationen wiederbelebt. Die reale soziale Situation der Mutterschaft mobilisiert daher – verstärkt durch das identifikatorische Miterleben mit dem Kind – regressive archaisch-lustvolle Phantasien einerseits, das gesamte Inventar der erworbenen Abwehrmechanismen andererseits.

2.3.3 Mutterschaft als Entwicklungsphase

Durch Schwangerschaft und Geburt wird aber auch die frühe Beziehung zur eigenen Mutter reaktiviert (Benedek 1960, S. 39–40). Folgender Traum einer Schwangeren gibt dieses sehr anschaulich wieder:

> Ich gehe schwanger mit meiner Mutter. Ich habe sie in meinem Bauch. Und ich selbst befinde mich im Bauch meines Kindes, das meine Mutter ist. Meine Mutter in mir, ich in der Mutter, das Kind eine Kugel um uns. (Gambaroff 1984, S. 196)

Die Beziehung zur eigenen Mutter wird nicht erst nach der Geburt, sondern schon in der Schwangerschaft, ja schon in der Frage des Wunsches wiederbelebt. Kleiner hat in einer Untersuchung über „Suicide in pregnancy" (Kleiner 1984) hinsichtlich der Motivation für eine Schwangerschaft festgestellt, daß ein durchgehendes Leitmotiv das Verhältnis der Frau zu ihrer Mutter war. Er schreibt, daß Untersuchungen der Motivation dieser speziellen Gruppe oft auf eine Regression treffen, hinter der sich eine frühe ambivalente Mutter-Tochter-Beziehung zu erkennen gibt. Der Wunsch nach einem Kind ist dann zu verstehen als Bedürfnis, zu lieben und geliebt zu werden, in einer symbiotischen Weise verbunden zu sein, ein garantiertes Liebesobjekt zu haben (Kleiner 1984, S. 148).

Die Beziehung zur eigenen Mutter als erster Bezugsperson hat in mehrfacher Hinsicht grundlegende Bedeutung, u. a. schafft sie auch die Basis für die spätere elterliche Einstellung, und sie hinterläßt die Erinnerung an eine einzigartige Intimität, die durch eine eigene Schwangerschaft mit vertauschten Rollen neu geschaffen werden soll (Chodorow 1985, S. 78).

Insbesondere im zweiten Drittel der Schwangerschaft wird die Beziehung zur eigenen Mutter wiederbelebt, werden Gefühle reaktiviert. Eine Beziehung zur Mutter, die durch Zurückweisung geprägt ist, bringt schmerzvolle, ambivalente Gefühle an die Oberfläche (Kleiner 1984, S. 150).

Wie die Reaktivierung der Beziehung zur eigenen Mutter aussieht, wird eingehend von Benedek in „Elternschaft als Entwicklungsphase" dargestellt. Nach Benedek wird durch Mutterschaft und das damit zusammenhängende Handeln eine dynamische Kommunikation zwischen Mutter und Kind aufrechterhalten, die nicht nur zur Veränderung im Kinde führt, sondern auch in der Mutter, wie bereits in anderem Zusammenhang angesprochen.

Die Anfangsphase der Mutterschaft einschließlich der Schwangerschaft wird von einer Regression auf die orale Entwicklungsstufe begleitet. Es werden die Selbst- und Objektvorstellungen wiederbelebt, die während der oralen Phase der betreffenden Frau integriert wurden, wodurch eine Wiederholung der psychischen Prozesse bewirkt wird, die ihren Ursprung in der Mutter-Kind-Beziehung während ihrer eigenen Kindheit haben (Benedek 1960, S. 39).

Die Mutter erlebt also einerseits die orale Kindheitssituation nach mit den damit einhergehenden rezeptiven Tendenzen, andererseits bewirkt der „primäre Fortpflanzungstrieb" die Tendenz der erwachsenen Person, zu geben, nähren u. a. Durch die rezeptiven Eigenschaften wird die Identifizierung der Mutter mit ihrem Kinde erleichtert. Die Fähigkeit des Gebens hingegen wird von dem Schicksal der primären Identifizierung mit der eigenen Mutter bestimmt (Benedek 1960, S. 39).

Erfahrungen der eigenen frühen Kindheit tauchen wieder auf. Diese Wiederholung ermöglicht das Verarbeiten von oralen Konflikten. Sind diese Erfahrungen positiv, kann ein stabiles Gleichgewicht zwischen Mutter und Kind heranwachsen. Wenn die Mutter nicht erfahren konnte, daß ihre Mutter für sie Sorge getragen hat, fällt die Vorstellung schwer, sie selbst könne es bei ihrem Baby schaffen, oder es entsteht gerade dann der Wunsch, es anders zu machen (Kleiner 1984, S. 165). Aber auch wenn dieser Wunsch stark sein mag, zunächst einmal ist – bewußt oder unbewußt – nur die Primärerfahrung mit der eigenen Mutter bezüglich „mothering" vorhanden (Kleiner 1984, S. 179).

Sind die Erfahrungen negativ, d. h., überwiegen durchlebte Enttäuschungen und Versagungen, so wird die Fähigkeit zu „geben" gestört sein, und die aufgrund der rezeptiven Tendenz regredierende Mutter wird ihre aggressiven Impulse gegen die eigene Mutter verstärken (Benedek 1960, S. 41). Die doppelte Identifikation mit dem empfangenden Säugling und mit der gebenden Mutter hat zur Folge, daß sich die Aggressionen nicht nur gegen die eigene Mutter, sondern nunmehr auch gegen das eigene Kind und aus der Situation der Identifikation mit beiden heraus auch gegen sich selbst richten.

Die Identifizierung des Kindes mit der Mutter entfaltet sich Schritt für Schritt, gemäß den wechselnden Funktionen der Mutter in der psychischen Organisation des heranwachsenden Kindes und gemäß der Rolle, die sie bei der Befriedigung der Triebbedürfnisse in den verschiedenen Entwicklungsphasen des Kindes spielt. Der Prozeß der Identifikation verläuft u. U. so lange reibungslos, bis das Kind eine Entwicklungsstufe erreicht, auf der die Mutter einen eigenen Entwicklungskonflikt erlebt hat. Die soeben dargestellte orale Situation wird also möglicherweise konfliktfrei erlebt. Störungen ergeben sich hingegen erst auf einer späteren Entwicklungsstufe (Benedek 1960, S. 40).

Zur Vermeidung emotionaler Isolierung paßt sich das Kind dem konfliktvollen Verhalten der Mutter an. Das Kind introjiziert den Konflikt. Das Erleben der Imitation des Kindes löst bei der Mutter unterschiedliche Reaktionen aus: im Falle der Konfrontation mit eigenen negativen Erfahrungen möglicherweise Feindseligkeit, bei weniger negativen Erfahrungen Allmachtsphantasien – eine Reaktivierung der Allmachtsphantasien, mit denen die Mutter in der frühen Kindheit ausgestattet wurde.

Die Aussage Benedeks – Nacherleben der eigenen Kindheitsphase – wird auch von anderen psychoanalytischen Autoren bestätigt. Hinsichtlich der Herleitung ergeben sich Differenzen. Während Benedek, ausgehend von dem Freudschen libidinösen Phasenmodell, dem Erleben der triebhaften Oralität einen entscheidenden Stellenwert einräumt, betonen demgegenüber Michael und Alice Balint, ausgehend von einer Theorie der primären Liebe, daß nicht nur die Nahrungssuche das Verhalten des Säuglings gegenüber der primären Bezugsperson bestimmt, sondern daß es ein primäres Bedürfnis nach menschlichem Kontakt gibt (M. Balint 1937, S. 112).

3 Tötung des Kindes aus gestörter Identifikation

In der mangelnden Integration widersprechender Gefühle im Prozeß der Identifikation scheint mir ein Schlüssel für das zu behandelnde Problem – der plötzliche destruktive Ausbruch der Mutter gegenüber ihrem Kind – zu liegen. Identifikationsprozesse – normale und gestörte – stehen daher im Zentrum meiner Ausführungen.

Die Plötzlichkeit des Ausbruches, die häufig bei den Tötungen der eigenen Kinder zu beobachten ist, scheint darauf hinzudeuten, daß aggressive Anteile der tötenden Mutter nicht integriert werden konnten, sondern abgespalten wurden. Meine Vermutungen gehen dahin, daß in einem frühen Entwicklungsstadium Identifikationsstörungen entstehen, die es dem Kind nicht erlauben, seine negativen Empfindungen und Impulse zu verarbeiten, und die dann im Falle einer eigenen Mutterschaft verstärkt zutage treten.

Im Kern meiner Erörterungen liegt die Auseinandersetzung mit der projektiven Identifikation in der Annahme, daß diese ein Hilfsmittel zum Umgang mit zerstörerischen kindlichen Impulsen sein könnte, daß andererseits bei der vorliegenden Problemlage diese Unterstützung der tötenden Mutter in ihrer Kindheit nicht gewährt wurde. Inwieweit diese Annahme einer Überprüfung standhält, ist zu beleuchten. Ich betrachte die mütterliche Kindheit: Als Hindernis bei der Bewältigung der destruktiven Anteile kann sich dem Kind eventuell eine Mutter in den Weg stellen, der ihrerseits der Prozeß einer Integration des Negativen mißglückt ist. Vor allem zwei Varianten sehe ich, wie die nichtgelungene Annahme eigener negativer Potentiale der Mutter sich auswirken kann: Läßt sie ihren Haß zu, könnte er für das Kind unmittelbar spürbar werden und keinen Platz mehr für dessen eigene Destruktion lassen; verleugnet sie ihn bei sich selbst, schlägt er sich indirekt in der Mutter-Kind-Beziehung nieder. Die Mutter delegiert u. U. ihren Haß auf das Kind, bei dem er sich mit der eigenen Destruktion vermischt. Das Kind, das nicht erfahren hat, mit der eigenen Wut umzugehen, und zugleich möglicherweise noch als Statthalter der nicht zugelassenen mütterlichen Wut eingesetzt wird, trägt dieses Dilemma in eine spätere eigene Mutterschaft. In den Abschnitten „Erleben des mütterlichen Hasses" und „Ausleben des delegierten mütterlichen Hasses" werde ich einige Gedanken über Auswirkungen dieses Erlebens formulieren und mögliche Verbindungen zwischen dem „Haßerleben" und der hier zu behandelnden Tat untersuchen.

3.1 Identifikationsmechanismen

Im Kapitel 2.3.3 wird das Erleben einer eigenen Ich-Identität der Mutter als Voraussetzung einer Ent-Identifizierung gegenüber dem Kind nach Ablauf der symbiotischen Phase genannt. Unter Heranziehung verschiedener Identifikationsmuster und damit einhergehender potentieller Störungseinflüsse sollen die Hindernisse auf dem Weg zum Aufbau einer Ich-Identität in der mütterlichen Kindheit sowie deren unterschiedliche Auswirkungen auf die spätere Beziehung zum eigenen Kind nunmehr Beachtung finden. Die Mutter-Kind-Beziehung ist dabei als Matrix der Identitätsbildung anzusehen (Jacobsen 1978 a, S. 73).

3.1.1 Funktion der Identifikation

Laplanche und Pontalis definieren Identifizierung folgendermaßen:

> Psychologischer Vorgang, durch den ein Subjekt einen Aspekt, eine Eigenschaft, ein Attribut des anderen assimiliert und sich vollständig oder teilweise nach dem Vorbild des anderen umwandelt (Laplanche/Pontalis 1986, S. 219).

Dieses klassische Verständnis der Identifikation stellt – metapsychologisch ausgedrückt – den Gesichtspunkt der Veränderung einer Selbstrepräsentanz nach dem Vorbild einer Objektrepräsentanz in den Mittelpunkt (Müller-Pozzi 1985, S. 878), vernachlässigt aber eine weitere Notwendigkeit der Unterscheidung: neben der Variante, daß das Subjekt seine eigene Person mit einer anderen identifiziert, ist auch noch die Identifikation des anderen mit der eigenen Person möglich. Wie sehr Selbst und Objekt im Prozeß der Identifizierung miteinander verwoben sind, wird meines Erachtens recht klar von Orban dargelegt:

> Indem ich einen Teil der Außenwelt symbolisch in meine Innenwelt hineinnehme, verdopple ich Außenwelt. Sie ist damit einmal real und einmal in meiner Vorstellung vorhanden. Diese Verdoppelung ist jedoch gleichzeitig eine Verdoppelung meiner selbst. Der Teil, der vorher Subjekt war, jetzt als Objektrepräsentanz in mir fungiert, bleibt, trotz seiner primären Beschaffenheit als Objektrepräsentanz, Subjekt – aber anders geartet. Psychologisch gewendet: jede Objektbesetzung gilt damit *auch* als Besetzung meiner selbst, sie ist Selbstbesetzung und d. h. Besetzung meiner Selbstrepräsentanz. Jede von mir besetzte Repräsentanz verhilft mir, mich zu einem Subjekt zu entwickeln (Orban 1986, S. 78).

Welchen Nutzen birgt die so beschriebene Identifikation für die Entwicklung des Kindes im einzelnen? Spitz schreibt dazu:

Das Kind identifiziert sich sozusagen um der Identifikation willen. Sie dient ihm sowohl als Anknüpfung von Objektbeziehungen wie zur Bemeisterung der Dingwelt, zur Abwehr wie zum Angriff. (Spitz 1960/61, S. 417)

Dieses Begriffsverständnis impliziert, daß Identifikationen „entwicklungsfördernden und/oder entwicklungshemmenden i. e. Abwehrcharakter" haben (Loch 1968, S. 282). Anna Freud betrachtete die Identifikation vor allem unter dem Gesichtspunkt eines Abwehrmechanismus der Angstabwehr (A. Freud 1936, S. 85). Für Sigmund Freud erhielt der Begriff der Identifizierung zunehmend zentrale Bedeutung. In seiner Theorie ist Identifizierung der psychische Mechanismus, durch den das menschliche Subjekt sich konstituiert. Dieser Stellenwert hängt damit zusammen, daß Freud zufolge Identifizierung einerseits früheste Äußerung einer Gefühlsbindung an eine andere Person ist, andererseits regressives Substitut einer aufgegebenen Objektwahl (Freud 1921, S. 98–99). Auf weitere Verästelungen des Begriffs der Identifizierung bei Freud möchte ich an dieser Stelle nicht eingehen.

Inzwischen ist die Betrachtungsweise vorherrschend, daß alle Aspekte der Persönlichkeitsentwicklung und -organisation des Ichs und Über-Ichs, ebenso wie des Selbst, der empathischen Wahrnehmung wie aber auch der Abwehr berührt sind (Müller-Pozzi 1985, S. 877).

Diese Palette verschiedener Funktionen zeigt auf, daß gelungenen Identifikationen mit dem ersten Liebesobjekt, d. h. der Mutter, für den normalen Entwicklungsverlauf eines Individuums zentrale Bedeutung zukommt.

3.1.2 Ambivalenz

Die Identifizierung ist aber auch von Anfang an ambivalent (Freud 1921, S. 98). Freud trifft diese Aussage zwar im Zusammenhang mit den spezifischen Identifizierungsmustern bei der Konstituierung des Ödipuskomplexes. Sie hat aber darüber hinausgehende Richtigkeit; denn Ambivalenz ergibt sich nicht nur bezogen auf Vater und Mutter als gleichzeitige Objekte der Liebe und Rivalität, sondern auch bezogen auf die Gefühle gegenüber einer Person.

Gefühlsambivalenz im eigentlichen Sinne, also das Zusammentreffen von Liebe und Haß gegen dasselbe Objekt ... (Freud 1912/13, S. 439)

ist bei einem Menschen bald mehr, bald weniger in der Anlage vorgesehen. (Freud 1912/13, S. 351)

In den ersten Phasen des Liebeslebens ist offenbar die Ambivalenz das Regelrechte. (Freud 1931, S. 284)

Die Frage des Ursprungs der Ambivalenz bleibt für ihn unklar. So schreibt er 1933:

Oder man kann eine solche ursprüngliche Ambivalenz der Liebesbesetzungen ablehnen und darauf hinweisen, daß es die besondere Natur des Mutter-Kind-Verhältnisses ist, die mit der gleichen Unvermeidlichkeit zur Störung der kindlichen Liebe führt, denn auch die mildeste Erziehung kann nicht anders als Zwang ausüben, Einschränkung einführen, ... (Freud 1933 a, S. 555)

Aus dieser Gegebenheit folgt für Freud, daß der Haß älter als die Liebe sei (Freud 1915 a, S. 101).

Eine Betrachtung des Zusammenspiels von Identifizierung und Ambivalenz verweist auf die Vorstufe der Identifizierung – die erste orale Phase der Libidoorganisation. Diese oral-kannibalische Stufe (Freud 1905, S. 103) zeichnet sich vor allem durch das Ziel der Einverleibung des Objekts aus, ein Vorgang, der auch als Introjektion bezeichnet wird (Laplanche/Pontalis 1986, S. 235–236). Diese Einverleibung weist bereits ambivalente Züge auf: das Objekt soll aufgenommen und damit zerstört werden, zugleich aber erhalten bleiben. Noch ausgeprägter zeigen sich ambivalente Gefühlsregungen auf der sadistisch-analen Stufe der Sexualorganisation, da hier der Wunsch, sich des Objekts zu bemächtigen, stärker hervortritt (Freud 1905, S. 104).

Diese Gleichzeitigkeit des Wunsches, das Objekt zu zerstören und es zu erhalten, wird in noch viel größerem Ausmaß später von Melanie Klein hervorgehoben (Klein 1935, S. 52). Welche Konsequenzen ergeben sich aus der geschilderten Gefühlsambivalenz für die Identifizierung und damit für die Entwicklung des Subjekts? Wenn Ambivalenz normal ist für das Empfinden des Kleinkindes und auch, wie Freud z. T. einräumt, für das des Erwachsenen – anders als z. B. Karl Abraham, der hinsichtlich der Normalität insofern eine andere Auffassung vertritt, als er eine ambivalente sowie eine vor- und nachambivalente Stufe unterscheidet (Abraham 1924, S. 142) –, so wären Störungen in der Entwicklung auf die Nichtanerkennung bzw. Negierung eines der beiden Spannungspole zurückzuführen. Pathologisch ist danach die Dissoziation, die Abspaltung (Bauriedl 1984, S. 30).

3.1.3 Spaltung

Freud verwendet den Begriff „Spaltung" in dieser Verbindung nicht. Er schreibt, daß die Bedingung für das

> ... chronische Nebeneinander von Liebe und Haß gegen dieselbe Person, beide Gefühle von größter Intensität, [...] eine sehr frühzeitig, in den prähistorischen Kindheitsjahren erfolgte Scheidung der beiden Gegensätze mit Verdrängung des einen Anteiles, gewöhnlich des Hasses, ... (Freud 1909, S. 96)

zu sein scheint. In dieser Beschreibung kommt nicht die Besonderheit zum Ausdruck, daß oftmals zu einem bestimmten Zeitpunkt im Erleben nur das eine oder das andere Gefühl vorhanden ist, das jeweils andere in dem Augenblick nicht wahrnehmbar ist, als wäre es gar nicht existent.

Diese Gefühlsweise „gut oder böse" einhergehend mit einer entsprechenden Sicht der Objekte ist in dem Abwehrmechanismus der Spaltung sehr genau von Melanie Klein in die psychoanalytische Begriffswelt eingeführt worden. Das Erleben des Kleinkindes läßt es noch nicht zu, die gewährende und versagende Mutter in einer Person wahrzunehmen. Das Objekt ist entweder total gut oder total böse, aber nicht sowohl als auch (Klein 1946, S. 106–107). Im folgenden soll Melanie Kleins Verständnis der kleinkindhaften Erlebniswelt genauer formuliert werden. Eine ausführlichere Darstellung erscheint deshalb angebracht, weil diese Betrachtung auch wichtigen Differenzierungen des Begriffs der Identifizierung den Weg geebnet hat. M. Klein hat ferner eine dezidierte Vorstellung von der Genese frühkindlicher Aggressivität entwickelt.

Für Melanie Klein beginnen Objektbeziehungen schon sehr früh, d. h. zu einem Zeitpunkt, da es noch keine Differenzierung zwischen Lust- und Realitätsprinzip im Leben eines Kindes gibt (Klein 1946, S. 102).

Der Phantasie kommt in diesem Zusammenhang eine zentrale Bedeutung zu. Sie ist der seelische Ausdruck von Triebregungen und Triebbefriedigungen, wobei letztere mit Hilfe eines Objektes erfolgen. Damit wird schon von Geburt an ein frühes Ich als Funktionsträger der vorhandenen Phantasie angenommen. Der Aufbau dieses Ichs und die Entstehung von Objektbeziehungen beeinflussen sich gegenseitig. Die Phantasie ist aber nicht nur als seelischer Ausdruck von Triebregungen zu verstehen, sondern auch als reine Abwehrform, als Mittel zur Flucht aus der Realität sowie als Abwehrvorgang gegen die innere Realität (Klein 1948, S. 76–77).

Die Phantasie ist schon am Anfang des Lebens an Objekte gebunden, und zwar zunächst an Partialobjekte, d. h. an die mütterliche Brust. Das Kleinkind, das zwangsläufig Versagungserfahrungen macht, insofern als ihm die mütterliche Brust nicht ständig zur Verfügung steht, beginnt eine scharfe Trennung in „gute" und „böse" Brust vorzunehmen. Dieser Spaltung liegt eine scharfe Trennung zwischen Liebe und Haß zugrunde. Im Zustand der Befriedigung richten sich Liebesgefühle auf die befriedigende Brust, im Zustand der Versagung Haßgefühle gegen die frustrierende Brust (Klein 1960, S. 147). Der Haß geht mit einem Zerstörungstrieb gegen das Objekt einher; das ist zunächst nur die mütterliche Brust, schon bald jedoch der gesamte Körper der Mutter. Aufgrund dieses intensiv erlebten Hasses gegen das „böse" Objekt entwickelt das Kind seinerseits eine Verfolgungsangst, die verschiedene Angstinhalte aufweist. Dabei entsteht schlimmstenfalls auch die Angst, getötet zu werden, sozusagen als Strafe des Objekts, dessen Reaktion auf den gegen es gerichteten Haß.

Zur Bewältigung der Angst werden verschiedene typische Abwehrmechanismen entwickelt, die je nach Entwicklungsstand unterschiedlich aussehen. In der frühen Periode, d. h. ca. die ersten vier Lebensmonate, der sogenannten paranoid-schizoiden Phase, findet eine Auseinandersetzung mit der Angst vor allem durch Projektion statt. Diese Projektion bedingt die Abspaltung „böse" und „gut", und zwar vorerst in der Außenwelt. In einem weiteren Schritt wird das äußere verfolgende Objekt allmählich in die Innenwelt genommen und entwickelt sich dort zu einem inneren Verfolger. Die Angst vor dem Zerstörungstrieb im Innern verstärkt sich. Bei der zunächst stattfindenden Spaltung des Objekts und der Beziehung des Kindes zu dem Objekt handelt es sich um die früheste Objektivierung des – nach Melanie Klein angeborenen – Todestriebes. Mit Hereinnahme der Verfolger nach innen läßt sich darüber hinaus auch eine aktive Spaltung des Ichs feststellen (Klein 1946, S. 120–121). Nicht nur bei Versagungen, sondern auch bei genügenden Befriedigungserfahrungen verursachen aufgrund eines – ebenfalls angeborenen – Neides (Klein 1958, S. 190) aus dem Inneren herauskommender Zweifel und Verdacht, daß sich das geliebte Objekt in einen Verfolger verwandelt.

48

All dieses vollzieht sich zwar in der Phantasie, ist jedoch in den Folgen sehr real, da es dazu führt, daß Gefühle und Beziehungen tatsächlich voneinander abgespalten sind. Nicht nur Situation und Objekt werden geleugnet bzw. vernichtet, sondern auch die Objektbeziehung, ja sogar der Teil des Ichs, von dem aus die Gefühle auf das Objekt ausstrahlen (Klein 1946, S. 107). Es handelt sich nach Melanie Klein um einen „normalen" Prozeß, der im allgemeinen durch Erreichen der nächsten Phase beendet wird. Diese depressive Stufe zeichnet sich vor allem durch die Fähigkeit aus, das Objekt als Ganzes zu sehen und zu introjizieren und damit eine andere Art der Objektbeziehung herzustellen. Die Introjektion des ganzen Objekts hat zur Folge, daß geliebte und gehaßte Aspekte des Objekts zusammengebracht werden. Das Zusammenspiel dieser Aspekte stellt sich ein als Folge eines Kampfes, der zwischen dem nach wie vor wirkenden Zerstörungstrieb und Wiedergutmachungstendenzen einerseits, Gefühlen der Trauer wegen des vermeintlichen Objektverlustes und der Schuld andererseits abläuft. Eine Reaktivierung dieses Prozesses in späteren Lebenssituationen ist möglich. Falls die Ängste in dieser Phase jedoch zu stark waren, scheitert eine adäquate Bewältigung, und damit ist auch die Durcharbeitung der depressiven Position gestört. Es kommt hier eher noch zu einer regressiven Verstärkung der Verfolgungsängste der paranoid-schizoiden Position (Klein 1960, S. 162).

Während zunächst die *Phantasie* des Kleinkindes oraler Natur ist, kommen bald libidinöse und aggressive Regungen hinzu, ein Zusammenfließen von oralen, urethralen und analen Wünschen. So entwickelt sich z. B. auch die Phantasie, im Haß schädigende Exkremente und die damit zusammenhängenden abgespaltenen Teile des Ichs in die Mutter hineinzuprojizieren. In einem solchen Moment wird die Mutter als das „böse Selbst" empfunden. Diese besondere Art von Identifizierung stellt das Urbild einer aggressiven Objektbeziehung dar; es handelt sich um eine sogenannte „projektive Identifikation" (Klein 1946, S. 109).

Aber nicht nur die gehaßten Teile des Selbst bzw. aggressive Gefühlselemente werden ausgestoßen und projiziert, sondern auch gute Ich-Teile. Dieser letztgenannte Vorgang hat zur Folge, daß sich das Ich als geschwächt erlebt und die Mutter aufgrund ihrer guten Persönlichkeitsanteile zum Ideal erhebt (Klein 1946, S. 109).

Ein Kind, das mangels ausreichender guter Erfahrungen massive Versagungserlebnisse verspürt hat – damit auch einen besonders intensiv erlebten Haß mit entsprechend starken Verfolgungsängsten –, wird diese auch später, insbesondere in Belastungssituationen, nicht überwunden haben.

Mit der Einführung des Begriffs der „projektiven Identifizierung" hat Melanie Klein meines Erachtens einen wesentlichen theoretischen Beitrag zum Prozeß der Verarbeitung aggressiver Impulse im kindlichen Erleben geleistet. Auf ihr Modell zur Entstehung von Aggressionen werde ich weiter unten eingehen. Betty Joseph mißt der Kleinschen Herausarbeitung einer Theorie der projektiven Identifikation folgende Bedeutung zu:

> Ich glaube, es ist unmöglich, in unserer Generation die Bedeutung von Melanie Kleins Konzept der projektiven Identifizierung für die Weiterentwicklung unserer Sensibilität und unserer Technik zu überschätzen. (B. Joseph 1985, S. 993)

Melanie Klein ist jedoch entgegenzuhalten, daß sie in ihrer Darstellung offenläßt, auf welche Weise Phantasien oraler Einverleibung von Objekten zur Etablierung innerer Objekte führen (Kernberg 1981, S. 37). Ferner mangelt es ihrer Theorie an einer klaren Unterscheidung zwischen äußeren Objekten und ihren intrapsychischen Repräsentanzen (Jacobsen 1978 a, S. 57). Auf die anschauliche Darstellung Orbans hierzu (s. Kap. 3.1.1) sei verwiesen. Offensichtlich geht Melanie Klein davon aus, daß innere und äußere Realität von Beginn des Lebens an differenziert werden können. Selbst- und Objektimagines sind aber zunächst noch nicht voneinander abgegrenzt, wie in der Beschreibung der symbiotischen Phase gezeigt wurde (s. Kap. 2.3.1).

Die Kleinsche Theorie zeichnet sich durch eine Überbetonung der mütterlichen Brust aus. Das Gesamt „Mutter" bleibt völlig im Verborgenen. Es reicht aber nicht, Brust mit Mutter zu identifizieren und dadurch implizit gute Ernährung mit guter Mütterlichkeit (Bowlby 1959/60, S. 455). Diese triebtheoretische Reduktion der frühkindlichen Erlebniswelt ist umstritten, wie bereits oben (s. Kap. 2.3.3) unter Berufung auf Balint angesprochen wird. Danach besteht schon zu Beginn des Lebens ein elementares Bedürfnis des Kindes nach Kontakt. Das Kind ist von vornherein in die gesellschaftliche Lebenswelt eingebunden. Entscheidend ist daher, wie die ersten Lebensäußerungen von der Umwelt aufgenommen werden, d. h. zunächst einmal, wie die Mutter auf das Verhalten des Kindes reagiert. Der Einfluß der Mutter wird aber von Melanie Klein außer acht gelassen (Stork 1976, S. 884). Völlig unberücksichtigt bleibt denn auch, daß die Mutter von vornherein gesellschaftliche Formbestimmung in die Beziehung zum Kind hereinbringt, damit also schon an der Mutterbrust – sogar schon im Mutterleib – ein Einspielen auf typische Interaktionsformen beginnt (s. Kap. 6.2.1) (Lorenzer 1985, S. 245).

3.2 Projektive Identifikation

Die Verwendung des Begriffs der „projektiven Identifikation" durch Melanie Klein läßt diesen als eine Modalität der Projektion erscheinen. Genau wie bei der Projektion wird ein Aspekt des Subjekts, den dieses bei sich selbst ablehnt, ins Äußere umgeleitet und als von außen kommend wahrgenommen. Die Besonderheit gegenüber der Projektion ist aber, daß sich mit der projektiven Identifikation das Vorbild einer aggressiven Objektbeziehung etabliert. Das Projektionsobjekt ist hier nicht ein beliebiges fremdes, sondern dieselbe Person, mit der sich das Subjekt identifiziert, gerade auch im Hinblick auf die projizierten Gefühle bzw. Eigenschaften. Ausgehend von diesem Verständnis einer defensiven Phantasie, wurden im Laufe der Zeit erweiterte Konzeptionen erarbeitet.

Für Sandler (Sandler 1983, S. 589) und auch für Kernberg (Kernberg 1968, S. 605) beinhaltet der Begriff der projektiven Identifikation auch, daß mit der Externalisierung der unerwünschten Selbstaspekte das Bestreben einhergeht, die andere Person zu kontrollieren, um somit der ungewollten Eigenschaften Herr werden zu können. Hinter dem Kontrollstreben steht die Furcht vor diesem mit der eigenen Destruktivität angefüllten Objekt (Kernberg 1968, S. 605). Ogden nimmt darüber hinausgehend in einem weiteren Schritt die Re-Internalisierung der durch den Empfänger umgewandelten Phantasie an (Ogden 1979, S. 360).

Die wesentliche begriffliche Neuerung gegenüber der Kleinschen engen Version von projektiver Identifizierung besteht darin, daß Kernberg, Ogden, Sandler u. a. nicht wie M. Klein auf der intrapsychischen Ebene des Betrachtens verharren, sondern den Radius durch Einbeziehung interpersonaler Vorgänge erweitern (Zwiebel 1985, S. 459); denn das Individuum, das diesen Identifikationsmechanismus einsetzt, trägt ihn nicht nur in seiner Phantasie aus, sondern manipuliert den Empfänger (Ogden 1979, S. 365).

Entscheidender als Einzelheiten der Begriffsbildung ist eine Betrachtung des psychischen Nutzens, der mit der „projektiven Identifikation" verbunden ist. Projektive Identifizierung ermöglicht es

51

dem Individuum trotz vorhandener massiver destruktiver Impulse gegen ein Objekt, sich mit diesem zu identifizieren, d. h. die für diesen psychischen Mechanismus notwendige Empathie aufzubringen (Zwiebel 1985, S. 459). Da Melanie Klein den Stellenwert des frühkindlichen Destruktionspotentials betont, ist es verständlich, daß sie von der Normalität der projektiven Identifikation in der frühen Kindheit ausgeht. Auch Ogden betont, unabhängig von der Kleinschen Position, bezugnehmend auf Bion, daß es eine wichtige Erfahrung der kindlichen Entwicklung ist, sich darauf verlassen zu können, daß die Mutter eine Weile als „Container" für projektive Identifizierung zur Verfügung steht (Ogden 1979, S. 365). Das Kind erhält eine Hilfestellung bei der Bewältigung negativer Impulse. Projektive Identifizierung ist für Ogden daher auch, anders als für Melanie Klein, ein Übergangsstadium vor der Aufnahme richtiger Objektbeziehungen (Ogden 1979, S. 363).

Gilt projektive Identifikation als normale Entwicklungsphase, oder liegt hier eine fundamentale Störung des frühkindlichen Identifizierungsprozesses vor? Möglicherweise sind beide Varianten zutreffend. Projektive Identifikation wird als Hilfsmittel zur Bewältigung frühkindlicher Destruktivität eingesetzt. Um die Frage der „Normalität" dieses Mechanismus adäquat beantworten zu können, ist zuvor die Frage der Normalität einer solchen Destruktivität aufzuwerfen. Dem Verständnis einer Genese dieser negativen Impulse dient der folgende Blick in die frühkindliche „Unterwelt", wie sie sich aus der Sicht verschiedener psychoanalytischer Autoren darstellt.

3.2.1 Genese der Destruktivität

Wie Melanie Klein und ihr folgend die Londoner Schule die Entstehung von Haß und Aggression erklären, nämlich als Folge von Versagungen oraler Bedürfnisse, daraus resultierender oral-sadistischer Regungen und entsprechender Ängste, wurde bereits ausgeführt (s. Kap. 3.1.3). Kritisierend schreibt Michael Balint dazu:

> was lärmend, vehement, heftig auftrat, wurde als wichtig, was still vor sich ging, als unwichtig bewertet. (M. Balint 1937, S. 107)

Michael Balint räumt ein, daß alles das, was Melanie Klein in ihren Theorien hinsichtlich der frühkindlichen Empfindungen darstellt, klinisch tatsächlich zu beobachten ist; aber er hebt auch hervor, daß diese Beschreibung einseitig ist, insofern, als es daneben auch noch das Unscheinbare gibt: „ein stilles, ruhiges Wohlbehagen" als Urform der Liebe (M. Balint 1937, S. 102).

Erst eine Frustration primärer Wunschbefriedigung löst die von Melanie Klein geschilderten heftigen Reaktionen aus. Das Verhalten des Kleinkindes ist daher nicht primär von Feindseligkeit getragen (A. Balint 1939, S. 118), wie Melanie Klein unter Berufung auf einen angeborenen Todestrieb vorgibt, sondern diese Gefühle entwickeln sich erst aufgrund von Versagungen durch das Handeln der Erwachsenen. Das Kind „reagiert" auf die bewußte bzw. unbewußte Haltung der Umwelt, nicht auf angeborene Triebregungen (A. Miller 1983, S. 275).

Das klassische, auf Freud zurückgehende Verständnis von Aggressivität formulieren Laplanche und Pontalis folgendermaßen:

> Tendenz oder Gesamtheit von Tendenzen, die in realen oder phantasierten Verhaltensweisen aktualisiert werden und darauf abzielen, den anderen zu schädigen, ihn zu vernichten, zu zwingen, zu demütigen usw. [. . .]. Die Psychoanalyse hat der Aggression eine wachsende Bedeutung eingeräumt, indem sie ihre Wirkung schon sehr früh in der Entwicklung des Subjekts aufzeigte und das komplexe Spiel ihrer Mischung und Entmischung mit der Sexualität betonte. (Laplanche/Pontalis 1986, S. 40)

Später, als Freud von einem angeborenen Todestrieb ausgeht (Freud 1923, S. 307), führt er auch die Aggression auf einen nach außen gerichteten Todestrieb, den Aggressionstrieb, zurück. Eine Diskussion der meines Erachtens nicht haltbaren Annahme eines Todestriebes würde den Rahmen dieser Arbeit sprengen. Auch scheint mir für den vorliegenden Problembereich, der auf frühe Ich-Störungen, auf nicht geglückte Differenzierungen von Selbst- und Objektimagines hinweist, in stärkerem Maße eine Erörterung der „narzißtischen Wut", jenes archaischen Destruktionspotentials, angezeigt. Dieses erlangt Bedeutsamkeit in der neueren psychoanalytischen Theoriediskussion zum Narzißmus. Der Blick wird hier weniger auf die Instanzen Ich – Es – Über-Ich gerichtet, sondern stärker auf die entwicklungsmäßig sehr frühen Störeinflüsse des Selbst.

Nach Kohut ist Destruktivität nicht als „Manifestation eines primären Triebes" zu sehen, „sondern als Desintegrationsprodukt, das zwar primitiv, aber nicht psychologisch primär ist" (Kohut 1981, S. 106). Am Anfang der Konstituierung des Selbst steht die Disharmonie, das Ausbleiben selbstverständlich erwarteter Triebbefriedigung. Die Objekte werden deshalb als Aggressoren gesehen; ihre Wahrnehmung und Anerkennung erfolgt mittels aggressiver Regungen (Lüders 1985, S. 416). „Zum Neinsagen gehört soviel Haß wie zum Ichsagen" (Lüders 1985, S. 416).

So ist die Grundlinie des aggressiven Verhaltens nicht „das wütend destruktive Baby – es ist von Anfang an das sich selbst behauptende Baby, dessen Aggressionen ein Bestandteil der Festigkeit und Sicherheit sind, mit der es seine Forderungen an Selbstobjekte stellt" (Kohut 1981, S. 109). Destruktivität ist immer durch eine Verletzung des Selbst motiviert, vor allem durch narzißtische Kränkung (Kohut 1981, S. 108).

Chronische narzißtische Wut, einhergehend mit Zerstörungslust, bildet sich erst dann heraus, „wenn das phasengerechte Bedürfnis nach allmächtiger Kontrolle über das Selbstobjekt in der Kindheit", d. h. die Mutter, chronisch und traumatisch frustriert worden ist (Kohut 1981, S. 112). Mit dem dann drohenden Zerbrechen des „Kern-Selbst" kommt es zum Erscheinen eines isolierten Triebes, d. h. zum Ausbruch narzißtischer Wut, u. U. mit Katastrophenreaktionen (Kohut 1981, S. 113).

Während Aggressionen des reifen Menschen einem getrennt erlebten Objekt gelten, sieht der narzißtisch Kränkbare den „Feind", der narzißtische Wut auslöst, nicht als „autonome Quelle eigenständiger Triebregungen, sondern als Fehler in einer narzißtisch wahrgenommenen Realität – er ist für ihn ein widerspenstiger Teil seines erweiterten Selbst" (Kohut 1985, S. 233). Auch um den Preis der Zerstörung des Objektes muß die Realität wiederhergestellt werden (Meerwein 1985, S. 70). Die folgende Äußerung einer Patientin beschreibt diese beziehungslose narzißtische Qualität des Hasses: „Wenn ich wütend werde, explodiert die Welt" (Lüders 1985, S. 416). Für Kernberg, mit dessen Theorie ich mich weiter unten noch beschäftigen werde, gründet sich die Aggression hingegen auf Neid, d. h. Neid auf denjenigen, der die narzißtische Vollkommenheit des Ich-Ideals besitzt. Mit der narzißtischen Wut wird der Neid abgewehrt, um das benötigte und beneidete Idealobjekt nicht zu zerstören (Kernberg 1978, S. 315).

Aus der vorangegangenen Darstellung folgt, daß ein gewisses Maß an Aggression normal ist, unabhängig davon, welcher genetischen Position zu folgen ist; die Pathologie wird durch das Ausmaß festgelegt, d. h., ob es bei der archaischen narzißtischen Wut bleibt oder ob durch Herausbildung getrennter Selbst- und Objektimagines im Laufe der Zeit reifere objektbezogene Aggressivität entsteht. Dabei nimmt der Mechanismus der projektiven Identifizierung offensichtlich eine wichtige Funktion ein, da er dem Kind eine Stütze bei der

Bewältigung der Destruktivität gibt. Als Entwicklungsstufe scheint projektive Identifikation somit normal zu sein, erst als beibehaltener Abwehrmechanismus bewegt sie sich in pathologischen Bahnen.

3.2.2 Mutter als „Container"

Um sich nochmals kurz das Bild der projektiven Identifizierung vor Augen zu führen: Das Kind externalisiert die ungewünschten Eigenschaften. Über die Identifizierung mit dem Objekt, das diese negativen Aspekte aufnimmt, ist es in der Lage, diese zu integrieren. Die Spaltung in Gut und Böse beim Subjekt sowie beim Objekt ist nicht mehr erforderlich. Die projektive Identifizierung gibt Hinweise auf das interpersonelle Band zwischen Mutter und Kind.

Wenn Mutter und Kind aufeinander abgestimmt sind, spielt die projektive Identifizierung dabei eine bedeutende Rolle; das Kind ist durch die Einschaltung eines rudimentären Wirklichkeitssinnes imstande, sich so zu verhalten, daß die projektive Identifizierung, gewöhnlich eine omnipotente Phantasie, ein realistisches Phänomen darstellt. Ich neige zu der Ansicht, daß das ein normaler Vorgang ist. (Bion 1963/64, S. 430)

Störungen könnten darin liegen, daß die projektive Identifikation nicht als adäquates Hilfsmittel zur Verfügung steht, mit der Folge, daß die mit der projektiven Identifikation einhergehende Entwicklungsstufe nicht verlassen und die projektive Identifikation damit übermächtig wird.

Die Mutter als „Container" muß destruktive Impulse entgegennehmen können, aber auch in der Lage sein, diese so umzugestalten, daß dem Kind die Rücknahme in einer nunmehr erträglichen Form möglich wird. Ich möchte von einer passiven und einer aktiven Komponente in diesem Zusammenhang sprechen; vor meinen Augen entsteht das Bild eines Containers mit der Fähigkeit des „Recycling".

Der „Container", um im Bild zu bleiben, kann nur dann destruktive Impulse „entgegennehmen", wenn genügend Platz vorhanden ist. Der Platz reicht nicht, wenn es zuviel Destruktionsmaterial ist, was aufgenommen werden soll, oder aber wenn das Objekt soviel eigene negative Gefühle gegen das Kind oder gegen sich selbst hat, daß der Container schon damit gefüllt ist. Mag diese Quantifizierung auch unangebracht sein, wo es um Begriffe aus der Gefühlswelt geht, so verdeutlicht sie doch, daß nicht nur das Kind aufgrund seiner Versagungserlebnisse destruktive Gefühle empfindet, sondern daß die Mutter ebenfalls Haß erlebt.

3.3 Scheitern der projektiven Identifikation

3.3.1 Kindliches Erleben des offenen mütterlichen Hasses

Winnicott zufolge haßt die Mutter ihren Säugling von Anfang an. Sie haßt ihn, bevor das Baby die Mutter haßt und bevor es wissen kann, daß es sie haßt (Winnicott 1947, S. 87). „Niemand kann ambivalenzlos die anfänglich totale Beherrschung durch das Kind ertragen" schreibt Windaus (1987, S. 332). Die ihr Kind exzessiv hassende Mutter hat nur beschränkte Aufnahmekapazität für den kindlichen Haß. Diese Situation liegt vor, wenn der Haß der Mutter positive Gefühle vollkommen überdeckt und zu einer Ablehnung der Mutterschaft führt, die zunächst – in den ersten Wochen nach der Geburt – objektlos ist, danach, mit der Entwicklung einer spezifischen Individualität des Kindes einhergehend, in eine gerichtete Feindseligkeit mündet (Spitz 1987, S. 227). Die Versagungserlebnisse des Kindes sind durch größeren mütterlichen Haß zahlreicher und damit auch die negativen Emotionen, andererseits sind die Möglichkeiten, die negativen Gefühle der Mutter zur „Verwahrung und Bearbeitung" zu geben, eingeschränkt. Es ist davon auszugehen, daß die Mutter, die schon die passiv-rezeptive Containerfunktion nicht erfüllen kann, die aktiv-bearbeitende erst recht nicht wahrzunehmen in der Lage ist.

Das Kind befindet sich in folgender Zwickmühle: es kann die negativen Gefühle nicht bei sich behalten, es kann sich aber auch nicht davon befreien. Das Objekt kann sie nicht oder nur unzureichend aufnehmen, so daß eine normale Re-Introjektion, die eine allmähliche Identifizierung mit einer mit negativen Selbstanteilen ausgestatteten Mutter ermöglicht, ausscheidet. Das Kind findet keinen Schutz und erfährt keine Sicherheit durch ein „erweitertes Ich", das sein Wohlbefinden garantiert und ihm den Umgang mit Spannungszuständen ermöglicht (Müller-Braunschweig 1975, S. 50).

Wenn die Mutter die kindlichen Projektionen nicht tolerieren kann, dann ist das Kind gezwungen, die projektive Identifikation mit wachsender Stärke und Häufigkeit fortzusetzen (Bion 1963/64, S. 430). Klein spricht hier von übertriebener projektiver Identifikation (Klein 1946, S. 109). Mir erscheint der Begriff „übertrieben" etwas ungenau. So ist es nicht nur die Häufigkeit, sondern auch das Übermaß des Glaubens an die eigene Omnipotenz, die von der projektiven Identifikation als „realistischer Aktivität" (Bion 1963/64, S. 430) abweichen. Die Verstärkung scheint die Projektion aber des

„Anfluges von Bedeutung zu entkleiden", den sie besaß. Dadurch wird aus einer Wut über oder gegen etwas eine namenlose Wut (Bion 1963/64, S. 430–431). Die Re-Introjektion tritt mit ähnlicher Stärke und Häufigkeit auf (Bion 1963/64, S. 430–431).

Bion sieht als Konsequenz dieser Verstärkung – dieses „Scheiterns" – der normalen projektiven Identifizierung, daß das Kind alles, was es empfängt oder gibt, seiner guten Eigenschaften beraubt, so daß nur „verkrüppelte" Objekte übrigbleiben (Bion 1963/64, S. 431). Das Kind hat anstelle eines verstehenden ein absichtlich mißverstehendes Objekt, mit dem es identifiziert ist (Bion 1963/64, S. 432).

Die Erlebniswelt des Kindes wird noch dadurch erschwert, daß es nicht nur mit den eigenen destruktiven Impulsen umgehen muß, sondern auch mit den negativen Gefühlsanteilen der Mutter, die es im Wege der Introjektion, einer primitiven Form der Identifizierung, aufnimmt (Kernberg 1981, S. 25). Diese findet zusätzlich zu der beschriebenen Re-Introjektion der ursprünglich eigenen Impulse statt. Kernberg unterscheidet die im Wege der Introjektionen aufzunehmenden affektiven Färbungen als positive und negative „Valenzen" (Kernberg 1981, S. 26). Unter einer positiven Valenz verschmelzen die Introjektionen mit libidinösen Triebderivaten zu einem „guten inneren Objekt", mit aggressiven Triebderivaten umgekehrt unter einer negativen Valenz zu einem „bösen inneren Objekt" (Kernberg 1981, S. 26). Die Installierung dieser beiden Objekte sowie die damit einhergehende Spaltung entsprechen der normalen Entwicklung (Segal 1983, S. 56). Das „böse innere Objekt" ist quasi das verkrüppelte, seiner guten Eigenschaften beraubte Bionsche Objekt, dem aber aus Gründen des Überlebens das im Grunde – in einem anderen Sinne – ebenfalls verkrüppelte „gute innere Objekt" gegenübergestellt werden muß.

3.3.1.1 Aufrechterhaltung der Spaltung

Das Kind, bei dem die projektive Identifizierung als normaler Bewältigungsmechanismus für negative Impulse versagt hat, bleibt unter der Vorherrschaft der projektiven Identifikation und verharrt auf der Stufe der primitiven Abwehrform der Spaltung Gut – Böse, wobei es aussagekräftiger wäre, mit Margaret Mahler hier von „Erhaltungsmechanismus" statt von Abwehrmechanismus zu sprechen (Müller-Braunschweig 1975, S. 95). Die Unterscheidung zwischen Selbst und Objekt bleibt verwischt, eine normale Identifizierung mißlingt und damit auch ein entscheidender Schritt zum Aufbau von Objekt-beziehungen.

Während die Spaltung als früher Abwehrmechanismus eine normale Erscheinung ist, erweist sich die nunmehr zu beobachtende Spaltung als pathologischer Natur und führt zur dauerhaften Spaltung des Ichs als Organisation (Kernberg 1981, S. 18 und S. 36).

Bezogen auf die Entwicklung des Selbst, besteht ein Gefühl völliger Wertlosigkeit neben einem von Omnipotenzgefühlen erfüllten „grandiosen Selbst".

Bezogen auf das Ich, verbleibt es bei der defizitären Ich-Struktur. Normalerweise geht die Entwicklung des Ichs als Zentrum kontrollierender und steuernder Instanzen dahin, daß die äußere Realität fortlaufend besser erkannt werden kann. Eine bessere Kontrolle der eigenen Impulse und Wünsche, deren zweckmäßige Abstimmung mit der Umwelt möglich wird. Hier hingegen ist die „Basis" für eine solche Entwicklungsrichtung brüchig. Da diese früh entstandenen Strukturen im Ich zwar von späteren psychischen Strukturen überformt werden können, aber im Wege der „Persistenz" erhalten bleiben (Sandler 1967, S. 149), greift der psychische Organismus unter Belastung in seinem Handeln und Erleben auf die frühen Strukturen zurück (Müller-Braunschweig 1975, S. 49).

Dieses hat, wie ich im Vorgriff auf das Kapitel 7 einfließen lassen möchte, auch Auswirkungen auf Therapien, die auf einer sehr archaischen Stufe verlaufen. Der Klient ist bemüht, seine negativen Impulse in den Therapeuten hineinzulegen, was für diesen oft sehr elementar als Angst u. a. spürbar wird. Damit besteht für den Klienten die Möglichkeit, sowohl seine eigenen Gefühle als auch die daraus erwachsenden Gefühle des Therapeuten zu kontrollieren. Dieses Element des Kontrollstrebens, das oben (s. Kap. 3.2) als Bestandteil der projektiven Identifikation genannt wird, zeigt sich hier besonders deutlich. Der Therapeut wird als Hilfsmittel zur Aufrechterhaltung der verzerrten Realität gesehen. Bisweilen nimmt die Kommunikation magische Formen an (Kernberg 1968, S. 615); der Klient lebt in dem Gefühl, von einer Omnipotenz übernatürlichen Ausmaßes erfüllt zu sein und damit auch einen „magischen Einfluß" auf den Therapeuten zu haben (Kernberg 1968, S. 615). Folgender Ausschnitt einer Kindertherapie vermag dieses Gefühl der Omnipotenz, aber auch den Prozeß der projektiven Identifizierung insgesamt recht gut zu verdeutlichen:

Lisa, ein kleines Mädchen von drei Jahren, stand im sechsten Monat ihrer Analyse. Sie erlebte gerade eine Phase, in der sie mir sehr feindlich gesinnt war; teils, weil ich erwachsen war, teils, weil ich Dinge konnte, die sie nicht konnte – und vor allem, weil ich die Fähigkeit hatte, sie zu analysieren. Häufig versuchte sie, diese Tatsache schlicht zu negieren, indem sie mich mit völliger Verachtung und Überheblichkeit behandelte. Eines Tages kam sie mit dem Gesicht einer kleinen vornehmen Dame in das Behandlungszimmer; sie schaute herablassend, verhielt sich ganz wie ein Vorgesetzter und befahl mir, zu essen und mich zu waschen. Ihre Sprechweise war seltsam, sie erinnerte entfernt an einen fremdländischen Akzent. Spöttisch blickte sie mich an, da ich offensichtlich nicht in der Lage war, das, was sie mir aufgetragen hatte, schnell zu erledigen. Aus der Art, wie sie sich verhielt und wie sie sprach (ich selbst habe, wenn ich englisch spreche, einen ausländischen Akzent), fing ich an, ihr zu deuten, sie sei ich geworden. Lisa ließ mich gar nicht bis zum Ende kommen; sie unterbrach mich und gab mir plötzlich einen Schlag ins Gesicht. Mir wurde klar, daß sie nicht nur ich geworden war, sondern daß sie auch nicht wünschte, diese Tatsache erklärt zu bekommen. Sie empfand sich als ich und mich als das Kind. Indem ich ihr sagte, was sie geworden sei, erinnerte ich sie daran, daß sie ein Kind war, und das paßte ihr nicht. So behandelte sie mich, als sei ich das Kind, und zwar ein ziemlich dummes und unartiges, das nicht einmal wußte, wer es war. Die Projektion dieses Kindes in mich war so weitgehend, daß es sich selbst fast völlig als ich empfand. Und ich *war* dieses Kind; hier hatte eine Umkehrung stattgefunden, und sie war ich, die Erwachsene, die Mutter. Diese Projektion geschah im Zorn; das Kind wollte sich auf keinen Fall des Unterschieds zwischen mir, als ihrer Analytikerin (ihrer Mutter in der Übertragung), und sich selbst, als dem Kind, bewußt werden. Deshalb auch verübelte sie mir meine Fähigkeiten. In der projektiven Situation nahm sie mich als ein böses Kind wahr, das mit Härte behandelt und bestraft werden mußte. Ihre Haltung als „Erwachsene" spiegelte auch nicht meine Haltung oder die ihrer wirklichen Mutter wider, sondern sie war von ihrem eigenen Zorn gefärbt. Wir haben es hier mit einer sehr wichtigen Folge der projektiven Identifikation zu tun: Subjekt und Objekt verlieren ihre eigenen Charakteristiken. (Riesenberg 1977, S. 222)

Nunmehr gilt es nochmals, den Blick auf die weitere Entwicklung der nicht integrierten negativen Anteile zu richten.

Während eine Synthese des guten und des bösen inneren Objekts sich auch auf die Abkömmlinge von Libido und Aggression auswirkt und die Aggression neutralisiert, bleibt letztere bei Aufrechterhaltung der Spaltung ungebunden (Kernberg 1981, S. 45). Neutralisierte Aggression äußert sich z. B. in zielgerichtetem Durchsetzungsstreben; nicht neutralisierte Aggression dagegen in unkontrollierter, zielloser, destruktiver Wut (Rohde-Dachser 1983, S. 85). Die Konsequenz einer nicht gelungenen Neutralisierung ist, daß die Aggression in entsprechenden Situationen impulshaft durchbrechen kann, ohne daß das schwache Ich dieses zu verhindern wüßte (Kernberg 1981, S. 58). Da eine Intoleranz gegenüber Versagung besteht, wird alles unternommen, um eine solche Situation zu vermeiden; der Wahrnehmung des Realerlebnisses wird durch zerstörende Angriffe ausgewichen (Bion 1963/64, S. 429). Die „entmischten Triebe" führen zur Destruktion, entweder des Objekts oder des Subjekts oder beider (Spitz 1987, S. 303).

Das Kind, das nicht die Chance hatte, gute und böse Anteile bei sich selbst und beim anderen, d. h. der Mutter, zu integrieren, bildet eine böse Mutterimago aus mit entsprechender Objektrepräsentanz; dem steht die gute Mutterimago, ebenfalls repräsentiert durch ein intrapsychisches Objektbild, gegenüber. Dieses idealisierte Mutterbild ist wichtig und muß vor der Kontaminierung durch böse Selbst- und Objektbilder geschützt werden (Kernberg 1981, S. 67).

Der archaische Haß auf die Mutter, die als Objektrepräsentanz im Innerpsychischen vertreten ist, bleibt vorhanden. Da die Mutter zugleich zum Überleben notwendig ist, scheidet ein Ausagieren ihr gegenüber aus. Das Kind entwickelt im Gegenteil eine starke Angst davor, für seinen Haß, aber auch aufgrund des mütterlichen Hasses, von der bösen Mutterimago bestraft – vernichtet zu werden. Es ist sehr real eine Angst festzustellen, von der Mutter getötet zu werden, andererseits ein aggressiver Todeswunsch gegen die Mutter (Mitchell 1985, S. 82). Diese Angst vor der Tötung durch die Mutter ist nicht nur auf den kindlichen aggressiven Todeswunsch zurückzuführen, wie Freud zwar nicht behauptete, aber doch wohl vermutete (s. Kap. 2.2), sondern eine Reaktion auf entsprechende mütterliche Impulse, wie Dorothy Bloch nachgewiesen hat. In ihrer langjährigen klinischen Arbeit mit Kindern hat sie festgestellt, daß nicht nur Haß auf das Kind unter Müttern verbreitet ist, sondern daß dieser Haß häufig einhergeht mit dem Wunsch, das gehaßte Objekt zu töten (D. Bloch 1978, S. 7). Dieser Wunsch ist normalerweise ausgeglichen mit dem Wunsch, das Kind möge leben. Etwas anderes gilt dann, wenn, wie im vorliegenden Problembereich, das feindliche Bestreben das Übergewicht hat; genau dieses wird für das Kind spürbar und als lebensbedrohlich erfahren.

Welche Konsequenzen hat dieses nun für den Fall der eigenen Mutterschaft?

Hier setzt folgender Mechanismus ein: die eigene Kind-Mutter-Beziehung wird reaktiviert, wie unter Berufung auf Benedek bereits oben (s. Kap. 2.3.3) dargestellt wurde. Bezogen auf einen gescheiterten Identifikationsprozeß mit der Mutter kann daraus folgen, daß die von Benedek dargestellte Doppelidentifikation jeweils auch nur rudimentär bleibt, d. h. eher eine primitive Introjektion als eine reife Identifikation entsteht.

Es wird im Rahmen dieser Beziehung zum eigenen Kind möglicherweise im Wege einer „Umkehridentifikation" (Windaus 1982, S. 87) der Versuch seitens der Mutter unternommen, den mißglückten Identifikationsprozeß der eigenen Kindheit nachzuholen. Sieht man, wie sich aus der obigen Abhandlung (s. Kap. 2.5) ergibt, das Stadium der projektiven Identifikation als Schwelle an, die nicht überschritten werden konnte, da die eigene Mutter in dieser Entwicklungssituation nicht als „Hilfs-Ich" zur Verfügung stand (Müller-Braunschweig 1975, S. 53), so bedeutet eine Umkehridentifikation, bezogen auf diese Stufe: das Kind wird als Container für die eigenen destruktiven Impulse hergenommen. Die Mutter macht also „um ihrer eigenen Bedürfnisbefriedigung willen Anleihen nicht beim mütterlichen Ich" (Jacobsen 1978 a, S. 69), sondern beim Kind. Dieses hat seinerseits kein Bewältigungspotential zur Verfügung, es ist vielmehr damit beschäftigt, mit seinen eigenen negativen Gefühlen umzugehen und eine Ich-Identität aufzubauen. Die Identifizierung der Mutter wird auch über die Umkehridentifikation scheitern.

Der im Inneren vorhandene reaktivierte Haß wird durch dieses zweifache Scheitern, eine Lösung für einen integrativen Umgang zu finden, verstärkt. Für die Mutter wird es schwieriger, die destruktiven Gefühle zurückzuhalten, die sich jetzt als Tötungswunsch gegen das Ersatzopfer Kind zu erkennen geben. Oben habe ich die Verbreitung dieses mütterlichen Tötungswunsches bezogen auf das Kind erwähnt. Gemessen an der Häufigkeit dieses Wunsches, werden vergleichsweise wenig Kinder von ihrer Mutter getötet, d. h., der Wunsch taucht zwar allenfalls in der Phantasie auf, wird jedoch nicht ausgeführt. Hier manifestiert sich das, was Freud als Abwehrcharakter der Phantasie bezeichnet hat. In einem Brief an Fliess definiert Freud Phantasien als Fassaden, die den Erinnerungen den Weg versperren sollen.

Die Phantasien entstehen durch unbewußte Zusammenfügung von Erlebnissen und Gehörtem nach gewissen Tendenzen. Diese Tendenzen sind, die Erinnerung unzugänglich zu machen, aus der Symptome entstanden sind oder entstehen können. Die Phantasiebildung geschieht durch Verschmelzung und Entstellung analog der Zersetzung eines chemischen Körpers mit einem anderen zusammengesetzten. Die erste Art der Entstellung ist nämlich die Erinnerungsfälschung durch Zerteilung, wobei gerade die zeitlichen Verhältnisse vernachlässigt werden. (Freud 1897, S. 216)

Ersetzt man Erinnerungen durch Wahrnehmungen und Gefühle, wird der Abwehrcharakter, der der Phantasie zukommen kann, sehr deutlich (Lebovici 1978, S. 129).

Normalerweise gelingt es also der Mutter, den Tötungswunsch in der Phantasie zu bewältigen, wie auch dem Kind die Phantasie Hilfestellung im Umgang mit Tötungsangst und eigenem Tötungswunsch leistet; wobei es bedeutsam ist, daß sich entwicklungsbezogen unbewußte Phantasien schon durch die ersten Spaltungen bilden, also keiner Ich-Identität bedürfen (Jacobsen 1978 a, S. 63).

Falls keine integrierenden Phantasien eingreifen können, da – aufgrund der dem Kind entgegengebrachten Feindseligkeit – die archaische Spaltung aufrechterhalten wird, entwickelt sich bei dem Kind möglicherweise, statt des Wunsches zu töten, ein starker Impuls zu töten.

Aus Angst, die Kontrolle zu verlieren, werden selbst Phantasien nicht zugelassen, denn für das Subjekt sind die unbewußten Phantasien tatsächlich reale Begebenheiten (D. Bloch 1978, S. 108). Eine Bewältigung auf diesem Wege scheidet aus.

> Durch diesen Zuschuß wird die Energiebesetzung der Phantasien so erhöht, daß sie anspruchsvoll werden, einen Drang nach der Richtung der Realisierung entwickeln. Das macht aber den Konflikt zwischen ihnen und dem Ich unvermeidlich (Freud 1916/17, S. 364).

Diesen ökonomischen Gesichtspunkt stellt Freud einer bloß dynamischen Auffassung der Phantasietätigkeit gegenüber; zwar bezieht er diese Aussage auf die Libido, der Gedanke des „Zuviel" ist aber auch auf die Aggression übertragbar. Da eine Symptombildung als Konfliktlösung nur auf der Basis eines reifen Abwehrmechanismus zustande kommt und damit den Aufbau eines Ichs voraussetzt, kommt dieser Ausweg bei schwachen Ich-Strukturen nicht in Betracht. Der Impuls muß daher weiterhin archaisch ferngehalten werden.

Scheitert nun in der eigenen Mutterschaft abermals der Versuch, doch noch eine Lösung für einen integrativen Umgang mit der Destruktivität zu finden, wie oben dargestellt, und wird damit durch zweifaches Mißlingen der Haß verstärkt, ist die Zurückhaltung dieses Impulses u. U. nicht mehr möglich; dieser bricht sich Bahn gegen das eigene Kind. Beim Ersatzopfer Kind hat auch ein impulshafter Durchbruch des Hasses andere Konsequenzen, als es bei der Mutter der Fall gewesen wäre, wie Alice Balint schreibt:

> Die Mutter ist einzig und unersetzlich, das Kind kann durch ein anderes ersetzt werden. (A. Balint 1939, S. 129)

Hier liegt ein psychodynamischer Erklärungsansatz für eine Tötungshandlung gegenüber dem Kind.

Zur Ergründung weiterer psychodynamischer Voraussetzungen einer Tötungshandlung kehre ich zur Betrachtung der mütterlichen Kindheit zurück, indem ich an die oben bereits erwähnte Etablierung eines Spaltungsmechanismus in die schwache Ich-Struktur anknüpfe.

3.3.1.2 Regressive Verschmelzung

Sind die frühkindliche Wut und die Frustration zu groß, so daß die gute Mutterimago gegen die mächtige böse Mutterimago nicht aufrechterhalten werden kann, so kommt es u. U. zu einer regressiven Wiederverschmelzung; selbst das schwache Ich besteht nicht mehr separat, Grenzen zwischen Subjekt und Objekt fehlen völlig (Kernberg 1981, S. 127). Das Subjekt sieht sich in seliger Verschmelzung, aber auch in grenzenloser Wut vereint mit dem Objekt.

Diese Regression kann im frühkindlichen Alter, aber auch in jeder späteren Belastungsphase auftreten, von der eine die eigene Schwangerschaft und Mutterschaft sein kann. Der Rückzug von der „Entwicklungsfront" kann vorübergehend oder dauerhaft sein, je nach Art und Schwierigkeit der zu bewältigenden Situation; denn Regressionen dienen der Anpassung an die Außenwelt nicht weniger als der Abwehr gegen die Innenwelt und helfen in beiden Beziehungen der Erhaltung eines normalen Gleichgewichtes (A. Freud 1965, S. 103). Tritt die Regression im Zuge der eigenen Schwangerschaft und Mutterschaft auf, weil die Mutter aufgrund ihrer Psychostruktur nicht in der Lage ist, mit den anstehenden Problemen fertig zu werden, erfolgt die obengenannte Verschmelzung nicht mit der eigenen Mutter, sondern stellvertretend für diese mit dem eigenen Kind. Dieses wird bei länger andauernder Regression der Mutter nicht aus der symbiotischen Phase entlassen. Es bleibt mit der Mutter auch in der Destruktivität verschmolzen.

Während bei Aufrechterhaltung einer – wenn auch schwachen - Ich-Struktur der tötenden Mutter das Kind noch als etwas zumindest partiell Getrenntes, als Teil der Mutter oder als Anhängsel gesehen wird, ist im Zustand der Verschmelzung eine Grenze nicht existent. Das Verharren in dem ungetrennten Sein zwischen Ich und Nicht-Ich kann auch vom Kind ausgehen (Müller-Braunschweig 1975, S. 96). Für Margaret Mahler zeigt sich hier ein wechselseitiges Zusammenspiel, in das auch konstitutionelle und Umweltfaktoren einfließen, beispielsweise Überempfindlichkeit und Verletzbarkeit auf seiten des Kindes (Müller-Braunschweig 1975, S. 96). Jeder Versuch des Kindes, der Symbiose zu entrinnen, ist bedrohlich und kann einen mütterlichen Destruktionsausbruch zur Folge haben, der aber eigentlich nicht das Kind meint, da dieses nicht als getrenntes Wesen existiert. Gemeint ist der „Schmelztiegel" „Mutter – eigene Existenz", der Ursprung und Ziel des archaischen Hasses ist.

Diese Psychodynamik zeigt sich in einer eigenen Mutterschaft des „Kindes". Dort kann es nunmehr nicht zugelassen werden, daß das eigene Kind der Verschmelzung entfliehen möchte. Der ursprünglich von der eigenen Mutter gefürchtete Destruktionsausbruch entlädt sich u. U. gegenüber dem Kind. „Die Erleichterung von der Angst vor brutaler Vernichtung erlangt die Tochter so nur durch ebenfalls brutale Vernichtung" (Schaule 1982, S. 28). Hier liegt ein weiterer Erklärungsansatz, der Licht auf die Psychodynamik der tötenden Mutter wirft.

3.3.2 Kindliches Ausleben des verdeckten mütterlichen Hasses

Bislang stand im Mittelpunkt der Darstellung die Überlegung, daß die tötende Mutter als Kind einer Fülle destruktiver Empfindungen ihrer Mutter begegnete, die ihr keinen Raum für einen adäquaten Umgang mit ihren eigenen aggressiven Impulsen gaben. Eine andere Variante ist die, daß sie ihren kindlichen Haß auch dann nicht auf (nach M. Klein: in) die Mutter projizieren konnte, wenn diese zwar negative Gefühle hatte, sie aber bei sich selbst verleugnete.

Ich betrachte im folgenden die Kindheit der tötenden Mutter unter obigem Gesichtspunkt, wobei diese als „Kind" benannt wird, ihre eigene Mutter als „Mutter".

Das Kind braucht Haß, um zu hassen, (Winnicott 1947, S. 89)

nur dann wird es fähig, das Ausmaß seines eigenen Hasses zu ertragen. Allerdings sagt Winnicott in diesem Zusammenhang auch, daß

eine Mutter fähig sein muß, ihren Haß auf ihr Baby zu ertragen, ohne ihn in ihre Handlungen einfließen zu lassen, (Winnicott 1947, S. 89)

ferner

ohne in Zorn zu geraten und ohne ihn ab und zu umzubringen (sic!). (Winnicott 1947, S. 86)

64

Abgesehen davon, daß letzteres nur einmal möglich ist, stellt Winnicott recht klar die Zwickmühle der hassenden Mutter dar. Ob die Mutter den Haß in ihre Handlungen einfließen läßt oder nicht, das Kind wird ihn spüren. Wie Spitz beschreibt, können Mütter, die ihrem Kinde ausgesprochen ablehnend gegenüberstehen, offenbar schon durch die Art, wie sie das Neugeborene halten, es bewegen, zum Stillen anlegen u. a., auf der Seite des Kindes schwere Störungen des Allgemeinbefindens hervorrufen (Spitz 1987, S. 224).

Bereits oben (s. Kap. 2.3.3) habe ich erwähnt, daß im Rahmen der Mutterschaft in besonderem Maße die Sprache des Unbewußten durchdringt. Auch für Rheingold wird nicht das beobachtbare Verhalten, sondern die unbewußte Einstellung der Mutter seitens des Kindes als größte Bedrohung erlebt (Rheingold 1967, S. 105); denn das Kind hat eine feine Beobachtung für die verräterischen Handlungen, durch die die Mutter ihr Unbewußtes preisgibt (Burlingham 1935, S. 438).

Wo bleibt der Haß, wenn er sich nicht in den eigenen Handlungen der Mutter ausdrückt?

Hält sich der mütterliche Haß in Grenzen, d. h., überwiegt die Liebe zum Kind, so kann er sublimiert werden, z. B. durch Sprache. Ein Blick auf gängige Wiegenlieder zeigt an, wie verbreitet darin negative Gefühle der Mutter durchdringen. Versteeg-Solleveld hat in einer analytischen Untersuchung verschiedener Wiegenlieder neben den vielen „einschmeichelnden" Nachtgesängen (Versteeg-Solleveld 1937, S. 307) solche entdeckt, die in einem Teil Zärtlichkeit, in einem anderen Teil Ärger oder Feindseligkeit ausdrücken (Versteeg-Solleveld 1937, S. 314).

> Schlaf, Püppchen, schlaf,
> da draußen geh'n die Schaf,
> die schwarzen und die weißen,
> die woll'n mein Püppchen beißen,
> die braunen und die gehlen,
> die woll'n mein Püppchen stehlen.
> (Versteeg-Solleveld 1937, S. 315)

Einige dieser Gedichte drücken nur den Haß aus:

> Drinnen steht der bunte Bock,
> beißt alle unartigen Kinderchen todt.
> (Versteeg-Solleveld 1937, S. 315)

Versagt diese Sublimierung, bietet sich als Lösung an, den Haß in die Handlung anderer oder eines anderen einfließen zu lassen, d. h.,

ihn zu delegieren. So ist es denkbar, daß eine Mutter ihren konflikthaften aggressiven Part ausgrenzt und ihrem Kind überläßt. Sperling
beschreibt Kinder, die sich wie Erweiterungen ihrer Mütter verhalten und deren nicht zugestandene Aggressionen auslebten (Sperling
1950, S. 36). Burlingham hat ähnliche Beobachtungen gemacht:

Man erhält den Eindruck, daß das Kind die aggressiven Impulse der Mutter
gespürt hat und sie zur Ausführung bringt. (Burlingham 1935, S. 442)

Das Kind übernimmt unter verschiedenen Voraussetzungen den aggressiven Anteil der Mutter; entweder die Mutter identifiziert sich
in narzißtischer Weise mit dem Kind, oder aber das Kind identifiziert sich Anna Freud zufolge selektiv mit der Mutter als Angreiferin
– eine vergleichsweise reife Abwehrform, die den Aufbau eines Ichs
voraussetzt – bzw. es findet eine „globale Identifikation" statt.

Es folgt eine Betrachtung der Kindheit der tötenden Mutter unter
dem Aspekt, inwieweit sich in der Tötung des eigenen Kindes die
delegierte Destruktivität der eigenen Mutter ausdrücken könnte.

3.3.2.1 Narzißtische Identifikation

Bei der narzißtischen Identifikation sieht die Mutter auch über die
symbiotische Phase hinaus das Kind als Teil des Selbst an. Denkbar
ist dabei, daß die Mutter durch das Kind sich als Selbst konstituiert,
d. h., daß das Kind die Identität der Mutter als autonomer Person
gewährleisten muß (Anselm 1985, S. 87) oder aber daß die Mutter
im Kind nur sich als Selbst konstituiert und nicht auch das Kind (Orban
1986, S. 142). Die Mutter besetzt dann nicht ihre Objektrepräsentanzen, sondern Selbstrepräsentanzen (Orban 1986, S. 142).

Im Rahmen der narzißtischen Identifikation kann die Funktion des
Kindes variieren. Es kann gesehen werden als das, was die Mutter
selbst ist, was sie selbst war, was sie selbst sein möchte oder als die
Person, die ein Teil des eigenen Selbst war (Richter 1960, S. 360).
Das Kind kann also als das gesehen werden, was die Mutter sein
möchte, d. h. Substitut für ein Ich-Ideal darstellen oder aber Substitut
der unbewußten negativen Ich-Identität, d. h. einen Sündenbock
verkörpern.

3.3.2.2 Identifikation mit der Angreiferin

Das Kind kann diese negative Rolle übernehmen, indem es sich über
den Mechanismus „Identifikation mit der Angreiferin" mit diesem

Teil der Mutter identifiziert. Anna Freud schreibt, daß die Identifikation nicht die Person des Gegners betrifft, sondern nur dessen Aggression (A. Freud 1936, S. 87). Das Kind macht sich für die Aggression verantwortlich (Laplanche/Pontalis 1986, S. 43). Dieses Identifikationsmittel wird von Anna Freud, wie erwähnt, als reifer Mechanismus beschrieben, der bei der Bildung des Über-Ichs bestimmend ist (A. Freud 1936, S. 85). Da sich die Identifikation mit dem Angreifer nicht auf die Person bezieht, ist es meines Erachtens aber denkbar, daß sie auch in einem primitiveren Entwicklungsstadium stattfindet, d. h., das Kind übernimmt die Aggression, ohne eine eigene von der Mutter getrennte Ich-Identität aufgebaut zu haben. Eine Integration dieses Mechanismus in der Genese einer narzißtischen Störung erscheint unter diesem Gesichtspunkt möglich. Das Kind übernimmt die negativen Anteile mit der Konsequenz einer gebrochenen Identitätsbildung, schwachem Selbst, niedrigem Selbstwertgefühl, mangelndem Selbstvertrauen u. a. (Zenz 1979, S. 230). Dem Kind, das sich als Aggressionspotential der Mutter sieht, fehlt es an narzißtischer Bestätigung, die es über eine idealisierte Mutter-Imago, die krampfhaft im kindlichen Ich-Ideal konserviert wird, erschaffen muß, um wenigstens insoweit an der mütterlichen Allmacht partizipieren zu können (Jacobsen 1983, S. 307).

Wird die mütterliche Aggression als gegen das Kind gerichteter Tötungsimpuls spürbar, so folgt daraus für die eigene Selbstwertschätzung: Einerseits besteht das Gefühl völliger Wertlosigkeit, das das Tötungsbegehren zu rechtfertigen vermag, andererseits steht dem ein damit nicht zu vereinbarendes Empfinden, doch einen Wert zu haben, gegenüber. Dieses erwächst aus der gleicherweise bestehenden Notwendigkeit, die eigenen mörderischen Impulse zu verstecken (D. Bloch 1965, S. 65). Bei der Aggression, die für die Mutter ausagiert wird, handelt es sich denn auch um die oben (s. Kap. 3.2.1) beschriebene narzißtische Wut.

3.3.2.3 Globale Identifikation

Müller-Pozzi beschreibt einen Identifikationsmechanismus des Kindes mit seiner Mutter, der das Ausleben der mütterlichen Aggressionen durch das Kind ebenfalls theoretisch zu erklären vermag; dieser wird als „globale Identifikation" bezeichnet (Müller-Pozzi 1985, S. 877).

Eine „globale Identifikation" stellt sich folgendermaßen dar: eine gesunde Besetzung der Mutter, die die Abgrenzung von Selbst und

Objekt fördert, wird nicht zugelassen. Aggressionen werden als lebensbedrohend erfahren. Für das Kind stellt sich ein Konflikt in der Weise ein, daß es feindliche Impulse verspürt, zugleich merkt, daß die Mutter es deswegen nicht liebt; diese wird als „versagende Mutter" erlebt. Das Kind nimmt wahr, daß es so, wie es ist, keine Liebe erfährt. Es paßt sein Verhalten dem mütterlichen an (Spitz 1987, S. 225). Aus Angst vor Liebesverlust werden die eigenen Bedürfnisse denen der Mutter unterworfen (Müller-Pozzi 1985, S. 883). Eine frühe, wenig differenzierte Mutter-Imago wird aufgenommen und Objekt der Identifikation. Das Besondere an dieser Identifikation ist, daß sich diese nicht aus einer Objektbeziehung heraus entwickelt. So steht denn auch die Identifikation nicht im Dienste des Ich-Aufbaus. Es ist keine selektive, sondern eine „globale" (Müller-Pozzi 1985, S. 885). Neben dem realen Verhalten der Mutter bleibt das unbewußte Bild der idealisierten Mutter bestimmend. Die im Inneren verankerte Mutter kann nicht abgebaut werden. Die Folge ist ein Gefühl, sowohl von der Mutter abhängig als auch für sie verantwortlich zu sein (Müller-Pozzi 1985, S. 885). Das Kind handelt für die Mutter; es handelt, um genau zu sein, als Subjekt Mutter.

Abzugrenzen ist diese Form der Identifikation von der – wie Jacobsen (Jacobsen 1983, S. 315) schreibt „introjektiven Identifikation", bei der zwar auch die schlechte Objekt-Imago auf einer primitiven Stufe in die Selbst-Imago aufgenommen wird, dort aber als verinnerlichtes schlechtes Objekt weiterexistiert, wie im Zusammenhang mit den Ausführungen zum Selbstmord (s. Kap. 4) zu zeigen sein wird. Bei der globalen Identifikation saugt die aufgenommene Objekt-Imago die Selbst-Imago jedoch völlig auf. Die Mutter hat einen Weg gefunden, mit den Aspekten ihrer Person, die sie nicht integriert hat, umzugehen. Aus der Sicht der Mutter liegt hier nicht das Bedürfnis vor, das Kind symbiotisch narzißtisch zu binden. Es liegt keine narzißtische Identifikation im eigentlichen Sinne vor. Einerseits soll die Trennung gefördert werden, andererseits aber auch die Individuation verhindert werden; das Kind wird zur Bestätigung und Stützung der eigenen Abwehr und dem daraus erwachsenden Lebensgefühl benötigt (Müller-Pozzi 1985, S. 884). Um diese Funktion zu gewährleisten, verhält sich die Mutter zu dem Zeitpunkt, da das Kind Symbiose braucht, „asymbiotisch", wenn das Kind sich jedoch zu differenzieren beginnt und sich auch körperlich löst, „hypersymbiotisch" (Fliess 1962, S. 48). Zur Aufrechterhaltung der Trennung wurde zunächst Stabilität und Sicherheit einer vertrauensvollen frühen Symbiose verwehrt. Zur Vermeidung der Individuation wird das Kind dann als narzißtische Erweiterung des Selbst behandelt. Es findet sich hier das Phänomen, das Chodorow als „Überidentifikation" der Mutter mit dem Kind, u. U. einhergehend mit einer „Pseudoempathie" für das Kind, bezeichnet (Chodorow 1985, S. 134). Die Mutter reagiert also nie auf das tatsächliche Verhalten des Kindes (Anselm 1985, S. 88), sondern in jeder Phase auf das, was sie zuvor auf das Kind projiziert hatte (Richter 1960, S. 378).

I can only see in you what I put there, and so if I don't see that in you, I see nothing. (Ogden 1979, S. 360)

Aus der Sicht des Kindes:

Wenn Du nicht bist, wie sie Dich will, sieht sie Dich nicht, und Du bist nicht in der Welt. (Hammer 1978, S. 35)

Das Kind seinerseits hat den frühen Konflikt mit der Mutter auf Kosten einer Entfaltung seines emotionalen Erlebens gelöst und ein „Pseudo-Selbst" aufgebaut, um sein „wahres Selbst" zu schützen (Winnicott 1955, S. 223), eine „Als-ob-Persönlichkeit" gebildet (Loch 1968, S. 279).

Bezogen auf die aggressiven Impulse, dient das Kind der Mutter als Sündenbock (Richter 1960, S. 373).

Nochmals zur Klarstellung: die oben geschilderte Identifikation stellt keine narzißtische Identifikation dar. Das Kind wird benötigt nicht primär zur Aufrechterhaltung des Selbst, sondern zur Abwehr bestimmter Triebimpulse. Im Vordergrund steht daher zunächst die Trennung von der Mutter, während bei der narzißtischen Identifikation das Schwergewicht auf der Vereinigung liegt. Die Mutter „sucht" sich hier das Kind nicht nach der eigenen Person im Sinne einer narzißtischen Objektwahl (Freud 1914, S. 54), sondern eher als Schutzschild für einen bestimmten Aspekt der eigenen Person. Das Gemeinsame mit der narzißtischen Identifikation, in der das Kind von vornherein als Anhängsel gesehen wird, ist das Fortbestehen einer symbiotischen Beziehung über die präödipale Phase hinaus.

Die vorgenannte Identifikationsform findet sich fast ausschließlich bei Mädchen (Fliess 1961, S. 49). Während Jungen intensiv auf Gefühle und Wünsche der mütterlichen Phantasie reagieren, sich als deren Objekte fühlen, nehmen sich Mädchen als „Selbst der mütterlichen Phantasie" wahr (Mitscherlich-Nielsen 1985, S. 89). Daher sollen im folgenden einige Aspekte der – in der Freudschen Terminologie – präödipalen Mutter-Tochter-Beziehung zur Darstellung kommen.

3.3.2.4 Mutter-Tochter-Beziehung

3.3.2.4.1 Psychosexuelle Entwicklung des Mädchens

Nach der Objektbeziehungstheorie im Sinne Margaret Mahlers liegt der Schlüssel für eine nicht geglückte Trennung zwischen Mutter und Tochter im „Normalfall", wobei die Norm durch die Besonderheiten unserer Kultur bestimmt wird, in Störungen während der Loslösungs- und Individuationsphase. In der mit dieser Phase einhergehenden Wiederannäherungsphase am Ende des zweiten Lebensjahres erlebt das Kind erstmals einen Konflikt zwischen größerer Unabhängigkeit und zugleich dem Wunsch, die Einheit mit der Mutter, die Abhängigkeit von ihr nicht aufzugeben (Mitscherlich-Nielsen 1978, S. 675).

Das Bedürfnis nach einem dritten Objekt taucht auf, auch als Reaktion auf unvermeidbare Enttäuschungen seitens der Mutter, da diese nicht immer da ist und sich als nicht ausreichend erwiesen hat (Meulenbelt 1985, S. 179). Mit Hilfe einer frühen Einbeziehung eines Dritten, der sogenannten „Triangulation" (Stork 1983, S. 69), erwirbt das Kind die Fähigkeit, zu zwei Personen eine unterschiedliche Beziehung zu haben und dadurch schärfer zwischen sich und der Mutter zu unterscheiden und entsprechend getrennte Selbst- und Objektrepräsentanzen aufzubauen. Diese Einbeziehung eines Dritten ist ein wichtiger Organisator der kindlichen Entwicklung und von der ödipalen Dreier-Konstellation zu unterscheiden (Mitscherlich-Nielsen 1978, S. 675). Im Idealfall gelingt dem Kind die Erweiterung der primären Mutter-Kind-Einheit im Wege einer „Crossidentification" (Mitscherlich-Nielsen 1978, S. 675). Voraussetzung für einen störungsfreien Verlauf ist es, daß der Dritte zur Verfügung steht und daß die Mutter dessen Einbeziehung zuläßt. Selbst wenn aber eine Triangulierung stattfindet, führt diese nicht immer zum gewünschten Ergebnis im obengenannten Sinne. So drängt die Mutter im Falle der zuvor beschriebenen globalen Identifikation das Kind zwar geradezu verfrüht in eine Beziehung zum Dritten; da das Kind im Rahmen der globalen Identifikation jedoch zugleich die mütterliche Sichtweise des Objekts, des Vaters, übernimmt, kann eine befriedigende Ich-aufbauende Beziehung zum Dritten nicht hergestellt werden (Müller-Pozzi 1985, S. 884).

In der Loslösungs- und Individuationsphase fällt es Müttern nun oftmals schwer, auf altersentsprechende Trennungswünsche ihrer Töchter einzugehen. Während Jungen aufgrund ihres anderen Geschlechts die Separation eher eingeräumt wird, wird für Mädchen durch die Geschlechtsgleichheit unter Betonung von wechselseitiger Nähe und Ähnlichkeit das Erlangen von Autonomie besonders schwer gemacht (Moeller 1979, S. 31). Im Zusammenhang damit steht auch, daß die Loslösung eine narzißtische Besetzung des ganzen Körpers, einschließlich der Genitalien erfordert (Mitscherlich-Nielsen 1985, S. 45). Gerade wenn die Mutter diesen Bereich bei sich ausklammert, kann sich auch beim Mädchen ein differenziertes Körperbild nicht entwickeln (Mitscherlich-Nielsen 1978, S. 678). Hinzu kommt, daß gerade Mädchen oft als Ersatz für eine unbefriedigende Partnerbeziehung herhalten müssen – nicht als Partnerersatz wie Jungen – bzw. sich hier die Beziehung zur eigenen Mutter fortträgt (Mitscherlich-Nielsen 1978, S. 678).

Die andauernde Abhängigkeit von der als allmächtig empfundenen Mutter wird als Unterwerfung erlebt und diese dafür entsprechend gehaßt (Mitscherlich-Nielsen 1978, S. 668). Dieser Haß hat eine andere Färbung als der gegen die allmächtige versagende Mutter der symbiotischen oder der Übungs-Phase.

Auch Freud stellt für den psychosexuellen Werdegang des Mädchens fest:

> Die Abwendung von der Mutter ist ein höchst bedeutsamer Schritt auf dem Entwicklungsweg des Mädchens, sie ist mehr als ein bloßer Objektwechsel. (Freud 1931, S. 288)

In der präödipalen Phase zeigt das Mädchen eine sexuelle Aktivität gegen die Mutter, die sich der Zeitfolge nach in oralen, sadistischen und endlich selbst phallischen, auf die Mutter gerichteten Strebungen zeigt (Freud 1931, S. 286). Aus der Tatsache, daß diese Sexualwünsche meistens nicht befriedigt werden, ergibt sich eine reichliche Quelle für die Feindseligkeit des Kindes gegen die Mutter (Freud 1933 a, S. 554).

Die dramatische Wende tritt ein mit der Entdeckung des anatomischen Geschlechtsunterschiedes. Während der Junge eines Tages entdeckt, daß er etwas hat, was die Mutter nicht hat, und damit der Weg für seine Autonomie vorgezeichnet ist, nimmt das Mädchen umgekehrt wahr, daß Jungen ein zusätzliches Organ haben, das ihnen fehlt.

> Sie ist im Nu fertig mit ihrem Urteil und ihrem Entschluß. Sie hat es gesehen, weiß, daß sie es nicht hat, und will es haben. (Freud 1925, S. 261)

„Im Nu" wird das Urteil sicherlich nicht gefällt, das hieße die Vorgeschichte außer acht lassen. Der hier von Freud kurz und prägnant beschriebene Penisneid ist aber auch klinisch zu beobachten. Ohne dieses „heiße Eisen" ausführlicher zu behandeln, sei am Rande vermerkt, daß diesem Phänomen weder mit einer phallozentrierten Überbetonung noch mit einer totalen Verleugnung zu begegnen ist. In unserer Kultur steht der Penis für Macht und Einfluß, kurz gesagt für all die Vorteile, die einem Mädchen versagt sind bzw. mittlerweile zwar offenstehen, aber sich immer noch nicht selbstverständlich eröffnen, sondern erkämpft werden müssen. Nun denkt das kleine Kind aber nicht gesellschaftlich abstrakt, sondern anatomisch konkret (Hagemann-White 1978, S. 746). Es sieht das ihm fehlende Organ und macht daran den Grund für seine Benachteiligung fest. Diese Auffassung läßt deutlich werden, daß es sich um ein kulturspezifisches Phänomen handelt (Mitchell 1985, S. 162).

Für Freud folgt aus der Entdeckung des fehlenden Penis, daß das Mädchen die Mutter dafür verantwortlich macht und ihr Haß entgegenbringt (Freud 1933 a, S. 555). Zunächst geht das Mädchen davon aus, daß die Mutter selbst über einen Penis verfüge und diesen feindseligerweise der Tochter vorenthalten habe (Freud 1933 a, S. 557).

> Die Abwendung von der Mutter erfolgt wohl nicht mit einem Schlag, denn das Mädchen hält seine Kastration zunächst für ein individuelles Unglück, erst allmählich dehnt sie dieselbe auf andere weibliche Wesen, endlich auch auf die Mutter aus. Ihre Liebe hatte der *phallischen* Mutter gegolten. (Freud 1933 a, S. 557)

Nunmehr wird von seiten des Mädchens die Mutter als erstes Liebesobjekt fallengelassen, die Hinwendung zum Vater erfolgt.

> Die Abwendung von der Mutter geschieht im Zeichen der Feindseligkeit, die Mutterbindung geht in Haß aus. Ein solcher Haß kann sehr auffällig werden und durchs ganze Leben anhalten, er kann später sorgfältig überkompensiert werden, in der Regel wird ein Teil von ihm überwunden, ein anderer Teil bleibt bestehen. (Freud 1933 a, S. 552)

Freud zufolge will das Mädchen den Penis um des Penis willen; tatsächlich beobachtet das Mädchen, daß sich daran eine Überbewertung des Jungen und eine Minderbewertung des eigenen Geschlechts knüpft. Nach Chasseguet-Smirgel idealisieren Jungen wie Mädchen den väterlichen Penis, um sich von der Mutter zu lösen, um autonom zu sein – das heißt für die Frau aber nicht, daß sie ein Mann sein will:

> Der Penisneid ist im Grunde nur symbolischer Ausdruck eines anderen Wunsches. Die Frau will kein Mann sein, sie will sich von der Mutter befreien und vollkommen, autonom, *Frau* sein. (Chasseguet-Smirgel 1974, S. 166)

Je bedrohlicher das Bild dieser allmächtigen Mutter empfunden wurde und je schwieriger die Trennung verläuft, desto größer ist aus der Sicht des Mädchens der Wunsch nach dem Penis. Insofern ist die Wut des Mädchens gegen die Mutter eher eine narzißtische Wut im oben (s. Kap. 3.2.1) von mir dargestellten Sinne, die aus einer narzißtischen Kränkung resultiert, einem Gefühl der Ohnmacht gegenüber der allmächtigen Mutter, der nichts entgegenzusetzen ist. Freud ist entgegenzuhalten, daß er diesem Autonomiestreben überhaupt kein Gewicht zumißt, wie seiner Theorie zufolge auch keine „primäre Feminität" besteht (Stoller 1976, S. 59). Das weibliche Triebschicksal wird nach Freud anders als das männliche nicht durch Sexualität, sondern durch Aggression bestimmt.

Der Schritt in die ödipale Dreieckssituation unter Einbeziehung des Vaters wird dem Mädchen dadurch möglich, daß es dem Objekt Mutter alles Böse zuschreibt, das Objekt Vater idealisiert. Dieser Aufspaltungsprozeß ist vorübergehend notwendig. Das Mädchen gibt die Bindung zur Mutter jedoch nicht auf, da es noch immer auf diese angewiesen ist. Waren die bisherigen Erfahrungen mit der Mutter tragend, so kann eine Integration erfolgen. Mit einer positiven Bewältigung der ödipalen Situation lassen sich etliche negative Erfahrungen der präödipalen Beziehungskonstellation lösen; diese können jedoch auch so massiv sein – im Falle eines Ich-strukturellen Defizits –, daß die ödipale Ebene nicht wirklich beschritten wird, Mutter und Tochter in archaischer Verklammerung verharren. Es ist die oben beschriebene Situation, daß die Mutter die Loslösung von sich verhindert und die Einbeziehung eines Dritten unterbindet, die Tochter aus Schuldgefühl bzw. Angst vor Strafe bei der Mutter bleibt.

Bezogen auf die aggressiven Regungen, bedeutet die nicht vollzogene Loslösung von der Mutter, daß diese auf einer archaischen Stufe frühkindlicher Entwicklung stehenbleiben, zugleich mit angstauslösenden Omnipotenzphantasien behaftet sind. Gerade bei Mädchen wachsen die aggressiven Regungen auf der obigen Entwicklungsstufe oft nicht mit. Sie sammeln keine Erfahrungen mit der Aggression, so daß auch keine Kontrolle über Art und Weise sowie Heftigkeit aggressiver Ausbrüche besteht (Brückner 1984, S. 159). Bowlby schreibt:

Immer, wenn ein deaktiviert gewesenes System in einem gewissen Grade wieder aktiv wird, ist das dann an den Tag gelegte Verhalten wahrscheinlich schlecht organisiert und dysfunktional. (Bowlby 1983, S. 450)

So ist auch die Tötung eines Kindes als Aufflammen archaischer Wut zu sehen, für deren Kontrolle keine Maßstäbe entwickelt werden konnten. Die Mutter, die in ihrer Kindheit die eigene Aggression nicht adäquat integriert hat und diese ihrer Tochter überläßt, wobei ich nun an obige (s. Kap. 3.3.2.3) Darstellung anknüpfe, erteilt dieser die schwere Aufgabe, zusätzlich mit der inkorporierten aggressiven Mutterimago zu leben.

Für die Tochter bestehen verschiedene Möglichkeiten, diese Aufgabe zu bewältigen: sie kann die – ihr zugedachte – Funktion wahrnehmen, indem sie die Aggression entweder suizidal (s. Kap. 4) gegen sich oder aber verschoben auf eventuell eigene Kinder richtet. Ein anderer Weg wäre der, sich den eigenen von der Mutter besetzten Körper zurückzuholen, sich zu befreien, aber auch zugleich die Mutter zu versöhnen. Das einfache „Ausstoßen" der Mutter ist zu angstvoll, ruft Schuldgefühle hervor, nicht so zu handeln, wie es für die Mutter gut ist, aber auch Todesängste, da die nicht mehr in der Tochter gebundenen Aggressionen der Mutter damit frei werden. Ein anderer Gesichtspunkt ist der, daß das einfache „Befreien" von der Mutter zur Folge hätte, daß der bislang von der Mutter ausgefüllte Körper leer wird.

3.3.2.4.2 Kinderwunsch

Der Gedanke nach einem Kind taucht auf als Rettung aus dieser Situation. Wie bereits oben (s. Kap. 2.3.3) kurz erwähnt, hat der Kinderwunsch – positiv wie negativ – immer etwas mit der Beziehung der Tochter zur eigenen Mutter zu tun.

Die Mutter, die das Kind – ihr Kind – nicht „leben" läßt, keine Eigenständigkeit der Tochter erträgt, soll einen Ersatz erhalten, damit auf diese Weise ein eigenes Leben hergestellt werden kann, aber auch der Mutter ein Weiterleben garantiert wird (Bouchart-Godard 1987, S. 20–21). Es entwickelt sich somit ein realer Kinderwunsch, hervorgehend aus dem „ungedachten Kind in der Frau" (Bouchart-Godard 1987, S. 20–21). Zugleich wird die Leere ausgefüllt; denn „schwanger sein heißt von einem Wesen bewohnt zu sein" (Bouchart-Godard 1987, S. 26). Durch die Schwangerschaft wird die Tochter gelöst aus der symbiotischen Verklammerung mit der Mutter. Wie ein solcher Lösungsweg – auch für das aggressive mütterliche Potential – aussehen kann, macht folgende, einem Therapiebericht entnommene Komponente des Kinderwunsches deutlich:

Sie ist bis jetzt stumm geblieben. Nicht stumm an Worten, die sie reichlich gebraucht, abgehackt, wie eine Diebin, die nicht weiß, was sie mit ihrem Diebesgut anfangen soll. Stumm an eigenen Worten, die noch nicht entstehen konnten. Jegliche Kreativität scheint erloschen: die Worte der anderen bilden das absolute Gesetz; die Worte der anderen sind Ihre Worte, die der Mutter. Es ist klar, daß sie das Gelände besetzt hält; ich wäre versucht an das ganze Gelände zu denken; aber ein solch realer Kinderwunsch läßt mich etwas Glut unter der Asche ahnen, läßt mich eine erstickte Klage, einen Schrei, ein Heulen erkennen; ich höre einen Hilfeschrei; die Katastrophe wird eintreten, wenn ich gegenüber dem Schmerz, den diese ungestüme Forderung verbirgt, taub bleibe. Hinter dem von der Mutter paralysierten Schreck-Haß, der in mir ausgelöst wird, fühle ich mich gerührt durch die echte Verwirrung eines Säuglings. Zu Hilfe, scheint sie mir zu sagen, es muß ein Kind an meiner Stelle geopfert werden, meine Mutter braucht ein infans, sie braucht ein unschuldiges kleines Kind, das am Ende der Kordel festgemacht ist! [. . .] Zu Hilfe, ein Kind stirbt, weil es nicht geboren werden kann! [. . .] Es muß auch ein Kind da sein, das an ihrer Stelle getötet werden kann, denn, Sie wissen es, wenn man die Mutter – die Warzenmutter – tötet, sterben die Töchter auch. Wie soll man geboren werden, wie soll man sich von Ihr trennen, ohne daß sie daran stirbt, ohne daß wir beide daran sterben, wie, wenn man ihr nicht ein Kind in die Arme steckt? Unwichtig, woher dieses Kind kommt, von wem, auf welche Weise. Sie würde die Unterschiebung, den Austausch nicht sehen, würde nicht bemerken, daß ihre Tochter bei dieser Gelegenheit entflogen ist, um zu existieren.

In der Vorstellung dieses Kindes, das sie ersetzen soll, findet die Tochter die Möglichkeit, sich zu befreien und aus jener Unschuld herauszukommen, die die erstickende Bindung mit der Mutter sicherte. Die Glut, die unter der Asche schwelte, flammt auf: Haß, wilder, uneingeschränkter Haß, wie der Schrei des Neugeborenen, vitaler körperlicher ungedachter Haß! (Bouchart-Godard 1987, S. 20–21)

Es findet eine Befreiung statt, aber u. U. nimmt ein verhängnisvolles Schicksal seinen Lauf. Wird dieser Bestandteil des Kinderwunsches „verwirklicht", d. h. das Infans tatsächlich „am Ende der Kordel festgemacht", so zeichnet sich schon jetzt eine „Rechtfertigung" ab, die dahin geht, „wenn ich es nicht tue, macht es meine Mutter" – „if she does (I do) not kill them, another more hostile hand will" (Orgel/Shengold 1968, S. 380). Die Versöhnung der Mutter muß sichergestellt werden.

Nun ist der Kinderwunsch, gerade auch einer Tochter mit oben dargestellter Entwicklungsgeschichte, durchaus janusköpfig. Der Mutter wird zwar ein Ersatz geboten, aber durch die Niederkunft wird auch die angestrebte Separation von der Mutter deutlich. Zugleich bereitet der Wunsch Unbehagen, daß die Tochter nunmehr ganz offen mit der Mutter rivalisiert, sich in deren ureigene Domäne von Schwangerschaft und Mutterschaft wagt und eine eigene Identität als Frau und Mutter beansprucht (Orgel/Shengold 1968, S. 382). Hier zeigt sich neben der bislang in der Erörterung dominierenden präödipalen Schicht der Mutterbindung eine ödipale Komponente (Freud 1933 a, S. 564).

> ... ich hatte meine Tochter meiner Mutter bei der Geburt sozusagen überlassen wollen, ich wollte mit ihr nicht auf einem Gebiet konkurrieren, auf dem ich sie überlegen glaubte, denn sie wußte alles über den Umgang mit kleinen Mädchen. Ich war eher bereit, meine Tochter herzugeben als meine Mutter. (Hammer 1978, S. 29)

Neben diesen in sich widersprüchlichen konflikthaften Aspekten des pathologischen Kinderwunsches spielen sicherlich auch sogenannte „normale" Komponenten des Kinderwunsches eine Rolle, so daß ich im folgenden den weiblichen Kinderwunsch beleuchten will.

> Das Weiblichste am Weibe ist der Wunsch nach einem Kinde; ... (Deutsch 1948, S. 293)

Für Kestenberg entstehen mütterliche Gefühle bereits in frühester Kindheit als Folge früher vaginaler Empfindungen. Aufgrund der „Unzulänglichkeit und überhaupt der Rätselhaftigkeit der inneren Geschlechtsreife" entsteht der Wunsch nach einem Kind, nach einem erkennbaren Objekt, durch das die Vagina konkretisiert wird (Kestenberg 1956, S. 277). Kestenberg räumt ein, daß es sich hierbei um reine Vermutungen handelt. Abgesehen von dem Streitpunkt des tatsächlichen Bestehens dieser frühen vaginalen Empfindungen ist Kestenberg auch entgegenzuhalten, daß sie nur nach Beweisen für ihre Behauptungen sucht (Chodorow 1985, S. 35). Sie beobachtet Kinder, allerdings ausschließlich Mädchen, interessiert sich hingegen nicht dafür, ob dieses Phänomen Mütterlichkeit auch bei Jungen auftaucht.

> Die weibliche Situation ist aber erst hergestellt, wenn sich der Wunsch nach dem Penis durch den nach dem Kind ersetzt, das Kind also nach alter symbolischer Äquivalenz an die Stelle des Penis tritt. (Freud 1933 a, S. 558)

Für Freud besteht ein präödipaler Wunsch nach einem Kind mit der Mutter (Freud 1933 a, S. 551), dann der ödipale Wunsch nach einem Kind mit dem Vater (Freud 1933 a, S. 551). Chasseguet-Smirgel zufolge, für die der Penis ein Mittel zur Loslösung von der Mutter ist (s. Kap. 3.3.2.4.1), könnte bei Mädchen ein Kind diese Funktion einnehmen.

Das einzige Mittel, endlich vom Schürzenband loszukommen, ist, selbst Kinder zu haben, denn dann ist man kein Kind mehr, sondern man hat ein eigenes Kind (Hammer 1978, S. 18)

Für Chodorow erwächst der Wunsch nach einem Kind aus der gesellschaftlichen Rollenverteilung, die es mit sich bringt, daß Frauen „muttern" und damit für jedes Kind das primäre Liebesobjekt eine Frau ist (Chodorow 1985, S. 269). Das hat zur Folge, daß Frauen anders als Männer durch eine heterosexuelle Begegnung niemals die Beziehung zum primären Liebesobjekt direkt wiederholen können. Der Mann erfährt beim Koitus das Erlebnis der vollständigen Rückkehr zur Mutter, wodurch der bei beiden Geschlechtern lebenslang bestehende Wunsch nach symbiotischer Vereinigung mit der guten Mutter-Imago erfüllt werden kann (Mitscherlich-Nielsen 1978, S. 681). Die Frau kann diese Erfahrung in einer heterosexuellen Beziehung nicht als sie selbst machen. Entweder sie identifiziert sich mit dem Mann, der es kann, oder sie wird selbst die Mutter (also Person, mit der sie verschmolzen war) (Chodorow 1985, S. 251). Komplexere Beziehungsbedürfnisse werden von einem Mann nicht abgedeckt; so bedarf es auf der Ebene der psychischen Struktur einer dritten Person, um eine vollständige Beziehungskonstellation herzustellen. Diese innerpsychische Beziehungsstruktur kann durch ein Kind auf die soziale Welt rückübertragen werden (Chodorow 1985, S. 259–260). In dieser Auffassung entschlüsselt sich meines Erachtens das komplexe Zusammenspiel innerpsychischer und gesellschaftlicher Aspekte des Kinderwunsches und der weiblichen Prädisposition zur Mutterschaft sehr deutlich, ohne diese mit Karen Horney an einem triebhaften Vorgang festzumachen (Horney 1984, S. 19). Bezogen auf das vorliegende Problem ist daraus zu schließen, daß intensive, nach der symbiotischen Phase andauernde Verschmelzungserfahrungen mit der Mutter auch den Kindeswunsch besonders ausgeprägt hervorrufen bis hin zu pathologischer Stärke.

Vor diesem Hintergrund der Verschmelzungserfahrung ist der Wunsch nach einem Kind neben bereits genannten Komponenten auch das narzißtische Bedürfnis, ein Wesen ganz für sich zu haben. In letzter Konsequenz bedeutet aber, jemanden ganz zu besitzen, wieder allein zu sein (Brückner 1983, S. 78). Nur einer hat die Berechtigung, da zu sein; es gibt nur ein „Ich oder Du" (Bauriedl 1984, S. 112).

Diese tragische Logik menschlicher Unersättlichkeit läßt letztlich, wenn sie ausgelebt wird, nur noch zwei Möglichkeiten offen: den anderen zu verlassen oder Tod, Tod des Selbst oder des anderen, denn zu bleiben wird zum allmählichen Prozeß innerer Selbstauflösung, zum langsamen eigenen Tod (Brückner 1983, S. 78).

Wie dargestellt, werfen auch die Erklärungsansätze zum normalen Kinderwunsch Licht auf pathologische Auswüchse.

3.3.2.4.3 Geburt und Kastration

Ausgehend von Freuds oben dargestellter Theorie des Kinderwunsches, läßt sich noch ein besonderer Aspekt der Kindestötung anführen.

Sieht man mit Freud den Kinderwunsch als Ausgleich des Penismangels, so ist der Gedanke, Geburt mit Kastration gleichzusetzen, naheliegend (Orgel/Shengold 1968, S. 380). Mit der Geburt wird das „Penis-Kind" vom Körper der Mutter getrennt. Diese neuerliche Kastrationserfahrung wird jedoch ausgeglichen durch die symbiotische Bindung mit dem Säugling. Erst mit der bevorstehenden Individuation des Kindes droht eine neuerliche endgültige Kastration. Diese gilt es zu verhindern durch „Zuvorkommen". Unter diesem Gesichtspunkt wird mit der Tötung des Kindes eine zweifache Kastrationserfahrung rückgängig gemacht: die Geburt des Kindes und die eigene kastrierende Geburt; letzteres gilt insofern, als mit dem Kind, wie oben (s. Kap. 3.3.2.4.2) ausgeführt, auch das ungelebte Kind in der Tochter geboren wurde.

Für manche Frauen kann aber auch die Geburt eines Kindes allein das Erlebnis der Kastration nur bedingt ausgleichen; es bedarf darüber hinaus des Andauerns der Beziehung zu einem Partner (Kuiper 1968, S. 384). Werden sie von dem Partner verlassen, läßt sich dieser Ausgleich nicht mehr herstellen. Unter diesem Aspekt ist auch die Tötung der Kinder beim Scheitern einer Partnerbeziehung zu erklären. Es handelt sich um Tötungen aufgrund der in der Psychiatrie als „Medea-Komplex" bezeichneten Konfliktsituation (Totman 1978, S. 12). Medea tötete ihre beiden Kinder, als Jason sie wegen einer anderen Frau verließ (Euripides). Droht die Partnerbeziehung auseinanderzubrechen, stellt sich Rache ein, die zugleich eine späte Rache an der Mutter ist, insofern schon die Mutterschaft eine Rache an der Mutter für die in der Phantasie von ihr davongetragenen Verletzungen war (Chodorow 1985, S. 120). Die Rache wird in Tötungshandlungen umgesetzt. Die Rache am Partner durch Tötung des Kindes gilt zugleich auch als Rache an der Mutter, da der Partner im Laufe der Zeit das „Muttererbe antritt" und neben der positiven

Bindung allmählich auch die zurückgelassene Feindseligkeit übertragen wird (Freud 1933 a, S. 563).

Wir haben z. B. längst bemerkt, daß viele Frauen, die ihren Mann nach dem Vatervorbild gewählt oder ihn an die Vaterstelle gesetzt haben, doch in der Ehe an ihm ihr schlechtes Verhältnis zur Mutter wiederholen. Er sollte die Vaterbeziehung erben, und in Wirklichkeit erbte er die Mutterbeziehung. (Freud 1931, S. 280)

Dieses Phänomen beruht darauf, daß spätere Liebesbeziehungen nach dem Muster der primären gebildet werden (Mitchell 1985, S. 81). Auch dem Medea-Komplex liegt also ein Mutterkonflikt zugrunde. Weitere Besonderheiten dieser speziellen Tötungssituation will ich in der vorliegenden Arbeit vernachlässigen.

3.3.3 „Beenden" des mütterlichen Hasses

Häufig wird als Ursache der Tötung des Kindes Altruismus genannt. Dieser Gesichtspunkt spielt im Zusammenhang mit der Tötung des Kindes als erlebter Selbsttötung eine Rolle, wie weiter unten (s. Kap. 4.2) zu zeigen sein wird.

Hinter dem Motiv des Altruismus kann aber auch stehen, daß eine Art „Erkennen", sei es auch unbewußt, bei der Mutter stattgefunden hat, ein Erkennen, daß in ihrer Beziehung zum eigenen Kind eine „Wiederkehr des Verdrängten" stattfindet und trotz aller gegenteiligen Hoffnungen die Beziehung zur Mutter reinszeniert wird. Spürt die Mutter aber ihre eigene Verstricktheit, ihr Unvermögen, anders zu handeln, geht damit u. U. eine Wahrnehmung der Generativität einher. Dieser Begriff beinhaltet neben der biologischen und physiologischen Fortpflanzungsfunktion auch deren psychische Repräsentanz im Bewußtsein und im Unbewußten (Gambaroff 1984, S. 169–170). Aus der Sicht der tötenden Mutter sieht die Situation ihrer selbst und ihres Kindes möglicherweise so aus, daß eine Fortsetzung unausweichlich zu sein scheint. Für sie selbst ist nach dem „Fehlschlag" mit dem eigenen Kind eine Rettung nicht mehr wahrnehmbar. Um aber das Kind vor einer ähnlichen Entwicklung zu „retten" und der Perpetuierung des mütterlichen Hasses ein Ende zu setzen, taucht als „altruistische Idee" die der Tötung des Kindes auf (Schaule 1982, S. 33–34). Das Denken der Mutter ist blockiert; sie scheint von jedem Verständnis abgeschnitten. Eine andere Lösung taucht in ihren Gedanken nicht auf; denn die mit der projektiven Identifikation auch einhergehende Beeinträchtigung der Denkvorgänge (Bion

1963/64, S. 431) läßt das Einbeziehen realistischer Alternativen nicht zu. Den zerstörerischen Kräften ihres inneren verkrüppelten Objektes preisgegeben, beschreitet sie die sich ihr gegenüber aus verzerrtem Blick als Ausweg tarnende Sackgasse.

3.4 Zusammenfassung

An dieser Stelle sollen die im Vorangegangenen angeführten Gründe für die Tötung eines Kindes unter Berücksichtigung der Beziehung zur eigenen Mutter zusammengetragen werden.

Die folgende Darstellung ist vor dem Hintergrund zu lesen, daß hier nur Rekonstruktionsarbeit geleistet werden kann. Nach geschehener Tat erhebt sich die Frage, welche Fehlentwicklungen vorliegen. Glücklicherweise läßt sich nicht der Umkehrschluß ziehen, daß immer dann, wenn eine der hier vermuteten Störungen festzustellen ist, die Lebensereignisse der beteiligten Personen einen solch tragischen Verlauf nehmen müssen. Ich verweise nochmals auf das eingangs erwähnte Orban-Zitat (s. Kap. 2.1), wonach Theorie immer nur eine schlechte Verallgemeinerung dessen sein kann, was sich in der Realität ereignet.

Die tötende Mutter hat als Kind für die aufgrund früher Versagungserlebnisse entstehenden destruktiven Impulse kein Ventil in der Mutter gefunden. Diese – ihrerseits voller Haß auf das Kind – nimmt die wichtige Funktion des „Containers" in dem Stadium der projektiven Identifizierung nicht wahr. Als Folge dieses mütterlichen Defizits wird die projektive Identifizierung übermäßig, das Kind kann keine Gefühlsambivalenz ausbilden; die Spaltung in eine böse und eine gute Mutter-Imago bleibt aufrechterhalten.

Die ungebundene destruktive Wut kann nun im Falle einer eigenen Mutterschaft aufgrund der damit einhergehenden Reaktivierung der Beziehung zur eigenen Mutter – nach Enttäuschung der Hoffnung, etwas „nachholen" zu können – auf das Ersatzopfer Kind gerichtet werden. Da es in dem archaischen Weltbild nur ein Entweder-Oder, nichts dazwischen, gibt, heißt die Fragestellung Leben oder Tod; das eigene Kind wird getötet. Auf einer noch archaischeren Stufe kann es zu einer totalen regressiven Verschmelzung mit dem Kind kommen; diese Verschmelzung schließt Selbst-Kind-Mutter ein. Die destruktive Wut ist Bestandteil dieses Schmelztiegels und kann sich darin grenzenlos ausbreiten, Subjekt, Kind oder Mutter vernichtend.

Die ihr Kind, speziell ihre Tochter, nicht loslassende Mutter gibt dieser auch nicht die Gelegenheit, ihren Körper in Besitz zu nehmen. Dieses sich in unserer spezifischen Kultur auch als schmerzvolle Kastrationserfahrung bemerkbar machende Gefühl wird u. U. durch die Geburt eines Kindes zu bewältigen versucht. Mit der eigenen Mutterschaft wird die Lösung von der Mutter angestrebt um den Preis der Bindung an das eigene Kind. Mit der beginnenden oder drohenden Loslösung dieses Kindes wird die Mutter nunmehr ihrer fehlenden Identität gewahr. Die Tötung des Kindes kann hier als Antwort auf eine zweifache Kastration gesehen werden: die eigene Geburt und die des Kindes.

Zugleich lebt sich hier auch ein Schuldgefühl gegenüber der Mutter aus, der die Tochter durch die Geburt eines eigenen Kindes entkommen wollte. Die Tötung dieses Kindes kann vor diesem Hintergrund als „Versöhnungsversuch" gegenüber der Mutter begriffen werden. Die tötende Mutter ist in ihrer Kindheit u. U. nicht nur mit der Aufgabe konfrontiert, den eigenen Haß zu ertragen, sondern auch noch den mütterlichen ausleben zu müssen, wenn diese ihn bei sich selbst verleugnet und ihrer Tochter als negativem Selbst überläßt. Indem diese später ihr eigenes Kind tötet, handelt sie möglicherweise auch als verlängerter Arm der eigenen Mutter, die zwar unbewußt starke Tötungsimpulse hatte, sich diese aber nicht auszuführen getraute.

In dem tödlichen Ausgang des dargestellten Beziehungsgeflechts kommt aber u. U. auch noch ein Körnchen des Erkennens zum Tragen, der Wahrnehmung dieses Generationen einbeziehenden Teufelskreises, aus dem es aufgrund der vollkommen verzerrten Wahrnehmung der Mutter kein Entrinnen zu geben scheint, es sei denn durch ein abruptes Beenden der Generativität.

4 Tötung des Kindes als Selbsttötung

Das Thema Selbsttötung erscheint mir im Zusammenhang mit der Erörterung der Tötung eines Kindes einer eigenen Behandlung wert zu sein. Häufig geht mit der Tötung eines Kindes der Versuch einer Selbsttötung der Mutter einher. Diese Konstellation nennen die forensische Psychiatrie sowie die Kriminologie „erweiterter Selbstmord", eine Bezeichnung, die impliziert, daß Tötung eines Kindes in Kategorien des Suizids erfaßt wird. Einige Autoren sprechen bereits von erweitertem Selbstmord, wenn sich die Mutter mit einem Selbstmordplan begnügt, der nicht zur Ausführung kommt (Schipkowensky 1965, S. 253). Aber auch ohne das Vorliegen eines erweiterten Selbstmordes entfalten Tötung eines Kindes und Selbstvernichtung der Mutter komplizierte Beziehungen zueinander.

Welches Verständnis von Selbsttötung bezieht die Tötung des eigenen Kindes ein? Eine allgemeine Definition der Selbsttötung zu formulieren erweist sich als äußerst problematisch. Es geht vielmehr darum, „die dynamische Bezogenheit des Geschehens auf den Tod hin aufzuzeigen" (Krebs 1982, S. 10), die letztlich nur eine Analyse des Einzelfalles leisten kann (Krebs 1982, S. 10). Sieht man Selbsttötung als „jeden Akt der Zerstörung des eigenen Lebens" (Krebs 1982, S. 9), so sind nicht nur die physische Vernichtung der eigenen Existenz in einem momentanen Akt, sondern auch die schleichenden, nicht sofort erkennbaren Selbsttötungstendenzen angesprochen, wie Suchtphänomene u. a., das heißt die „partielle Selbsttötung". Dabei muß „die Zerstörung des eigenen Lebens für den Selbstmörder selbst nicht unbedingt die Aufhebung jeder Daseinsform seiner Person bedeuten" (Krebs 1982, S. 10), sondern kann sich auch – bezogen auf die ihr Kind tötende Mutter – durch Vernichtung des mit ihr in Einheit verbundenen Kindes vollziehen.

4.1 Selbstvernichtung als Triebkonflikt

Freud erklärt die Selbstmordabsicht als Umwandlung eines ursprünglich heteroaggressiven Impulses.

> kein Neurotiker Selbstmordabsichten verspürt, der solche nicht von einem Mordimpuls gegen andere auf sich zurückwendet, (Freud 1917, S. 205–206)

Die „Mordkomponente" drückt sich in dem Wort „Selbstmord" aus. Mord wird denn auch reziprok als Tötung der eigenen Person, als autoaggressiver Akt, angesehen (Rasch 1975, S. 384). Für eine solche Vertauschung von Motiv und Angriffsziel sprechen ethnologische Untersuchungen, die ein umgekehrtes Verhältnis von Mord und Selbstmord aufzeigen, d. h., Völker bzw. Bevölkerungsgruppen mit hoher Mordrate haben eine niedrige Selbstmordrate und umgekehrt (Henseler 1974, S. 44). Dabei gilt es jedoch zu bedenken, daß es angesichts der Differenzen in den Häufigkeitsziffern der beiden Erscheinungen, die in den verschiedenen Gesellschaften bestehen, schwer fällt, verbindliche Maßstäbe für die Begriffe „hoch" und „niedrig" anzusetzen. Es können allenfalls Tendenzen beschrieben werden (Rasch 1975, S. 384).

4.1.1 Melancholie

Die psychodynamische Erklärung der Aggressionsrichtung gegen die eigene Person verweist auf die Melancholie, d. h. Depression. Nur eine Analyse der Melancholie zeigt die innerpsychische Veränderung an, die das zunächst in großer Selbstliebe befangene Ich seiner eigenen Selbstverstümmelung zustimmen läßt (Freud 1917, S. 205).

Das Ich, das ein Liebesobjekt durch Tod, Trennung oder Zurückweisung verliert, versucht, dieses durch Einverleibung bzw. Introjektion am Leben zu erhalten, sich also insoweit mit diesem zu identifizieren. Normalerweise findet sich das Ich im Prozeß des Trauerns irgendwann mit dem Verlust des Objekts ab, nicht so bei dessen pathologischem Äquivalent, der Melancholie (Freud 1917, S. 197).

> Bei der Trauer ist die Welt arm und leer geworden, bei der Melancholie ist es das Ich selbst. (Freud 1917, S. 200)

Durch die innere Aufrechterhaltung der Objektbesetzung bleiben auch die sich gegen das Objekt richtenden feindseligen Gefühle im Innern.

> Hört man die mannigfachen Selbstanklagen des Melancholikers geduldig an, so kann man sich endlich des Eindrucks nicht erwehren, daß die stärksten unter ihnen zur eigenen Person oft sehr wenig passen, aber mit geringfügigen Modifikationen einer anderen Person anzupassen sind, die der Kranke liebt, geliebt hat oder lieben sollte [. . .] So hat man denn den Schlüssel des Krankheitsbildes in der Hand, indem man die Selbstvorwürfe

als Vorwürfe gegen ein Liebesobjekt erkennt, die von diesem weg auf das eigene Ich gewälzt sind. (Freud 1917, S. 202)

Erweisen sich nun die Gefühle der Feindseligkeit und damit einhergehend Schuldgefühle als sehr stark, wächst die Annahme des Melancholikers, er habe das verlorene Objekt ermordet. Aus diesem Grunde kehrt das Objekt als innerer Verfolger wieder. Es ist auf Strafe aus, fordert Sühne. Der Melancholiker, bzw. das zum Teil des Ichs gewordene Objekt, klagt sich, bzw. den anderen Teil des Ichs, an und unterhält damit eine Beziehung zu sich, die zwischen Selbstbild und Werturteil eines anderen schwankt (Windaus 1982, S. 87). Er fühlt sich sowohl als Opfer als auch als Täter (Freud 1923, S. 319–320). In letzter Konsequenz nimmt sich der Melancholiker das Leben, um die vermeintliche Schuld am Verlust der geliebten Person wiedergutzumachen, aber auch um dem Verfolger in sich, dem verinnerlichten Objekt, Folge zu leisten (Freud 1923, S. 320). Die enttäuschende Beziehungsperson wird im Selbst ermordet, das Selbst sühnt seine Schuld durch den Tod (Nieder 1979, S. 59). Da der Suizidant in seiner Krise eine frühkindliche Phase aufsucht, in der es für das Kind noch keine reifen Beziehungen gibt, sondern wo es sein Selbst durch Inkorporieren und Introjizieren aufbaut (Nieder 1979, S. 60), geht es um das eigentliche verlorene ursprüngliche Liebesobjekt: die Mutter.

Es ist die Mutter, die das Kind nach einer Zeit der Verwöhnung und Abhängigkeit aus dem Paradies vertreibt. Die Folge dieser Versagung sind heftige Aggressionen gegen die Mutter, die aber wiederum die Angst zur Folge haben können, die Mutter oder deren Liebe ganz zu verlieren. Die Mutter wird introjiziert im Wege der oben (s. Kap. 3.3.2.3) angeschnittenen „introjektiven Identifizierung" (Jacobsen 1983, S. 315), und das Kind wendet seine Wut unbewußt lieber gegen sich selbst, um nur nicht die geliebte Mutter zu vergrämen, von der es so abhängig ist. Zugleich bleibt die Libido entwicklungsmäßig auf die Oralstufe fixiert (Schipkowensky 1965, S. 259).

Es läßt sich also folgende innerpsychische Situation beobachten: die introjizierte schlechte Objektimago richtet Attacken gegen das Selbst; im Laufe der Zeit wird die Selbstrepräsentanz zunehmend mit der von dem Liebesobjekt abgezogenen Energie besetzt. Jacobsen bezeichnet diesen Zustand als „sekundären Masochismus" (Jacobsen 1978 a, S. 91).

> Es ist merkwürdig, daß der Mensch, je mehr er seine Aggression nach außen einschränkt, desto strenger, also aggressiver in seinem Ich-Ideal wird. (Freud 1923, S. 320)

Daraus folgt, daß der Selbstmörder ein besonders strenges Über-Ich hat (Menninger 1978, S. 68).

4.1.2 Weibliches Über-Ich

Freud hat wiederholt die Ansicht geäußert, daß das Mädchen wegen Fehlens der eigentlichen „Kastrationsangst", des stärksten Antriebsmomentes zur Überwindung des Ödipuskonfliktes und zur Errichtung eines Über-Ichs, kein stabiles Über-Ich als Erben des Komplexes hinterlasse (Freud 1925, S. 265). Das hieße, daß Melancholie, die von der unerbittlichen Strenge des Über-Ichs beherrscht ist, beim weiblichen Geschlecht nur selten zu beobachten sein dürfte. Nun zeigt die klinische Erfahrung aber, daß die Melancholie gerade überwiegend das weibliche Geschlecht befällt (Jacobsen 1978 b, S. 764). Insbesondere auch solche Frauen, die ein anlehnungsbedürftiges, der Umwelt entlehntes Über-Ich zu haben scheinen, zeigen plötzlich Durchbrüche eigener grausamer Über-Ich-Forderungen, ein weiterer Hinweis darauf, daß die „Wege der weiblichen Über-Ich-Bildung komplizierter sein mögen, als Freud es sich vorstellte" (Jacobsen 1978 b, S. 765).

Für Freud ist das Über-Ich ein väterliches. Er sieht nicht, daß dieses seine „Quelle in dem verdrängten mütterlichen Ursprung" hat (Anselm 1985, S. 88), insofern, als bereits frühe Identifizierungen, die aber mit der Mutter als erster Bezugsperson erfolgen, den Grundstein für das spätere Über-Ich legen (Jacobsen 1978 b, S. 771). Allerdings sind nicht schon, wie Melanie Klein annimmt, die ersten Introjektionen als Beginn der Über-Ich-Bildung aufzufassen (Klein 1929, S. 44).

Wie gesagt, sieht Freud die Kastrationsangst als Quelle des Über-Ichs. Nun ist allerdings auch bei Mädchen eine sich jedoch anders äußernde Kastrationsangst festzustellen; diese tritt früher als beim Knaben bereits in der präödipalen Mutterbindung hervor. Das Mädchen hat eine tiefe Angst vor der „Zerstörung" und „Beraubung" seines inneren Körpers, die Melanie Klein auf die eigenen gegen den Körper der Mutter gerichteten destruktiven Impulse zurückführt (Klein 1929, S. 51–52). Entdeckt nun das Mädchen seine vermeintliche Kastration (s. Kap. 3.3.2.4.1), werden diese Ängste verstärkt. Die mit dieser Entdeckung einhergehende Wahrnehmung einer geringeren Wertschätzung – die „soziale Kastration" (Schmidbauer-Schleibner 1979, S. 357) – wurde bereits dargelegt. Das Mädchen konzentriert sich in der Folge stärker auf die inneren Genitalien; es tauchen Zweifel an einer normalen Genitalbeschaffenheit auf (Jacobsen 1978 b, S. 771).

Wenn die Prämisse richtig ist, daß der Antrieb zur Über-Ich-Bildung mit der Kastrationsangst einhergeht, so ist dieser zwangsläufig zunächst stärker bei dem Mädchen, das sich der Tatsache, „kastriert" zu sein, nicht länger verschließen kann. Es findet eine – im Vergleich zum Jungen – frühere Über-Ich-Bildung statt.

> Den Prozeß der Über-Ich-Entstehung beim Knaben kann man in etwa so charakterisieren, daß dieser, statt sich des väterlichen Gliedes zu bemächtigen – um mit der Mutter zu verkehren –, also statt den Vater zu „kastrieren", bestimmte phallische Eigenschaften des Vaters in sich aufnimmt. Analog vollzieht sich anfangs die weibliche Über-Ich-Bildung, wobei die Identifizierungsperson die Mutter ist. (Jacobsen 1978 b, S. 772)

Die „Analogie" sieht folgendermaßen aus, wobei ich diese Darstellung unter Außerachtlassung der väterlichen Rolle auf die frühen Über-Ich-Quellen beschränke: die „Kastrationsangst" des Mädchens ist die Angst vor Liebesverlust, die das Mädchen stärker zur Unterwerfung und zur Verinnerlichung der von der Mutter vorgelebten weiblichen Rolle treibt. Dieses ist auch vor dem Hintergrund zu sehen, daß die für das Mädchen in dieser Kultur in der Regel angstauslösende Wahrnehmung des Geschlechtsunterschiedes im Kontext der Loslösungs- und Individuationsphase stattfindet (Mertens 1981, S. 94), in der die Mutter, wie oben (s. Kap. 3.3.2.4.1) gezeigt wurde, ohnehin oft ihrerseits Lösungsprobleme gegenüber der Tochter hat. Die weibliche Rolle wird also nicht nur durch die gesellschaftlich definierten Inhalte, mit denen ich mich unten (s. Kap. 7) noch beschäftigen werde, bestimmt, sondern auch durch die Art der primären Objektbeziehung (Prokop 1976, S. 137). Schon früh wird das Mädchen zur Ausbildung der weiblichen „Kardinaltugenden", der körperlichen und seelischen Reinheit, der duldenden Entsagung, der Abhängigkeit usw. angehalten, die dem weiblichen Über-Ich seine charakteristische Note geben (Jacobsen 1978 b, S. 772).

Das Mädchen wird weniger zum Aufbau eines sogenannten „autonomen" Über-Ichs veranlaßt. Gilligan hat in einer Untersuchung zur weiblichen Moral jedoch nachgewiesen, daß männliche Werte das herrschende Verständnis von einem Über-Ich bestimmen (Gilligan 1984, S. 26). So ist es nicht richtig, die weibliche Über-Ich-Entwicklung in Kategorien des Defizits zu erfassen; dieses beinhaltet nämlich auch, daß sich Mädchen stärker in Beziehungen zu anderen definieren – wie ich in Kapitel 7 noch genauer beschreiben werde

– und damit auch moralische Sachverhalte stärker im Hinblick auf die zugrundeliegenden Beziehungsmuster und Konsequenzen für die beteiligten Personen gesehen werden (Gilligan 1984, S. 27). Der männliche Blickwinkel hingegen ist weniger personen- und stärker positionsbezogen. Diese soziale Rücksichtnahme der Frauen erscheint jedoch angesichts der vorherrschenden Betonung der Individuation und individueller Leistungen als weibliche Schwäche statt als menschliche Stärke (Baker Miller 1977, S. 76). Das auf eine frühe Über-Ich-Bildung zurückgehende soeben dargestellte weibliche Verhalten impliziert aber andererseits auch keine moralische Überlegenheit der Frauen; denn die genannten Werte werden angesichts der geradezu archaischen Struktur des Über-Ichs streng gefordert (Klein 1933, S. 90) statt freiwillig erfüllt. Der auf einer frühen Entwicklungsstufe unter Betonung der Oralität einsetzende Prozeß der weiblichen Über-Ich-Konstituierung disponiert Frauen nun besonders für die mit Introjektionen verbundene Melancholie (Jacobsen 1978 b, S. 774).

4.1.3 Tötung des Kindes als Selbsttötung

Die Tötung eines Kindes statt des eigenen Selbst aus einer Depression heraus soll im folgenden erklärt werden. Vorweg sei zur Verdeutlichung nochmals darauf hingewiesen, daß es möglich ist,

den eigenen Körper nicht als Teil des eigenen Selbst zu betrachten, und es ist ebenso möglich, den eigenen Körper so zu behandeln, als umschlösse er den Körper eines anderen. (Menninger 1978, S. 46)

Deshalb kann jede Behandlung, die man dem anderen zuteil werden lassen möchte, logischerweise zugleich dem Selbst gelten. (Menninger 1978, S. 46)

Der Vorgang der Tötung eines Kindes läßt sich unter diesem Aspekt aufschlüsseln: das verinnerlichte Objekt klagt an; das Subjekt fühlt sich schuldig. Die Forderung dieses Objektes nach Vergeltung kann so laut werden, daß sie nur noch durch Selbstvernichtung zum Schweigen zu bringen ist. Selbstvernichtung kann heißen: Vernichtung des gesamten Selbst oder eines Teils.

Sieht die Mutter ihr Kind aufgrund nicht geglückter Trennung als erweitertes Selbst, so beinhaltet die Vernichtung des gesamten Selbst neben der Destruktion der eigenen Person auch die des Kindes. Dieses pathologische Gefüge zeichnet den Hintergrund des erweiterten Selbstmordes.

Bezieht sich die Selbstvernichtung nur auf einen Teil, so kann dieser „Teil" auch das als Teil des eigenen Selbst gesehene Kind sein. Dieses verkörpert dabei entweder den auszustoßenden Bereich des mütterlichen Ichs – das verinnerlichte Objekt –, oder aber es dient, weniger funktional betrachtet, als „Zielscheibe" eines mütterlichen Altruismus. Das Subjekt Mutter muß getötet werden; da das Kind allein nicht weiterexistieren kann, wird der Forderung der Selbstvernichtung in „humanerer Weise" Genüge getan, indem das Kind getötet wird und es davor bewahrt wird, „mutterseelenallein" weiterleben zu müssen.

Noch etwas anderes drückt sich in der Tötung des Kindes statt des eigenen Selbst aus. Sieht man Auto- und Heteroaggression als austauschbar an, wie oben (s. Kap. 4.1) gezeigt wurde, so stellt die Tötung eines Kindes durch die sich als Einheit mit diesem sehende Mutter eine Kombination der beiden Aggressionspotentiale dar: die Mutter wendet die Aggression nach außen, aber auch zugleich gegen sich selbst.

Menninger hat eine Motivstruktur für Selbstmordhandlungen, bestehend aus drei Tendenzen, ermittelt: dem Wunsch, zu töten als aggressiver Komponente, dem Wunsch, getötet zu werden als autoaggressiver Komponente, sowie dem Wunsch, tot zu sein. Morden und Gemordetwerden enthalten Elemente von Gewalt, während das Sterben mit dem Verzicht auf Leben und Glück verbunden ist (Menninger 1978, S. 38). Treten nur die ersten beiden Komponenten stark hervor, ist der Wunsch, tatsächlich zu sterben, hingegen weniger ausgeprägt, so kann diese Motivlage den Weg für eine partielle Selbsttötung, d. h. Tötung des eigenen Kindes, weisen.

Oben wurde die Gefühlslage der Melancholikerin im Hinblick auf ihre Doppelrolle als Täterin und Opfer dargelegt. Es ist diese innere Realität, die für die Mutter durch die Tötung des Kindes in die äußere Realität hinübergeführt wird. Sie sieht sich nun tatsächlich als Täterin und Opfer. Freud beschäftigt sich in seiner Abhandlung „Das Ich und das Es" mit dem Phänomen des „Verbrechers aus Schuldgefühl".

Es läßt sich bei vielen [. . .] Verbrechern ein mächtiges Schuldgefühl nachweisen, welches vor der Tat bestand, also nicht deren Folge, sondern deren Motiv ist, als ob es als Erleichterung empfunden wurde, dies unbewußte Schuldgefühl an etwas Reales und Aktuelles knüpfen zu können. (Freud 1923, S. 319)

Genau dieses Phänomen läßt sich hier beobachten.

Unter Bezugnahme auf die oben dargestellte Doppelidentifikation (s. Kap. 2.3.3), über die die Mutter in dem Kind auch ihre eigene Mutter sieht, ist die Tötung des Kindes nun möglicherweise zugleich als Tötung des inneren Objekts Mutter zu sehen, das nunmehr für immer zum Schweigen gebracht werden soll.

4.2 Selbstvernichtung als narzißtischer Konflikt

Bislang wurde die unter Selbstmordaspekten betrachtete Tötung eines Kindes als Lösung eines aggressiven Triebkonfliktes gesehen. Allenfalls mit der Erwähnung der altruistischen Komponente wurde ein kleiner Abstecher in den anderen Bereich unternommen, der ebenfalls zur Erklärung der Selbstvernichtung beiträgt – die narzißtische Persönlichkeitsstörung. Insbesondere Henseler hat, ausgehend von Freuds Narzißmuskonzept, ein Motivbündel aufgeführt, das nicht auf eine Triebkomponente der Suizidanten hinweist, sondern auf ein Agieren zur Abwendung einer narzißtischen Katastrophe (Henseler 1974, S. 63).

Beim massiv narzißtisch Gestörten liegt ein Defekt in der seelischen Struktur vor, weil die Erwartungen an die Eltern zu stark enttäuscht wurden. Die kindlichen Größenphantasien bleiben auf einer archaischen Stufe stehen und üben ununterbrochen Druck auf das bewußte Selbstgefühl aus. Niedergeschlagenheit und Depression über die Unerfüllbarkeit der Größenphantasien wechseln ab mit einer Überbesetzung des Selbst (Nieder 1979, S. 67). Diese Idealisierung hält der Realität nicht stand. Droht die Idealisierung aber als Schutzmechanismus zusammenzubrechen, so weicht der Suizidant in den Tod aus, um dort den kindlichen Primärzustand der Ruhe, Erlösung, Geborgenheit, Entspannung usw. – also die Aufhebung der „Trennung von der schützenden Mutter" (Freud 1923, S. 325) zu finden unter Verzicht auf eine Identität als Individuum (Nieder 1979, S. 67).

Die narzißtisch gestörte Mutter, die hoffte, mit der Geburt eines Kindes ein Stück der frühkindlichen – entbehrten – Geborgenheit u. a. wiederzuerleben bzw. nachzuholen, um ihr Selbstgefühl zu retten, muß u. U. dieses Ideal, daß sich mit ihrem Kind ein Zustand totaler Harmonie herstellen lasse, indem dieses ein „idealisiertes Ebenbild" (K. Horney 1973, S. 91–92) ihrer Person verkörpere, durch Fixierung des Ist-Zustandes erhalten. Das Bedürfnis nach Fixierung taucht insbesondere in einer Situation auf, in der entweder die Gefahr besteht, daß sich auch mit dem Kind ein Zustand der totalen Harmonie nicht leben läßt, oder aber bereits erhebliche Dissonanzen zutage getreten sind, d. h., „das Erleben um sich greift, daß aus eigener Kraft die Lebensumstände nicht mehr im positiven Sinne umgestaltet werden können" (Krebs 1982, S. 104).

Die Vorstellung, daß der Idealzustand möglich wäre, kann erhalten bleiben, wenn diese der Herausforderung durch die Realität nicht mehr standhalten muß. Das ist u. a. dann der Fall, wenn die Mutter sich selbst vernichtet oder aber – auch aus einem Gefühl der Allmacht heraus – ihr Kind. Wird das Kind allein getötet, so kann es der Mutter als „konserviertes Ideal" dienen, das ihr, in ihrem Inneren verankert, die Möglichkeit der permanenten Harmonie vor Augen führt. Ihr eigenes Weiterleben ist damit sichergestellt.

> Im Leben können ebenso Todesmomente erfahren werden wie an das eigene Sterben Vorstellungen des Werdens geknüpft sind. (Krebs 1982, S. 10)

4.3 Selbstvernichtung als aggressiver narzißtischer Rückzug

Die Trennung in aggressiven und narzißtischen Selbstmord ist zwar hilfreich, um eine unterschiedliche Grundproblematik offenzulegen. Beide Theorien beschreiben jeweils andere Seiten und andere Ausgangspunkte von Selbstmordhandlungen, die sich aber gegenseitig nicht ausschließen (Pohlmeier 1980, S. 39).

Im Zusammenhang mit einer narzißtischen Selbstmordtheorie wird, wie auch oben geschehen, häufig das Narzißmuskonzept von Joffe/Sandler zugrundegelegt, wonach eine narzißtische Störung als Abweichung von einem Idealzustand des Wohlbefindens anzusehen ist und das Hauptgewicht auf den affektiven und vorstellungsmäßigen Aspekten liegt statt auf Triebenergien (Joffe/Sandler 1967, S. 161). Andererseits betonen Joffe und Sandler, daß Trieben die entscheidende Rolle bei der Aufrechterhaltung dieses Idealzustandes zukommt:

> ... veranlaßt uns die zunehmende Bedeutung der Aggression und aggressiven Besetzung innerhalb unserer Metapsychologie ihr in unserer Untersuchung des Narzißmus das gleiche Gewicht wie der Libido beizumessen. (Joffe/Sandler 1967, S. 155)

Eine Verknüpfung wird jedoch weder von Joffe/Sandler noch von anderen in sich und untereinander widersprüchlichen Narzißmuskonzepten geleistet.

Fenichel hat die Destruktionsneigung als Reaktion auf Depression in einer Weise beschrieben, die sowohl eine Trieb- als auch eine narzißtische Komponente zum Ausdruck bringt:

> Werden seine (des oral fixierten Menschen) narzißtischen Bedürfnisse nicht befriedigt, so sinkt sein Selbstgefühl auf einen Gefahrenpunkt herab. Er ist bereit, alles zu tun, um das zu vermeiden. Er wird jedes Mittel anwenden, um andere dazu zu bringen, ihn an ihrer vorgeblichen Macht teilhaben zu lassen. Auf der einen Seite manifestiert sich die prägenitale Fixierung solcher Menschen in der Neigung, auf Frustrationen mit Gewalt zu reagieren. Auf der anderen Seite sind sie durch ihre orale Abhängigkeit genötigt, durch Unterwürfigkeit und Liebedienerei zu bekommen, was sie so dringend brauchen. (Fenichel 1945, S. 272)

4.4 Zusammenfassung

Die Tötung des eigenen Kindes läßt sich auch unter dem Aspekt der Selbsttötung erfassen. Dieses gilt nicht nur für den erweiterten Selbstmord.

Sieht man Selbstmord – ausgehend von dem Zustand der Melancholie – als Lösung eines Triebkonfliktes, so kommt die Mutter mit der Tötung ihres Kindes den Rufen des inneren Anklägers nach Vergeltung insofern nach, als das Kind als erweitertes Selbst fungiert und eine Vernichtung dieses auch eine Selbstvernichtung ist. Zugleich mischen sich hier auto- und heteroaggressive Momente. Die Mutter, die sich unter dem Diktat des inneren verfolgenden Objektes als Täterin und Opfer fühlt, handelt durch die Tötung tatsächlich in einer Weise, die diese Gefühlslage Realität werden läßt. Unter Heranziehung des Gesichtspunktes der Doppelidentifikation wird es der Mutter mit der Tötung des Kindes u. U. möglich, sich von dem inneren Objekt „Mutter" durch Überführung in die Außenwelt für immer zu befreien.

Die Einstufung des Selbstmordes als narzißtischen Konflikts zeigt an, daß mit der Tötung des Kindes der Mutter die Erhaltung ihrer narzißtischen „Idealwelt" und ihres Selbstgefühls möglich bleibt, indem die von der Realität ausgehenden Bedrohungen ihres Bildes beseitigt werden. Ihre eigene Tötung kann dadurch verhindert werden.

5 Tötung des Kindes als Beziehungsstörung

Bislang habe ich das Phänomen der Tötung durch die Mutter vor allem als intrapsychisches Problem gesehen. Ein Wechsel auf die interpsychische Bühne des Erlebens erscheint mir zwischendurch angezeigt, ohne daß ich diesen Gesichtspunkt ausführlich behandeln möchte.
Mit der oben betrachteten (s. Kap. 3.3.2) Delegation eines intrapsychischen mütterlichen Aspekts – des Hasses – war die Beziehungsebene bereits angesprochen, allerdings aus dem Blickwinkel der Kindheit der tötenden Mutter. Mein Augenmerk soll nun aber erstmals auch auf die Position des Kindes als Opfer im Beziehungsgefüge gerichtet sein. Die Überlegung geht dahin, was das Opfer zu der Tat beiträgt. Nun könnte man diesen Gedanken sogleich als absurd verwerfen; immerhin aber beschäftigt sich ein nicht unbedeutender Zweig der Kriminologie, die sogenannte Viktimologie, mit genau dieser Fragestellung.

> Die Qualität der Täter-Opfer-Beziehung ist beim Studium von Tötungsverbrechen ein zentrales Thema, bildet eine Art Drehscheibe für die Richtung der weiteren Forschung. (Rasch 1975, S. 381)

Psychoanalytisch möchte ich mich vorsichtig einer Antwort mit Hilfe der Beziehungsanalyse nach Bauriedl nähern. Der hier verwendete Begriff der Beziehung ist von dem der Objektbeziehung im Sinne Mahlers u. a. zu unterscheiden. Er läßt sich wie folgt definieren:

> In jeder Art von Beziehung treffen im Prinzip die Übertragungsmuster zweier Beziehungspartner zusammen, die durch ihre jeweiligen Normstrukturen und ihre spezifisch gestalteten Ambivalenzspaltungen gekennzeichnet sind. (Bauriedl 1984, S. 33)

Die potentielle Normstruktur und die Ambivalenzspaltung der tötenden Mutter wurden ansatzweise offengelegt. Im erweiterten Bezugsrahmen einer interpsychischen Beziehung können nun der bisherige Stellenwert und die Absolutheit einer individuellen Norm, d. h. der Übertragungsstruktur, in Frage gestellt werden. In einer gesunden Beziehung, die in der Lage ist, die zwischen zwei Personen vorhandene Spannung dialektisch aufzunehmen, gibt es ein „Ich und Du" (Bauriedl 1984, S. 33). Wie bereits oben zitiert, heißt die Alternative zwischen tötender Mutter und Opfer aber „Ich oder Du" (s. Kap. 3.3.2.4.2). Die sich hier in extremer Weise ausdrückende Beziehungsstörung beruht wie jede Beziehungsstörung auf Manipulation. Durch das Zusammentreffen zweier Normstrukturen entsteht Angst davor, daß beide in Frage gestellt werden könnten. Die Konsequenz dieser Angst ist nicht gegenseitige Hilfeleistung durch Kontaktaufnahme, sondern eine Abwehr des Bezogenseins. Jeder versucht seine Abwehr gegen die des anderen absolut zu setzen (Bauriedl 1984, S. 34). Oft entsteht eine „Beziehungsschaukel" in der Weise, daß ein Partner die eine Seite der gemeinsamen Ambivalenz übernimmt; der andere mit der Gegenposition reagiert, wobei die Rollen austauschbar sind. Zugrunde liegt eine beziehungseinschränkende Norm (Bauriedl 1984, S. 38). Was kann dieses Modell zur Aufhellung der Täterin-Opfer-Beziehung leisten? Oben (s. Kap. 3.3.1.1) hat sich herausgestellt, daß das Nichtertragen von Ambivalenz ein grundlegender Faktor der innerpsychischen Struktur der Mutter ist. Sie lebt in einer Welt „gut" oder „böse". Nicht nur die äußere, sondern auch die innere Realität stellt sich so dar. Das Kind, das ihr dazu verhelfen soll, beide Gesichter der durch Spaltung zerteilten inneren Psyche zu leben (s. Kap. 3.3.2), muß folglich beide Seiten der gespaltenen Ambivalenz aufrechterhalten. Es findet neben der Delegation des Hasses u. U. also auch eine Delegation der Erwartung statt. Im ersten Punkt trägt das Kind die Konfliktanteile, im zweiten die Idealvorstellungen, das Kind verkörpert das „idealisierte Ebenbild" (s. Kap. 4.2).

Die mit dieser Spaltung einhergehenden gespaltenen Beziehungsangebote gehen auf die psychischen Lebensbedingungen der eigenen Kindheit zurück. Für das Opfer Kind ergibt sich folgende Konsequenz: anders als in anderen Beziehungen ist hier die Besonderheit, daß ein Partner – die Mutter – die Normbildung des anderen – des Kindes – mitbestimmt. Dieses hat im Zeitpunkt der ersten Begegnung noch keine von der Mutter unabhängige Normstruktur aufzuweisen. Das Kind muß die Normen und Spaltungsangebote der Mutter übernehmen, weil es sonst vom psychischen Tod durch Isolation bedroht ist (Bauriedl 1984, S. 41). Es übernimmt also entweder die aggressive Seite oder die ideale Seite. Das Dilemma besteht darin, daß es bei archaischer Spaltung der Mutter u. U. auch die jeweils andere noch leben muß (Bauriedl 1984, S. 41). Das gilt insbesondere dann, wenn die Beziehung zum Kind – mangels anderer Bezugspersonen – für die Mutter existenzielle Bedeutung hat.

Durch das gespaltene Beziehungsangebot findet sich die Spaltung also auch in der innerpsychischen Struktur des Kindes, das nicht nur in den Augen der Mutter als total gut oder total böse erscheint, sondern auch im eigenen Erleben. Diese beiden interaktionistisch übernommenen Rollen können entweder zeitlich abwechselnd gelebt werden oder aber in der Weise, daß das Kind z. B. bis zu einem bestimmten Alter als nur „lieb" und – beim Auftreten altersgemäßen stärkeren Unabhängigkeitsstrebens – als nur „böse" wahrgenommen wird und sich auch tatsächlich entsprechend verhält; es gibt keinen allmählichen Übergang. Wenn die Beziehung zum Kind der Mutter das Aufrechterhalten der Spaltung nicht mehr ermöglicht, kann u. U. nur noch eine Beseitigung der Beziehung durch Töten des Beziehungspartners, das Überwältigtwerden von innerpsychischer Angst und damit den völligen Zusammenbruch der Mutter verhindern. Hierin läge eine Erklärung der Tötung eines Kindes unter interpersonellen Aspekten.

Mein Ausflug in das Gebiet der Beziehungsanalyse ist beendet. Ich wende mich dem nächsten Kapitel zu in dem Bewußtsein, mit den vorangegangenen Überlegungen der Komplexität dieser Materie bei weitem nicht genügt zu haben; jedoch sehe ich, daß hier ein Feld für eine gesonderte Untersuchung besteht.

6 Tötung des Kindes als weiblicher Widerstand

Das Problem der Tötung eines Kindes durch die Mutter hat auch eine gesellschaftliche Perspektive. Diese will ich im folgenden betrachten. Dabei werde ich es nicht vermeiden können, zu verallgemeinern. Gerade das breite Spektrum gesellschaftlicher Erscheinungen läßt es nicht zu, daß in einer Theorie „jedes Individuum als Ganzes berücksichtigt" werden kann (Meulenbelt 1985, S. 23). Wenn ich also von Frauen und Männern als Gruppe spreche, rede ich von der zahlenmäßig überwiegenden Gruppe, Durchschnittsmenschen, bezogen auf den westlichen Kulturkreis der letzten Jahrzehnte. Ich sehe gerade im Bereich der Beziehungen zwischen Frauen und Männern – Müttern und Vätern – heute Veränderungen, die auf ein Verschwinden der starren Rolleneinteilung hinauslaufen und eine Bewegung innerhalb der geschlechtsspezifischen Einstellungs- und Verhaltensmuster in den nächsten Generationen zur Folge haben können. Im Moment ist diese Gruppe jedoch die Minderheit. Mein Augenmerk ist auf die Lebensverhältnisse der Mehrheit gerichtet.

Ein Blick auf die psychoanalytische Darstellung in dem vorangegangenen Teil der Arbeit läßt sehr schnell den Eindruck entstehen, daß die Mütter an allem schuld seien. Es ist die Mutter als erste Bezugsperson, die ihr Kind nicht ausreichend liebt, die ihm Haß entgegenbringt und aus Unfähigkeit, damit adäquat – im Sinne Winnicotts (s. Kap. 3.3.2) – umzugehen, diesen auf die nächste Generation überträgt. Für Kernberg, dessen Theorie im obigen Teil Gegenstand der Erörterung ist und den ich hier nur stellvertretend statt anderer Autoren benenne, ist der wesentlichste ätiologische Faktor für Entwicklungsstörungen der „Einfluß dominierender, kalter, narzißtischer und überfürsorglicher Mütter" (Mertens 1981, S. 156). Diese Konzentration auf die Mütter hat zur Folge, daß die Antwort auf die Frage, warum die Mütter so geworden sind, wiederum auf deren Mütter verweist. Es läßt sich eine Generationenkette störungsverursachender Mütter bilden.

Aber Mütter unterliegen noch anderen Einflüssen als denen der eigenen Mütter; abgesehen davon, daß sie den Einflüssen der Väter ausgesetzt sind, leben sie auch in einem gesellschaftlichen Raum. Jede Theorie, die diese Gegebenheit nicht miteinbezieht, blendet von vornherein eine Seite des Geschehens aus und verharrt letztlich in einem Stadium individueller Schuldzuweisungen. Eine solche Theorie scheint sich eher auf fixe Mutterbilder zu stützen, die Auskunft geben über das, was eine Mutter zu tun und zu lassen hat, als auf Erfahrungen mit konkreten Personen.

> Mutterbilder sind stark: die Mächtige, die Überbeschützende, die Vernachlässigende, die Opfernde [. . .] und doch völlig unzulänglich. Sie bleiben gefangen im innerfamilialen System – sonst müßten sie die gesellschaftliche Ohnmacht der Frauen berücksichtigen. Sie verharren in der intrapsychischen Dynamik, sonst könnten regressiv-kindlicher Haß und Wut nicht bei der Mutter enden. Sie sind leere Spiegelbilder des Bildes von Männlichkeit, sonst könnten sie die Realität der Geschlechterverhältnisse nicht verleugnen. Mutterbilder konstruieren eine Alleinverantwortlichkeit der Mütter für das Schicksal der Kinder. (Oubaid 1987, S. 22)

> . . . so ist das Private der einzelnen Lebensgeschichte *immer* auch ein Exempel gruppenspezifischer, also überindividueller Lösungsversuche gesellschaftlicher sozialisatorisch vermittelter Probleme. (Lorenzer 1980 a, S. 626)

Ist eine solche Verknüpfung von privaten und gesellschaftlichen Faktoren auch noch bei extremen „Lösungsversuchen" wie einem Tötungsdelikt festzustellen, oder ist jedenfalls in diesen Fällen nicht ein Übergewicht individueller bzw. interpsychischer Faktoren vorhanden, demgegenüber die gesellschaftlichen Einflüsse zu vernachlässigen sind? Ann Jones schreibt dazu:

> Daher können wir viel über die sich verändernde Rolle der Frau [. . .] lernen, wenn wir uns damit befassen, wen sie wann und warum tötete und wie ihre Umwelt ihr Verbrechen beurteilte. Seit den ersten Anfängen dieses Landes haben Frauen, vom äußersten Rand der Gesellschaft aus, deren innere Struktur markiert und bloßgelegt. (Jones 1986, S. 32)

Um die „Bloßlegung" dieser anderen „inneren Struktur", der unserer Kultur, geht es im folgenden, nachdem die „innere Struktur" der Täterin bereits aufgedeckt ist. Die tötende Mutter ist genauso in einen gesellschaftlichen Prozeß eingebunden. Auch ihre Tat ist nicht nur durch Aufdeckung ihrer individuellen Strukturen zu erklären.

6.1 Gesellschaftlicher Erklärungswert der Psychoanalyse

Ist aber die Psychoanalyse für diese über die Lebenssituation des Individuums hinausgehenden Fragen der gesellschaftlichen Realität noch kompetent? Bernfeld bejaht diese Kompetenz im folgenden:

> Man wird weder der Psychoanalyse noch der Reaktion der zeitgenössischen Wissenschaften auf sie gerecht, wenn man diese der Freudschen Psychoanalyse eigene Tendenz: erst an der Grenze ihrer Denkmittel, nicht

aber bereits an der Grenze heute gültiger wissenschaftlicher Konventionen halt zu machen, übersieht. (Bernfeld 1931, S. 147)

Auch für Marcuse läßt sich die Psychoanalyse nicht auf die Erforschung intrapsychischer Strukturen beschränken:

> Die Psychoanalyse erhellt die universelle Erfahrung in der individuellen. In diesem Ausmaß und nur in diesem kann sie die Verdinglichung durchbrechen, in der die menschlichen Beziehungen versteinert sind. (Marcuse 1968, S. 249)

Ist die Psychoanalyse aber auch insoweit geeignet, über ihren Tellerrand zu blicken, als es um die gesellschaftliche Realität von Frauen geht? Zweifel tauchen auf, da die Freudsche Tiefenpsychologie im patriarchalischen Wien des ausgehenden letzten Jahrhunderts geboren wurde und das ihr zugrundeliegende Frauenbild ein reaktionäres ist.

> Die Psychoanalyse wie jedes andere Gedankengebäude entstand und gedieh also in einer bestimmten Zeit, an einem bestimmten Ort; das entwertet nicht ihren Anspruch, allgemeingültige Gesetze gefunden zu haben, sondern heißt lediglich, daß diese Gesetze aus dem jeweiligen Zusammenhang ihrer spezifischen Entstehungsproblematik herauszulösen sind. (Mitchell 1985, S. 17)

Die Psychoanalyse ist „keine Verklärung der patriarchalischen Gesellschaft, sondern deren Analyse" (Mitchell 1985, S. 11). Die soziale Realität, die Freud zu erhellen versucht, ist der psychische Niederschlag der gesellschaftlichen Wirklichkeit.

Auf diese gesellschaftliche Wirklichkeit wird aber eben nicht einfach nur reagiert, sondern sie wird „erworben" (Mitchell 1985, S. 32). Die von Freud an Frauen gemachten Beobachtungen, die in sein psychoanalytisches Frauenbild eingingen, sind damit „Niederschlag" genau dieser patriarchalischen Lebenswelt, nicht aber eigentlicher Inhalt der Psychoanalyse. Allerdings schreibt Hagemann-White über die Besonderheiten einer Anwendung der Psychoanalyse auf Frauen:

> Frauen können sich ihrer nicht bedienen, ohne sie gegen den Strich zu bürsten. Denn indem die Psychoanalyse auch als Forschungsmethode die Form der Therapie hat, ist sie tendenziell naiv gegenüber dem stummen Zwang der objektiven Lage der Frauen. Sie findet eine psychische Verarbeitung von Abhängigkeit und Unterdrückung vor und bemüht sich, die subjektive Geschichte dieser Verarbeitung aufzuschlüsseln. Dabei kann sie naiv bleiben, weil psychische Tatsachen überdeterminiert sind: über der Aufschlüsselung der Verarbeitung vergißt sie leicht, daß das Leiden

der Frau konkret aufgezwungen worden ist – und noch wird. (Hagemann-White 1979, S. 54–55)

So ist denn auch eine Unzulänglichkeit zu beobachten: bis heute gibt es keinen Mutteransatz in der Psychoanalyse (Schmidbauer-Schleibner 1979, S. 364). Die zentrale Fragestellung zur Mutter-Kind-Beziehung lautet: was bedeutet die Persönlichkeit der Mutter für das Kind? Diese Forschungsrichtung ist aus der Geschichte der Tiefenpsychologie zu verstehen. Sie wurde festgelegt durch die entscheidende Entdeckung der Psychoanalyse, nämlich die Bedeutung frühkindlicher Beziehungskonstellationen für das weitere Leben. Insbesondere mit der Entwicklung der Kinderpsychologie durch A. Freud, M. Klein, J. Bowlby, D. W. Winnicott und R. Spitz wurde der Stellenwert der mütterlichen Zuwendung für das Kind ein zentrales Thema.

Die Mutter besteht aber nicht nur aus mütterlichen und kindlichen Anteilen ihrer Persönlichkeit, sondern es gibt darüber hinaus noch ein erwachsenes Ich (Schmidbauer-Schleibner 1979, S. 369). Indem die Mutter nur in ihrer Funktion für das Kind wahrgenommen wird, wird dieses Ich vernachlässigt und ist tatsächlich oft nicht entsprechend entwickelt (Schmidbauer-Schleibner 1979, S. 369). Folgendes Zitat einer Mutter bringt dieses Dilemma zum Ausdruck und nimmt zugleich Bezug auf die sich auch hier zeigende oben dargestellte Problematik der Doppelidentifikation (s. Kap. 2.3.3).

Sally ist für mich eine Kombination von meiner Mutter und mir, und zwar in einer Person, die ihrerseits einzigartig ist. Wenn ich mit ihr streite, übernehme ich ihr gegenüber den Part meiner Mutter, ich benutze sogar deren Wörter, und meine Stimme klingt wie ihre. Dann ist wieder der Teil von Sally, mit dem ich es zu tun habe, der Teil, der am meisten meiner Mutter gleicht, und dann komme ich mir vor, als wäre ich das Kind. [. . .] Die einzige fehlende Person bin ich als Erwachsene. (Hammer 1978, S. 47)

6.2 Vermittlung von Natur und Kultur

Die von mir oben in zweifacher Richtung aufgeworfene Frage nach der Eignung der Psychoanalyse für die Erfassung der gesellschaftlichen Lebensrealität überhaupt und der von Müttern speziell verlangt nach Antworten darüber, wie dieser Prozeß der Aneignung von Kultur – die Produktion von Subjektivität – aussieht. Diesen Antworten will ich mit Hilfe von zwei verschiedenen Erklärungsmodellen näherkommen, die meines Erachtens geeignet sind, ergänzend ineinanderzugreifen zur Erklärung des vorliegenden Problems. Es handelt sich um den „Interaktionsansatz" zur Produktion von Subjektivität von Lorenzer; dieser beleuchtet das Problem der Verzahnung von „Natur und Kultur" generell. Der Ansatz zur Reproduktion von Mutterschaft von Chodorow richtet den Blick gezielt auf die Frage: Warum „muttern" Frauen?

6.2.1 Produktion von Subjektivität

Lorenzer beschreibt die Konstitution subjektiver Strukturen als Produktion. Es geht dabei um die Vermittlung zwischen Natur und Kultur. Natur als das „Nicht-Identische" (Lorenzer 1985, S. 243) ist „an sich" bereits da; es muß nicht angeeignet werden. Kultur hingegen wird im Wege der Sozialisation angeeignet. Beide – Natur und Kultur – treffen aufeinander in der Einigungssituation der Mutter-Kind-Dyade, und zwar schon in dem Moment, da diese erstmals in Interaktion treten, d. h. bereits im Mutterleib (Lorenzer 1985, S. 243). Aus dem Zusammenwirken embryonaler und mütterlicher Reaktionen geht eine „bestimmte Interaktionsform" hervor (Lorenzer 1985, S. 244). Die Mutter als diejenige, die den Embryo in ihrem Leib entwickelt, empfängt seine ersten Impulse und antwortet darauf. In dem Anteil, den die Mutter in diesen Komplex hineinträgt, sind zugleich aber auch die gesellschaftlichen Formen enthalten. Sie bringt ihre eigene Sozialisation, ihre eigenen Kindheitserfahrungen und ihre Begegnung mit sozialer Umwelt ein. Schon diese aus vorgeburtlichen sensorisch-motorischen Reizen und Reaktionen hervorgehende Interaktion ist damit in einen gesellschaftlichen Prozeß einbezogen (Lorenzer 1985, S. 280).

Zunächst ist dabei von einem kindlichen Subjekt noch nicht die Rede, aber auch die Mutter als allein handelndes Subjekt zu betrachten hieße die Funktion der embryonalen Reize außer acht lassen und hätte konsequenterweise zur Folge, daß das Kind bis zum Abschluß der frühkindlichen Entwicklung lediglich als Objekt betrachtet würde (Lorenzer 1985, S. 250). Lorenzer sieht die einzig sinnvolle Lösung darin, die Mutter-Kind-Dyade selbst als Subjekt zu betrachten; dieses bildet sich als „eigenes" Subjekt in dem Subjekt Mutter. Der bei der Konstituierung dieses Subjekts ablaufende Prozeß ist intrasubjektiv, zugleich interindividuell (Lorenzer 1985, S. 252). Hier ist zu ergänzen, daß es innerhalb dieses Subjekts zu einer strukturellen Identifizierung zwischen kindlicher und mütterlicher Struktur kommt und daß in dieser Strukturierung die Logik der individuellen Struktur von der Logik der gesamtgesellschaftlichen Praxisstruktur bestimmt, die Wahrheit der gesamtgesellschaftlichen Praxisstruktur in individueller Praxisstruktur abgespiegelt wird. (Lorenzer 1985, S. 262)

Jedes Subjekt steht in einem Spannungsfeld gesellschaftlicher Praxis zwischen den Bedürfnissen innerer und den Anforderungen äußerer Natur. Störungen im gesellschaftlichen Beziehungsgefüge, eine mißlungene Verbindung von innerer und äußerer Natur, führen zu Störungen in der individuellen Praxisstruktur. Sie werden gegebenenfalls in der Mutter-Kind-Dyade übertragen (Lorenzer 1985, S. 262).

Das Vorangegangene verdeutlicht zum einen, daß es keine reine Natur gibt, daß sie sich zu keinem Zeitpunkt der frühkindlichen Entwicklung feststellen läßt, sondern daß auch der Säugling schon ein kulturell beeinflußtes Wesen ist. Genausowenig gibt es gesellschaftliche Praxis, die unter Außerachtlassung menschlicher Natur, d. h. der Triebe, gelebt werden kann. Menschliche Natur und gesellschaftliche Praxis bilden eine Synthese.

Auch bezogen auf die tötende Mutter geht deren subjektives Leiden, das sie zunächst über das Subjekt Mutter-Kind-Dyade und später intersubjektiv an ihr Kind weitergibt, letzten Endes auf eine verfehlte Synthese von innerer Natur und vermittelter gesellschaftlicher Praxis zurück (Lorenzer 1985, S. 277).

6.2.2 Reproduktion von Mutterschaft

Das westliche Gesellschaftssystem zeichnet sich vor allem immer noch durch umfangreiche und weitverbreitete geschlechtsspezifische Ungleichheiten in der sozialen Organisation der Geschlechter aus (Chodorow 1985, S. 19). Diese Ungleichheit wirkt sich als fundamentale strukturelle Störung in dem eben beschriebenen Prozeß der Synthesis zwischen Natur und Kultur aus. Ein wesentlicher Faktor dieses Phänomens, der zugleich zur Perpetuierung beiträgt, ist die Beschränkung des „Mutterns" allein auf Frauen mit allen sich daraus ergebenden Konsequenzen.

Natürlich sind es Frauen, die Kinder bekommen. Muttern aber bedeutet mehr als das Austragen von Kindern. Es beinhaltet auch, ein Kind zu pflegen und zu erziehen, dessen primärer Elternteil oder primäre Bezugsperson zu sein (Chodorow 1985, S. 20). Chodorow erhebt die Frage, warum es fast immer Frauen sind, die diese Funktion wahrnehmen; liegt doch im weiblichen Muttern zugleich der Grund dafür, daß Frauen in ihrem Wirken hauptsächlich auf die häusliche Sphäre beschränkt sind. Diese Sphäre ist großenteils von der öffentlichen Sphäre abgespalten und dieser gegenüber in nahezu allem untergeordnet.

Allein schon aus ihrer geringeren Präsenz in den gesellschaftlichen Einfluß ausübenden Bereichen des öffentlichen Lebens haben Frauen überall dort, wo weitreichende Entscheidungen gefällt werden, weniger Mitspracherechte. Ein Wirken im öffentlichen Bereich findet zwangsläufig mehr Beachtung. Dieses Tätigwerden wird gesehen, gesellschaftliche Wertschätzung ist dort zu erlangen. Das bedeutet nicht, daß jedes Handeln in diesem Bereich zwangsläufig geschätzt wird. Das Muttern hingegen findet eher im Verborgenen statt und genießt von daher trotz Idealisierung wenig soziale Anerkennung. Dieser Umstand wirkt sich auf das Selbstwertgefühl der Frauen, der Mütter, aus, wie noch zu zeigen sein wird.

Welche Bedeutung hat es für das weitere Leben, daß die erste Bezugsperson eine Frau ist, daß es nur Frauen sind, die muttern? Inwiefern wirkt sich dieses auf die Reproduktion von Mutterschaft aus?

Für das Mädchen wie den Knaben ist eine Frau der erste menschliche Mittelpunkt von körperlichem Behagen und Lust und das erste Wesen, durch das ihm das lebenswichtige Vergnügen sozialen Umgangs zuteil wird. Die erste Erfahrung, von einem weitgehend unkontrollierbaren gütigen äußeren Spender abhängig zu sein, ist ebenso auf eine Frau konzentriert wie die früheste Erkenntnis, daß wir Enttäuschungen und Schmerz erleiden müssen. Eine Frau ist der Zeuge, in dessen Bewußtsein sich die kindliche Existenz zuerst widerspiegelt und sie bestätigt; sie ist das Publikum, das seinen ersten Leistungen Beifall zollt. Diese Frau ist weiterhin der überwältigende äußere Wille, angesichts dessen das Kind erstmals die Notwendigkeit der Unterwerfung erkennt, (Dinnerstein 1979, S. 46)

Das Kind hegt zum einen die Hoffnung, diese Beziehung – diese erste Liebe – wiederholen zu können, zum anderen das Bedürfnis, sich für die erste Enttäuschung zu rächen.

Männern gelingt es, wie bereits erwähnt (s. Kap. 3.3.2.4.2), diese Beziehung erneut in der Verbindung mit einer Frau zu erleben. Zugleich entsteht, insbesondere bei schwerwiegenden Enttäuschungen seitens der Mutter, der Wunsch, sich an Frauen dafür zu rächen, die in der Kindheit erlebte Ohnmacht gegenüber der mütterlichen Allmacht durch spätere Geringschätzung und Kleinhaltung der Frauen wettzumachen. Diese erste Begegnung mit einer Frau ist aber auch insofern prägend, als die Erwartungen gegenüber Frauen grenzenlos sind: es sind die frühkindlichen Erwartungen an die Mutter (Meulenbelt 1985, S. 184). Auch Mädchen haben diese Erwartungen; sie haben diese Erwartungen später jedoch nicht primär gegenüber Männern. Sie können in der Beziehung zum Mann nicht die Beziehung zur Mutter in ihrer Intimität erfahren (s. Kap. 3.3.2.4.2).

An verschiedenen Stellen dieser Arbeit wurde bereits darauf hingewiesen, daß Töchter größere Schwierigkeiten haben, sich als von ihrer Mutter getrennte Personen zu erfahren. Im positiven Sinn hat die Geschlechtsidentität mit der Mutter zur Folge, daß es Frauen dadurch möglich wird, *innerhalb* einer Gefühlsbeziehung ihre weibliche Identität zu erfahren, während Männer dieses in Abgrenzung zu einem Wesen des anderen Geschlechts müssen (Chodorow 1985, S. 220). Frauen entwickeln demgemäß später weniger Abwehr gegen Zuneigung und definieren sich selbst stärker in Beziehung zu anderen Menschen; Männer hingegen wehren Gefühle eher ab, zusätzlich noch aus der Furcht heraus, in einer engen Beziehung zu einer Frau von dieser beherrscht und verschlungen zu werden (Chodorow 1985, S. 236). Sie begehren und fürchten Frauen gleichzeitig. Eine Lösung, diesen Widerspruch zu leben, liegt für viele in einer Aufteilung der Frauen: so gibt es mütterliche, aber sexuell reizlose, und schlechte, aber sexuell attraktive Frauen, der sogenannte „Madonna-Huren-Komplex" (Meulenbelt 1985, S. 194).

Frauen erfahren über ihre Mütter schon sehr frühzeitig, daß diese in der Gesellschaft einflußlos und daher zweitrangige Wesen sind, deren Schicksal nicht erstrebenswert scheint. Für eine Loslösung besteht angesichts einer solchen Zukunftsperspektive weniger Anreiz; die weibliche Identität ist daher oft gebrochen, das Leben wird nicht als eigenes Projekt begriffen (Meulenbelt 1985, S. 190). Allzu groß ist die Versuchung, im Schatten eines Mannes an dessen Lebensprojekt teilzuhaben, wobei diesem damit zugleich die Basis für sein Auftreten in der Öffentlichkeit bereitet wird. Eine solche Beziehung aber muß für die Frau unbefriedigend bleiben. Die Suche nach der Erfahrung einmaliger Intimität mit einer Frau bleibt. So erstaunt es nicht, daß Frauen stärker als Männer ein ganzes Geflecht emotionaler Beziehungen zu Frauen haben, an denen sie festhalten (Chodorow 1985, S. 258). Aber es gibt eben noch den anderen Weg, den unerfüllten Sehnsüchten nach einer engen Verbindung zu begegnen: die Mutterschaft (Chodorow 1985, S. 263). Insoweit verweise ich auf obige Ausführungen (s. Kap. 3.3.2.4.2). Da es überwiegend Frauen sind, die muttern, wird die beschriebene emotionale Ungleichheit bei beiden Geschlechtern entstehen. Der Wunsch einer Frau, ein Kind zu bekommen, ist nicht nur eine Antwort auf gesellschaftliche Rollenerwartungen, sondern entstammt ihrem eigenen Innern. Letztlich führt also genau die Tatsache, daß Frauen muttern, dazu, Töchter die Rolle ihrer Mütter übernehmen zu lassen und damit den äußeren Anforderungen sowie den inneren Wünschen zu entsprechen (Chodorow 1985, S. 270).

Aber sind Frauen nicht durch ihren innigen körperlichen Kontakt, der schon lange vor der Geburt besteht, in besonderer Weise dafür prädestiniert, auch nach der Geburt die Versorgung und die alleinige Verantwortung für das Kind zu übernehmen? Dieses zu vertreten hieße die Frau in eine Reihe zu stellen mit anderen Säugetieren wie Hunden, Katzen, bei denen das weibliche Tier die Sorge für die Aufzucht trägt. Dennoch ist dieses biologische Argument auch heute noch weit verbreitet. Die körperliche Bindung zwischen Mutter und Kind als allein ausschlaggebendes Kriterium für die nachgeburtliche Versorgung zu nehmen beinhaltet, sich blindlings darauf zu verlassen, daß diese Bindung die ganze frühe Last einer elterlichen Aufgabe tragen soll, die – insbesondere in unserer hochkomplexen Gesellschaft – unvergleichlich umfassender und anspruchsvoller ist als die von Hunden und Katzen. Es ist eine Aufgabe, deren Hauptbestandteil seinem Wesen nach weder männlich noch weiblich ist. Sie besteht vor allem darin, die erste psychologisch entscheidende Einführung eines neuen Mitglieds unserer Spezies in die Lebensbedingungen derselben vorzunehmen (Dinnerstein 1979, S. 108). Das Fehlen einer körperlichen nachgeburtlichen Bindung zwischen Vater und Kind muß daher beim Menschen in einem ganz anderen Licht gesehen werden, nämlich im Zusammenhang damit, daß Menschen kulturelle Wesen sind. Aufgrund dieser Tatsache und aufgrund der menschlichen intellektuellen Fähigkeiten wird Mutterschaft und Vaterschaft beim Menschen zu etwas völlig anderem. Der menschliche Vater hat eben auch schon vor der Geburt einen Bezug zu dem sich entwickelnden Kind, das seinem Samen entsprang und im Inneren eines anderen Menschen heranwächst (Dinnerstein 1979, S. 109).

6.3 Mütterliche Subjektivität

6.3.1 Zweideutige Macht der Mutter

Das Muttern hat zur Folge, daß Mütter der gesellschaftlichen Sphäre weitgehend fernbleiben bzw. sich mit einem Tätigwerden in vergleichsweise einflußlosen öffentlichen Bereichen begnügen. Auf der anderen Seite sind sie die einzige Bezugsperson des Kindes. Mütter haben also eine „zweideutige Macht" (Anselm 1985, S. 66): Mütterliche Allmacht und weibliche Ohnmacht begegnen sich hier. Die psychische Realität dieser Allmacht wirkt sich nicht in der äußeren gesellschaftlichen Realität aus (Mitscherlich-Nielsen 1985, S. 86). Die Mutter konzentriert sich folglich auf den Bereich, wo sie Einfluß auszuüben vermag. Einfluß hat sie auf ihre Kinder. Ihnen gegenüber lebt sie somit auch Macht aus, und zwar um so stärker, je mehr sie eine gesellschaftliche Ohnmacht erlebt.

Im ersten Teil der Arbeit (s. Kap. 2.3) wird aufgezeigt, wie wichtig es ist, daß Mütter ihre Kinder nicht um ihres eigenen Selbst willen brauchen. Wenn Mutterschaft aber andererseits als die zentrale Aufgabe im Leben einer Frau angesehen wird, dann sind es die Kinder, die der Frau alles geben müssen, als Ausgleich für das eigene gewaltige Opfer.

Eine Frau, die heute Mutter wird, muß in der Tat darauf gefaßt sein, Opfer zu bringen. Niemand spricht allerdings aus, daß es nicht das Kind ist, das von ihr diese Opfer verlangt, sondern die Gleichgültigkeit der *anderen Erwachsenen* gegenüber der für die gesamte Gesellschaft unentbehrlichen Fürsorge für die Bedürfnisse der nächsten Generation [. . .]. Es genügt eine kurze Erfahrung mit der Gleichgültigkeit, der mangelnden Sensibilität anderer Erwachsener für kindliche Äußerungsweisen, damit ein Kind selbst ahnt, daß es in Abwesenheit der Mutter verloren ist; und dann verlangt auch es von ihr, was gesellschaftlich ohnehin als ihr Wesen gilt. (Hagemann-White 1978, S. 754)

Bisher galt Mutter werden als einzig akzeptable und damit einzig erstrebenswerte Lebensperspektive für Frauen. Die jetzt heranwachsende Tochtergeneration macht möglicherweise als erste die Erfahrung, daß Mutter zu werden nur eine von mehreren Möglichkeiten ist, unter denen eine Frau wählen kann (Hammer 1978, S. 34). Ob sich hier eine grundlegende Veränderung dahingehend abzeichnet, daß Mutterschaft zu einer bewußten Entscheidung wird, ist derzeit noch offen; bislang jedenfalls erfahren Kinder, daß sie es sind, die dem Leben der Mutter einen Sinn geben müssen, sie empfinden sich

u. U. als Träger einer Existenz, die nicht die ihre ist (Olivier 1987, S. 217). Am stärksten kompensieren Mütter ihre individuelle Ohnmacht durch persönliche Macht über Töchter (Osterland 1979, S. 36). Diese leben für Beziehungen, genau wie ihre Mütter, die im wesentlichen „Beziehungsarbeit" (Osterland 1979, S. 43) leisten. Mütter leben für Beziehungen, für andere, nie für sich selbst. Da natürlich auch Mütter eigene Bedürfnisse haben, jedoch keinen Weg zur Äußerung finden, der nicht mit ihrem Mutterbild kollidiert, transformieren sie ihre Bedürfnisse (Baker Miller 1977, S. 38), d. h., sie nehmen Bedürfnisse nicht als ihre eigenen wahr, sondern als mit denen der Kinder identisch. So wird es ihnen möglich, sich diese zu erfüllen in dem Glauben, sie gehörten jemand anderem (Baker Miller 1977, S. 39).

Der stellvertretende Charakter der Bedürfnisbefriedigung zeigt sich u. a. darin, daß sich das „bedürfnisorientierte Verhalten" (Prokop 1976, S. 67) der Mütter keineswegs auf alle Wünsche und Belange der Kinder bezieht, sondern sich auf ganz bestimmte Bereiche der Versorgung und Zuwendung beschränkt. Die Versorgungsleistung der Mütter betrifft in erster Linie die materielle Versorgung. Diese Einschränkung läßt vermuten, daß es letztlich den Müttern um etwas anderes geht; es zeigt sich hier die Angst, das Kind zu verlieren, in die Selbständigkeit zu entlassen (Verein 3. Sommeruniversität für Frauen e. V. 1979, S. 46). Aber dahinter verbirgt sich auch die Angst der Mutter, abgelehnt zu werden, wenn sie eigene Wünsche äußert, ein tiefverwurzeltes Gefühl der Wertlosigkeit, das ihnen das Recht versagt, eigene Ansprüche zu stellen (Hagemann-White 1979, S. 81). Eine starke unausgesprochene Erwartung der Mütter, etwas zu bekommen, bleibt bestehen, etwas zu bekommen, das für die fehlende gesellschaftliche Anerkennung entschädigt. Diese Erwartung verbirgt sich hinter der Demutshaltung und richtet sich an die Kinder, kann jedoch von diesen, gemessen an der Totalität des Anspruchs, nicht erfüllt werden: es entsteht die mit sich und anderen unzufriedene Frau, die tatsächlich nichts mehr bekommt und nur unter dem Zwang des Mangels gibt (Schmidbauer-Schleibner 1979, S. 359).

Machtlose Frauen haben das Bemuttern immer als Kanal benutzt – eng aber tief – für ihren eigenen menschlichen Willen nach Macht; ihr Bedürfnis, der Welt das heimzuzahlen, womit die Welt sie heimgesucht hat. Das Kind, das am Arm quer durch den Raum gezerrt wird, um gewaschen zu werden, das Kind, dem gut zugeredet wird, das drangsaliert und bestochen wird, doch noch „ein bißchen mehr" von dem verhaßten Essen zu schluk-

ken, ist eben mehr als nur ein Kind, das entsprechend der kulturellen Tradition des „Wohlbehütetseins" aufgezogen werden muß. Sie/er ist ein
Stück Realität, Welt, worauf Einfluß genommen, die sogar geformt werden kann von einer Frau, die sonst eingeschränkt wird, Einfluß auf irgend
etwas zu nehmen . . . (Rich 1978, S. 31)

Solange die Ideologie der Mutterschaft den Müttern jene Haltung der
Opferbereitschaft vorschreibt, rächen sich diese, indem sie Ersatzbefriedigung suchen. Der Teufelskreis bleibt bestehen. Für Töchter insbesondere bedeutet dieses, daß auch sie das „Andere Geschlecht" (de
Beauvoir 1968) bleiben. Die Lebensrealität vieler Frauen verhindert
geradezu eine gesunde Trennung von Mutter und Kind.

6.3.2 Mutterliebe

Die idealisierte Mutterrolle kennt nur Liebe. „Es gilt noch immer
weithin als selbstverständlich, daß Liebe das zentrale Lebensproblem der Frau darstellt. Mutterschaft wird wesentlich als Aufopferung gelobt" (Grunberger 1964, S. 101). Es besteht aber, wie gesagt,
eine natürliche Ambivalenz der Gefühle (s. Kap. 3.1.2). Mütter, die
nur lieben dürfen, verdrängen die anderen destruktiven Gefühle, die
unbewußt um so stärker vorhanden sind und sich radikal Bahn brechen können, wenn keine Möglichkeit einer gesellschaftlich akzep-
tierten Entladung offensteht. Aber nicht nur das negative Gefühl
muß unterdrückt werden, auch Liebe kann sich nicht entfalten.

> Eine Mutter, die es verlernt, die Frage nach dem eigenen Selbst überhaupt
> noch zu stellen, der Aufopferung und Bedürfnislosigkeit zur Charakter-
> maske geworden sind, gerät in den Zwang, ihr Kind dazu zu mißbrauchen,
> zu beweisen, welche Opfer sie zu erbringen vermag. Lieben kann sie das
> Kind nur noch in verkrampften und fesselnden Formen, selbst kann sie
> nie liebenswert sein, am allerwenigsten für das Kind, das schon vor sei-
> ner Geburt an ihrem Leiden schuldig werden muß. (Hagemann-White
> 1978, S. 750)

> Im Namen der Liebe, die Mütter zu ihren Kindern haben sollten, im Na-
> men dieser „großen Liebe" ist von Frauen zu viel Einschränkung und
> Verzicht und von Kindern zu viel Gegenliebe erzwungen worden. Erzwun-
> gene Liebe gibt es: als überständige Anhänglichkeit, Abhängigkeit, Neu-
> rose und Haß. (Sichtermann 1982, S. 15)

Eine starre Rolle verhindert, daß diese mit Leben gefüllt wird. Läßt
sich eine Mutter von den Rollenerwartungen an sie als Mutter leiten, kann sie keinen wirklichen Kontakt zum Kind aufbauen.

Es ist ein Ausdruck unserer gesamtgesellschaftlichen Beziehungsstörung, daß wir allzu oft an den Stellen, wo es um Veränderung gehen könnte, Normen und Leitvorstellungen vom „richtigen Verhalten" als Ersatzkontakt dem Risiko und der Chance lebendigen Kontakts vorziehen. So werden unsere Beziehungen weitgehend vom Schuldprinzip geregelt, was nicht mehr der Fall wäre, wenn der Beziehungsaspekt in den Vordergrund treten könnte. (Bauriedl 1984, S. 80–81)

Nun zeichnen sich in vielen Bereichen der Gesellschaft reale Veränderungen hinsichtlich der Geschlechterrollen ab. Die berufstätige Frau, die Haushalt und Kinder nebenbei bewältigt, wird in bestimmten Kreisen mehr geschätzt als die „Nur-Hausfrau" (Erler 1976, S. 47), deren Identität nicht mehr so ungebrochen wie vor zwanzig, dreißig Jahren ist. Die Leitbilder des Mutter-Seins haben inzwischen viele Bruchstellen, doch statt diese offenzulegen, wird versucht, sie zu verdecken. Mangels Alternativen klammern sich viele Mütter äußerlich weiterhin an diese Rolle, die ihnen innerlich heute noch weniger Sicherheit als früher zu geben vermag. So kommt es vor, daß selbst dann, wenn der Vater sich am „Muttern" beteiligen will, dieses von der Mutter verhindert wird. Diese Macht will sie sich so lange nicht nehmen lassen, bis ihr Macht in einem anderen Bereich übertragen wird.

6.3.3 Mütterliches Alltagsleben

Das Tragische an den mütterlichen Idealbildern ist, daß sie mit der Realität nicht viel zu tun haben, aber Frauen unter Druck setzen. Die einzelne Mutter bekommt das Gefühl, nicht so gut wie alle anderen zu sein, zu versagen (Kitzinger 1983, S. 41).

Vorschriften werden für erforderlich gehalten, da Frauen zwar einerseits die hehre Aufgabe der Betreuung der nächsten Generation übertragen wird, ihnen andererseits aber offensichtlich nicht zugetraut wird, diese Aufgabe nur aus ihrem eigenen Können heraus zu bewältigen. Indem ihnen nicht zu erfüllende Ideale vorgehalten werden, reagieren sie mit Gefühlen der Unzulänglichkeit. Zugleich wird daran aber auch deutlich, daß die Mutterrolle keine „natürliche" Aufgabe ist, sonst bedürfte es dieser Anleitungen nicht (Meulenbelt 1985, S. 181). Diese Idealbilder lassen sich dadurch noch weniger leben, daß Frauen gerade heute auf eine soziale Realität treffen, die sich in ihrer eigenen sozialen Isolation sowie totaler Überforderung niederschlägt. Frauen leben in unserer hochzivilisierten Kultur der letzten Jahrzehnte häufig sechs bis acht Stunden am Tag ohne Gesellschaft Erwachsener, unabhängig davon, ob sie alleinerziehend oder verheiratet sind. Oft trägt eine ihnen unbekannte Wohngegend ein übriges dazu bei, diese Isolation zu verschärfen. Anonyme Hochhäuser lassen eine persönliche Begegnung mit anderen Frauen in ähnlicher Situation von vornherein nicht zu. Dermaßen abgeschottet, wird den Frauen dennoch die kulturelle Übermittlung in die Hände gelegt.

Bezogen auf die Kinder, drückt sich in diesen Lebensverhältnissen der Mütter, die weder ihnen selbst Raum zur Entfaltung noch den Kindern ausreichend Spiel- und Entwicklungsmöglichkeiten gewähren, eine verborgen kinderfeindliche Tendenz der Gesellschaft aus. Statt dafür Sorge zu tragen, daß die Mutter die ihr gestellten Aufgaben auch zu bewältigen vermag, werden dieser zusätzliche Schwierigkeiten durch eine wenig unterstützende äußere Struktur bereitet. Die berufstätige Mutter ist zwar nicht in der Weise isoliert, hat jedoch oft arbeitsmäßig eine Wochenstundenzahl von 75 Stunden zu erfüllen (Scarr 1987, S. 31).

Kitzinger beschreibt einen Alltagsablauf einer durchschnittlichen Mutter:

Eine Frau möchte eine gute Mutter sein und bemüht sich darum, sich selbstlos ihren Kindern zu widmen, ihnen ihre ganze Aufmerksamkeit und großzügige Fürsorge zukommen zu lassen, immer hellwach zu sein, um ihnen die entsprechenden Anregungen zu bieten, sie mit ausgewogenen, leckeren Gerichten zu ernähren, immer für sie da zu sein und ihnen uneingeschränkt ihre Liebe entgegenzubringen – so wie es in den Zeitschriften und Büchern beschrieben wird. Doch dieses konstruktive Spiel gerät zu einem Chaos aus überall in der Küche verteilten Pappkartons, klebrigem Mehlkleister im Sisalteppich und vollgemalten Gardinen. Die liebevoll zubereitete Mahlzeit wird vom älteren Kind mit einem Ausdruck des Ekels abgelehnt, und das Baby spuckt einfach alles wieder aus. Am Nachmittag hat sie die Sachen immer noch nicht fertig, die sie schon morgens erledigen wollte, es ist nichts zum Abendessen da, und das Baby ist wund, weil sie keine Zeit hatte, häufig genug die Windeln zu wechseln. Sie setzt die protestierenden Kinder in den Kinderwagen und macht sich auf den Weg zum Supermarkt, wo ihr das ältere Kind behilflich ist, indem es alles das in den Korb füllt, was sie gar nicht kaufen will, während das jüngere Konservendosen von den Regalen fegt. Schließlich gibt sie dem Baby einen Klaps auf die Hand, was ihr einen langen, schiefen Blick von einer älteren Frau einbringt, die bestimmt denkt, daß sie ihre Kinder mißhandelt. Sie ist entsetzt, was aus ihr geworden ist, und hastet mit den beiden heulenden Kindern nach Hause zurück. Sie schiebt ihnen noch mehr Essen in den Mund und setzt sie dann in die Badewanne, wo sie zufrieden spielen und entzückend wie kleine Engel wirken. Einen Moment lang ist sie entspannt, um jedoch gleich darauf festzustellen, daß ihr neues Spiel darin besteht, den Schwamm über dem Badewannenrand auszudrücken, so daß der Badeteppich schwimmt. Sie bückt sich, um das Wasser mit dem Badetuch aufzuwischen. Sie hört ein Geräusch an der Eingangstür, streicht sich das Haar aus dem Gesicht, und schon kommt ihr Mann herein und fragt sie fröhlich: „Na, hattest du einen angenehmen Tag, Liebling?", oder schlimmer noch: „Ich bin hungrig wie ein Löwe, was gibt es heute zum Abendessen?", oder, wenn es am schlimmsten kommt: „Ich habe etwas Kopfschmerzen. Das war heute ein furchtbarer Tag im Büro." Außergewöhnlich ist, daß sie sich nach der Bewältigung aller dieser Aufgaben dennoch wie eine richtiggehende Versagerin vorkommt. Sie ist davon überzeugt, daß sie die einzige Frau ist, der es so geht, und daß sie einfach unfähig ist. (Kitzinger 1983, S. 36–37)

6.4 Tötung des Kindes als weiblicher Widerstand

Ohne Hilfe von außen, mit der erdrückenden Gewißheit, an allem schuld zu sein, erweist sich das Muttersein als Falle (Kitzinger 1983, S. 41). Fehler erscheinen fast unvermeidbar; aber die Mutter macht keine „Fehler", sie versagt als ganzer Mensch, ist eine schlechte Mutter. Gerade die Tatsache, daß die Kritik die ganze Person umfaßt, macht es Müttern so schwer, sich dagegen zu wehren (Oubaid 1987, S. 23), Widerstand zu leisten.

Weiblicher Widerstand gegen die an Mütter herangetragenen Bedürfnisse, Zwänge oder Verhaltensnormen drückt sich aus vor allem in Krankheit (Rodenstein 1984, S. 110), Magersucht, Frigidität, Prostitution (Anselm u. a. 1985, S. 19), und auch die Tötung eines Kindes kann weiblicher Widerstand sein. Kindererziehung ist Frauensache. Die Tötung des eigenen Kindes ist die extreme Form der Reaktion auf psychische, soziale und materielle Konflikte hinsichtlich der Kindererziehung, gewissermaßen die andere Seite derselben „Medaille" (Rode 1985, S. 12). Die Tötung eines Kindes richtet sich gegen das Muttersein; dieses wird existenziell beseitigt. Konflikte spitzen sich offensichtlich oft gerade dann zu, wenn die Mütter als Hausfrauen ganz auf die Kinder konzentriert sind und jeglicher sonstiger Bestätigung von außen entbehren. So kommen Untersuchungen über den Einfluß einer Berufstätigkeit auf Tötungshandlungen zu dem Ergebnis, daß Frauen, die ihre Kinder töten, keine Erfüllung aus einer beruflichen Arbeit erhalten (Trube-Becker 1982, S. 19). Schaule hat unter den Täterinnen einen Prozentsatz von 89 % ermittelt, die zum Zeitpunkt der Tat als Hausfrau lebten.

Der bewußte oder unbewußte Protest von Frauen illustriert das spezifisch dialektische Verhältnis von Verweigerung und Anpassung im privaten Raum. Weiblicher Widerstand in seiner alltäglichen Form ist, so gesehen, kein „heldenhafter" (Anselm u. a. 1985, S. 19) und „bietet wenig Anlaß zur Freude", weil er, sofern er sich nicht zerstörerisch gegen den eigenen Körper richtet, nach außen gegen Kinder geht. Er drückt weibliche Selbstentfremdung statt Selbstverwirklichung aus.

Selbst da, wo Frauen nein sagen, „Widerstand" zeigen, möchten sie im Grunde viel lieber ja sagen (Bindseil 1985, S. 41). Unter diesem Aspekt betrachtet, möchte die Mutter, die ihre Kinder tötet, sehr oft lieber eine gute Mutter sein; erst die Unmöglichkeit, diesen Wunsch zu erfüllen, läßt sie letztlich ihr Kind töten. Das Kind wird dann aus Liebe getötet.

6.5 Schlußbetrachtung

So gesehen, ist radikale – von der tötenden Mutter selbst nicht als solche gesehene – Revolte gegen das Mutter-Sein ein ätiologischer Faktor in diesem komplexen Geschehen.

Gerade die Frauen, die ohnehin stark belastet sind durch ihre frühkindliche Sozialisation, knüpfen oft besonders hohe Erwartungen an sich als Mutter, um das besser zu machen, was ihnen angetan wurde.

Die Geburt jedes Kindes begründet aufs neue ein Prinzip Hoffnung, die Utopie der guten Mutter als unendliche Aufgabe und unendliche Selbstaufgabe. (Rumpf 1984, S. 115)

Aber diese Utopie hat der Wirklichkeit standzuhalten.

Der Wunsch, ein Kind zu haben, verspricht offenbar etwas ganz anderes, als die Realität einlöst. (Hagemann-White 1979, S. 51)

Realität ist die innerpsychische Realität und die gesellschaftliche Realität. Gerade dann, wenn die innere Psyche sich auf den schwankenden Boden der Utopie retten möchte, nimmt ihr die Außenwelt mit ihren ebenfalls utopischen Forderungen nach grenzenloser Mutterliebe völlig den Boden unter den Füßen. Es gibt keine Basis, auf der ein Stück der Hoffnung im Leben dieser Mütter gedeihen könnte. Sie sind allein mit dieser doppelten Utopie, vermögen weder deren Realitätsferne noch deren Schädlichkeit für ihr Leben zu erkennen. Um irgendwo einen Halt zu bekommen, klammern sie sich zum Nachteil beider an das Kind.

Liebe kann niemand abonnieren, auch nicht ein Kind. Vielleicht ist etwas gewonnen, wenn wir dies zugestehen. Jedenfalls sind wir, glaube ich, mit dem umgekehrten Vorgehen, mit der *Forderung* an die Mütter – in erster Linie an die Mütter –, sie *müßten* ihre Kinder lieben, schlecht gefahren. Mit der Forderung wird die Angst vernommen, die die Forderung diktiert, und die Angst erschwert als erstes die Erfüllung der Forderung. Wahrscheinlich gibt es keinen geraderen Weg, Liebe zwischen den Generationen zu zerstören, als Liebe zu fordern, wobei die Exklusivität, mit der die wirkliche, die intime, die alles versöhnende Liebe von der *Mutter* gefordert wird, ein übriges tut. Könnten wir uns eingestehen, daß es für die Entwicklung eines Kindes ausreicht, wenn jemand da ist, der es ernst nimmt und bei ihm bleibt, und daß dieser jemand weder die leibliche Mutter noch eine „mütterliche Person" sein muß – dann werden wir vielleicht eines Tages merken, daß das Ernstnehmen und Da-Sein nicht nur genügt, sondern daß es *Liebe ist.* Und daß zu dieser Art Liebe zu einem Kind, unabhängig von Geschlecht und Alter, jedermann fähig wäre – gäbe man ihm nur die Möglichkeit, die entsprechenden Gefühle in sich zu entdecken. (Sichtermann 1982, S. 16–17)

111

7 Gespräche mit einer Täterin

Im folgenden soll der Versuch unternommen werden, anhand der Darstellung eines „Fallbeispieles" einige der obigen theoretischen Ausführungen zu beleuchten. Eine Überprüfung der Annahmen ist nicht zu leisten, soll jedoch auch nicht Anliegen meiner Arbeit sein, da ich hier wissenschaftliches Neuland betrete. Auch halte ich angesichts der Komplexität der vorliegenden Problematik, bei der es noch stärker als sonst darum geht, in mühsamer Weise den dunklen Pfad des Unbewußten auszuleuchten – der sich hier nicht gerade als „via regia" (Freud) zu erkennen gibt –, eine wissenschaftliche Methode für fragwürdig, die auf Verifizierung bzw. Falsifizierung zuvor aufgestellter Hypothesen hinausläuft. Ich beziehe mich insoweit auf meine Ausführungen zur Subjektivität der Wissenschaft in Kapitel 1.2.

Mein Zugang zu der Tat- und Lebensgeschichte der Täterin ist der der „intuitiven Empirie" (Bauriedl 1984, S. 77), bei der Erlebnisinhalte nur über das eigene Erleben des Beobachters adäquat festgestellt werden können (Bauriedl 1984, S. 76), wobei kein Unterschied zwischen Denken, Wahrnehmen und Fühlen besteht (Bauriedl 1984, S. 77). Das Problem der Verifikation und Falsifikation stellt sich in diesem Rahmen anders. Es geht nicht mehr um absolute Richtigkeit und Falschheit, sondern um relative. In diesem Sinne ist aber auch eine Falsifikation besonderer Art möglich. Wegen der Relativität der Aussagen ist es erforderlich, den Standpunkt anzugeben, von dem aus die Betrachtungen angestellt werden (Bauriedl 1984, S. 76). Diese Offenlegung des Bezugsrahmens durch den Beobachter ermöglicht eine Überprüfbarkeit durch Dritte. Durch eine Auseinandersetzung zwischen beiden wird im positiven – das heißt grundsätzlich bestätigenden – Fall der Bezugsrahmen beider erweitert und differenziert. Relativ „falsch" ist ein wissenschaftliches Ergebnis dann, wenn es auf einem vorläufigen, noch unrelativierten Wahrnehmungs- und Erkenntnisstand beruht, das heißt Standpunkt und Aussage nicht zusammenpassen, also eine unbewußte oder unabsichtliche „Unehrlichkeit" vorliegt (Bauriedl 1984, S. 77).

Die Ganzheit der Methode bezieht auch eine ganzheitliche Betrachtung der Täterin mit ein in dem Sinne,

... daß jeder Mensch in jedem Augenblick seiner Existenz seine Lebensgeschichte in Wort, Tat und Symptom darlebt (Mitchell 1985, S. 34), wobei ich Lebensgeschichte in folgender Weise verstehe:

Sodann meint Geschichte nicht so sehr die „Vergangenheit" im Sinne des Vergangenen, sondern die *Herkunft* aus ihr. Was eine „Geschichte hat", steht im Zusammenhang eines Werdens. [. . .] Was dergestalt eine „Geschichte hat", kann zugleich solche „machen". [. . .] Geschichte bedeutet hier einen „Ereignis"- und Wirkungszusammenhang", der sich durch „Vergangenheit", „Gegenwart" und „Zukunft" hindurchzieht. (Heidegger 1927, S. 378)

Wenn also die Täterin nicht nur eine Geschichte *hat,* die ich entwirren und beschreiben kann, sondern zugleich auch Geschichte *ist* (Loewald 1973, S. 1061) bzw. macht, dann macht sie diese auch in der Begegnung mit mir als Beobachterin.

7.1 Lebens- und Tatgeschichte

Die folgende Darstellung wurde aus Gründen der Anonymität in der Weise abgeändert, daß eine Identifizierung der betroffenen Täterin ausscheidet und zugleich die Authentizität gewahrt bleibt. Die Gespräche fanden vor mehreren Jahren in der Justizvollzugsanstalt einer norddeutschen Großstadt statt und wurden auf Tonband mitgeschnitten.

Frau M. war damals eine Frau von Mitte Vierzig. Sie hatte ca. fünf Jahre zuvor ihren damals vierzehnjährigen Sohn, ihr einziges Kind, mit einem Messer getötet. Sie wurde daraufhin zu zehn Jahren Freiheitsstrafe verurteilt, von denen sie zum Zeitpunkt der Gespräche fast die Hälfte verbüßt hatte.

Wie erwähnt (s. Kap. 1.3), fanden die Gespräche über den Zeitraum eines Vierteljahres im wöchentlichen Turnus statt. An einem fest vereinbarten Wochentag suchte ich Frau M. in der Justizvollzugsanstalt auf.

Ihre Lebensgeschichte aufzuschlüsseln erwies sich als schwierig, da zu bestimmten Ereignissen sich widersprechende Darstellungen einander abwechselten. Ich gebe hier die Version wieder, die sich für mich im Laufe der Zeit als die wahrscheinlichste erwiesen hat. Nun gehören aber gerade auch diese nicht in Einklang zu bringenden Varianten ins Bild, und so werde ich immer wieder auch die „andere Sichtweise" einfließen lassen. Die in Anführungszeichen gesetzten Textstellen entsprechen wörtlichen Zitaten.

Frau M., eine eher maskulin wirkende Erscheinung, hat ihre Kindheit in Heimen verbracht und überhaupt keine Erinnerung an ihre ersten zehn Lebensjahre. Ihre „eigentliche" Erinnerung – ich wähle diesen unspezifischen Ausdruck hier statt „bewußt", da eine Form bewußter Erinnerung zumindest bruchstückhaft auch schon vor diesem Zeitpunkt besteht – setzt in diesem Alter ein und knüpft an eine Begegnung mit ihrer Mutter. Diese besucht ihre Tochter im Heim als „schicke, fremde Dame mit Hut", vor der Frau M. davonläuft. Insgesamt lebt Frau M. in ca. zwölf verschiedenen Heimen. Bis zu dem Zusammentreffen mit ihrer Mutter meint sie, Waisenkind zu sein. Allerdings erfährt sie später von seiten Dritter, daß sie die ersten drei Lebensjahre bei ihrer Mutter verbrachte, dann zu Pflegeeltern und schließlich ins Heim kam.

Frau M. hat eine drei Jahre ältere und eine vierzehn Jahre jüngere Schwester. Von ihrem Vater weiß sie nichts. Ihre Mutter ist in ihrer frühen Kindheit vorübergehend verheiratet, lebt im übrigen von Prostitution und pflegt sexuelle Kontakte zu Frauen. Sie trinkt sehr viel. Von diesem Lebenswandel ihrer Mutter erfährt Frau M. im Alter von 14 bis 15 Jahren, einem Zeitpunkt, an dem sie aus dem Heim kommt, um fortan in einer kirchlichen Einrichtung zu wohnen, bei der sie zugleich eine Altenpflegeausbildung beginnt. Ihre Mutter, die mit ihrer jüngeren Schwester schwanger geht, sieht sie nun regelmäßig. Aber auch schon zuvor, seit jenem Besuch im Heim, mit dem für Frau M. ihre Lebenserinnerung einsetzt, ist der Kontakt mit der Mutter nicht mehr abgebrochen. Diese schickt ihr Päckchen und verwöhnt sie, um Frau M. zufolge ihr „schlechtes Gewissen" zu beruhigen.

Ihre Position im Heim schildert Frau M. als eine Außenseiterrolle. Demzufolge lebt sie auch zuletzt in einem Heim für Schwererziehbare. Diese Außenseitersituation führt sie z. T. darauf zurück, daß sie noch mit zwölf Jahren einnäßt und dadurch vielerlei Bloßstellungen ausgesetzt ist. Ihre Blase ist immer noch „schwach", ein Thema, das sich wie ein roter Faden durch die Gespräche zieht. Sie litt und leidet immer noch unter mannigfachen sonstigen körperlichen Symptomen. Im Heim, dessen pädagogische Methoden sie als streng bezeichnet – Strafen wie Essensentzug u. a. sind an der Tagesordnung –, wird sie u. a. auch früh mit „Sexspielen" konfrontiert, ein Bereich, der einen breiten Raum einnimmt in ihren Erörterungen. Männer nähern sich ihr schon frühzeitig gegen ihren Willen, der Direktor des Heimes, der nachts zu Mädchen ans Bett kommt, Freunde der Mutter, die sie zu zweit als Vierzehnjährige sexuell mißbrauchen; ferner gibt es ein traumatisches Ereignis mit ca. sechs bis sieben Jahren: sie wird auf brutale Weise von einem Pflegevater vergewaltigt, nachdem er zuvor mit einer Axt die Tür zu ihrem Zimmer eingeschlagen hatte.

Mit vierzehn Jahren merkt sie, daß sie eine „Tendenz" zu Frauen hat. Dabei bleibt es auch; sie ist zwar als Achtzehnjährige für kurze Zeit verlobt, ohne sich jedoch emotional oder sexuell zu dem Mann hingezogen zu fühlen.

Nach ihrem Heimaufenthalt gerät sie allmählich auf die „schiefe Bahn". Ihr Werdegang beginnt dem der Mutter zu ähneln. Alkohol spielt eine wichtige Rolle in ihrem Leben und begleitet sie fortan, zum Teil in Kombination mit Tablettenmißbrauch bzw. -sucht, mehr oder weniger durchgängig bis zum Gefängnisaufenthalt. Sie ist als Prostituierte tätig, geht z. T. auch für Freundinnen, mit denen sie zusammen ist, „anschaffen". Von diesen wie auch von ihrer Mutter wird sie geschlagen, d. h., sie begegnet vorwiegend „negativer Zuwendung", wie sie selbst sagt. Irgendwann wird ihr Lebenswandel bekannt, und sie verliert ihren Ausbildungsplatz. Einige Jahre wird das „Nachtleben" für sie zum alleinigen Lebensinhalt; abrupt hört sie dann jedoch damit auf, nimmt die Lehre in einer anderen Einrichtung wieder auf, um nach einer Weile abermals abzurutschen, was eine baldige Kündigung auch der neuen Lehrstelle zur Folge hat.

Nun taucht irgendwann, sie ist mittlerweile 26 Jahre alt, die „verhängnisvolle" Idee auf, ein Kind zu haben, das sie von der schiefen Bahn „herunterhole". Sie wählt einen älteren, ihr bekannten homosexuellen Mann als Erzeuger aus. Während ihrer Schwangerschaft zieht sie zur Mutter. Sie verspürt einen generellen Auftrieb in dieser Zeit und schließt u. a. ihre Ausbildung ab, die sie mit der Note „sehr gut" beendet, obwohl sie ein Volksschulzeugnis an der „Hilfsschulgrenze" mitbrachte und sich demzufolge auch nicht viel zutraute, wie insgesamt ihr Selbstbewußtsein, u. a. auch bezogen auf äußere weibliche Attribute u. ä., sehr schwach ist. Von daher sucht sie viel Anerkennung und Bestätigung.

Das Zusammenleben mit der Mutter geht nicht gut. Frau M. arbeitet; das Kind – ein Sohn – ist tagsüber in der Krippe. Ihre Abhängigkeit von Alkohol und Tabletten beginnt wieder stärker zu werden, so daß sie schließlich ihren Sohn zu Pflegeeltern geben muß, obwohl sie das Kind ja gerade wollte, um „jemanden versorgen zu können". Damit wiederholt sich aus ihrer Sicht an dem Kind ihre eigene Lebenssituation. Der Mutter will sie das Kind jedoch nicht geben. Später lernt sie eine neue Freundin kennen, mit der sie zusammenzieht. Als „richtige Familie" nehmen sie auch den Sohn zu sich. Sie ist stolz, wenn dieser von seinen „Eltern" spricht. Ihre glücklichsten Jahre folgen, bis sie erneut zu Alkohol und Tabletten greift. Die Beziehung geht abrupt in die Brüche.

Sie zieht in eine andere Gegend, allein mit dem Kind, das sie versorgt und dabei so verwöhnt, daß der Junge sich nicht einmal ein „Brot selber streichen" kann. Zugleich ist das Kind ihr alleiniger Ansprechpartner. Bis zur Tat hat sie keine neue Beziehung mehr. Es gibt keinen erwachsenen Menschen, mit dem sie sich austauschen kann. Ihre Mutter kommt zwar gelegentlich, weil Frau M. – anders als ihre beiden Schwestern – den Kontakt zu ihr nicht abreißen lassen will, obwohl die Mutter ihr „Haß-Liebe" entgegenbringt, sie mit „Zuckerbrot und Peitsche" behandelt, was Frau M. bis auf eine Ausnahme, in der sie auf einen solchen Angriff reagiert, wehrlos hinnimmt.

Das Verhältnis zum Sohn ist „sehr gut"; er spricht auch offen über alles, einschließlich sexueller Dinge, mit ihr. Er wird früh an das Alleinsein gewöhnt und daran, „Verantwortung" zu übernehmen, z. B. die „Heizung abzustellen" o. ä., während sie noch bei der Arbeit ist. Probleme bereitet ihr auch in dieser Zeit fast durchgängig der eigene Alkohol- und Tablettenkonsum. Sie sucht die Anonymen Alkoholiker auf; an eine Entziehungskur denkt sie zwar, will sich jedoch nicht für „neun Monate" von ihrem Kind trennen.

Mit ca. elf bis zwölf Jahren ändert sich das Mutter-Sohn-Verhältnis schlagartig. Er gerät in schlechte Kreise, hat zwielichtige Freunde. Sie findet keinen Zugang mehr zu ihm; er teilt sein Leben nicht mehr mit ihr. Kleinere Diebstähle kommen vor; die Polizei wird auf den Sohn aufmerksam. Er entgleitet ihrer „Kontrolle". Dann ereignet sich ein dramatischer Zwischenfall: er hält ihr, für sie nicht vorhersehbar, von hinten ein Messer an die Kehle. Als sie bestürzt reagiert, nimmt er es herunter und läuft weg. In dieser Situation ist trotz allem ihre Mutter ihre einzige Anlaufstelle. Frau M. sieht keinen anderen Ausweg mehr als den, das Kind ins Heim zu geben. Sie nennt den Tag, an dem sie das Kind demselben Schicksal anheimgibt, das sie selbst erlitten hat, den „schwärzesten" ihres Lebens.

Für den Zeitraum eines Jahres sieht sie das Kind regelmäßig am Wochenende. Der zunächst sehr schlechte Kontakt zwischen den beiden verbessert sich allmählich, was sie letztlich dazu veranlaßt, den Sohn aus dem Heim zu nehmen, eine Entscheidung, von der ihr seitens der Heimleitung dringend abgeraten wird im Hinblick auf die aggressiven Verhaltensweisen des Kindes im Heim: „Das können Sie nicht auffangen". Doch diese Warnung will sie nicht hören. Sie merkt, daß sie das Kind für sich braucht. Ihre Lebenssituation beschreibt sie folgendermaßen: „Ich war hochgradig süchtig, arbeitslos, das Kind im Heim. Ich war gefühlsmäßig in einer ganz fürchterlichen Zwicke, ich hatte ganz fürchterliche Sehnsucht nach ihm und ein schlechtes Gewissen." Der Junge verkehrt auch nach seiner Rückkehr aus dem Heim weiter in schlechten Kreisen. Sie hat keinen Einfluß auf ihn; ihre Sucht verschlimmert sich. Arbeitslosigkeit wechselt mit vorübergehender Arbeit in verschiedenen Krankenhäusern ab, die sie jeweils nach kurzer Zeit wieder verläßt, insbesondere auch, um ihren Tablettenkonsum zu verschleiern.

Nach außen hin hatte sie sich bislang unter Kontrolle, kann das jedoch immer schwerer durchhalten. Irgendwann in dieser Zeit inszeniert sie eine Beerdigung für ihre Mutter. Im Vollrausch beauftragt sie ein Beerdigungsinstitut, läßt einen Termin für das Begräbnis ihrer Mutter festsetzen und benachrichtigt die Verwandtschaft. Sowohl die Mutter als auch sie selber reagieren mit Betroffenheit auf diesen Vorfall. Bisher hatte sie sich ihrem Jungen gegenüber zu kontrollieren versucht. Als dieser dreizehneinhalb Jahre alt ist, erlebt er seine Mutter zum erstenmal völlig betrunken. Er nimmt nun keine Rücksicht mehr auf die Belange seiner Mutter, entwendet ihr Geld, wird auch tätlich, ein Umstand, von dem sie selbst zwar nichts wissen will, den sie jedoch als Wiedergabe Dritter erzählt.

Am Tag vor der Tat beschließt sie, mit Alkohol und Tabletten aufzuhören. Bei Verrichtung ihrer Hausarbeiten stolpert sie mit dem Staubsauger und verletzt sich im Gesicht. Die andere Version dieser Verletzung – die Dritter – besagt, daß der Sohn einen Marmoraschenbecher nach ihr wirft.

Am Tattag – sie ist körperlich durch die Sucht, einhergehend mit einer völligen Vernachlässigung ihrer Ernährung, inzwischen sehr schwach und abgemagert – legt sie sich entgegen ihrer sonstigen Gewohnheit schon frühmorgens auf die Couch, läßt die Hausarbeit liegen, setzt sich Kopfhörer auf, hört Musik und verbringt auf diese Weise den ganzen Tag. Ihr Sohn kommt zwischendrin, um sich Geld zu holen. Während dieser Zeit auf der Couch fühlt sie sich wie „ferngesteuert" und wird plötzlich ganz klar. „Es muß sich etwas verändern", sie will „Schluß machen", denkt an Selbstmord, sucht nach einem geeigneten Mittel – Tabletten, Rasierklingen, Kanülen o. ä. –, findet jedoch nichts, bzw. erklärt die Dinge, die ihr in die Hand kommen, für sich als nicht passend. Es fehlt ihr z. B. der Mut, sich aufzuhängen. Andererseits hat sie nicht mehr die Kraft, das Haus zu verlassen, um sich etwas „Geeignetes" zu besorgen. Außerdem will sie nicht, daß ihr Kind durch ihren Tod allein zurückbleibt. Der Gedanke, den Sohn zu töten, taucht plötzlich auf. Sie sieht darin nun den einzigen Ausweg aus der Situation. Um die Tat auch tatsächlich ausführen zu können, verzichtet sie auf jegliche Suchtmittel an diesem Tag. Ihr Plan steht fest; die Ausführung ist jedoch noch nicht überlegt. Sie will nur, daß sich „das Kind in Sicherheit wiegt, daß alles in Ordnung sei".

Als der Junge abends nach Hause kommt, lenkt sie ihn unter dem Vorwand, ein Essen für ihn zu bereiten, ab. In der Küche fällt ihr ein, daß sich in einer hinteren Schublade des Schrankes noch ein scharfes Messer befindet, mit dem sie sich nie umzugehen getraute, da sie an einer „Messerphobie" leidet, deren Ursache ihr selbst nicht bewußt ist und erst im Zusammenhang mit dem späteren Ermittlungsverfahren aufgedeckt wird. Danach hat ihre Mutter früher in ihrer Gegenwart eine Freundin mit einem Messer tätlich angegriffen. Frau M. holt sich nun das Messer aus dem Schrank, steckt es in den Hosenbund, stellt dem Jungen einen Teller mit Toast hin und sticht von schräg hinten in die Herzgegend; insgesamt sechs- bis siebenmal setzt sie das Messer an, noch als er schon am Boden liegt, sticht sie zu, um ihn ausbluten zu lassen, damit er „schnell sterbe und nicht lange leiden müsse". Sie verständigt die Nachbarn. Nach der Tat sagt sie, sie sei kalt und habe nichts mehr gefühlt, sie wolle sich und ihr Kind befreien. Zugleich mit der Tötung des Kindes beendet sie brieflich den Kontakt zu ihrer Mutter, den sie allerdings mittlerweile durch Intervention Dritter wieder aufgenommen hat.

In dem anschließenden Gerichtsverfahren sagt sie kein Wort zu ihrer Verteidigung, obwohl die Anklage auf Mord lautet und lebenslängliche Freiheitsstrafe für sie droht. Immer dann jedoch, wenn das Gericht einen Gesichtspunkt behandelt, der gegen ihren Jungen zu sprechen scheint, kämpft sie für ihn wie eine „Löwin". Sie möchte bestraft werden. Nach Urteilsverkündung entschließt sie sich jedoch plötzlich, Revision einzulegen, mit einer Begründung, die von ihrem ursprünglichen Vortrag abweicht und in der sie sich nun dahingehend verteidigt, der Junge habe sie zuvor mit einem Messer angegriffen. Als die Revision nicht zugelassen wird, kehrt sie in ihrem eigenen Denken wieder zu ihrer früheren Version der Geschehnisse zurück.

Frau M. sitzt in der Justizvollzugsanstalt und hat auch dort eine Außenseiterposition. Die anderen Gefangenen haben sie sehr lange geschnitten, was sich jedoch bei einigen inzwischen geändert hat. Dieses steht Frau M. zufolge im Zusammenhang damit, daß sie für die Probleme der anderen stets ein offenes Ohr habe. Das Leben in Institutionen ist sie gewöhnt; sie sagt von sich selbst und ihrer Zukunftsperspektive: „Für mich hört die Freiheit auf, wenn ich hier entlassen werde".

7.2 Interpretation

So läßt sich sagen, daß das begangene Verbrechen eine verborgene Geschichte aufdeckt, die sich aus den einzelnen Details und Inszenierungen dieser Tat ablesen läßt, (Miller 1980, S. 241)

und

daß auch die subjektive Interpretation einer Lebensgeschichte Teil der Überlebensstrategie und Teil der „Wahrheit" einer Frau war. (Mies 1978, S. 61)

Um diese subjektive Interpretation zu dokumentieren, werde ich häufig wörtliche Zitate der Frau M. in meine Ausführungen einbringen.

Mein Vorgehen beruht weiterhin auf der Methode der freien Assoziation, deren Subjektivität darin besteht, daß sie meinen Einfällen folgt und meinen Begrenzungen unterliegt und deren Wahrheitsgehalt darauf beruht, daß sich in diesen individuellen Wahrnehmungen soziale Verhältnisse ausdrücken. (Brückner 1983, S. 89)

Es geht mir darum, die Interpretation anhand der oben erörterten Theorien durchzuführen und zugleich möglichst viel von dem Gesprächsprozeß zu übermitteln, d. h. auch die von mir eingenommene Rolle dynamisch aufzuhellen. Auf eine strikte Trennung dieser beiden Gesichtspunkte habe ich verzichtet, um die Darstellung lebendiger werden und die Person der Frau M. hinter ihrer Tat zum Vorschein kommen zu lassen. Durch diesen Verzicht zeige ich auch auf, daß die „wirre" Lebensgeschichte nicht in einzelne Punkte aufgeteilt und separat betrachtet werden kann, ohne daß damit etwas Wesentliches an Dynamik verlorenginge. Die vorliegende Interpretation schlüsselt auch meinen eigenen Anteil an der Interaktion, mein eigenes Erleben in den Gesprächen auf. Um eine bewußte oder unbeabsichtigte „Unehrlichkeit" im oben angesprochenen Sinne (s. Kap. 7) und damit von vornherein die Möglichkeit eines „falschen" Ergebnisses einzuschränken, habe ich in jeweils nach den Treffen mit Frau M. stattfindenden Supervisionsgesprächen diesen Gesichtspunkt aufbereitet. Meine Wahrnehmung des massiven Kontrollverhaltens der Frau M. auch mir gegenüber, das ich im folgenden im einzelnen darstellen werde, wurde dadurch geschärft; und ich war in der Lage, klare Grenzen zu setzen und der Gefahr zu entgehen, in eine zum Scheitern verurteilte „quasitherapeutische" Rolle zu geraten. Diese Gefahr bestand um so mehr, als trotz des vorliegenden, klar mitgeteilten Auftrages unserer Gespräche eine „therapeutische" Fortsetzung schon recht bald als Anliegen im Raum stand – Anliegen Frau M.s, auf das ich einzugehen drohte, in der Vorstellung, sie nicht zurücklassen – „nicht verlassen" zu können.

Zwei Aussagen der Frau M. aus der zweiten Hälfte unserer Gespräche, die an einem Tag, jedoch nicht in unmittelbarem Zusammenhang gemacht wurden, werfen ein helles Licht auf ihre intrapsychische Struktur und zugleich auf die im Mittelpunkt der Gespräche stehenden Beziehungen zur Mutter sowie zum Sohn.

> Die absolute Trennung von meiner Mutter, die ich immer vorhatte, ist mir nie gelungen (Frau M.).

> Der Gedanke, daß ich mein Kind getötet habe und daß mein Junge tot ist, ist für mich weniger schmerzlich als der Gedanke, ich müßte denken, mein Junge ist irgendwo anders.

Auf Nachfrage:

> Im Heim, bei Pflegeeltern oder sonstwo, von mir getrennt (Frau M.).

Bevor ich Frau M. das erste Mal sehe, höre ich sie auf dem Gang der Justizvollzugsanstalt laut fragen: „Wo muß ich jetzt hinein?" Muß sie, oder will sie? Sie hat sich freiwillig zu den Gesprächen gemeldet, aber will sie deshalb wirklich? Immerhin bedeutet es ja für sie, sich nochmals auf die Tat einzustellen. Sie will ganz sicher die Begegnung mit einer Frau von draußen, einer Juristin, wie ihr gesagt wird, die sich eingehend mit ihrer Person befassen und eine Arbeit schreiben will; aber sie hat zugleich Angst, was sie auch zugeben kann, nicht sofort, aber bei späteren Gesprächen. Dieses Wollen und Nicht-Wollen kommt bei dem ersten Treffen zum Ausdruck; sie begrüßt mich, noch im Stehen, mit den Worten: „Es tut mir leid, ich kann dieses Gespräch heute nicht mit Ihnen führen." Als Begründung gibt sie an, daß sie an dem Tag erstmals seit ihrer Inhaftierung Ausgang habe und ebenfalls zum erstenmal das Grab ihres Sohnes aufsuchen wolle. „Sie können sich das wahrscheinlich nicht vorstellen, wie das ist, wenn man nach fünf Jahren das erste Mal heraus darf?" Natürlich kann ich mir das nicht vorstellen; allenfalls theoretisch ist es für mich nachvollziehbar, jedoch nicht im Erleben;

dennoch höre ich mich sagen, ich könne es, womit ich, was mir nachträglich klar wird, auf ihren unterschwelligen Appell, ihren starken Wunsch, verstanden zu werden, der sich später noch sehr häufig zeigt, reagiere. Durch ihre Art des Fragens wird zugleich aber auch ein möglicher Ärger bei mir über die lange Anreise, die zusätzlich durch ungünstige Witterungsverhältnisse erschwert ist und sich als umsonst erwiesen hat, nicht zugelassen. Von vornherein wird einem Verstehen ihrer Situation das Feld überlassen. Sie setzt sich dennoch mir gegenüber: kurze graue Haare, herbes Parfum, Jeans und weißer Pullover – ihre Standard-Ausstattung, die später noch durch rosa Schuhe, rosa Lippenstift, rotes Häkeltäschchen erweitert wird. Während wir über einen neuen Termin sprechen und einige grundsätzliche Dinge klären, sagt sie: „Ich bin immer für Sie da", eine Bemerkung, die für mich im krassen Widerspruch zu ihrem tatsächlichen Verhalten steht. Sie weiß, daß ich eine relativ umständliche Fahrt hinter mir habe, um mit ihr zu reden, und sie ist ja gerade nicht für mich da.

Im Verlauf des kurzen Gesprächs zeigt sie sich beruhigt, daß ich die Gerichtsakte nicht kenne; denn diese sei falsch, da sie sich selbst bestrafen wollte und ihre Angaben im Prozeß daher nicht stimmten. Sie teilt mir noch mit, daß ich „es leicht" mit ihr haben werde, da sie sehr offen sei, auch offen über ihre Gefühle sprechen könne – eine Annahme, die ich nicht teilen kann. Sie macht es mir leicht, indem sie mir ihre Sicht der Dinge mitteilt und sich dabei verbal gut auszudrücken vermag; sie macht es mir nicht leicht, indem sie mir immer wieder eine andere Sicht der Dinge übermittelt; sie macht es mir ferner nicht leicht, indem sie mir zusätzlich noch eine Version Dritter als quasi-eigene nahebringt, und sie macht es mir wirklich schwer, indem sie – auf diese Widersprüche aufmerksam gemacht – die zuvor als Wahrheit dargestellte Betrachtung nicht mehr als Realität akzeptiert, und sie überläßt mich völlig ihrem inneren Dschungel ohne Wegweiser, indem sie mich als Statthalterin für das Nicht-Erinnerbare einzusetzen versucht in dieser Realität, in der es Dinge gibt, an die eine Erinnerung besteht, und andere, von denen ein „Wissen", aber keine Erinnerung existieren darf.

> Manchmal betrügen Erinnerungen; Erinnerungen sind oftmals Lügen und nicht real; ich stelle immer meine Erinnerungen in Frage (Frau M.).

Erinnern ist eine ihrer häufigsten Vokabeln. Welche Erinnerungen sind es, die vor allem nicht zugelassen werden? Es geht um die Tat, ihre Mutter, ihren Sohn, z. B. ob dieser sie „was er nie tun würde" am Tag vor der Tat mit dem Aschenbecher angegriffen hat, wie ein Sachverständiger aus ihren daran befindlichen Blutspuren annahm. Diese Zusammenhänge kann sie sich zwar nicht erklären; ein solches Verhalten ihres Sohnes kann sie aber mit Sicherheit ausschließen. Auf weitere Widersprüche komme ich später zu sprechen. Für mich zeigt sich hier zweierlei; zum einen deutet diese Haltung auf eine starke Spaltung hin: in einem bestimmten Augenblick ist nur eine gewisse Sicht der Dinge, eine gewisse Erinnerung, existent. Aber der andere Part, der nicht zugelassen wird, ist auch da, muß bewältigt werden; eine Ambivalenz wird nicht ausgehalten. Die aus einer nicht bewältigten normalen projektiven Identifizierung hervorgehende übermäßige projektive Identifizierung mit der Konsequenz einer archaischen Spaltung (s. Kap. 3.3.1.1) wird hier sichtbar, zugleich auch das Kontrollstreben hinsichtlich der in den Erinnerungen wachbleibenden Impulse. Frau M. überläßt diesen „anderen" Teil der Erinnerung mir, vergewissert sich aber durch häufige Redewendungen u. a. „Sie erinnern sich, ich habe gesagt, ich kann mich an keinen Vorfall erinnern" (Frau M.), ob ich die Erinnerung auch tatsächlich aufnehme. Sie hofft damit auch, daß ich den Faden finde, der die nichterinnerten und die erinnerten Teile miteinander verknüpfen kann. So sagt sie gegen Ende der Gespräche:

> Es hat mich schon freier gemacht, leichter, das Bewußtsein, ein Mensch weiß nun wirklich alles, an was ich mich halt erinnern kann, und auch das Bewußtsein, daß sich ein Mensch Gedanken darüber macht; ja, es haben sich sicherlich viele Menschen Gedanken über mein Leben gemacht, aber sie kannten ja nur Bruchstücke, und das ist ganz was anderes, ja weil auch in meinem Kopf meist bei solchen Gesprächen früher unterschwellig immer da war, nicht alles zu erzählen, aus der Befürchtung heraus, mein Gegenüber wird mich doch nicht verstehen, den Tiefgang der Erlebnisse nicht erfassen, ja also die Angst, unverstanden, also nicht verstanden zu werden, die war immer da (Frau M.).

Das entspricht genau dem Bild des „Containers", das ich oben gezeichnet habe: ein Mensch, der alles weiß und der diese Dinge verwahren und bearbeiten soll, um sie ihr dann zurückzugeben. So soll ich ihr dieses ihr gehörende Innere zurückgeben in meiner Arbeit, die sie unbedingt lesen will:

> . . . die erfahr ich wirklich erst durch Ihre Arbeit. Das ist immens wichtig für mich, mein Ich; denn es kam in mein Leben noch niemand, und das psychologische Gutachten, das vom Gericht gemacht wurde, das können wir gleich vergessen, weil dieser arme Psychiater mit meinen paar Brokken, die ich ihm serviert habe, auch nicht viel anfangen konnte, und auf

dieses Gutachten darf ich mich überhaupt nicht stützen, weil wenn ich das annehme, was er über mich meint, mein Selbstbewußtsein trägt ohnehin einen Schmerz, aber dann wäre es ja ganz aus. Also Sie wissen sicher, was ich damit ausdrücken will. Er hat mir einige Dinge bescheinigt, wo ich also von mir mit Sicherheit weiß, daß sie niemals stimmen können (Frau M.).

So fühle ich mich denn auch als „Container", in den die Widersprüche gefüllt werden; sehe eine gewisse Chance, diese im Rahmen meines Themas für die vorliegende Arbeit zu klären, aber kaum Wege, ihr diese in integrierter Form durch die schriftliche Arbeit zurückzugeben, allenfalls durch Gespräche über meine Sichtweise, was ich ihr auch anbiete; jedes Aufdecken von Widersprüchen läßt sie jedoch nicht zu. Ihre sonst eher freundliche Art schlägt dann momentan in Schärfe um.

Aber ihrer Hoffnung, daß ein Mensch alle Widersprüche integrieren könne, steht auch diese fundamentale Skepsis gegenüber:

Empfinden und Erleben glaube ich, das wird für ein Gegenüber, für einen Zuhörer immer irreal bleiben; es kann ja gar nicht anders sein, und wenn man sich noch so in die Sache reinkniet, kann man etwas Gesagtes, Erzähltes mit Sicherheit überhaupt nicht nachvollziehen, nicht einmal ein bißchen (Frau M.).

Frau M. möchte, daß ich alles verstehe und Verständnis zeige, wie ich schon oben erwähnte; sie fragt diesbezüglich immer wieder nach. Zugleich will sie aber auch, daß ihrer Tat- und Lebensgeschichte die Eigenschaft „nicht verstehbar" zugesprochen wird. Diese auffällige Spaltung, die sich für mich an der Frage der Erinnerung festmacht, soll auch noch an anderen Punkten verdeutlicht werden. Frau M. sieht sich selber so – gespalten:

Warum läßt Gott es zu, daß Menschen zu Bestien gemacht werden,

bei anderer Gelegenheit:

Auch wenn ich eine patzige Antwort bekommen habe, acht, neun Stunden lang, ich bin freundlich und höflich geblieben und mit dieser Freundlichkeit, ich hab gewußt, das ist der schwierigere und der längere Weg, meine Freundlichkeit, aber der sicherere Weg, Menschen zu überzeugen

oder

meinem Gegenüber nicht das anzutun, was ich mir selbst nicht wünsche (Frau M.),

eine, vordergründig betrachtet, kaum faßbare Bemerkung einer Frau, die jemanden getötet hat. In anderem Licht erscheint diese Aussage jedoch vor dem Hintergrund ihres mit der Tat einhergehenden Selbsttötungsimpulses. Die in den obigen Zitaten zum Ausdruck kommende Spaltung zeigt an, daß Frau M. überwiegend eine böse Objekt-Imago aufgenommen hat; daneben bestehen idealisierte gute Bestandteile, die wiederum nicht der Realität entsprechen. Auch in ihrer Sichtweise anderer Personen, in Beziehungen läßt sich die Spaltung beobachten, was ich im folgenden anhand der Beziehung zu ihrem Sohn, ihrer Mutter sowie der Begegnung mit mir aufzeigen will.

Frau M. hat ihr inneres gutes Objekt in die Außenwelt, im wesentlichen auf ihren Sohn, z. T. auf ihre Mutter bzw. in der Begegnung mit mir auf mich, verlagert, um es vor der Kontaminierung mit dem bösen Objekt zu schützen. Ihr Sohn ist bis zum Alter von elf Jahren ein „liebes" Kind, das sich seiner Mutter in allem anvertraut. Genau so schildert sie ihn mir auch während unserer ersten Gespräche. Ich bin dementsprechend völlig überrascht, als beim nächsten Treffen ein absolut nicht mit dem vorher Gesagten übereinstimmendes Bild gezeichnet wird. Vor meinen Augen taucht eine ganz andere Person auf. Als ich meiner Überraschung Ausdruck verleihe, reagiert Frau M. unwirsch, sie habe ja bisher nur von der Zeit bis zum elften oder zwölften Lebensjahr gesprochen, und da sei das auch richtig gewesen; von heute auf morgen habe sich das Blatt gewendet, er sei in zwielichtige Kreise geraten. Indem sie die Darstellung ihres Sohnes mit der positiven Seite beginnt, ist gewährleistet, daß zunächst dieser positive Aspekt in mir verankert wird, das gute Objekt in der Außenwelt bleibt; anschließend erzählt sie übergangslos von der anderen Seite. Nur diese Reihenfolge ermöglicht es ihr, das Negative überhaupt anzusprechen. Es wird meine Aufgabe, hier eine Verbindung herzustellen. In diesem Zusammenhang sehe ich es auch, daß sie sich in ihrer Darstellung an eine Chronologie geradezu klammert, garantiert diese doch, daß sie zunächst in ihrer Opferrolle als „gute Unschuldige", erst später in ihrer Täterrolle als „böse Schuldige" erscheint.

Ähnlich wie bei der Beschreibung ihres Sohnes ergeht es mir bei der ihrer Mutter. Anders als beim Sohn erscheint hier jedoch weniger die Beziehung – in Abhängigkeit von einer Veränderung des Beziehungspartners – als gut oder schlecht, sondern Frau M. erzählt von positiven bzw. negativen Gefühlen, also ihre intrapsychische Struktur stellt sich als nicht integriert, entweder gut oder schlecht, dar, je nach dem realen oder phantasierten Verhalten des Gegenübers.

124

Ihre Mutter, das ist diejenige, von der sie verwöhnt wird, für die sie Mitleid empfindet, weil diese so allein lebt, und die sie nicht auch noch „verlassen" will wie ihre beiden Schwestern; es ist diejenige, der sie Liebe entgegenbringt, aber es ist auch „die Frau" – dieser Wechsel in der Bezeichnung ist recht aufschlußreich –, die sie schlägt, die völlig unkontrolliert ist und auf die sie sich nicht verlassen kann, es nie konnte, und die sie so sehr haßt, daß sie es nicht eingestehen kann. Erst gegen Ende der Gespräche erlaubt sie sich, diesem destruktiven Gefühl Stimme zu verleihen, zunächst indem sie ihr Gefühl gegenüber ihrer Mutter als meine Sicht der Dinge aufgreift:

> Ich weiß, worauf Sie hinauswollen, ob ich meinen Jungen getötet habe, weil ich unterschwellig so einen furchtbaren Haß auf meine Mutter habe. Das wollten Sie fragen.

Tatsächlich habe ich eine andere Frage gestellt.

> Das habe ich mir auch schon einmal überlegt, glaub ich aber nicht. Der Grund ist der, ich wollte mich von meinem jahrzehntelangen Gequältsein befreien, und die anderen zwei Gründe, daß ich ihn befreien wollte von mir und von sich selber. Aber der Quäler meines Lebens war meine Mutter; so gesehen ist der Gedanke irgendwo nicht ganz falsch; denn körperlich gequält hat mich nur meine Mutter bis ins hohe Alter, da war ich weit über dreißig, wurde ich auf das schärfste gezüchtigt und grundlos, weil eben ihre Veranlagung so ist, und ich bin immer wieder hingegangen (Frau M.).

Im weiteren Verlauf unserer Treffen kommt der Haß auf ihre Mutter immer deutlicher zutage. Außer der Tatsache, daß sie nach der Tötung ihres Kindes zugleich auch den Kontakt zur Mutter beendet, zeigen zwei Begebenheiten dieses Gefühl sehr klar. Es handelt sich um zwei Vorfälle, in denen sich ihre destruktive Phantasie – ihr Tötungsbegehren gegenüber der Mutter – Bahn bricht: zum einen lebt sich diese Phantasie in einem nicht kontrollierten Moment des Alkoholexzesses aus. Aus der Unfähigkeit, Realität und Phantasie zu unterscheiden, wird die Phantasie zur Realität; sie inszeniert eine Beerdigung für ihre Mutter.

> Ich hab total die Kontrolle über mich verloren; ich konnte nicht mehr unterscheiden, was ist Realität und was nicht (Frau M.).

Der weitere Vorfall ist eine Traumszene, in der sie ihre Mutter auf die gleiche „bestialische" Weise tötet wie ihren Sohn.

> wurde die unbewußte Feindseligkeit gegen die Mutter motorisch mächtig; [. . .] blieb dieser Feindseligkeit nur mehr das Gebiet des Träumens

offen, um den Wunsch nach ihrem Tod zu verwirklichen. (Freud 1900, S. 264)

Dieser Traum bringt aber noch ein anderes innerpsychisches Moment zum Vorschein, und zwar das Ausleben des delegierten mütterlichen Hasses. Diese oben angesprochene Theorie der Delegation von Destruktivität an die Tochter drückt sich im Traum darin aus, daß die Mutter mit zwei Säbeln, d. h. noch gefährlicheren Waffen als Messer, auf Frau M. zukommt, ohne sie jedoch anzugreifen. Es ist eine Situation, in der eine totale Bedrohung nicht als solche erlebt werden darf. Frau M. nimmt ihrer Mutter die Säbel und damit deren destruktives Potential ab, legt die Säbel zunächst beiseite, greift sie aber dann doch auf und richtet sie gegen ihre Mutter. Die Säbel bleiben jedoch an einer Rippe hängen. Die Mutter gibt ihr nun den Hinweis, sie solle es doch gleich „richtig" machen und ihr ins Herz stechen.

Diesen Traum hatte Frau M. in der Nacht vor unserem vorletzten Gespräch. Er bereitet ihr große Angst, ermöglicht es aber andererseits, daß sie nun ihrerseits den Haß auf ihre Mutter als wesentliches Tötungsmotiv benennen kann:

. . . also der Gedanke, meine Mutter zu töten, ganz, ganz massiv ist, daß es mit Sicherheit mit ein Grund ist, warum mein Junge tot ist (Frau M.).

In diesem Traum, der symbolhaft für die Destruktionskomponente in der Beziehung zur Mutter steht, zeigt sich, wie gesagt, daß Frau M. den mütterlichen Haß auslebt. Drei Wege habe ich oben benannt (s. Kap. 3.3.2), wie dieser Haß innerpsychisch von der Tochter aufgegriffen werden kann: narzißtische Identifikation, insbesondere auch von seiten der Mutter, Identifikation der Tochter mit der Mutter als Angreiferin sowie globale Identifikation.

In dem Traum tritt deutlich zutage, daß Frau M. sich mit der mütterlichen Aggression identifiziert. Sie nimmt deren Aggression in Form der Säbel wahr, greift sie auf und läßt sich von der Mutter die Richtung weisen. Diese gibt ihr Ratschläge, wie sie mit den Säbeln umzugehen habe, d. h., sie erteilt Anleitungen zur Ausführung der Tötung, nämlich „gleich richtig"; dieses „Richtig-machen-Wollen" spielt dann auch bei der Tötung des Sohnes eine große Rolle. Sie will ihn nicht leiden lassen, deshalb soll er „richtig" ausbluten; sie beschleunigt das Ausbluten durch Druck auf den Brustkorb des Sohnes. Der Traum drückt für mich auch noch aus, daß sie ihre Mutter treffen wollte – auch mit der Tötung ihres Kindes. Tatsächlich bleibt der Säbel jedoch an deren Rippe hängen; diejenige, die es treffen sollte, trifft es also nicht; so bleibt ihr auch unklar, ob ihre Mutter im Traum tatsächlich stirbt. Im Besitze eines der wirkungsvollsten Tötungsinstrumente, gelingt es ihr doch nicht, die Mutter zu beseitigen, sich von ihr zu befreien.

Der weitere Identifikationsmodus – die globale Identifikation – ist bei Frau M. als Leitlinie ihres gesamten Daseins zu beobachten. Frau M. übernimmt nicht nur die mütterliche Aggression, sondern aus früher Angst, die Mutter zu verlieren, die sich auf reale Begebenheiten stützt, dämmt sie ihren eigenen Haß ein, versucht in stetem Bemühen um mütterliche Anerkennung deren Zuwendung zu erlangen. Dieser Hintergrund verdeutlicht auch ihr mühsames Ringen, die Anerkennung anderer zu gewinnen (siehe oben); es erklärt aber auch ihr Aufgreifen selbst „negativer Zuwendung" seitens der Mutter und später seitens einiger Freundinnen, die den Platz ihrer Mutter eingenommen haben. Sie identifiziert sich völlig mit der Mutter, nicht selektiv: sie lebt wie die Mutter, sie *ist* die Mutter, und im Verhältnis zu ihrem Sohn wiederholt sie die Beziehung ihrer Mutter zu ihr. Die Rollen zwischen Frau M. und ihrer Mutter scheinen regelrecht vertauscht zu sein; Frau M. muß sich um ihre Mutter kümmern, darf sie nicht verlassen, sagt von dieser: „Sie ist infantil, manchmal hatte ich zwei Kinder". Die globale Identifikation drückt sich auf folgende Weise aus: Frau M. schwankt genau wie ihre Mutter zwischen Liebe und Haß – „diese Haß-Liebe meiner Mutter" – ein Hin und Her zwischen Verwöhnung und Schlägen. Wie ihre Mutter, der sie permanent „Unkontrolliertheit" vorwirft, ist Frau M. ihrerseits ständig in Gefahr, die Kontrolle zu verlieren. Partiell lebt sie den Kontrollverlust aus durch Alkohol- und Tablettensucht, um an anderen Punkten eine um so stärkere Kontrolle über sich auszuüben: ihre Erscheinung ist sehr kontrolliert, ihre Gefühle sind sehr kontrolliert, ihre Sprechweise ist sehr kontrolliert usw. Diese massive Kontrolle, die, wie gesagt, nur mit Hilfe partiellen Kontrollverlustes aufrechterhalten werden kann, zeigt auf, daß ein starker Impuls (s. Kap. 3.3.1.1) zurückgehalten werden muß. Ihre Kontrolle der Umwelt gehört ins Bild; ihr Sohn wurde „an der langen Leine gehalten", sie betont immer wieder, daß er ihr später außer „Kontrolle" gerät. So geht der Tötung voraus denn auch ein totaler Kontrollverlust ihrer selbst – sie zeigt sich erstmals völlig betrunken vor dem Kind – sowie des Kindes; dadurch daß dieses auf die schiefe Bahn gerät, hat sie keinen Einfluß mehr auf ihn. Auch zeichnet sich das Erwachsenwerden und dadurch der endgültige Entzug der mütterlichen Kontrolle ab.

Ein weiteres wichtiges Mosaiksteinchen in diesem Bild „Kontrolle – Kontrollverlust" ist ihre „schwache Blase". Diese droht ihr ständig außer Kontrolle zu geraten, was sie durch permanente Toilettengänge zu verhindern sucht. Zugleich übt sie damit in dieser Situation institutionsbedingter Ohnmacht massive Kontrolle auf ihre Umgebung aus. Indem sie sich auf ihren Blasendruck beruft, bringt sie das Anstaltspersonal zum Handeln; mir gegenüber markiert sie dadurch Pausen, setzt ihrerseits das Ende der Stunde fest. Sie nimmt aber auch noch direkter Übergriffe in „meinen Bereich" vor. Das wortlose Zuziehen der Vorhänge, weil das Tageslicht sie blendet, betrifft noch eher „neutralen" Boden; mit dem eigenständigen Betätigen des Knopfes vom Aufnahmegerät, das ich erst nach Absprache und auf ihren ausdrücklichen Wunsch hin – „damit die Dinge wirklich festgehalten werden können" – einführe, betritt sie jedoch eindeutig „meinen Bereich". In diesem Zusammenhang möchte ich ein Beispiel dafür geben, wie sich ihr Kontrollbemühen auf mein Erleben auswirkt.

Bei den beiden Treffen nach dem Gespräch über die Tat, auf die ich weiter unten noch inhaltlich eingehen werde, empfinde ich ein Kontrollstreben mir gegenüber sehr stark. Die Tat hatte sie zuvor in ihrem chronologischen Kontext, an den sie sich ebenfalls sehr kontrolliert klammert, wiedergegeben; nun redet sie wie ein Wasserfall über Alltägliches im Gefängnis. Dieses Verhalten läßt mich fast gelähmt dasitzen, am Rande registrierend, daß sie mir die Kontrolle wegnehmen will, mich zugleich aller vitalen Regungen zu berauben scheint. Dieses vergegenwärtige ich mir im Anschluß an die Gespräche. Zugleich stelle ich fest, daß ich gerade in dieser Zeit ausgeprägte „Trödelbedürfnisse" entwickele, die mich nur unter großen Anstrengungen halbwegs pünktlich und zuverlässig zu den Gesprächen erscheinen lassen. Ich stelle einen Zusammenhang zu dem Gesprächsverlauf her, und mir wird klar, daß dieses Phänomen letztlich darauf zurückzuführen ist, daß ich die Notwendigkeit sehe, mir selber in dieser Situation einen Bereich des Lebendigen, Nichtkontrollierten zu bewahren. Mit dem Erkennen dieses Umstandes gelingt es mir, auch die Gesprächssituation zu verändern, stärker einzugreifen und mich ihren Kontrollversuchen zu entziehen.

Ihre Zukunftsperspektive – „für mich hört die Freiheit auf, wenn ich hier entlassen werde" – ist ebenfalls ein Indiz für ihre Kontrollbemühungen und zeigt an, daß das Entlassenwerden aus der äußeren Kontrolle eine um so stärkere Gefahr des inneren Kontrollverlustes heraufbeschwört. Das ihr vertraute Leben in Heimen und Institutionen verleiht ihr Sicherheit.

Zurück zu der globalen Identifikation mit der Mutter: Frau M. führt genau den gleichen Lebenswandel wie ihre Mutter; sie lebt von Prostitution, trinkt Alkohol, ist homosexuell. Kurze Zeit ist sie verlobt; ihre Mutter war auch kurze Zeit mit einem Mann zusammen – verheiratet.

Oben (s. Kap. 3.3.2.3) wird ausgeführt, daß mit der globalen Identifikation auch das Männerbild der Mutter übernommen wird. Diesen Gesichtspunkt möchte ich vertiefen. Männer kommen im Leben der Frau M. nicht vor – sie kommen nicht vor als Personen, zu denen sie in Beziehung steht; genauso ergeht es ihrer Mutter. Diese hat keinen männlichen Partner, drei Töchter, Liebesbeziehungen nur zu Frauen. Männer tauchen auf als Freier – auf Sexualfunktion reduzierte Wesen. Diese Vorstellung von Männern prägt auch Frau M., zieht sich durch ihr Leben. Von ihrem Vater weiß sie nichts. Immer dann aber, wenn ein Vater als real existierende Person nicht zur Verfügung steht, ist die unbewußte Suche nach dem Vater besonders stark. Dem abwesenden Elternteil werden großartige Züge verliehen, so daß dem Kind die Möglichkeit fehlt, die wirklichen Begrenzungen zu erkennen, durch die Idealisierungen schrittweise aufgelöst werden können (Windaus 1987, S. 351).

Männer tauchen als Partialobjekte auf, die im wesentlichen aus Penis und sexuellen Gelüsten bestehen. Neben den eher harmlosen Freiern sind es der brutale Pflegevater der Kindheit, der Direktor des Heimes sowie die Freunde der Mutter. In der Welt der Frau M. sind Männer entweder brutal oder sanft ohne „Ecken und Kanten". Letztere Spezies wird verkörpert durch den homosexuellen Erzeuger und den Sohn. Das Kind ist zwar mit allen männlichen Anlagen versehen, jedoch harmlos. Frau M. gelingt es, mit ihrem Sohn etwas Männliches in ihre Welt zu integrieren, vor dem sie keine Angst haben muß. So mußte das Kind denn auch ein Sohn werden:

Ich hatte große Angst, daß es ein Mädchen wird, das war meine größte Angst während der Schwangerschaft. Ich wollte alles, nur kein Mädchen, für mich eine Katastrophe; ich hätte das Kind sofort abgegeben, zur Adoption freigegeben (Frau M.).

Dann war das seit Generationen der erste Sohn in der Familie, soweit meine Mutter zurückdenken kann, und das sind einige Generationen von der Überlieferung her, war das der erste Sohn, sonst lauter Mädchen, das hat auch mit eine Rolle gespielt (Frau M.).

Ihr war es gelungen, das „Penis-Baby" in die Welt zu setzen.

Der Kinderwunsch – im Lichte des oben Ausgeführten (s. Kap. 3.3.3.4.2) – resultiert sicher zum großen Teil aus dem Bedürfnis, sich von der Mutter zu lösen, ihr zu entfliehen, da ein Dritter, der dieses hätte ermöglichen können, nie zur Verfügung stand. Die Flucht scheint greifbar nah, wenn der Mutter ein Säugling statt ihrer gegeben wird (s. Kap. 3.3.3.4.2). Frau M. will aber nicht irgendein Baby, sondern sie will einen Sohn. Mit einem Mädchen könnte die erstrebte Loslösung von der Mutter mißglücken. Ein Sohn garantiert auf zweifache Weise die Befreiung von der Mutter, dadurch daß er Frau M. zugleich den ersehnten Penis bringt, den diese der Mutter, die ihn ihr in der Phantasie vorenthält, als Trennungszeichen entgegenhalten kann; der Penis als einzige Möglichkeit, der Allmacht der Mutter zu entkommen (s. Kap. 3.3.3.4.2). Sie sieht den Sohn aus narzißtischer Identifikation als mit ihr identisch – er ist ein Teil von ihr. Dadurch ist dessen jungenhafte Männlichkeit zugleich die ihre: „Wir sind beide burschikos" (Frau M.). Andererseits darf der Sohn aber nicht richtig männlich sein. Frau M. drückt dieses aus:

> Mein Junge war eine Mimose, so wie ich auch; daran hatte ich nicht gedacht, an das Naheliegendste, daß die Söhne meist die Mentalität der Mutter erben; so ist es doch meist, glaube ich, nicht? Und mein Sohn war hundertprozentig ich, in allem, den konnte ich äußerlich nicht verleugnen und in seinem Verhalten schon gar nicht. Sein ganzes Verhalten, alles, das war ein Spiegelbild meiner selbst (Frau M.).

Darin zeigt sich, daß Frau M. dem Kind keine autonome Psyche zugestehen konnte.

Nun ist es da, das Kind, das ein Junge sein sollte, aber kein Mann werden durfte. Damit ist aber auch die Rivalität zur Mutter angesprochen. Mit Schwangerschaft und Geburt mischt sich Frau M. in die ureigensten Bereiche ihrer Mutter (s. Kap. 3.3.2.4.2) ein. Wäre es ein Mädchen geworden, das sie zur Welt bringt, müßte sie es „weggeben". Dahinter verbirgt sich die Vorstellung, es ihrer Mutter geben zu müssen, da diese sich mit Mädchen auskennt (s. Kap. 3.3.2.4.2). Wie mit einem Sohn umzugehen ist, weiß die Mutter dagegen nicht; ein Sohn ist daher tatsächlich etwas Eigenes. Ob die Mutter aber auch einen erwachsenen Mann straflos akzeptiert, ist fraglich, dadurch würde offenkundig, daß der Tochter das gelingt, was der Mutter nicht geglückt ist, einen Mann im Haus zu haben. Im Bereich der Partnerschaften hat Frau M. diesen Schritt nicht gewagt. Sie hat sich nach dem Vorbild ihrer Mutter auf Frauenbeziehungen eingeschränkt, obwohl sie von sich selbst sagt, daß sie „außerhalb vom Gefühlsbereich" (Frau M.) lieber mit Männern zusammenleben möchte.

Die offene Rivalität mit der Mutter traut sie sich nicht zu. Das zeigt auch die Tatsache, daß der Sohn genau zu dem Zeitpunkt getötet wird, da er ein Mann zu werden droht. Dieser Umstand ist möglicherweise so angstauslösend, daß er verhindert werden muß, angstauslösend u. U. aber auch im Zusammenhang damit, daß die Beziehung zum Sohn, der ihr in Gesprächen, bei Problemen u. ä. Partner ist, in ihren Erzählungen einen inzestuösen Schimmer erhält. Mit dem Erwachsenwerden des Jungen könnte die bei Frau M. vorhandene Inzestphantasie Wirklichkeit werden. Für diese Phantasie sprechen verschiedene Facetten ihrer Erzählungen, von denen ich einige hier zusammentragen möchte: so berichtet sie ziemlich zusammenhanglos, daß sie ihren Jungen als Elfjährigen vor einer Klassenfahrt auf die Möglichkeit von kindlichen „Sexspielen" hingewiesen habe und dieser nach der Rückkehr „sofort" sagte: „So war es". In diesem Kontext spricht sie auch von seiner Pubertät. Drei Jahre später, als er vierzehn Jahre alt ist, zur Zeit der Tat, will sie jedoch, auf Nachfrage hin, nicht wahrhaben, daß sich ihr Kind in der Pubertät befunden habe; sein Glied sei ja noch „so klein" gewesen; die Beschaffenheit bzw. Größe dieses männlichen Körperteils ist weitere zwei Male Gegenstand ihrer Ausführungen. Wenn das Kind mit elf Jahren allmählich in die Pubertät kommt, ist es mit vierzehn aber mit Sicherheit in diesem Entwicklungsstadium, und auch sein Penis hat dann nicht mehr kindliche Formen. Hier wird die Wahrnehmung vor etwas verstellt, was nicht sein darf. Es fällt auch in diese Zeit, daß sie sich laut ihren Angaben erstmals vor seinen Augen gehen läßt, nämlich sich völlig betrunken zeigt. Sie erwähnt dieses auf eine Art, die eher auf ein inzestuöses Geschehen als auf einen Zustand der Volltrunkenheit hindeutet. Ferner gibt sie mir von allen möglichen Varianten des Tatgeschehens, wie sie ihr vom Richter als Argumente für eine mögliche Verteidigung vorgehalten werden, nur eine inhaltlich wieder: „Könnte es nicht so gewesen sein, daß ihr Sohn versucht hat, Sie zu vergewaltigen?" (Frau M.) Weiterhin deutet noch folgende von Frau M. mitgeteilte Bemerkung einer – ebenfalls von dem Sohn mit einem Messer bedrohten – Erzieherin des Heimes auf eine inzestuöse Komponente hin: „Dir mache ich es so wie meiner Mutter, mit dem Messer" (Frau M.). Nicht zuletzt die Tatausführung selber, von der sie mir nicht nur erzählt, sondern die sie vorspielt, läßt einen inzestuösen Hintergrund hervortreten. Die „männliche" Tatwaffe – das Penissymbol (Freud 1916/17, S. 164) – hält sie unter dem Hosenbund verborgen, und zwar genau dort, wo sich beim Mann der Penis befindet.

Mit der Wahl des Messers als Tatwaffe identifiziert Frau M. sich mit dem Sohn, der diese einige Jahre früher gegen sie erhob, und sie identifiziert sich zugleich auch mit der Mutter, die genau diese Tatwaffe als Angriffsmittel gegen eine Freundin ansetzte; zuvor identifizierte sie sich jahrzehntelang auch mit dieser Freundin der Mutter. Diese wurde von der Mutter angegriffen, woraufhin Frau M. eine Messerphobie entwickelte. In der Identifikation mit der Freundin könnte sich zeigen, daß sie die Mutter auch als sexuelles Wesen begehrt. Wie Freud schreibt (s. Kap. 3.3.2.4.2), richten sich die sexuellen Aktivitäten auch des Mädchens zunächst auf die Mutter, was sich erst durch das Auftreten des Vaters ändert. Es taucht sogar der Wunsch nach einem Kind mit der Mutter auf. Gerade während ihrer Schwangerschaft zieht Frau M. dann auch erstmals zur Mutter, u. U. drückt sich hierin diese Phantasie, ein Kind mit der Mutter zu haben, aus.

Da ein Dritter nicht vorhanden ist, wird möglicherweise auch besonders lange die kindliche Phantasie des mütterlichen Penis (s. Kap. 3.3.2.4.2) aufrechterhalten; der erste Eindruck von der Mutter ist für Frau M. der einer „Dame mit Hut". Frau M. sucht in ihren Beziehungen zu Frauen offensichtlich direkt die Mutter, nicht erst sekundär, wie Freud es für heterosexuelle Beziehungen darstellt, wonach die Wahl des Partners nach dem Vatervorbild geschehe, sich inhaltlich aber im Laufe der Zeit die schlechte Beziehung zur Mutter wiederhole (s. Kap. 3.3.2.4.1). Fenichel, einer der wenigen klassischen Psychoanalytiker, die sich ganz spezifisch mit weiblicher Homosexualität auseinandersetzten, nennt zwei ätiologische Faktoren: Abscheu gegen Heterosexualität als ein Ergebnis der Kastrationsangst und Mitnehmen der frühen Mutterbindung in das Erwachsenenleben (Fenichel 1945, S. 206). Die laut ihren Angaben nicht geglückte Trennung von ihrer Mutter läßt Frau M. in ihren Begegnungen mit Frauen die Mutter suchen. So ist sie nach ihrem Selbstverständnis der Mutter immer „treu" geblieben. Die andere Komponente „Abscheu" ist hier ganz speziell eine aus den schlimmen Kindheitserfahrungen mit Männern erwachsene Abscheu. Der phantasierte Penis – in der Frau – erweist sich als weniger bedrohlich als der reale – am Mann.

Freud schreibt zwar:

Die Psychoanalyse ist nicht dazu berufen, das Problem der Homosexualität zu lösen. (Freud 1920 b, S. 280)

Dennoch liefert er anhand einer Falldarstellung weiblicher Homosexualität einen Gesichtspunkt zu deren Psychogenese, der auch Licht auf die Homosexualität Frau M.s wirft. Frau M. sagt, mit vierzehn Jahren habe sie „ihre Tendenz" zur Frau entdeckt; mit vierzehn Jahren ist aber auch ihre Mutter erneut schwanger mit ihrer jüngeren Schwester. Durch die Geburt eines späteren Kindes, als Frau M. selbst schon „reif geworden war und eigene starke Wünsche hatte, wurde sie dennoch bewogen, ihre leidenschaftliche Zärtlichkeit der Gebärerin dieses Kindes, ihrer eigenen Mutter, zuzuwenden und an einer Vertreterin der Mutter zum Ausdruck zu bringen" (Freud 1920 b, S. 266). Um nicht mit der Mutter, die statt ihrer das in diesem Alter auch von ihr ersehnte Kind austrägt, zu konkurrieren, passiert folgendes:

> sie wandelte sich zum Manne um und nahm die Mutter anstelle des Vaters zum Liebesobjekt. Ihre Beziehung zur Mutter war sicherlich von Anfang an ambivalent gewesen, es gelang leicht, die frühere Liebe zur Mutter wiederzubeleben und mit ihrer Hilfe die gegenwärtige Feindseligkeit gegen die Mutter zur Überkompensation zu bringen. Da mit der realen Mutter wenig anzufangen war, ergab sich aus der geschilderten Gefühlsumsetzung das Suchen nach einem Mutterersatz, an dem man mit leidenschaftlicher Zärtlichkeit hängen konnte. (Freud 1920 b, S. 268)

So verwundert es denn nicht, daß eine sexuelle Komponente auch in unsere Begegnung hineinspielt, was ich an einigen Beispielen verdeutlichen möchte. Frau M. erwähnt recht häufig, wie eng ihre Jeans sitzen, oder sie hebt ihren Pullover und zeigt mir ihren nackten Bauch, um das Kneifen des Hosenbundes zu dokumentieren – ein Verhalten, das ich als recht distanzlos empfinde. Auch die rosa bzw. roten Farbtupfer in ihrem eher männlichen Erscheinungsbild, jene Attribute, mit denen sie sich im Laufe der Zeit, wie bereits erwähnt, zusätzlich ausstattet, haben in meinen Augen einen sexuellen Anstrich. Sie wirken sehr befremdlich, wenig integriert. Das anfänglich zurückhaltend dosierte Parfum ist später bei einigen Gesprächen so konzentriert, daß es den Raum total ausfüllt und schon fast betäubende Wirkung entfaltet. Auch der ständige Blasendruck steht zumindest partiell in diesem Kontext. So taucht dieser Druck z. B. in einer Situation auf, in der sie zuvor von jugendlichen Sexspielen erzählte. Als ich ihr sage, daß es momentan etwas schwierig sei, sofort eine Toilette aufzusuchen, da mir als Externe auch nicht die dafür erforderlichen Gefängnisschlüssel zur Verfügung ständen, setzt sie ihre Erzählung fort und zwar noch sehr lange – weit über das Ende der Stunde hinaus; der Toilettengang ist nicht mehr so dringlich. Ihre Abschiedsworte bei unserem letzten Treffen sind denn auch: „Ich muß . . ."

Auf andere Art besteht ein Wunsch nach Nähe zu mir, verstanden zu werden, wie ich an anderer Stelle ausführe.

Sie tötet ihr Kind auf der Schwelle zum Mann-Sein. Dieses ist zugleich aber auch die Schwelle zur bevorstehenden Trennung von ihr. Die Pubertät ist ohnehin schon eine große Belastung für die Eltern. Wie M. Mitscherlich schreibt, werden diese von ihren Kindern entthront und müssen eigene Idealisierungen ihrer Kinder aufgeben (M. Mitscherlich 1972, S. 97). Besonders problematisch wird die Pubertät aber dann, wenn das Kind als Teil des eigenen Selbst gesehen wird und von daher nicht gehen darf. Zugleich ist dieses Alter von vierzehn Jahren auch ein Zeitpunkt, an den für Frau M. zwei fundamentale Erinnerungen geknüpft sind: der sexuelle Mißbrauch durch zwei Männer sowie die Schwangerschaft der Mutter mit der jüngsten Schwester, womit diese eine Trennung markiert.

Ihren eigenen Sohn sieht Frau M. als Teil von sich; aber es ist nicht irgendein Teil, sondern ein Teil, der eine bestimmte Funktion wahrnimmt – ihre Ideale verkörpert bzw. ihre Aggressionen übernommen hat. Er war das liebe Kind und plötzlich das böse, aggressive. Beide Rollen ihrer nichtgelebten intrapsychischen Ambivalenz hat er in dem Beziehungsdrama eingenommen. Als die Gefahr besteht, daß er sich völlig abwendet, muß er „gehen". Das Verhältnis zum Sohn widerspiegelt ihr Verhältnis zur Mutter. Auch er kommt als kleines Kind zu Pflegeeltern, später ins Heim. Sie verwöhnt ihn auf die gleiche sinnlose, an den eigentlichen Bedürfnissen des Kindes vorbeigehende Weise, sorgt für „Bügelfalten in Turnhosen" u. ä.; er ist, wie sie es für ihre Mutter war, alleiniger Ansprechpartner in einer von erwachsenen Bezugspersonen leeren Welt. Sie trennt sich in genau dem Alter von ihm, in dem sie von ihrer Mutter mit der jüngsten Schwester verlassen wurde. Ihre Mutter hat sie ständig gequält, nun fängt auch der Sohn an, sie zu quälen. Dadurch potenziert sich der zurückgehaltene Haß und richtet sich gegen das Kind, meint aber eben auch die Mutter, nur darf er ihr gegenüber nicht gelebt werden.

Die Frage lautet, was wäre Schlimmes passiert, wenn die Tötung nicht stattgefunden hätte; was noch mußte um den Preis eines Lebens verhindert werden, abgesehen von der Inzestgefahr?

Frau M. drückt es in dem vorangestellten Zitat selber aus. Der Gedanke, das Kind existiere getrennt von ihr, sei noch schlimmer als der, daß es tot sei. Der Schutzwall droht zu brechen; ein Überfluten von Angst setzt ein. Es ist die Angst vor symbiotischer Vernichtung, vor dem Wieder-verschlungen-Werden. Der Junge, der ihr die Trennung von der Mutter garantieren sollte, kann das nur, solange sie sich in einem Zustand der Einheit mit ihm wähnt. Droht diese Einheit durch Trennung zu zerbrechen, nimmt die Angst vor dem Verlust der omnipotenten Kontrolle über das als Selbstobjekt erlebte Objekt überhand – „ich brauchte keine Angst zu haben, daß er Dinge macht, von denen ich keine Ahnung hatte; auf diesen Jungen war jahrelang absoluter Verlaß in allen Dingen". Nicht nur die durch das Kind verkörperten mütterlichen Anteile werden frei – auch die Idealisierung hat nun kein Ziel mehr, archaischer Haß ist nicht mehr gebunden, sondern der verschlingenden Mutter kann nicht mehr begegnet werden; diese zu vernichten ist aber ausgeschlossen (s. Kap. 3.3.2), so bleibt nur, die mit der Geburt des Sohnes zugleich erfolgte eigene Geburt rückgängig zu machen (s. Kap. 3.3.2.4.3). Es ist aus narzißtischer Sicht die Desintegrationsangst vor dem Zerbrechen des Selbst. Dieser schrecklichen Bedrohung, der sie sich ausgeliefert fühlt, kann sie durch die Tötung des Kindes entgehen. Zugleich stellt sie eine „mystische Einheit" (Fenichel 1945, S. 231) mit dem Opfer her.

Vor diesem Hintergrund ist ihre Vorgehensweise bei der Tat zu entschlüsseln, die an ein Opferritual erinnert. Ihr Kind wird geopfert, es wird nahezu „geschlachtet"; ein Eindruck, der noch durch das bereits erwähnte Ausblutenlassen verstärkt wird. Das Bild eines Opferrituals taucht auf, als sie mir die Tat vorspielt. Sie zeigt, wie sie ihrem Kind, dieses von hinten fassend, ins Herz sticht. Die Wiederholung der Inszenierung ist so wirklichkeitsgetreu, daß mich erstmals in diesen Gesprächen massive Angst überkommt, die lähmenden Charakter hat. Es kommt mir so vor, als ob Frau M. auch die Angst, die sie zu Beginn der Stunde vor dem zu Erzählenden äußerte, auf mich übertragen hätte, um sich der Erinnerung an diese Tat stellen zu können; zugleich wird mir klar, daß sie etwas vorspielt, was sich durch Worte nicht ausdrücken läßt, was sich, wenn überhaupt, nur zeigen läßt. Eine sehr frühe vorsprachliche Ebene wird damit beschritten, auf der letztlich auch entwicklungsmäßig die Ursprünge dieses Delikts zu finden sind. Die andere Seite des „Zeigens" ist die, daß ich hier nicht mit etwas Vergangenem konfrontiert werde, sondern in genau dem Augenblick die Bedrohlichkeit erlebe; und meine Angst sagt mir, daß ich sie auch als eigenes Bedrohtsein wahrnehme, was eventuell noch dadurch verstärkt wird, daß ich Frau M. in dieser Situation nicht wie sonst als kontrolliert, sondern als gefühlsmäßig beteiligt sehe – ein Anflug von Tränen kommt in ihre Augen. Ich bin erleichtert, als sie sich wieder hinsetzt.

Noch eine andere Phantasie entsteht darüber, warum sie die Szene nicht erzählt, wie alles andere zuvor und danach. Mir gegenüberzusitzen hätte die Gefahr mit sich gebracht, daß ein Augenkontakt entsteht. Indem sie sich im Raum bewegt, muß sie meinem Blick nicht begegnen. Auch darin wiederholt sich die Tötungssituation. Sie näherte sich ihrem Kind von hinten; sie konnte die Tat nicht vor seinen Augen ausführen. Piers schreibt, daß Menschen, die einander niemals in die Augen schauen müssen, sehr viel eher dazu imstande sind, einander umzubringen (Piers 1976, S. 425). So gibt es auch Berichte, denen zufolge bei Tötung älterer Kinder durch die Mutter, d. h. bei Bestehen eines jahrelangen Kontaktes zwischen Täterin und Opfer, die Mutter die Tötungssituation so auswählt, daß kein Blickkontakt entstehen kann; möglicherweise wird die Begehung der Tat sonst nicht möglich.

Nach diesem Treffen, bei der die Tat Thema ist – ich habe weiter oben bereits Ausführungen dazu gemacht – erwähnt Frau M. mehrfach, daß ihr die Augen weh tun. Auch beim darauffolgenden Treffen stehen ihre Augen im Vordergrund, dieses Mal nicht verbal, sondern nonverbal. Sie hat schwarz geschminkte Wimpern und einen dicken schwarzen, etwas verlaufenen Lidstrich, der ihrem Gesicht einen harten, fast grausamen Ausdruck verleiht, ein „böser Blick", der eine magische Komponente in die Kommunikation bringt (s. Kap. 3.3.1.1). Ich erschrecke geradezu vor diesem veränderten Anblick, er vergegenwärtigt mir, daß es eine Entsprechung zwischen „Schauen" und „Verletzen, Angreifen" gibt (Servadio 1936, S. 407).

Es sind diese beiden Treffen, bei denen sie geradezu pausenlos auf mich einredet. Gerade jetzt „sägt" sie auch an mir bzw. ihrem Bild von mir. Zuvor war ich die verständnisvolle Psychologie-Studentin, die sich ihr widmet – der erste Mensch, der ihr zuhört. Diese „primitive Idealisierung" (Kernberg 1968, S. 612) wird nun von einer ebensowenig angemessenen Kritik abgelöst. Sie erzählt von ihrer Anwältin, die sie im Gerichtsverfahren verteidigte. Zunächst sagt sie, diese habe es schwer gehabt, da sie nur auf Umwegen – nicht über Frau M. – von deren Vorgeschichte erfahren habe; sie habe privat in der Nachbarschaft usw. recherchieren müssen, um überhaupt Anhaltspunkte für eine Verteidigung zu erhalten. Ich denke, aufgrund meines Einblicks in die juristische Berufswelt: eine engagierte Anwältin. Frau M. sieht das anders:

> Meine Anwältin hat mich auch sehr schlecht verteidigt. Selbst mit dem bißchen, was ich ihr gesagt habe, hätte sie mich besser verteidigen kön-

nen. Sie hat sich nicht groß engagiert. Wenn ich Anwalt wäre, wäre der Prozeß gewonnen (Frau M.).

In dieser Aussage liegt auch ein Widerspruch zu ihrem Strafbedürfnis, das ja auf lebenslänglich gerichtet war. Mir ist klar, daß ich mit der Anwältin gemeint bin, auch ohne daß sie nochmals ausdrücklich sagt: „Sie können es beurteilen, Sie sind der Fachmann" (Frau M.). Sie muß dem positiven Bild, das sie von mir hat, dieses negative entgegensetzen. Die Spaltung zieht sich auch durch unsere Begegnung. Die positive Zuwendung von mir – das Verständnis – wird bedrohlich, muß zerstört werden, indem das Objekt zerstört, „verkrüppelt" wird (s. Kap. 3.3.1.1). Sie sieht abwechselnd Teile ihrer Selbst- oder Objektrepräsentanzen durch mich verkörpert, identifiziert sich mit dem jeweils anderen Teil (Kernberg 1968, S. 605). Wie bereits erwähnt, trifft dieser unterschwellige massive Vorwurf zeitlich zusammen mit einem Unpünktlichsein meinerseits, so daß ich zunächst auch auf der Ebene „schlechtes Gewissen" reagiere, bis mir klar wird, daß ihre Erwartungen, ihre Forderungen an mich grenzenlos sind. Ich kann ihr aber nur das an Zuwendung, an Verständnis entgegenbringen, was meine eigenen vitalen Interessen zulassen; es wird zu wenig sein – die Anwältin, die in ihrer Freizeit private Recherchen zur besseren Verteidigung der Frau M. erhebt, bleibt dennoch eine unengagierte Anwältin.

Frau M. entwirft nicht nur von mir ein gespaltenes Bild; sie sorgt auch für Spaltung in der Außenwelt, d. h. der mit ihr in Kontakt stehenden Personen. Eine besondere Institutionsdynamik scheint sich um Frau M. herum auszudrücken, die ich im folgenden aus meiner Sicht darstellen will. So findet diese Spaltung im Verhältnis von mir zu einem Teil des Anstaltspersonals statt sowie offensichtlich auch dort untereinander. Ich meine, daß auch dieser Gesichtspunkt Licht auf die Struktur Frau M.s „Gut – Böse" wirft. Die Gefahr für die Umwelt besteht darin, sich zum Spielball, zur Projektionsfläche usw. in diesem Geschehen machen zu lassen. In diesem Zusammenhang erhält das Handeln der beteiligten Personen Bedeutung, und nur insoweit möchte ich es im Rahmen dieser Arbeit betrachten.

Ich erfahre viel Entgegenkommen und große Hilfsangebote von seiten der Institution. Aber schon nach kurzer Zeit merke ich, daß es für das Anliegen der Arbeit wichtig ist, daß ich mir einen eigenen, von dritter Seite möglichst unbeeinflußten Eindruck verschaffe, also nehme ich die mir angebotene inhaltliche Hilfe vorerst nicht in Anspruch. Daraufhin nehme ich wahr, daß von seiten der Person, die den meisten Kontakt zu Frau M. hat, sie am besten kennt, die anfängliche Freundlichkeit mir gegenüber umschlägt. Ich reagiere zunächst sehr betroffen, führe es darauf zurück – wie mir auch gesagt wird –, daß sich mein Tätigwerden nicht leicht in den Anstaltsalltag einreihen läßt, insbesondere aber dann nicht, wenn es mit Unpünktlichkeit einhergeht, „schlechtes Gewissen" meinerseits als Konsequenz auch darauf. Mir fällt auf, daß es eine Parallelität zu dem Gesprächsverlauf mit Frau M. gibt. Hier wie dort bin ich zunächst die interessierte „Gute", dann die unpünktliche „Böse" – eine unvereinbare Spaltung. Möglicherweise sind aber auch unterschwellige Rivalitätsgefühle mir gegenüber im Spiel. Diese vermuteten Konkurrenzgefühle hängen wohl damit zusammen, daß ich von außen kommend nicht den intern herrschenden Zwängen unterliege, daher auch die Chance habe, die Dinge anders zu betrachten, und zugleich, was offensichtlich ist, Frau M. mir Ereignisse aus ihrem Leben mitteilt, über die sie normalerweise nicht spricht. Ich reihe mich ein unter diejenigen, die sich um Frau M. kümmern, gekümmert haben, kümmern möchten, die alle in ähnlicher Weise, bald deren eines, bald deren anderes Gesicht zu sehen bekommen. Naheliegend ist es, daß Frau M. auch bald der einen, bald der anderen Person der Außenwelt den Vorzug gibt, sie möglicherweise auch unbewußt gegeneinander auszuspielen gedenkt.

Die vorliegende Betrachtung der Institutionsdynamik ist primär auf das „Wirken" der Frau M. gerichtet. Es erscheint mir wichtig, zu betonen, daß darüber hinaus die Institution Strafvollzug ihre eigene Dynamik unabhängig von der Person einzelner Gefangener oder Mitarbeiter entfaltet. Beide Komponenten treffen hier aufeinander.

Nunmehr komme ich zurück zu der Tatbeschreibung. Indem Frau M. sich in der Tötungssituation als „ferngesteuert" erlebt, nimmt sie sich die moralischen Skrupel und bereitet durch Verlegung des Vorganges nach außen den Weg zur Durchführung vor. Auch hier liegt eine Störung der Unterscheidung „Ich – Nicht-Ich" zugrunde (Devereux 1976, S. 360). „Es sprach überhaupt nichts mehr dagegen" (Frau M.).

Auch ihre Selbstinterpretation, die von ihr dargelegten Tötungsmotive, sind sehr aufschlußreich. Ich möchte diese hier unter dem Aspekt der Selbsttötung betrachten. Sie will sich und das Kind „befreien", *sich:*

> Ich hatte kein eigenes Leben mehr, mein Leben war er, ich konnte ihn nicht verlassen, mein Leben war nichts mehr wert; (Frau M.)

das *Kind:*

> Ich wollte das Kind vor seiner Eigenproblematik schützen, ihn vor seinem eigenen Schicksal, das nur noch schlechter werden kann, bewahren und ihn von mir befreien, ich war eine Belastung für das Kind, meine Liebe war zu groß (Frau M.).

Beide Komponenten der Selbsttötung, sowohl die narzißtische als auch die aggressive, lassen sich hier feststellen: die narzißtische Komponente zeigt sich u. a. darin, daß das ehemals „idealisierte Ebenbild" des Sohnes mit dessen Tod wiedererrichtet wird und damit bewahrt werden kann. So schildert Frau M. die Begegnung vor der Tötung:

> Er kam nach Hause und lächelte wie in alten Zeiten (Frau M.),

obwohl er ja nichts von ihrem Vorhaben ahnt: Hier scheint eine Verzerrung der Wahrnehmung unter der Regie eines Wunschdenkens Platz zu greifen. So ging es ihr darum:

> Der Junge sollte meinen, es sei alles in Ordnung, so soll er sterben (Frau M.).

Um das „harmonische" Bild abzurunden, stellt sie ihm zugleich Essen hin, kombiniert also die Tötungshandlung mit mütterlicher Versorgung.

Die aggressive Komponente findet sich im folgenden: der frühkindliche Verlust der Mutter hat Frau M. diese als inneres Objekt aufnehmen lassen. Das innere Objekt richtet sich als Verfolger wegen der mörderischen Impulse und der Schuldgefühle, die Mutter getötet zu haben, gegen den anderen Teil des Ichs und fordert im Wege der Selbstanklagen eine Bestrafung. Diese Selbstanklagen der Frau M. drücken sich sehr deutlich in einem von ihr für mich verfaßten Text über Mutterliebe – „soll ich darüber eine Dissertation schreiben?" (Frau M.) – aus, der ihre eigenen Versäumnisse als Mutter darstellen soll, aber im Grunde die Versäumnisse der eigenen Mutter, des inneren Objekts, meint. Direkte Vorwürfe richtet sie nicht gegen die Mutter: „Ich habe kein Recht, sie anzuklagen" (Frau M.). Symptome der Melancholie zeigen sich auch in ihrem totalen Abgemagertsein in der Zeit vor der Tat. Sie entzieht sich das Essen, eine Strafart, die ihr auch vom Heim her bekannt ist. Frau M. will sich töten; sie sieht „keinen Sinn, je wieder in die Welt zu wollen" (Frau M.). Da aber ihre mütterlich-altruistische Haltung ihr gebietet, das Kind nicht allein zu lassen, tötet sie dieses statt ihrer. Aus dem Anliegen, ihrem „Gegenüber nicht das anzutun, was ich mir selber nicht wünsche" (Frau M.), folgt so im Umkehrschluß, ihrem „Gegenüber das anzutun, was ich mir selber wünsche" – sie will selber sterben, also ist es vor diesem Erlebnishintergrund logisch, daß sie ihr Gegenüber tötet.

Da sie sich schon lange zuvor in ihrem Erleben einer Tötung schuldig gemacht hat (s. Kap. 4.1.1), handelt ein Teil von ihr unter dem Regiment eines strengen Über-Ichs in der Weise, daß sie nun endlich von außen die Strafe erfährt, die ihr in der inneren Realität schon längst gebührt. Dadurch wird sie „befreit". Die „Verbrecherin aus Schuldgefühl" sagt von sich: „Ich wollte mich bestrafen"; ein Teil von ihr wollte „lebenslänglich", d. h. aus der Welt gehen.

Die schleichende Selbsttötung hatte aber schon Jahrzehnte zuvor eingesetzt – durch ihre Sucht.

> Bei besonders schwer gestörten Süchtigen geht es um die elementare Frage von Leben und Tod, Sein oder Nichtsein. (Rost 1986, S. 300)

Die Droge stellt eher ein Selbstzerstörungs- als ein Selbstheilungsmittel dar, ein ausgeprägter Selbsthaß ist zu beobachten. Der Alkohol wird autoaggressiv eingesetzt und dient letztlich dazu, das verinnerlichte böse Objekt und damit das Selbst zu vergiften und schließlich zu zerstören. An der Grenze zwischen bösem Selbst und idealisierter Außenwelt, die häufig in der Person der Mutter vertreten ist, steht die Droge. Wird das Suchtmittel entzogen, muß nicht nur ein Ersatz für dessen Hilfs-Ich-Funktionen, sondern gerade auch für dessen zerstörerische und sadistische Potenzen geschaffen werden (Rost 1986, S. 302). Damit einher geht oft, daß zwar Nähe und Zärtlichkeit gewünscht und phantasiert werden, positive Zuwendung aber zugleich als bedrohlich erlebt und durch Aggressivität abgewehrt werden muß (Rost 1986, S. 305).

Mit der Droge wird auch der Körper gefüllt. Die Leere des Körpers wird nicht mehr empfunden. Diese Leere wird ebenfalls nicht mehr empfunden, wenn ein Kind im Bauch heranwächst (s. Kap. 3.3.2.4.2). Bezeichnenderweise geht es Frau M. während ihrer Schwangerschaft auch sehr gut. Sie erlebt geradezu einen Auftrieb. So phantasiert sie denn auch über eine neuerliche Schwangerschaft im Zusammenhang mit den Überlegungen zu einer Entziehungskur, die für sie bedeutet, sich „neun Monate" von ihrem Sohn zu trennen. Eine spätere Nachfrage meinerseits ergibt, daß die magische Zahl neun Monate nicht für die tatsächliche Dauer einer solchen Kur steht, sondern auf eine Schwangerschaftsphantasie hindeutet. Dieses starke Bedürfnis der Frau M., sich zu füllen, zeigt auch an, daß die Loslösung von der Mutter nicht gelungen ist, daß der eigene Körper nicht positiv besetzt werden konnte (s. Kap. 3.3.2.4.2). Im Zusammenhang damit steht auch, daß kein weibliches Selbstbewußtsein ausgebildet werden konnte, wie Frau M. mehrfach betont. In dem Geschehen spiegelt sich auch eine typisch weibliche Tragik. Frau M. hat sich durch zunehmende Isolation und Konzentration auf den Jungen in eine soziale Sackgasse hineinmanövriert – „sozialen Selbstmord" begangen, wie Schuh (Schuh 1986, S. 75) schreibt. „Sie ist ganz auf sich selbst gestellt" (Schuh 1986, S. 75), lebt ohne erwachsene Bezugsperson, von ihrer eigenen mütterlichen Omnipotenz erfüllt: „Ich kann Dir bei allem helfen, wenn Du rechtzeitig mit Schwierigkeiten kommst", wie sie auch zu mir sagt: „Ich bin immer für Sie da" (Frau M.). Sie konnte ihrem Sohn genausowenig bei allem helfen, wie sie immer für mich da ist.

Frau M. hat die gesellschaftliche Mutterrolle verinnerlicht: „Jede Mutter will es vor allem recht machen" (Frau M.). Selbst wenn sie ihr Kind tötet, handelt sie dabei doch altruistisch mütterlich. Frau M. hat die Vorstellung, ihrem eigenen Kind gegenüber alles besser zu machen als ihre eigene Mutter; sie will eine gute, ja eine perfekte Mutter sein. Das beinhaltet vor allem auch eine allumfassende Versorgung des Kindes. Wie bereits gesagt, geht ihre Art der Versorgung jedoch an den Bedürfnissen des Kindes vorbei. Zugleich hält sie ihn damit unselbständig, aus Angst vor einer mit Selbständigkeit einhergehenden Loslösung. Sie sieht sich nicht autonom, sondern „in Beziehung zu"; ihr Kind soll ihrem Leben Sinn geben, ihr zur Autonomie verhelfen. Doch sie muß erkennen, daß dieses trügerische Bild ihrer selbst total zu zerbrechen droht: der Sohn ist auf die „schiefe Bahn" geraten, er wird ihr gegenüber tätlich, hat weder Vertrauen noch überhaupt Kontakt zu ihr, sie selbst verstrickt sich immer weiter in eine totale Abhängigkeit von vielfältigen Suchtmitteln. Der Teufelskreis wird erkennbar. Bevor sie sich dieses Scheitern eingestehen müßte, „beendet" sie ihre Mutterschaft, gibt ihre Mutterrolle ab und handelt selbst dabei noch, wie gesagt, altruistisch mütterlich; die mütterliche Omnipotenz maßt sich an, zu wissen, was gut für ihr Kind ist. Ihrem Sohn soll ihr eigenes Schicksal erspart werden.

7.3 Schlußbetrachtung

Während der Gespräche mit Frau M. und auch im nachhinein beim Aufschreiben der Begegnungen nehme ich zwei Seiten ihrer Person wahr: Frau M. als Täterin und Frau M. als Opfer.

Es zeigt sich für mich, daß sie an ihren Sohn weitergegeben hat, was ihr selbst widerfahren ist. Soweit ihre eigene Opferrolle Thema ist, spüre ich Verständnis für ihre Geschichte, Mitgefühl taucht auf. Soweit ihre Täterinrolle jedoch Thema ist, kann ich diese zwar nachvollziehen auf der Grundlage ihrer Biographie, dennoch sperrt sich etwas in mir gegen ein letztes Verstehen. Dieses Unverständnis nehme ich insbesondere im Hinblick darauf wahr, daß ihr die Tötung ihres Kindes auch heute noch nicht als das „Schlimmste" erscheint; ich verweise auf das Eingangszitat.

8 Statt einer Zusammenfassung:
Über die Schwierigkeiten einer Rekonstruktion

Was Freud zu hören bekam, war die *erinnerte* Geschichte seiner Patienten; er rekonstruierte das infantile Dasein aus den fragmentarischen Schilderungen seiner Patienten, in denen sich Vergangenheit und Gegenwart durchdrangen. Er las die Lebensgeschichte seines Patienten gegen den Strich – indem er sie nacherzählt, erscheint als intentional gerichteter Entwicklungsprozeß, was in Wahrheit vielschichtiger Rekonstruktionsversuch ist. (Mitchell 1985, S. 34)

Eine Mutter tötet ihr Kind. Diese Tat erzählt eine Geschichte, die ihren Ausgang in der frühen Kindheit der Mutter zu nehmen scheint. Aber ist dieser Anfang richtig bezeichnet? Setzen die Ereignisse nicht viel früher an, bei der Kindheit der eigenen Mutter?

Tatsächlich hat die Geschichte eines solchen Delikts keinen Anfang – sie hat ein Ende, ein bitteres Ende, zu dem viele verzweigte Wege, aber keine gerade Linie führen. Mit dem Vorliegenden wurde versucht, verschiedene dieser Wege zurückzuverfolgen und dabei zu beleuchten.

Eine wichtige Spur weist auf Identifikationsstörungen der tötenden Mutter. Frühkindliche Wut konnte nicht bei der eigenen Mutter abgeladen werden, mußte daher als unbearbeiteter Ballast im Gepäck mitgetragen werden. Dieses Gepäck wurde eventuell noch durch mütterlichen Ballast, deren eigenen unbearbeiteten Haß, zusätzlich erschwert und war damit bei weitem zu gewichtig für den kindlichen Rücken.

Eine andere Spur zeigt an, daß schon frühzeitig eine Tendenz zur Selbstvernichtung den Entwicklungsverlauf begleitete. Es war der Gedanke, den Weg vorzeitig zu beenden, auch um den inneren Verfolger – die frühe verinnerlichte Mutter-Imago – abzuschütteln, die ursprüngliche Ruhe wiederzuerlangen. Dieses Ziel scheint erreichbar zu sein durch die Tötung des eigenen Kindes.

Noch eine andere Spur deckt auf, daß die Mutter nicht allein unterwegs ist, sondern gemeinsam – in Beziehungen stehend mit der eigenen Mutter, mit dem eigenen Kind –, eine „Gemeinsamkeit", die jedoch nur jeweils einem von beiden Beziehungspartnern das Weitergehen erlaubt – „Ich oder Du", statt „Ich und Du".

Nicht nur das Kind begleitet die Mutter; sie lebt auch in einem gesellschaftlichen Umfeld. Es gibt viele andere, die ihr begegnen, nicht jedoch mit Verständnis begegnen, sondern mit Forderungen, die ihr gestellt werden, Forderungen, wie eine Mutter zu sein habe, wie sie mit ihrem Kind umzugehen habe u. ä.; es erklärt ihr niemand, wie sie diese Forderungen erfüllen könne. So ist sie zwar nicht allein, aber doch isoliert.

Alle diese Spuren gehören zusammen. Alle diese Wege wurden beschritten, aber eigentlich sind es gar keine „Wege", die die tötende Mutter in ihrer Vergangenheit beschritten hat, sondern sie befand sich in einem Dickicht, aus dem sie irgendwann nicht mehr herausgefunden hat, in dem sie steckengeblieben ist – einen Aus-„Weg" vermochte sie nicht mehr zu sehen.

Aspekte der Identifikationsstörung, Selbsttötung, Beziehungsstörung und weiblichen Widerstands konnten aufgedeckt werden. Die Gespräche mit der tötenden Mutter haben die zuvor entwickelten Theorien bestätigt.

Teil II

Forensische Wahrheit

Der erste Schritt ist gesetzt. Die Tat- und Lebensgeschichte einer tötenden Mutter präsentiert sich zunächst in den theoretischen Modellen der Psychoanalyse, um sich dann in der Praxis eines Tiefeninterviews zu verdichten – geronnenes Substrat einer bitteren Lebenswirklichkeit. Das gezeichnete Mutterbild zeigt kein glattes Profil, sondern vernarbte, rissige und offene Strukturen.

Die folgende Untersuchung wird getragen von der Hypothese, daß weder über dieses Mutterbild noch über dessen Verankerung in der Lebensrealität der tötenden Mutter eine Auseinandersetzung in der forensischen Praxis stattfindet. Daraus ist aber nicht der Schluß zu ziehen, daß es dort gar kein „Mutterbild" gäbe. In der Beurteilung eines solchen Deliktes ist zwangsläufig ein Mutterbild eingestrickt. Ist es aber nicht das der Täterin, was offengelegt wird, so wirkt sich das eigene Mutterbild des Beurteilenden aus; denn aufgrund der Urerfahrung mit der eigenen Mutter trägt jeder Mensch ein Mutterbild in sich.

Der zweite Schritt steht an. Was widerfährt der tötenden Mutter, die nunmehr im prozeßtechnischen Sinne zur „Beschuldigten", sodann zur „Angeklagten" wird, nach begangener Tat? Sie hat sich mit ihrem Tun weit außerhalb des zivilisatorisch geduldeten Verhaltens gestellt – vor die Tore der Gesellschaft. Dort wird sie nun abgeholt, eingesehen von Vertretern der strafjustiziellen Ermittlungsbehörden, den forensisch tätigen Psychiatern zum Gespräch überlassen, bis ihr schließlich das Gericht entgegentritt.

Die Beschädigungen der Täterin werden – nach vorheriger polizeilicher bzw. staatsanwaltschaftlicher Vernehmung – aufgelistet von Psychiatern, bevor sich das Gericht ihnen widmet. Es ist gängige Praxis der Gerichte, bei Delikten der vorliegenden Art, im Rahmen der Aufklärungspflicht (§ 244 Abs. 2 StPO) forensisch-psychiatrische Sachverständige bereits vor der Hauptverhandlung heranzuziehen, da sich den Richtern die psychische Situation der tötenden Mutter im Tatzeitpunkt durchwegs als Ausnahmezustand darstellt, so daß Zweifel an der Schuldfähigkeit aufkeimen, die es positiv oder negativ auszuräumen gilt. So sollen die Sachverständigen auftragsgemäß Tatsachen im Innenleben der Täterin ermitteln, die Aufschluß für die Beantwortung der Frage strafrechtlicher Verantwortlichkeit geben sowie darüber, ob gegebenenfalls im Falle der Schuldunfähigkeit die Anordnung einer freiheitsentziehenden Maßregel – Unterbringung in einem psychiatrischen Krankenhaus (§ 63 StGB) – in Betracht kommt. Die Entscheidung über die strafrechtliche Verantwortlichkeit einer Täterin verbleibt beim Gericht, der Sachverständige gibt durch sein Gutachten bzw. durch seine ergänzenden Ausführungen in der Hauptverhandlung jedoch klar die Richtung vor. Wie dieses Verhältnis sich im einzelnen darstellt, wie die Gewichte verteilt sind, ist weiter unten Gegenstand der Erörterung (s. Kap. 2.4.4.3.4). Für die gerichtliche Hauptverhandlung sowie für das spätere Urteil hat das Gutachten allein schon aus wahrnehmungspsychologischer Sicht besondere Bedeutung, als durch die Anfangsperspektive, mit der ein Ding gesehen wird, der ganze spätere Umgang mit ihm determiniert wird (Laing 1976, S. 16). Dem steht auch die strafprozessuale Maxime der Mündlichkeit nicht entgegen; denn das in der Regel schriftlich abgefaßte Gutachten wird vor der Hauptverhandlung gelesen.

So erscheint der Zugang zum institutionellen Umgang mit den Delikten über eine Analyse der Gutachten der Einstieg für die Betrachtung der lebensgeschichtlichen Präsentation der Täterin-Persönlichkeit in foro zu sein; hier ist der intensivste Einblick zu erwarten. Diese Annahme stützt sich neben der größeren zeitlichen Nähe des Gesprächs zum Tatgeschehen auf die – in Relation zum Gericht – umfassendere Begegnung in der Untersuchungssituation einerseits sowie auf den vermuteten Einfluß in dem justiziellen Geschehensablauf andererseits. Statt einer Vernehmung durch Strafjustizorgane findet hier eine Exploration, d. h. ein Gespräch, statt. Vor diesem Hintergrund ist es ein zulässiger sowie Erfolg versprechender Weg, zur Erfassung des justiziellen Mutterbildes die Haltung zum Mutter-Sein herauszuschälen, wie sie in den Gutachten durchschimmert und vor den Augen der Justiz ihren Niederschlag findet. Die Arbeit folgt somit weiterhin dem chronologischen Ablauf. Zunächst steht die Täterin dem Psychiater gegenüber. Aus ihrer Tatdarstellung gerinnt ein Gutachten. Psychiater und Täterin treffen sich dann als mit unterschiedlichen Kompetenzen ausgestattete Rollenträger vor Gericht wieder.

Die Psychoanalyse hat sich mit Abschluß der vorangehenden Einzelfalldarstellung aus dieser Arbeit noch nicht verabschiedet. Wie oben ausgeführt (s. Teil I, Kap. 6.1), reklamiert die Psychoanalyse, Erklärungswert zu besitzen auch für gesellschaftliche Verhältnisse. Im folgenden sollen jedoch zwei Spezialwissenschaften zu Wort kommen. Muß die Psychoanalyse nicht das Feld räumen, um es den Vertretern der für das Terrain zuständigen Disziplinen – den Psychiatern sowie den Juristen – zu überlassen? Die Psychoanalyse, angetreten unter der Prämisse, erst an der Grenze ihrer Denkmittel, nicht aber an der Leitlinie wissenschaftlicher Konventionen haltzumachen

148

(Bernfeld 1931, S. 147), ausgehend von dem Selbstverständnis, das historische Apriori aller Wissenschaften zu sein (Foucault 1971, S. 452), bemächtigt sich auch der Psychiatrie und der Justiz. Eine Konkurrenz bleibt nicht aus. Die Auseinandersetzung mit und die Abgrenzung von, sowie letztlich die Verdrängung der Psychoanalyse aus obigen Wissenschaftszweigen zieht sich durch diese Disziplinen wie ein roter Faden. Die Psychoanalyse ist in beiden Bereichen ständig ein „Stein des Anstoßes". Aber auch die Psychoanalyse steht in dieser Diskussion nicht wie ein monolithischer Block. Welcher Erklärungswert ihr in diesem Kontext einzuräumen ist, bedarf der Darlegung. Das entscheidende Plus der Psychoanalyse, ihr Anspruch aus einem „selbstverständlichen Wahrnehmungshorizont herauszutreten" (Honneth 1989, S. 125) und quasi das „Denken des Außen" (Foucault 1987, S. 49) zuzulassen, kann sich für die Beschäftigung mit den sehr geschlossenen Welten der Psychiatrie und der Justiz befruchtend auswirken, so daß der Blickwinkel der Psychoanalyse auch im folgenden Beachtung finden wird. Ein besonderer Stellenwert ist ihr in dieser Arbeit auch deshalb weiterhin einzuräumen, weil die Frage nach einer möglichen sinnvollen Verknüpfung des obigen – psychoanalytischen – Teiles dieser Arbeit mit dem von Psychiatrie und Justiz herangetragenen Material einer Antwort harrt: Was bleibt von der Lebenswirklichkeit nach Ablauf des Verfahrens? Was bleibt von dem Kern sichtbar, nachdem sich immer mehr Ringe von außen herumgelegt haben? Anzumerken sei, daß im Vorangehenden forensische Psychiatrie und Justiz zum Teil auf eine Seite gemeinsam der Psychoanalyse gegenübergestellt wurden. Eine stärkere Differenzierung der beiden Disziplinen war insoweit noch nicht erforderlich. Sie erfolgt im weiteren Darstellungsgang.

1 Exploration durch den Gutachter

1.1 Untersuchungsmethode

Bei der vorliegenden Untersuchung handelt es sich um eine „Akten-untersuchung" (Peters 1988, S. 188). Diese hat lediglich exemplarischen Charakter. Das Problem einer Betrachtung dieses extremen Deliktes liegt unter anderem in dem geringen zur Verfügung stehenden Datenmaterial, aber auch in der stärker als bei anderen Taten zu beobachtenden Vielfältigkeit der Begehungsformen. Zu Recht aber weist Peters darauf hin:

> Schon die Verwertung einzelner Akten kann für die Erkenntnis des Strafprozesses von Bedeutung sein. Selbst wenn die Einzelakte über einen außergewöhnlich liegenden Einzelprozeß berichtet, kann doch bereits ein solches Einzelgeschehen, sein Vorkommen und seine Möglichkeit aufschlußreich sein [. . .]. Auch von hier aus gelangt man zum Allgemeinen. (Peters 1988, S. 188)

So zeigen auch die hier ausgewerteten Gutachten eine Tendenz der Bearbeitungsform sowie -inhalte auf, die ganz offensichtlich getragen wird von einer herrschenden Auffassung in diesem Bereich. Belegt wird diese Annahme durch begleitendes Studium einschlägiger Fallbeschreibungen in der psychiatrischen Literatur (Bischof 1982, Zumpe 1966, Schrappe 1970 u. a.).

Nach einigen allgemeinen Überlegungen zur Auseinandersetzung mit einem Gutachtentext sowie zur Darstellung der Untersuchungsmethode stehen die Aussagen des Gutachtens im Zentrum der Erörterung. Dabei ist der Blick zunächst darauf zu richten, was die Täterinnen selbst vortragen. Lassen sich Parallelen ziehen zu der Situation der Frau im Tiefeninterview? Inwieweit werden die theoretischen Ausführungen im ersten Teil der Arbeit bestätigt, widerlegt oder durch neue Aspekte ergänzt? In der Folge ist dann die Frage aufzuwerfen: Was sagen die Psychiater? Mittels welcher Kommentare findet ihre eigene Sichtweise Eingang in die Gutachten? Direkte Anmerkungen zur Mutter-Imago sind dabei von besonderem Belang, aber auch die Betrachtung der Untersuchungssituation sowie letztlich die Diagnose. Die konkreten Angaben werden in den allgemeinen Rahmen einer forensisch-psychiatrischen Tätigkeit gestellt. Zunächst gilt es zu klären, woran sich der forensische Psychiater orientiert, der mit einem Bein in der medizinischen, mit dem anderen in der juristischen Welt steht. Dem Grenzgänger begegnen Probleme, die zum Teil aus seiner besonderen Situation als Arzt vor Gericht resultieren, aber auch zum Beispiel aus der Konfrontation mit verschiedenen Krankheitsbegriffen. Das Verständnis von Gesundheit – Krankheit ist zu erörtern. Normalität stellt keine Konstante dar, sondern unterliegt einem Definitionsprozeß. Welche Faktoren sind es, die auf diesen Definitionsprozeß einwirken? Die Betroffenen sind im vorliegenden Fall Frauen, das Thema ist weiblich: Welchen Einfluß hat das Geschlecht des Definierenden? Es lassen sich hier zwei Punkte unterscheiden: ein offener Zusammenhang zwischen dem Geschlecht des Definitionssubjektes und dem Geschlecht des Definitionsobjektes, basierend auf Fragen der gesellschaftlichen Rollenverteilung und dadurch bedingte Macht, sowie ein eher verdeckter Zusammenhang, der archaische Abwehrtendenzen im Hinblick auf dieses Thema berührt. Es baut sich schließlich die Brücke zur Justiz. Welche Einschränkungen werden dem Gutachter auferlegt durch die Funktionszuschreibungen seitens der Justiz, welche legt er sich selbst auf?

1.2 Rechtliche Probleme der Begegnung

Die Täterin trifft auf den Gutachter, einen Arzt. Sie wird damit, formal betrachtet, zur „Probandin". Ist dadurch ein Vertrauensverhältnis ärztlicher Provenienz impliziert, oder stellt sich diese Begegnung allein, aufgrund des justiziellen Eingebundenseins, als ein aliud dar, eine Art gutachterliches „Ermittlungsverhalten"? Bevor in einem späteren Kontext auch anhand der vorliegenden Gutachten die tatsächlichen inhaltlichen Gegebenheiten des Zusammentreffens analysiert werden, sind zunächst schon von formaler Seite herrührende Einschränkungen des Verhältnisses Psychiater – Probandin im Vergleich zum Arzt-Patientin-Verhältnis zu beleuchten.

Um die Frage der Schuldfähigkeit zutreffend beantworten zu können, bedarf es der Erstellung einer Persönlichkeitsanalyse durch den Gutachter. Neben einer ärztlich-klinisch-körperlichen Untersuchung, der „objektiven Anamnese", ist vor allem die umfassende ärztliche Exploration der Probandin erforderlich, aus der sich die „subjektive Anamnese" destilliert. So sind auch die hier vorliegenden Gutachten nach diesem einheitlichen Schema aufgebaut. Sie gliedern sich in den Hauptteil – Bericht des analysierenden Psychiaters – sowie einen neurologischen und testpsychologischen Befund der jeweiligen Fachleute. Die Psychiater Redlich/Freedman (Redlich/Freedman 1976, S. 325) weisen darauf hin, daß die zur forensischen Verwertung bestimmten gutachterlichen Krankengeschichten angesichts medizinisch-juristischer Fragen gegenüber herkömmlichen medizinischen Gutachten einer allgemeineren und strengeren Form bedürften.

Von zentraler Bedeutung ist die subjektive Anamnese dieser Gutachten, auf die sich die folgende Bearbeitung – unter peripherer Heranziehung testpsychologischer Ergebnisse – im wesentlichen stützen wird. Um eine subjektive Anamnese erstellen zu können, bedarf der Psychiater brauchbarer persönlicher Informationen der Probandin. Er ist daher auf ihre Mitarbeit angewiesen. Die Probandin ist, anders als bei der körperlichen Untersuchung, die gegebenenfalls mit Hilfe von Zwang (§ 81 a StPO) durchgesetzt werden kann, nicht zur Mitwirkung verpflichtet; eine Duldung kommt qua definitionem nicht in Betracht (Kleinknecht, 1981, § 81 a Rn 5). So mag zwar ein Unterbringungsbefehl gemäß § 81 StPO zur Durchführung der psychiatrischen Begutachtung ergehen; verweigert die Beschuldigte jedoch die Mitwirkung, müßte sich die Begutachtung auf reine Beobachtungsfakten stützen mit der Konsequenz einer sehr beschränkten Aussagekraft. Aus dieser rechtlichen Einbettung folgt, daß – anders als bei der eher anonymen körperlichen Untersuchung – im Zusammenhang mit der subjektiven Anamnese ein gewisses Vertrauensverhältnis zwischen dem Psychiater und der Probandin angenommen werden muß, da nur in diesem Fall brauchbare subjektive Informationen zu erwarten sind (Haars 1978, S. 4–5).

Die dieser Arbeit zugrundeliegende Intention reiht das Verhältnis zwischen dem Gutachter und der Probandin, jedenfalls partiell, in die Kategorie Arzt-Patientin-Verhältnis ein. Der „Ermittlungsaspekt" ist hier einzubauen. Nimmt der Sachverständige seine „Doppelrolle" in diesem Zusammenhang ernst, ergibt sich zwangsläufig ein Rollenkonflikt. Wie sich dieser inhaltlich gestaltet, ist weiter unten zu betrachten. An dieser Stelle ist von Belang, daß hier in mehrfacher Hinsicht rechtliche Probleme aufgeworfen sind: Wie steht es mit dem Belehrungsrecht der Beschuldigten vor der psychiatrischen Begutachtung? Was passiert mit den im Rahmen dieser Begegnung anvertrauten „Geheimnissen", sofern diese den Begutachtungsauftrag übersteigen? Hat der Psychiater insoweit ein Verfügungsrecht? Wie werden die in die Zweiersituation von seiten der Probandin eingebrachten persönlichen Angaben in der öffentlichen Hauptverhandlung verwertet? Sollte sogar der Öffentlichkeitsgrundsatz des Strafprozesses insoweit eine Einschränkung erfahren? (Haars 1978, S. 5–6). Die Annahme einer Belehrungspflicht des Sachverständigen ist heftig umstritten. Ausdrücklich ist sie in der StPO nicht vorgesehen; der Bundesgerichtshof lehnt sie ab (BGHSt JZ 1969, S. 437). Zum Teil wird eine analoge Heranziehung der Belehrungspflicht gemäß § 136 StPO – erste richterliche Vernehmung – angenommen (Arzt 1969 a, S. 438 f.), trotz der sowohl in formaler als auch in inhaltlicher Hinsicht bestehenden Unterschiede zwischen „Vernehmung" durch den Richter und „Exploration" durch den Gutachter. Die Konsequenz, im Falle des Verstoßes die Angaben gemäß § 136 a StPO für nicht verwertbar zu erklären, wird jedoch nicht gezogen. Ohne den Streit hier vertiefen zu wollen, ist doch den vehementen Gegnern eines Belehrungsrechtes, die solche Forderungen an das „freie Einlassungsermessen eines Beschuldigten" für „zugespitzt" halten (Langelüddeke/Bresser 1976, S. 10), zu entgegnen, daß der Grundsatz der Strafprozeßordnung, die Beschuldigte bzw. Angeklagte nicht zum Objekt der Strafverfolgung zu degradieren (BVerfGE 9, 89 (95)), sondern ihr trotz staatlichen Strafanspruches Subjektcharakter zuzubilligen, gebietet, der Probandin gerade in der „prozeßfernen Atmosphäre der Untersuchung" (Haars 1978, S. 15) zu verdeutlichen, daß das von ihr Vorgetragene zur gutachtlichen Verwertung bestimmt sei und für sie keine Verpflichtung zur Mitwirkung bestehe. Diese Auffassung erfährt noch eine weitere argumentative Stütze durch die Tatsache, daß der Gutachter im Rahmen der Exploration auch gehalten ist, die Tatumstände zu erheben. Nicht zuletzt darin kommen bestimmte Persönlichkeitsfaktoren zum Ausdruck. Da einer Beschuldigten bei der polizeilichen bzw. staatsanwaltschaftlichen Vernehmung grundsätzlich freigestellt ist, sich zur Tat zu äußern, darf dieses Recht nicht durch die gutachterliche Exploration ausgehöhlt werden.

Wird das Verhältnis zwischen dem Gutachter und der Probandin einem Arzt-Patientin-Verhältnis gleichgesetzt, erhebt sich unweigerlich die Frage nach der gutachterlichen Schweigepflicht bezüglich solcher Angaben der Probandin, die über den Gutachtenauftrag hinausgehen. Pauschal wird hier zum Teil in der Literatur angenommen, der als Sachverständige beauftragte Arzt erfahre keine „Geheimnisse" im Sinne des § 203 StGB, sondern stelle nur sachverständig einen körperlichen Zustand fest (Haars 1978, S. 21). Diese Auffassung ist jedoch allenfalls bei sich eindeutig körperlich manifestierenden Erkrankungen haltbar. Im Vorgriff auf die weiter unten zu vertiefende Erörterung des Krankheitsbegriffes ist jedoch anzumerken, daß bei einem Großteil der psychiatrisch zu Untersuchenden keine körperliche Manifestation zu konstatieren ist (s. Kap. 1.5.2.3). Die Verneinung eines Schweigerechtes für den Sachverständigen reduziert diesen auf seine Sachverständigenrolle und blendet den therapeutischen Teil völlig aus, ein Umstand, der nicht ohne Auswirkungen auf sein Selbstverständnis bleibt. So schreiben auch Redlich/Freedman (Redlich/Freedman 1976, S. 316), daß es in jedem Fall die „ehrliche Absicht" des Psychiaters sein muß, im Interesse des Patienten zu handeln, so wie es auch der Hippokrates-Eid verlangt. Dieses gebietet sich auch unter Berücksichtigung der eventuell bereits in die Hauptverhandlung einfließenden Resozialisierungsgesichtspunkte (Haberstroh 1979, s. Kap. 2.4.4.3.4). Die rechtlichen Probleme sollten lediglich angeschnitten werden, bevor sich die Arbeit im folgenden den inhaltlichen Aspekten widmen wird.

1.3 Stellenwert der Sprache

Der Psychiater spricht mit der Täterin, stellt ihr Fragen zu bestimmten Komplexen ihrer Tat- und Lebensgeschichte, läßt sie erzählen. „Die Rede zwischen Arzt und Patient ergibt einen Text" (Gutwinski-Jeggle 1987, S. 123). Sprache ist *das* Medium dieser Untersuchung, dieser Begegnung. Aus den so erhobenen Daten wächst der psychiatrische Befund zur Beurteilung der Zurechnungsfähigkeit im Strafverfahren. Im einzelnen stützt sich das Ergebnis auf eine biopsychologische, psychopathologische Beschreibung, die Erstellung einer psychiatrischen Krankheitsdiagnose bzw. einer psychopathologischen „Syndromdiagnose" (Witter 1970, S. 137). „Ergibt sich bei der Untersuchung, daß weder auf somatischem noch psychischem Gebiet Befunde erhoben werden können, die in den Bereich psychiatrischer Krankheiten und psychopathologischer Krankheitssyndrome gehören, dann bleibt als *Kurzformel* (Hervorhebung A. W.) für die Beschreibung des untersuchten Menschen eine *Persönlichkeitsdiagnose*" (Witter 1970, S. 137). Der Gutachter zieht Schlußfolgerungen auf zwei Ebenen (Steller 1988, S. 18): Der psychiatrischen bzw. psychologischen und der forensischen Ebene. Ausdrucksmittel der Beschreibung ist wiederum die Sprache. Im Unterschied zu jeder anderen ärztlichen Untersuchung nimmt bei der psychiatrischen Erhebung Sprache an zwei Stellen eine Schlüsselfunktion ein: bei der Erhebung und bei der Beschreibung.

154

Wir wollen übrigens das *Wort* nicht verachten. Es ist doch ein mächtiges Instrument, es ist das Mittel, durch das wir einander unsere Gefühle kundgeben, der Weg, auf den anderen Einfluß zu nehmen. Worte können unsagbar wohltun und fürchterliche Verletzungen zufügen. Gewiß, zu allem Anfang war die Tat, das Wort kam später, es war unter manchen Verhältnissen ein kultureller Fortschritt, wenn sich die Tat zum Wort ermäßigte. Aber das Wort war doch ursprünglich ein Zauber, ein magischer Akt, und es hat noch viel von seiner alten Kraft bewahrt. (Freud, 1926, S. 279–280)

Sprache gilt, wie es an anderer Stelle bei Kuwai (Kuwai 1988, S. 25) heißt, als der „eigentliche Wohnort des Helligkeitsbereiches des Seins". Doch „Worte rufen Affekte hervor und sind das allgemeine Mittel zur Beeinflussung der Menschen untereinander" (Freud 1916–17, S. 43). Es geht nicht eigentlich um Worte, sondern um deren Wirkungen und Auswirkungen, die im wesentlichen darin bestehen, Affekte hervorzurufen (Nitzschke 1985, S. 253). Affekte aber lösen Bilder aus, innere Bilder; steht also nicht vor der Tat und damit noch vor dem Wort das Bild?

1.3.1 Sprache und Bild

Der im wesentlichen philosophisch ausgetragene Disput darüber, ob wir die Welt immer, ohne es zu merken, durch die Phantasie erleben, sie *bildhaft* erfahren, wie Husserl vorgibt (Husserl 1925, S. 401–402), oder ob erst mit Sprache Sein geschaffen wird – „das Wort verschafft dem Ding erst das Sein" –, wie Heidegger darlegt (Heidegger 1959, S. 162), kann offenbleiben, soweit es um „innere Bilder" geht (Kuwai 1988, S. 69), die wir aus dem Inneren als „Vermittler auf der Ebene tieferer Schichten" (Fischer-Homberger 1988, S. 32) mitbringend in die äußere Welt hineintragen und die in Sprache, aber nicht nur darin, ihren Ausdruck finden. Solch ein inneres Bild ist das Mutterbild. Es wird unmittelbar erlebt (Kuwai 1988, S. 69), aber drückt sich in der Regel nur vermittelt aus. Laplanche/Pontalis (Laplanche/Pontalis 1986, S. 229) geben folgende Begriffsklärung zur Mutter-Imago/Mutterbild:

Unbewußtes Vorbild von Personen, das elektiv die Art und Weise bestimmt, wie das Subjekt den anderen erfaßt; es wird von den ersten intersubjektiven, realen und phantasierten Beziehungen an gebildet, die sich in der familiären Umgebung herstellen.

Das Mutterbild setzt sich im wesentlichen aus zwei Bestandteilen zusammen. Das soeben definierte individuelle Mutterbild gibt Auskunft über das Erleben der eigenen Mutter sowie – aus mütterlicher Perspektive – die Haltung zum eigenen Kind. In dem gesellschaftlichen Mutterbild, das sich nicht zuletzt auch als Derivat unzähliger individueller Mutterbilder präsentiert, spiegeln sich die Rollenerwartungen an eine Mutter wider, Erwartungen, die von Müttern wiederum in unterschiedlichem Ausmaß verinnerlicht werden. Die Mutter-Imago kann, wie jedes innere Bild, in der dauerhaften Unbewußtheit verharren oder „per Imagination" in die Vorstellung gehoben werden. „Die Bedeutung der Imagination für den Erkenntnisvorgang ist kaum zu überschätzen" (Heimann 1969, S. 9).

Aus der dauerhaften Unbewußtheit herausholen läßt sich das Mutterbild, wenn ich es als „Konstrukt" (Simons 1988, S. 34) begreife, das sich aus vielen Facetten zusammensetzt. Primär handelt es sich um die Beschreibungen von Müttern und Aussagen über Mütter: der Täterin, deren Mutter, gegebenenfalls einer Schwiegermutter sowie Rollenverständnis bzw. Rollenbeschreibung. Auf diese Facetten habe ich Zugriff. Mit ihrer Hilfe läßt sich ein Diskurs über Mutterbilder erstellen. Aber nicht nur die direkten Thematisierungen der Mutterproblematik gestalten den Diskurs, auch der Wortlaut der Gutachten ist als Teil des Diskurses zu begreifen (Hagemann-Smit 1987, S. 102).

1.3.2 Diskurs über Mutterbilder

Da der Begriff des Diskurses in der deutschsprachigen Erkenntnistheorie und in der deutschsprachigen Theorieszene überhaupt ohne wesentliche Tradition ist (Ruhs 1986, S. 42), wird Diskurs gelegentlich als „Gesamtdiskurs", gelegentlich als „abgeschlossene Diskurseinheit" (Gutwinski-Jeggle 1987, S. 135) verstanden. Unter „Gesamtdiskurs" soll hier das Gesamt der Begegnung zwischen Täterin und Psychiater verstanden werden, wie es im Wortlaut des Gutachtens Ausdruck findet. Auch das kommunikative Zusammenspiel vor Gericht läßt sich insoweit als Diskurs begreifen (Mikinovic/Stangl 1978, S. 27), wie weiter unten auszuführen sein wird. „Abgeschlossene Diskurseinheit" ist hingegen die konkrete Fragestellung bezüglich des in den Gutachten zum Vorschein kommenden Mutterbildes. Das Mutterbild ist eingebettet in die gesamte Begegnung; so ist es zwar legitim, eine Komponente isoliert zu betrachten, letztlich aber müssen Zusammenhänge ständig mitbeachtet werden wie die Kulissen auf der Bühne (Heimann 1969, S. 4), nur auf diese Weise erschließt sich sowohl das Bühnenbild als auch die Dramaturgie.

Ein Diskurs zeichnet sich durch seine Doppeldeutigkeit aus: er verbirgt und illuminiert gleichzeitig eine Bedeutung (Hagemann-Smit 1987, S. 102). Eingebracht wird die

> Gesamtheit von anonymen, historischen, stets im Raum und in der Zeit determinierten Regeln, die in einer gegebenen Epoche und für eine gegebene soziale, ökonomische, geographische oder sprachliche Umgebung die Wirkungsbedingungen der Aussagefunktion definiert haben. (Foucault 1973 a, S. 171)

Eine Analyse der Diskurse ist somit gleichzeitig eine Analyse der Machtverhältnisse (Ruhs 1986, S. 46), aber Diskurse sind nicht allein gesellschaftlich determiniert, sondern von unbewußten Prozessen sozusagen „überdeterminiert" (Runte 1988, S. 86), zumal letztere ihrerseits wie eine Sprache ablaufen. Das „Gesetz" gilt es zu betrachten, „demzufolge das Aussagen sich niemals auf die Aussage irgendeines Diskurses reduzieren läßt" (Lacan 1975, S. 59). Ein individueller Text ist also immer auch in gewissen Teilen die „symptomatische Rede eines Subjekts" (Runte 1988, S. 86).

Sprache ist neben der linearen Abfolge von Worten gleichzeitig Bestandteil eines Kommunikationsprozesses und somit einer komplexen Beziehungsstruktur, die nicht kausalgenetisch erfaßt werden kann (Lutzi 1980, S. 1029).

> für die Psychiatrie ist die Beziehung von Sprache und Wirklichkeit ein Grundproblem. (Feer 1987, S. 1)

Es geht dabei um den „Schlüssel einer Sprache, die das Sichtbare meistert" (Foucault 1988, S. 128). Foucault hebt in seiner historischen Abhandlung „Die Geburt der Klinik" die Bedeutung des Auges und damit des Blickes in der ärztlichen Untersuchungssituation hervor, wie sie von dem Mediziner Pinel im letzten Jahrhundert in den Mittelpunkt gestellt wurde (Foucault 1988, S. 125). Tatsächlich hat aber dieser klinische Blick die „paradoxe Fähigkeit, eine *Sprache zu vernehmen,* während er ein *Schauspiel wahrnimmt"* (Foucault 1988, S. 122). So ist „der klinische Blick" ein „horchender Blick und ein sprechender Blick" (Foucault 1988, S. 129); er ist aber nicht eigentlich ein *wahr*nehmender Blick im Sinne des Wahren, Wirklichen, Aufnehmenden.

Diese Ausführungen stellen klar, daß es im vorliegenden Kontext nicht primär von Interesse ist, was „objektiv" über die begutachteten Frauen zu erfahren ist, sondern welche Daten der Gutachter überhaupt erhoben und wie er sie verarbeitet hat (Pfäfflin 1978, S. 28).

Während im ersten Teil der Arbeit das Mutterbild der Täterin, ihr Erleben, ergänzt durch theoretische Ausführungen, beleuchtet wurde, rückt nun auch der Blickwinkel des Dialogpartners, des forensisch-psychiatrischen Sachverständigen, in den Vordergrund. Welche Modifikationen des Mutterbildes ergeben sich? Was gilt es in die Analyse einzubeziehen? Der Psychiater vermag das Erleben der Täterin zu schildern. Ihre subjektive Haltung wird damit objektiviert; sie selbst wird zum Objekt. Dasjenige, was sich auf diese Weise analysieren läßt, erfährt jedoch Grenzen. Diese werden nur dann durchlässig, wenn auch das durchzudringen vermag, was jenseits, d. h. auf seiten des Psychiaters, liegt. Welches Mutterbild nennt dieser sein eigen als Individuum, als Angehöriger einer Berufsgruppe, als – im allgemeinen – männliches Mitglied einer Gesellschaft; denn „wie der Kliniker dem Patienten begegnet, hängt zum Teil auch von den theoretischen Einstellungen ab, die er *unausgesprochen* (Hervorhebung A. W.) mit ins Spiel bringt" (Redlich/Freedman 1976, S. 307). So „wird die theoretische Einstellung des Psychiaters in beträchtlichem Ausmaße mitbestimmen, wonach er sucht und was er findet" (Redlich/Freedman 1976, S. 307).

Welches Bild also erblickt der Psychiater, welches blickt ihn an?

1.4 Textanalyse eines psychiatrischen Gutachtens

Die Gutachten werden einer Textanalyse unterzogen. Verschiedene Ebenen zur Interpretation eines Textes sind begehbar. Daß es nicht ausreicht, lediglich auf der semantischen Ebene zu verharren, wurde bereits ausgeführt. Jede Rede enthält eine Botschaft, die Teil der Sprache ist (Gutwinski-Jeggle 1987, S. 108). Um diese Botschaft, das Gemeinte, aufzuschlüsseln, ist ein Text so zu lesen, als ob in ihm ein zweiter Text enthalten sei, der wie ein Geheimcode zu dechiffrieren ist (Werthmann 1975, S. 123). Auf diese Weise erhellt sich ein psychoanalytischer Text (Gutwinski-Jeggle 1987, S. 123). Ist es zulässig, diese Methode auch auf ein psychiatrisches Gutachten zu übertragen? Zwei Sachverhalte erlauben eine Bejahung dieser Frage. Die Psychoanalyse ist rund um Sprache und Sprachverständnis „gestrickt" worden. „Unsere Sinne und unsere Wahrnehmungen *sagen* uns nichts. Vielmehr veranlassen sie uns zu bestimmten Äußerungen, zu Behauptungen in Sätzen" (Tress 1985, S. 388). Nun tritt die Psychoanalyse aber an als „Apriori" aller Disziplinen, wie oben ausgeführt wurde. Das bedeutet, daß auch die ihr eigene Me-

thode der Sprachanalyse, die im folgenden weiter auszuführen sein
wird, auf das Terrain anderer Lebensbereiche als der psychoanalytischen Sitzung zwischen Analytiker und Analysand zu übertragen ist. Gerade für die Psychiatrie, die sich ähnlich um Sprache rankt
und deren Medium ebenfalls die Begegnung zwischen Arzt und Patient darstellt, gilt die Heranziehung psychoanalytischen „Instrumentariums" in besonderer Weise.

> Die psychoanalytische Denkweise benimmt sich dabei wie ein neues In-
> strument der Forschung. Die Anwendung ihrer Voraussetzungen [. . .]
> gestattet ebenso neue Probleme aufzuwerfen wie die bereits bearbeiteten
> in neuem Lichte zu sehen und zu deren Lösung beizutragen. (Freud 1913,
> S. 414)

Das grundsätzliche Interesse an der Erfassung des latenten Textge-
haltes beruht „auf der Anerkennung des Unbewußten und d. h. einer zweiten verhaltensbestimmenden ‚Sinnebene' neben dem hand-
lungsregulierenden Gefüge bewußter, bewußtseinsfähiger Lebens-
entwürfe" (Lorenzer 1986, S. 44).

1.4.1 Subjektivität

Für die forensische Psychiatrie empfiehlt sich die Zuhilfenahme des
psychoanalytischen Schlüssels auch aus dem Grund, als die Psychiatrie von dem „Hauptstrom der somatischen Medizin abgetrennt und
mit der Philosophie, Religion und denjenigen Disziplinen verwandt
ist, die eher einer subjektiven Bewertung unterliegen" (Lambo 1985,
S. 180).

  In der organischen Medizin wird unterschieden zwischen den subjektiven Beschwerden des Patienten, zum Beispiel Schmerzen oder
sonstigen Mißempfindungen, die er in der Anamnese berichtet, und
den objektiven Symptomen, die bei der körperlichen Untersuchung
erhoben werden. Bei der Diagnostizierung menschlichen Verhaltens
dagegen ist der Unterschied zwischen Beschwerden und Symptomen, zwischen objektivem Verhalten und subjektivem Erleben weniger deutlich. „Wenn ein Patient zum Beispiel von einem Angstzustand erzählt, handelt es sich hier um eine rein subjektive Be-
schwerde? Oder wenn der Psychiater einen solchen Angstzustand bei
einem Patienten beobachtet, ist daraus jetzt ein objektives Symptom
geworden?" (Redlich/Freedman 1976, S. 375) Der Psychiater ist
mehr als irgendein anderer Spezialist auf die besondere Fähigkeit
angewiesen, seine Reaktion auf den Patienten introspektiv zu erfas-

sen. Er arbeitet mit einem Minimum an technischen Apparaten, statt dessen ist *er selbst* sein wichtigstes Instrument (Redlich/Freedman 1976, S. 306). Da sein Wahrnehmungsraster im Mittelpunkt steht, folgt aber, daß auch sein beobachtendes Verhalten in denselben Begriffen erklärt werden können muß wie das des beobachteten Patienten (Devereux 1984, S. 36). In der Zurkenntnisnahme objektiver sowie subjektiver Einflüsse liegt eine Forderung, um Erkenntnis zu ermöglichen. Tatsächlich werden derartige Zusammenhänge bewußt oder unbewußt ausgeblendet. Die Psychiatrie ist also eine Wissenschaft, die subjektive Sachverhalte beschreibt, eben mit Hilfe der Sprache, die sich von der Sprache anderer Wissenschaften unterscheidet (Feer 1987, S. 5).

> Was ich weiß, kann ich sagen, ausdrücken, formulieren, mitteilen. Was ich nicht weiß, kann ich nicht sagen. Was ich nur ungenau weiß, kann ich auch nur ungenau sagen [. . .]. Die Sprache ist die Grenze zwischen Wissen und Nichtwissen [. . .]. Die Sprache ist also auch die Grenze zwischen Unbewußtem und Bewußtem. (Feer 1987, S. 50)

Gehe ich nun entlang dieser Grenze, werde ich Einblicke in die Grenzgebiete zu beiden Seiten erhalten können.

1.4.2 Verstehen - Erklären

> Ich als Mensch setze voraus die mich Verstehenden. (Husserl 1935, K. III, § 4 , zit. nach Loch 1969, S. 504)

> Je schwieriger das Verstehen wird, desto mehr werden wir zum somato-psychischen Erklären hingedrängt und desto zwingender und evidenter wird die Annahme einer körperlichen krankhaften Determination der seelisch abnormen Erscheinungen. (Witter 1970, S. 12)

Was verbirgt sich hinter dem „Verstehen"? Offensichtlich stehen sich hier zwei unterschiedliche Kategorien eines Verstehens gegenüber. Im folgenden gilt es, dieses aufzuspüren.

Oben (s. Kap. 1.3) wurde ausgeführt, daß Sprache in zweifacher Hinsicht ein relevantes Medium der Begegnung zwischen dem Psychiater und der Täterin darstellt: Bei der Untersuchung – hier spricht der Psychiater *mit* der Frau – sowie bei der Abfassung des Gutachtens – hier spricht der Psychiater *über* die Frau. Sie wird damit „Objekt eines [. . .] übergreifenden Sprachgeschehens" (Honneth 1989, S. 128). Weiterhin spielt Sprache gegebenenfalls insofern in das Verhältnis Gutachter-Täterin hinein, als „gestörte Sprache" ein häufiges Symptom psychiatrischer Krankheiten ist (Wodak 1981, S. 24–27). So ist bei bestimmten Verhaltensstörungen, besonders der Schizophrenie, vor allem die Metasprache beeinträchtigt (Redlich/Freedman 1976, S. 117); und es ist eine „Besonderheit der psychiatrischen Diagnostik, [. . .], daß manche für die Diagnose entscheidenden Symptome nur erfahren werden, wenn der Kranke sie mitteilt" (H.-J. Rauch 1983, S. 386), darüber spricht. Hirschberg (Hirschberg 1985, S. 199) zufolge ist das Sprechen „mit" unter die Kategorie Verstehen, das Sprechen „über" unter die Kategorie Erklären einzuordnen. Zweifel erheben sich, ob diese Unterscheidung richtig ist bzw. ob es in der Begegnung zwischen dem Gutachter und der Täterin überhaupt diesen Verstehensanteil gibt. Dem Erklären wohnt eine im Sinne Erdheims „entfremdende Tendenz" (Erdheim 1981, S. 507) inne, die eine klare Trennung zwischen Untersuchendem und Objekt ermöglicht. Das Verstehen hingegen erwächst aus Empathie, d. h. der Fähigkeit, den anderen durch Einfühlung zu verstehen, sich in die Lage des Patienten zu versetzen und dabei doch seine Objektivität zu wahren (Redlich/Freedman 1976, S. 306). Troje weist darauf hin, daß Einfühlung (Empathie) viel zu leisten vermag, aber nicht der Zustand „unten" selbst ist (Troje 1979, S. 203). Auf der Begegnungsebene des Verstehens sind Subjekt und Objekt nicht so klar getrennt, insoweit vermag der Psychiater das Einbringen eigener Anteile in der Begegnung zuzulassen, sich „Selbstreflexion" (Habermas 1979, S. 325) zu erlauben. Diese empathische Haltung ist auch in der Psychiatrie zu beobachten, allerdings eher bei einzelnen Vertretern als in der offiziellen Zunft.

Aber Verstehen ist nicht grenzenlos möglich. Es wird unter anderem gehemmt durch das, was aus der eigenen Lebensgeschichte verdrängt werden muß. Abwehrstrategien sind die Folge (Devereux 1984, S. 28). Wie sich diese in vorliegendem Zusammenhang konkret zeigen, wird weiter unten Gegenstand der Erörterung sein.

Nun richtet sich mein Augenmerk weniger auf solche Tendenzen in der Psychiatrie allgemein als speziell in der forensischen Psychiatrie, dem Bereich, der sich mit Verbrechen beschäftigt. Eissler hat, wie bereits in der Einleitung angeführt wurde, darauf hingewiesen, daß die Psychoanalyse große „Fortschritte im Verständnis der Neurosen und Psychosen gemacht hat", aber weit in der „Erfassung der Verbrecher und Verwahrlosten" zurückgeblieben sei (Eissler 1968, S. 653). Auch der Psychiatrie ist hier kein größerer Erfolg beschieden gewesen. In der Konfrontation mit Verbrechen begegnet die Einbeziehung der Subjektivität des Forschers als integrierendem

Bestandteil des Erkenntnisprozesses Schwierigkeiten. Der Klärung dieses Phänomens ist somit Irrationalität immanent. Es ist nicht „einfühlbar" (Erdheim 1981, S. 514–515). In anderem Zusammenhang weist Erdheim darauf hin, daß Wissenschaften in der Auseinandersetzung mit Gewalt auch wegen der von dieser ausgehenden „Faszination" Problemen begegnen. Ein Anschauen dieser Faszination ist aber nicht möglich, da sie im allgemeinen im Unbewußten wirkt; denn dem „Zuwachs an Rationalität auf der einen Ebene (wie sie historisch mit der Aufklärungsepoche einherging, Erläuterung A. W.) entsprach auf der anderen Ebene eine Zunahme an Unbewußtheit, und diese Unbewußtheit verkehrt die Rationalität in ihr Gegenteil und stellt sie in den Dienst irrationaler Destruktivität" (Erdheim 1987, S. 165).

Das „Böse" im Sinne zerstörerischen Handelns ist nicht nachvollziehbar, um wieviel weniger aber dann, wenn es eine der Urängste des Menschen Realität werden läßt: die Vernichtung durch die destruktive Mutter (Fromm-Zitat s. Teil I, Kap. 1.1). Wie läßt sich dennoch ein innerseelisches Ereignis bei einer fremden Person (Feer 1987, S. 14) feststellen unter Außerachtlassung der Subjektivität des Psychiaters? Letztere schleicht sich durch die Hintertür ein, wenn ihr das Hauptportal verschlossen bleibt. Ohne verstehende Tendenz wird das Wissen des Wissenschaftlers über das Objekt zur Macht (Strotzka 1985, S. 185). Es wird aber auch der Erkenntnisprozeß selbst behindert (Kargl 1982, S. 217).

> Denn das größte Hindernis auf dem Wege zu einer wissenschaftlichen Erforschung des Verhaltens ist die ungenügende Berücksichtigung der emotionalen Verstrickung des Untersuchenden mit seinem Material, das er letzten Endes selber ist und das deshalb unvermeidlich Ängste in ihm erregt. (Devereux 1984, S. 28)

1.4.2.1 Verständnis – Verstehbarkeit

Andererseits wird Nichtverstehen bzw. Nichtverstehbarkeit durch andere als Kriterium für das Bestehen einer seelischen Krankheit gesehen. „Der Psychologie des Verstehens liegt die Annahme zugrunde, daß im seelischen Leben eine Ordnung des Erlebniszusammenhanges besteht" (Kargl 1975, S. 560).

Die Methode des Erklärens hilft der psychiatrischen Medizin weiter bei der Lokalisierung körperlicher Merkmale. Damit wird allerdings nur ein Teil menschlichen Ausdrucks im von der Psychiatrie beanspruchten Lebensbereich erreicht. Im übrigen ist auf die Methode des Verstehens zurückzugreifen (Plewig 1983, S. 124). Demzufolge ist auch ein deutliches Bemühen in der Psychiatrie erkennbar, den Rückbezug zur körperlichen Ebene als Entstehungsort psychiatrischer Erkrankungen herzustellen (s. Kap. 2.4.4.3.2). Obige Aussage des forensischen Psychiaters Witter, die sich um das ,,Verstehen" rankt, ist dafür exemplarisch.

Verkannt wird von Witter aber, daß die Fähigkeit zum Verstehen und Offenheit für (abweichende) menschliche Eigenschaften und Handlungsweisen unmittelbar zusammengehören (Plewig 1983, S. 124). So hält auch Feldmann (Feldmann 1981, S. 99) entgegen, daß das

Moment des Nicht-Verstehbaren, der Aufhebung der Sinngesetzlichkeit, als Signum des Krankhaften zumeist mitgemeint, ein Moment darstellt (Einfügung A. W.), das auch bei den großen Psychosen immer fragwürdiger geworden ist.

Als Abgrenzungskriterium mag es fragwürdig sein, zu leugnen ist jedoch nicht, daß die Psychiatrie es in ,,ganz besonderer Weise mit ,Frakturen von Sinn' im menschlichen Denken und Handeln zu tun" hat (K. Dörner 1984, S. 17).

Bei dieser ,,Verstehbarkeit" geht es nicht um Verstehen im Sinne von Verständnis auf der Basis der Empathie, wie zuvor erörtert, sondern um die dem Charakter des objektiven Erklärens sich nähernde Frage der Verstehbarkeit, wie auch aus Witters Darstellung des Ineinanderübergehens von Verstehen und Erklären deutlich wird. Es ist ,,nur intellektuelles Verstehen", kein ,,wirkliches Verständnis" (Heimann 1969, S. 7). Der Psychiater Spazier schreibt über die Berufsvorstellungen eines Kollegen: ,,Seine Psychiatrie war am Subjekt des Psychiaters gar nicht und an dem des Patienten nur so weit interessiert, als es Daten für die diagnostische Klassifizierung lieferte" (Spazier 1982, S. 172). Die den Naturwissenschaften entnommene Methode des Aussonderns, Erklärens und Ordnens täuscht eine ,,objektive Urteilsbildung" vor (Spazier 1982, S. 172).

Gerade dadurch wird ein Machtgefälle etabliert; denn eine objektive Diagnose gibt es nicht (Spazier 1982, S. 181), kann es nicht geben in einem medizinischen Metier, in dem wesentliche Symptome der beobachteten Krankheitsbilder Kommunikationsstörungen ausdrücken (Spazier 1982, S. 162), so läßt sich auch von einer ,,Pathologie der Zwischenmenschlichkeit" sprechen (Spazier 1982, S. 162). Der Blickwinkel des Beobachters und die stattfindende Beziehung sind daher zu reflektieren.

Nicht erst in der Therapie, sondern durchaus bereits in der initialen diagnostischen Phase der Begegnung mit dem Kranken geht es um eine „hermeneutische Leistung" (Spazier 1982., S. 182), d. h. um das Suchen eines „gemeinsamen Sinnhorizontes" (Herzog 1984, S. 202). Eine solche Suche unterbleibt jedoch dann, wenn erwartet wird, daß Symptome gegen Kommunikation konstant sind (Herzog 1984, S. 202–203).

1.4.2.2 Besonderheiten der forensischen Psychiatrie

Die „Machtbeziehung" (s. Kap. 1.4.2) gilt in besonderer Weise für den Zweig der forensischen Psychiatrie. Hier ist der Prozeß des Aussonderns, Erklärens, Ordnens unter völliger Ausklammerung der eigenen Subjektivität noch stärker ausgeprägt. Oben beschriebenes Ausgrenzungsbedürfnis setzt sich durch.

> Noch unmißverständlicher präsentiert sich Psychiatrie in der Herrschaftsgebärde, wo sie nicht einmal mehr ein therapeutisches Ziel verfolgt, sondern, oft über den Kopf des Betroffenen hinweg, nur noch diagnostiziert und urteilt und so direkt an der Exekutive mitwirkt, entweder bei der strafgesetzlich vorgesehenen Strafzumessung gemäß der begangenen Tat oder bei der ebenfalls als Strafe erlebten Psychiatrisierung. (Spazier 1982, S. 149)

Als subjektive Wissenschaft begegnet dem „Krankheitsurteil" (Herzog 1984, S. 203) daher keine Korrektur von außen. Eine Korrektur wäre eben allenfalls im Wege des hermeneutischen Verfahrens durch Einbeziehung des Standortes der eigenen Person möglich (Herzog 1984, S. 202–203), damit wäre auch die Begegnung mit der Patientin Gegenstand der Betrachtung, die interpersonelle Bezogenheit der Störung fände Einlaß in die Diagnose.

Eine Korrektur des Krankheitsurteiles wird im Falle der forensischen Psychiatrie auch dadurch erschwert, daß es sich bei dieser Disziplin um eine „Nische" innerhalb der Psychiatrie handelt (Bauer/Thoss 1983, S. 95). Die forensische Psychiatrie ist zwar ein wichtiger Partner der Strafjustiz, aber ein vergleichsweise unbedeutender Zweig der Psychiatrie (Bauer/Thoss 1983, S. 94). „Der vom Gutachter benutzte Ansatz und seine Begriffe werden nicht dem Härtetest fachwissenschaftlicher Diskussion ausgesetzt" (Rasch 1980, S. 1310). Die Diagnosen sind vielmehr auf das Verständnis von Laien, nämlich Juristen, ausgerichtet (Rasch 1980, S. 1310). Während innerhalb der Psychiatrie in den letzten Jahrzehnten hitzige fachwissenschaftliche Auseinandersetzungen geführt wurden, wobei die Psychiatrie selbst an vielen ihrer festgeschriebenen Diagnosen zu zweifeln beginnt (Parin/Parin-Matthèy 1988, S. 79), so auch die „globale Etikettierung als Krankheitsbild, das Labelling, [. . .] in seiner Nützlichkeit bestritten" wird (Parin/Parin-Matthèy 1988, S. 72), ist die forensische Psychiatrie davon weitgehend unberührt geblieben. Der forensisch erfahrene Psychologe Maisch (Maisch 1973, S. 196) stellt fest, daß sie noch immer „an die theoretische und methodische Konzeption einer klinischen Psychopathologie der 30iger Jahre fixiert" sei. Nun gibt es aber Juristen wie den ehemaligen Senatspräsidenten des Bundesgerichtshofes Sarstedt, die von Psychiatern geradezu fordern, daß sie sich dem juristischen Verständnis anpassen (Sarstedt 1962, S. 113–114). Sollte dieser Maxime Folge geleistet werden, liefe das Gutachten auf eine „Aneinanderreihung von Platitüden" (Pfäfflin 1978, S. 4) hinaus. Mag die von Sarstedt geäußerte Erwartung auch überzogen sein und in dieser offenkundigen Weise sonst nicht verbalisiert werden, so ist, jedenfalls hinsichtlich der wissenschaftlichen Einordnung, festzuhalten,

daß bei der Erarbeitung einer Entscheidung zwei Instanzen zusammenwirken müssen, die je auf dem Gebiet der anderen, nämlich der Richter auf dem Fachgebiet des Sachverständigen und der Sachverständige im Bereich der Rechtsbegriffe, in ähnlicher Weise Dilettanten sind. (Schreiber/Müller-Dethard 1977, S. 374)

Diagnosen im Bereich der Psychiatrie allgemein sind sonst stets nur ein Zwischenergebnis, eine Arbeitshypothese, ein Hilfsmittel, an dem sich die weitere therapeutische Arbeit orientiert (Spazier 1982, S. 182), diejenige des forensischen Psychiaters dagegen hat endgültigen Charakter. Sie wird nicht mehr revidiert, sondern verwertet. Obwohl auch forensisch tätige Gutachter ihre diagnostische Aussage als „das vorläufige Endergebnis", als Hypothese (Steller 1988, S. 22) bezeichnen, schlägt sich diese „Vorläufigkeit" doch nicht nieder – ein Umstand, der um so gravierender wirkt, als die Diagnosen des Sachverständigen „Kennzeichnungen" sind, „die der Begutachtete möglicherweise bis zu seinem Lebensende oder doch viele Jahre trägt und die durch den Umgang mit ihm in sein Selbstkonzept und sein Verhalten eingehen" (Rasch 1981, S. 43). Einzublenden ist hier, daß es nicht „pures Unvermögen des einzelnen Gutachters oder böse Absicht ist, wenn sein Gutachten unbefriedigend bleibt" (Pfäfflin 1978, S. 11). Die psychiatrische Begutachtung ist eine Situation der Beurteilung. Der Psychiater verkörpert die Doppelrolle des Sachverständigen als Gutachter und Arzt (zu den rechtlichen Aspekten s. Kap. 1.2). In diesem Rollenkonflikt liegt die besondere Schwierigkeit. Sie bleibt als objektive Gegebenheit auch dann bestehen, wenn der Gutachter seinerseits nicht seine ärztliche Identität, wie Moser es den Kriminalpsychiatern nachsagt, zugunsten einer „Identifikation und Überidentifikation mit einer konservativen Strafrechtsordnung" (Moser 1971, S. 42) aufgibt, sondern sich um Verstehen bemüht (Pfäfflin 1978, S. 11).

Klarzustellen bleibt, daß es nicht darum geht, jedem noch so zerstörerischen Verhalten eines Individuums mit Verständnis um jeden Preis zu begegnen; vielmehr ist in diesem Bereich eine größere Ehrlichkeit durch das Einbeziehen der eigenen Anteile des Betrachters anzustreben.

Totalitär und menschengefährdend kann beides sein: erklären, wo es nichts zu erklären gibt, und verstehen, wo es nichts zu verstehen gibt. (K. Dörner 1984, S. 15)

1.5 Aktenanalyse

Im Unterschied zum Tiefeninterview liegt bei der Aktenanalyse nicht die direkte Problemdarstellung der Täterin vor, sondern die „Brechung dieser durch die ärztliche Wiedergabe" (Gutwinski-Jeggle 1987, S. 135).

Keine der Frauen habe ich kennengelernt, also keinen persönlichen Eindruck gewinnen können, nur die Akten eingesehen. Darin nehmen die Versionen der Täterinnen – wenn auch in indirekter Rede – den weitaus größten Raum ein. Authentische Selbstaussagen im eigentlichen Sinne stehen nicht zur Verfügung, lediglich diese gutachtlich eingebundenen Äußerungen der Frauen. Im Folgenden werden diese als Zitate wiedergegeben, um so möglichst viel an eigenen Worten der Täterinnen in die Arbeit einfließen zu lassen. Wenige Bemerkungen aus Fremdanamnesen des Partners oder anderer Angehöriger werden berücksichtigt. Die Täterinnen werden in dieser Untersuchungssituation zu „Probandinnen". Diese Bezeichnung beinhaltet Distanz; hinsichtlich der Begrifflichkeit behalte ich mir vor, im Wechsel von Täterinnen bzw. von Frauen zu sprechen.

Das sich auf dem Boden der Gutachten spiegelnde *Mutterbild* erschließt sich mir, wenn ich das, was von den Frauen dazu geäußert wird, zusammentrage und mit dem Widerhall, den diese Darstellungen in gutachterlichen Kommentaren sowie der Diagnose finden, konfrontiere. Das Mutterbild der Täterin läßt sich als Destillat gewinnen aus dem, was die Frauen angeben zu ihrer Mutter, ihrer Schwiegermutter, ihrem Partner, ihren Kindern, ihrer Lebenssituation.

> Hinter dem Sprechen des bewußten Subjekts werden vergangene Gespräche hörbar, die indessen selbst wieder im Horizont einer Ursymbolisierung spielen. (Lang 1986, S. 229)

Dabei ist zu sagen, daß „kein Phänomen eine inhärente Bedeutung hat (Einfügung, A. W.) und deshalb weder ein Datum noch eine Information ist (Einfügung, A. W.); es ist nur eine potentielle Datenquelle" (Devereux 1984, S. 329) und „im Zusammenhang mit einem gegebenen Kontext als relevant anzusehen" (Devereux 1984, S. 52).

Die Lebensschicksale der Täterinnen werden nicht separat nebeneinandergestellt, sondern miteinander verbunden in der Weise, daß themenbezogen vorgegangen wird, d. h., die Äußerungen der Frauen werden schwerpunktmäßig zusammengestellt. Diese Vorgehensweise erscheint mir legitim, da es in diesem Teil der Arbeit darum geht, über alle Besonderheiten hinweg das Gemeinsame der individuellen Lebenssituationen zu erfassen. Durch diese Verknüpfung rückt zugleich ein anderer Aspekt in den Vordergrund:

> Entsprechend lassen sich weibliche Lebensgeschichten unter dem Gesichtspunkt der jeweiligen individuellen Geschichte in ihrer Besonderheit interpretieren, sie können aber unter Abstrahierung von ihren Verschiedenheiten auch als beispielhafte Ausprägung kultureller Bilder von Weiblichkeit verstanden werden. (Brückner 1987, S. 63)

> . . . deswegen denn auch das Besonderste, das sich ereignet, immer als Bild und Gleichnis des Allgemeinsten auftritt. (Goethe, Wilhelm Meisters Wanderjahre, 2. Buch, Bd. 18, S. 57)

1.5.1 Version der Täterinnen

Die zehn Frauen, deren Lebens- und Tatgeschichten Gegenstand der forensisch-psychiatrischen Gutachten sind, leben, anders als die Täterin des Tiefeninterviews, in einer Partnerschaft. Dadurch ergeben sich andere Problemkonstellationen (s. Kap. 1.5.1.2). Lediglich zwei Frauen sind zum Tatzeitpunkt alleinstehend. Sie hatten jedoch bis kurz vor der Tat Beziehungen zu männlichen Partnern.

Opfer des Tötungsdeliktes bzw. -versuchs sind in der überwiegenden Zahl Söhne: Betroffen sind neun Söhne und drei Töchter. Dieser Befund deckt sich mit den Feststellungen Webers (J. Weber 1989, S. 173), der bei einer Stichprobe zum Tötungsdelikt von Müttern und Vätern an ihren Kindern eine „eindeutige gegengeschlechtliche Linie" ermittelte. In den vorliegenden Akten schwankt das Alter der kindlichen Opfer von knapp zwei Monaten bis zu vierzehn Jahren.

1.5.1.1 Beziehung zum Kind

Die Täterinnen haben ihren Kindern „nie etwas Böses" gewollt. Diese sollten vielmehr nach ihrem eigenen Ableben nicht allein zurückbleiben. So lautet der Grundtenor zum Tatmotiv bezogen auf die Verbindung zu den Opfern: „ sie liebte ihr Kind außerordentlich", oder „gerade zu dem getöteten Kind bestand ein inniger Kontakt".

Die Beziehung Mutter – Kind, wie sie sich in den Gutachten darstellt, ist durchwoben von Liebe, nicht Haß, wie zu vermuten wäre. Ein Gefühl des Hasses wird von keiner der zehn Frauen empfunden, d. h., es wird nicht genannt. Dieser Befund deckt sich mit dem Ergebnis von Trube-Becker, die in ihrer – bereits genannten – Untersuchung feststellt:

> Ausgesprochener Haß auf das Kind ist relativ selten [. . .]. Letzten Endes können sich die Täterinnen nach der Tat, zumindest aber nach der Strafverbüßung nicht mehr vorstellen, wie sie je zu einer solchen Tat fähig waren. (Trube-Becker 1974, S. 78)

So sind es denn auch vorliegend „altruistische" bzw. „pseudoaltruistische" Beweggründe, die vom Gutachter häufig konstatiert werden. Ersichtlich wird aus durchgängigen Bemerkungen wie: „Sie habe das Kind nicht allein lassen wollen" u. ä., daß Suizidgedanken keiner der Frauen fremd waren. Bei einigen liegt ein unvollendet gebliebener erweiterter Selbstmord vor, d. h., die Suizidproblematik ist in einem – im zeitlichen Zusammenhang mit der Tat verübten – Selbstmordversuch manifest geworden. Andere verharren bezüglich des eigenen Selbstmordes in ihrer Gedankenwelt; in ihrem Erleben war die Suizidtat bereits zum Teil ausgeführt durch das Handanlegen am Kind. Gelegentlich verhindert auch „Angst" vor der eigenen Vernichtung die Ausführung des Suizids: „Sie habe zwar mit dem Gedanken gespielt, sich umzubringen. Sie habe aber nicht die Kraft gehabt" (Frau C., S. 4).

1.5.1.2 Beziehung zum Partner

Das Kind wird von den Täterinnen geliebt. Die Beziehung zum Ehemann/Freund erweist sich hingegen – bis auf eine Ausnahme – als schlecht. Es findet entweder kein Kontakt, keine Auseinandersetzung statt:

> Denn nach der Heirat habe man sich erst so richtig kennengelernt. Ihr Mann sei wahnsinnig schweigsam gewesen [. . .]. Trotz allem sei es eine zufriedene Ehe gewesen [. . .]. Aber sie sei nicht so ganz glücklich gewesen (Frau G., S. 27).

Oder die Begegnungen münden in offene Gewalt-Szenarios:

> Sie habe mit ihrem Ehemann ständig Streit gehabt. Er habe sie auch öfters geschlagen. Die Streitigkeiten hätten bereits kurz nach der Eheschließung begonnen (Frau A., S. 7).

Vier der zehn Frauen geben Erfahrungen mit Gewalt an, einige von ihnen schon – unabhängig vom Partner – in früher Kindheit. Zwei sind als Kinder entjungfert worden (Parallele Frau M.). Folgende Zitate spiegeln die Alltäglichkeit, ja geradezu Selbstverständlichkeit, der Gewalterlebnisse wider:

> . . . habe er seine Frau in einen wohldosierten Würgegriff genommen (sic!) (Frau F., S. 5, Fremdanamnese des Ehemannes).

> Jetzt habe sie gemeint, er würde sie jeden Moment umbringen. Sie habe dann einen Weinkrampf bekommen und habe nach der Mama geschrien (Frau A., S. 71).

Die Schuld für diese Übergriffe auf ihre körperliche Unversehrtheit schreiben sich die Frauen vorwiegend selbst zu.

> Einmal sei sie in einer solchen Auseinandersetzung vielleicht etwas zu weit gegangen. Sie habe eigentlich eine Aussprache mit ihm angestrebt. Aber er habe sich meistens zurückgezogen. Diesmal habe sie nicht locker gelassen, und da habe er auf sie eingeschlagen. Sie habe ein verschwollenes Gesicht gehabt, die Nase habe geblutet (Frau A., S. 16–17).

Diejenigen Frauen, die sich tatsächlich als Opfer erleben und dieses auch zum Ausdruck bringen, werden im Gutachten dafür negativ bedacht. Es sind die wenigen Stellen, in denen eine Wertung direkt zum Vorschein kommt, die gutachterliche Neutralität durchbrochen wird (s. Kap. 1.5.4.2):

> Sich selbst stellt Frau F. als die Ausgenutzte, die Mißverstandene, die zu Kurz-gekommene, ja als das Opfer dar (Gutachten Frau F., S. 71).

Allein aus der sprachlichen Formulierung, das Hinzufügen des Wortes „ja", wird ersichtlich, daß der Gutachter die Einschätzung nicht teilt. Seine Gründe bleiben offen. Frau F. wird von ihrer Schwiegermutter aus dem Haus vertrieben, ihr Mann schlägt sie, die Versorgung der Kinder obliegt ihr allein, obwohl auch sie es ist, die als Berufstätige das Geld für die Familie verdient.

Bezüglich der Partnerbeziehung ist auffallend, daß diese häufig geprägt bzw. beeinflußt wird durch eine ausgesprochen *enge Mutterbindung des Mannes*. Sofern die Schwiegermutter im Gutachten Erwähnung findet (insgesamt viermal), ist dieses stets der Fall. Eine Täterin schildert den „Eindruck, daß er mit seiner Mutter verheiratet sei" (Frau A., S. 4, Fremdanamnese des Ehemannes). „Ihr Sohn E. sei der Schwiegermutter ihr Ein und Alles gewesen" (Frau A., S. 47). Eine andere Schwiegermutter äußert am Hochzeitstage gegenüber der späteren Täterin: „So, jetzt hast du mir meinen Sohn gestohlen" (Frau F., S. 35).

Die eigene Mutter des Mannes findet dessen besondere Wertschätzung, wohingegen die Partnerin an den Qualitäten der Mutter gemessen wird und diesem Maßstab nicht standzuhalten vermag.

Sie hätte alles so machen sollen, wie es seine Mutter gemacht habe (Frau A., S. 16).

Mit der Geburt des später getöteten Sohnes verbindet Frau B. folgende Erwartungen:

Sie habe gehofft, daß Herr K. sich endlich entscheiden würde zwischen seiner Mutter und ihr (Frau B., S. 38).

1.5.1.3 „Funktions"störungen

Die Frauen leiden darunter, nehmen diese Maßstäbe – des Partners sowie der Schwiegermutter – jedoch an, weil es letztlich ihre eigenen Maßstäbe sind. Es geht um das Ziel, „gute Mutter" sowie „gute Ehefrau" zu sein. Dieses Ziel birgt die Tücke in sich, daß es etwas Unerreichbares bleiben muß. Es fehlen verläßliche Kriterien. Mangels klarer Komponenten werden Äußerlichkeiten sowohl zur Selbst- als auch zur Fremdbeurteilung herangezogen. Das Wahrnehmen der Mutterrolle geht fast zwangsläufig einher mit der Übernahme der Hausfrauentätigkeit. Unabhängig davon, ob die Frauen auch einen Beruf ausüben, sind sie es, die sich allein zuständig für die Hausarbeit, für den versorgenden Bereich, fühlen (alle zehn Frauen). Sie bemessen ihre „Funktionsfähigkeit" (Frau E., S. 31–32) danach, ob der Haushalt ordentlich ist. Sie reduzieren sich ein Stück weit selbst auf diese versorgende Rolle. Jede (!) macht längere Ausführungen, zum Teil an mehreren Stellen des Gutachtens, zu ihren hausfraulichen Qualitäten. Dieses fällt – angesichts der oft sparsamen Angaben zu anderen, wichtigen, Lebensbereichen – besonders ins Gewicht. Wie ein roter Faden zieht es sich durch die Aktenanalyse, daß jede Frau Versagenserlebnisse in der Zeit vor der Tat hatte, die spürbar werden an einem Nachlassen der Kräfte sowie mangelndem Antrieb, sich um den Haushalt zu kümmern, so daß dieser – im harmlosesten Fall – nicht mehr das gewohnte Bild der blanken Sauberkeit widerspiegelt bzw. – im krassesten Fall – „ein heilloses Durcheinander" und „penetranten Gestank" (Frau B., S. 4) aufweist. Diese Frauen verweigern sich ganz offensichtlich in dem für sie zentralen Lebensbereich, ohne daß sie dieses wirklich wollen: „Sie habe vier gesunde Männer daheim, die sie ja versorgen mußte . . ." (Frau E., S. 35). Sie habe

das Gefühl gehabt, daß sie dem Kind, dem Haushalt, ihrem Mann, daß sie dem allem nicht mehr gerecht werde (Frau J., S. 25–26).

Eher selten suchen die Täterinnen in dieser Situation Hilfe bei ihrem Partner: „Zweimal habe sie mit ihm gesprochen, wie sie es mit dem Haushalt organisieren solle. Er habe gemeint, sie solle sich halt einen Plan machen und danach vorgehen [. . .]. Sie habe es als Überlastung gesehen" (Frau J., S. 27–28). Im allgemeinen sind von seiten des Mannes eher Vorwürfe zu erfahren:

am Abend vor der Tat habe er seine Frau darauf aufmerksam gemacht, daß sie doch mal wieder die Wohnung in Ordnung bringen solle. Deswegen sei es wieder zu einer Auseinandersetzung gekommen (Frau A., S. 4).

Die Täterinnen beschränken ihre „Funktion" auf diesen Bereich. Auch soweit sie berufstätig sind, nehmen sie bzw. wollen sie Versorgungsleistungen gegenüber Dritten wahrnehmen. „Sie habe sich schon immer sozial betätigen wollen und habe gern mit Kindern zu tun gehabt" (Frau A., S. 10). Frau E. begründet ihren Wunsch, Kindergärtnerin zu werden:

Sie habe anderen Kindern die Mutter ersetzen wollen. Sie habe Kindern Liebe und Wärme geben wollen und immer Kinder um sich herum haben wollen (Frau B., S. 20).

Als Beruf, zum Teil auch lediglich als Berufswunsch, nennt über die Hälfte der Frauen einen sozialen wie Krankenschwester, Kindergärtnerin, Studium der Erziehungswissenschaften (zwei Frauen). Eine der beiden, die einzige ausgebildete Akademikerin unter den Täterinnen, die ihren Beruf jedoch wegen Haushalt und Kind nie ausgeübt hatte, gibt zu diesem Umstand folgende widersprüchliche Erklärungen ab: „Es fiel ihr schwer, sich damit abzufinden [. . .]. Sie fühlte sich benachteiligt" (Frau B., S. 8). „Sie sei froh darüber gewesen, daß sie nicht zum Dienst zu gehen brauchte, sondern sich ganz der Pflege ihres Kindes habe widmen können" (Frau B., S. 21–22). Frau C. äußert sich über ihren „Beruf" gegenüber einer Nachbarin folgendermaßen:

daß sie kein Geld, keinen Beruf und keine Wohnung hätte. Sie hätte nur ihr Kind (Frau C., S. 30, Fremdanamnese der Nachbarin).

Die Berufstätigkeit dieser Frauen verbindet Elemente beruflicher Arbeit mit solchen der Hausarbeit. Während sich berufliche Tätigkeit durch „die ‚Ökonomisierung' der Arbeit nach Zeit/Geld und die Instrumentalisierung des Gegenstandes für einen eng definierten *Zweck*" auszeichnet (Ostner/Beck-Gernsheim 1979, S. 34), verlangt Hausarbeit die Orientierung am Konkreten, gegenwärtig Vorfindbaren. Geduld, Empathie und Intuition, auch die Fähigkeit, den Standpunkt des anderen zu teilen, sind erforderlich. Da Hausarbeit ganzheitlich orientiert ist, erlaubt sie keine strenge Trennung in Arbeitszeit und Freizeit (Ostner/Beck-Gernsheim 1979, S. 44). Sie besteht aus „diffusen Verpflichtungen" (Chodorow 1985, S. 231–232). „Diese familiale Rolle ist charakterisiert durch ihre Unbestimmtheit und Bezogenheit auf andere." (Brückner 1987, S. 16). Bei den von den Frauen hier genannten „typisch weiblichen" Berufen handelt es sich um eine Kombination zwischen Berufsarbeit und Hausarbeit, sogenannte „hausarbeitsnahe" berufliche Arbeit (Ostner/Beck-Gernsheim 1979, S. 38–39). Das im Arbeitsprozeß vorherrschende Prinzip – „möglichst viel in kurzer Zeit" – ist hier zum Teil aufgehoben; während Berufsarbeit eigentlich „ungeduldige Arbeit" ist, erweist sich für diesen beruflichen Zweck Geduld als „unabdingbar". Hier stehen menschliche Bedürfnisse – naturgebundene Bedürfnisse – im Raum, die nicht einfach beiseite geschoben werden können wie Hunger, Müdigkeit, Schutzbedürfnis, Berührung usw.

Das Gelingen bzw. Mißlingen von Aufgaben hängt im familiären Rahmen nicht von der Bewältigung eines transparenten Ziels ab, sondern von den emotionalen Balancen, die zwischen „Liebe und Haß" hergestellt werden können, sowohl zwischen den Eltern, als auch zwischen Eltern und Kindern. (Hauser 1987, S. 200)

Spiegelbildlich zu ihrer Selbstbeschränkung auf Hausarbeit oder hausarbeitsnahe Bereiche erfahren die Frauen, daß auch ihr Partner sie so betrachtet. „C. habe sich um den Haushalt, um die beiden Kinder gekümmert. Ihre Arbeiten habe sie zu seiner Zufriedenheit erledigt." (Frau C., S. 14, Fremdanamnese des Partners). In dieser Fremdanamnese kommt die Wortwahl eines Arbeitgebers zum Vorschein, der ein Zeugnis über die Leistungen eines Untergebenen auszustellen hat.

Läßt die „Zufriedenheit" nach, resultiert daraus: „Sie habe sich gar nicht mehr wie ein Mensch behandelt gefühlt" (Frau A., S. 18). Dennoch wollen die Frauen natürlich als ein „ganzer Mensch" behandelt werden. „Ich war doch bloß Haushälterin, nicht Ehefrau" (Frau D., S. 46). „Sie wolle einen Mann fürs Leben und nicht nur das Hausmädchen sein" (Frau C., S. 24). Gelingt es einer Frau aber nicht, ein positives Bild von sich als Ehefrau und Mutter zu entwickeln, muß sie das als ganz zentralen Mangel empfinden (Brückner 1987, S. 12). Indem sie den Haushalt vernachlässigen (wie in den vorliegenden Gutachten konstatiert wird), wenn auch unfreiwillig, legen die Frauen ihre Rolle ab. Es handelt sich hier um eine „selbstzerstörerische Sichtbarmachung der eigenen Leistung" (Schaeffer-Hegel, S. 196) dadurch, daß sie nicht mehr erbracht wird. Auch ihre eigenen Mütter beurteilen die Täterinnen in dieser Weise, d. h. anhand obiger Qualifikationskriterien. Daraus wird ersichtlich, daß die bei diesen Frauen feststellbaren weiblichen Identitätsmuster schon in der vorangegangenen Generation gestrickt wurden. So findet sich in einem Gutachten als einzige Anmerkung zur Mutter: Sie war „auch sehr pflichtbewußt und gewissenhaft und eben immer besorgt gewesen, daß sie sauber und ganz bekleidet gewesen sei und daß das Essen rechtzeitig auf dem Tisch stand" (Frau I., S. 36–37). „Die Mutter habe die Familie gut versorgt, habe immer viel zu tun gehabt" (Frau J., S. 19).

1.5.1.4 Beziehung zur Mutter

Die Spärlichkeit der Kommentare zur eigenen Mutter mutet angesichts des zugrundeliegenden Deliktes und der Erkenntnis, daß mit der Mutterschaft die frühe Beziehung zur eigenen Mutter reaktiviert wird (Benedek 1960, S. 39–40, s. Teil I, Kap. 2.3.3) geradezu befremdlich an, es sei denn, die Nichtaussagen werden als „beredtes Schweigen" (Lorenzer 1973 a, S. 92) wahrgenommen: „Sprache als Grenze zwischen Wissen und Nichtwissen, Bewußtem und Unbewußtem" (s. Kap. 1.4.1). Eine Frau, die ihre eigene Mutterrolle nur durch Töten des Kindes „bewältigt", sagt über ihre Mutter lediglich:

„Die Mutter werde jetzt 80 Jahre alt, sie sei herzleidend und habe geschwollene Beine. Sie lebe in N. im Haus der Schwester" (Frau E., S. 20–21).

Neben diesen knappen Angaben, die keine Aussagen über die Beziehung beinhalten, stehen andere: „Mit ihrer Mutter habe sie von Kindheit an eine sehr enge Beziehung gehabt [. . .]. Sie habe der Mutter immer alles erzählt [. . .], sie habe unter der Trennung von der Mutter gelitten" (Frau F., S. 26). „Sie haben einen guten Kontakt miteinander. Aber sie sehen sich nur ab und zu. Das Verhältnis sei nicht zu eng" (Frau D., S. 19). „Ihr Verhältnis zur Mutter sei stets sehr gut. Von ihrer Mutter habe sie sich als Kind voll akzeptiert gefühlt. Das habe sich späterhin jedoch geändert. Denn die Mutter habe sie oft abgewehrt und gesagt: ,G., spinn doch nicht so.'" „[. . .] der einzige echte Mensch sei die Mutter, ein armer Mensch, total unterdrückt vom Vater" (Frau D., S. 31–33).

Aus den genannten Beispielen wird ersichtlich, daß die Beziehung zur Mutter einerseits als sehr eng bzw. als sehr gut beschrieben wird, andererseits ist in allen Fällen von einem „Bruch", einem Abwehren, einem Auseinanderklaffen die Rede. Dieser offenkundige Widerspruch wird nicht verarbeitet, sondern die Nähe und das Trennende bleiben unverbunden nebeneinander stehen. Aus der Art der Darstellung drängt sich der Verdacht auf, daß das Unvereinbare dieser Absoluta nicht gleichzeitig erlebt wird – ein Indiz für den frühen Abwehrmechanismus der Spaltung (s. Teil I, Kap. 3.1.3), auf dessen Vorhandensein noch weitere Hinweise in den Gutachten deuten.

Denn im Falle der Spaltung ist das Abgespaltene weder verdrängt noch verworfen, sondern präsent, aber im übrigen Kontext isoliert, so daß es für das Subjekt nicht möglich ist, einen Zusammenhang herzustellen. (Lang 1981, S. 715)

Eine Frau (Frau C.) rief am Abend vor der Tat: „Mama, hilf mir, ich kann nicht mehr. Ich habe zwar auch keine Liebe zu Hause gehabt" (Frau C., S. 20). Sie hat die Mutter nicht als liebende Bezugsperson erfahren, und dennoch ist ihr diese in der Situation totaler Verzweiflung am nächsten. Ähnlich geht es einer anderen Täterin, die nach einem früheren Selbstmordversuch gleich ihre Mutter angerufen hat, ohne ihr dabei jedoch von dem Selbstmordversuch zu erzählen (Frau A., S. 22–23). Sehr deutlich wird hier, daß weder Frau C. noch Frau A. ihre reale Mutter „meinen", sondern eine phantasierte Mutter-Imago – helfend und allmächtig (s. Kap. 2.4.2.4.1).

174

Die Identifikation mit der Mutter schimmert trotz der kurzen Ausführungen zum Teil bei den Täterinnen durch, eine Identifikation nicht nur bezüglich Aufopferungshaltung, sondern zum Teil auch körperlich: „Die Mutter sei *auch* (Hervorhebung A. W.) viel krank gewesen und habe mit dem Herzen und den Nerven zu tun gehabt. [. . .] für die Kinder habe sich die Mutter aufgeopfert." Dann habe die „Mutter angefangen, alle möglichen Tabletten zu nehmen. [. . .] sie habe ihre Mutter nicht im Stich lassen können" (Frau A., S. 44–45). Eine globale Identifikation im oben (s. Teil I, Kap. 3.3.2.3) näher ausgeführten Sinne wird hier angedeutet.

1.5.1.5 Spaltung

Spaltung auch als Unvereinbarkeit von Gut und Böse tritt in einigen Akten zutage.

Ich kann mich selbst nicht entscheiden, ob ich gut sein soll oder böse, [. . .] ich habe den R. (das getötete Kind, Anm. A. W.) von Anfang an immer nur vor Bösem bewahren wollen und habe deshalb wie eine Glucke auf ihm gesessen (Frau C., S. 61–62).

„Sie habe gemeint, daß die Guten von den Bösen getrennt werden müßten, und daß sie dabei eine besondere Rolle spielt" (Frau J., S. 8–9). „Sie habe immer Angst gehabt, habe gedacht, das seien zwei, das Gute und das Böse, jemand der sie beschützen wolle und jemand, der ihr nach dem Leben trachtet, und die würden sie verfolgen" (Frau J., S. 25–26). Verfolgtsein ist auch als psychopathologischer Ersatz für die eigentlich ersehnte und gleichzeitig gefürchtete Nähe zu verstehen; der „phantasierte Verfolger verläßt einen nie" (Bauriedl 1988, S. 124).
Zwei Spaltungsphänomene, das eine noch normal einhergehend mit dem unrealistischen Bestreben, das Kind vor Bösem zu bewahren, das andere mündend in sicherlich pathologische paranoide Tendenzen. Das Herausschälen desselben Grundmusters in diesen beiden Fällen läßt den fließenden Übergang vom Normalen zum Pathologischen erahnen. Zugleich stellt es beispielhaft einen Beleg dafür dar, daß Tötungssituationen auch durch andere Brillen betrachtbar sind als nur durch das psychiatrische Kaleidoskop.

Frauen sind *Quelle des Guten und Bösen,* und je weniger es gelungen ist, diesen magischen Anteil, diesen Born menschlichen Reichtums und menschlicher Unersättlichkeit, im Selbstbild zu integrieren, desto eher neigen Frauen zur Aufspaltung in einerseits mächtige, gute Fee und andererseits bedrohliche, verzaubernde Hexe. (Mayer 1986, S. 142) (s. Kap. 2.4.4.3.3.)

Vor der Tat drängen sich Gedanken auf, in der später realisierten Weise zu handeln – „Vor-Bilder". Die Gedanken melden sich, sie sind nicht mehr zu unterdrücken. Sie sind aber auch nicht zu integrieren in das sonstige Erleben mit der Folge, daß die Tat als „von außen über sie gekommen" (Frau E., S. 17–18) registriert wird: „Es ist etwas Fremdes, das in mich eindringt und mir immer wieder diese Gedanken bringt, die ich gar nicht haben will" (Frau E., S. 17–18). „Es sei ihr unklar, ob die Gedanken, die sie denke, fremde Gedanken seien oder ihre eigenen Gedanken. Sie wisse auch nicht, nach welchen Gedanken sie dann tatsächlich handeln werde" (Frau J., S. 8–9).

Und dann sei sie plötzlich nicht mehr sie selbst gewesen (Frau I., S. 4).

„[. . .] ein zweites Ich, als wenn eine andere Person in ihr gesteckt habe" (Frau I., S. 5).

Das „schlechte Ich" und das „Nicht-Ich" bereiten den Boden für abweichende Entwicklungen (Redlich/Freedman 1976, S. 102).

Folgender Kommentar einer Täterin ist zu verstehen vor dem Hintergrund einer Spaltung in eigene und fremde Gedanken:

Sie wisse nur, daß sie ihren beiden Kindern niemals etwas Böses gewollt habe (Frau F., S. 59).

Keine der zehn Frauen hatte dieses im Sinn. Jede war in dem Moment der Tat überzeugt: „Das ist das Beste für das Kind" (Frau G., S. 33).

Soweit die Frauen die „Anweisung" zur Tat als von außen kommend wahrnehmen, läßt sich ihrer inneren Realität der Abwehrmechanismus der projektiven Identifizierung entnehmen (s. Teil I, Kap. 3.2). Die Umgebung besteht aus eigenen projizierten Selbstanteilen (Parin/Parin-Matthèy 1988, S. 74).

1.5.1.6 Motivation

In der Vorstellung der Täterin können die Kinder nach ihrem eigenen Ableben nicht allein weiterexistieren. Die „Befreiung des Kindes", ein Leitmotiv der Frau M. im Tiefeninterview (S. 139), die ihren eigenen Sohn vor „seiner Eigenproblematik schützen" wollte, ist auch in den vorliegenden Fällen von Bedeutung. So will eine Mutter von drei Kindern gerade das am innigsten geliebte Kind „mitnehmen".

176

Es sei ihr eigentlich undenkbar gewesen, ihn in einem solchen Falle dann seinem Schicksal zu überlassen. Bei ihrem Mann und ihren anderen Söhnen wäre ihr das – offengesagt – gleichgültig gewesen, aber der C. hätte im Falle ihres Todes nicht sinnvoll weiterleben können (Frau E., S. 36).

Sie habe gehandelt, „um den Kindern ein bedrückendes Schicksal zu ersparen" (Frau A., S. 54). „Sie habe das Kind von der Mutter befreien wollen" (Frau C., S. 9). „[. . .] sei es für sie der einzige Ausweg gewesen, ihr Kind zu erlösen" (Frau C., S. 9–10).

Es erscheint den Kindern ein unheilvoller Messias in Gestalt der eigenen Mutter, gekommen, um die „Erlösung" zu bringen: „Damit die Kinder verschont bleiben von dem, was ich erlebt habe" (Frau D., S. 42). „Ich habe das Gefühl, das geht in meiner Familie seit Generationen so [. . .]. Ich habe gesehen, daß es nie aufhören würde" (Frau D., S. 45). Diese ungeheuere Anmaßung, die sich auch in dem Tiefeninterview mit Frau M. (s. Teil I, Kap. 7) wiederfindet, nämlich den Kindern mit dem Tod die Erlösung zu bringen, basiert auf der nicht erfolgten Trennung Mutter – Kind.

Sie habe den Sohn deshalb töten wollen, weil es ja ihr Kind sei (Frau H., S. 15).

Der Sohn war mittlerweile dreizehn Jahre (!) alt. „Ihre Tochter K. sei ein Spiegelbild von ihr" (Frau A., S. 48–49). „Es sei zwischen ihnen eine kolossale innere Übereinstimmung bestanden" (Frau E., S. 40). Erinnert sei an das Zitat der Frau M., daß ihr Sohn „hundertprozentig" sie selbst gewesen sei (s. Teil I, Kap. 7).

Die Frauen suchen nach einem „Ausweg" (eine häufig verwendete Vokabel) für sich und wählen ihn für die Kinder, wobei der Tod zum Teil von ihnen nicht als „Grenze", sondern als „Schutz" erlebt wird (Frau C., S. 72). „Er würde nun einen besseren Vater haben" (Frau C., S. 26).

Der liebe Gott ist der beste Vater, den ich ihm bieten konnte (Frau C., S. 36).

Die Beziehung zu den Kindern wird durchwegs idealisiert, das Kind als „idealisiertes Ebenbild" (s. Teil I, Kap. 4.2) gesehen. Schwächen der Beziehung werden selten genannt.

[. . .] in manchen Dingen sei sie halt unsicher gewesen. Er habe sie halt manchmal zur Verzweiflung gebracht, wenn sie ihn gewickelt und gefüttert habe. Sie habe sich halt nicht erklären können, warum das Kind geschrien habe, wenn ihrer Meinung nach rundherum alles gestimmt habe. Böse sei sie aber nicht auf das Kind geworden, eher ängstlich und besorgt (Frau J., S. 27).

Frau D. berichtet von der „Beobachtung, daß die Kinder falsch erzogen wurden" (Frau D., S. 40). Ferner drückt sie die Befürchtung aus: „Die haben mir die Kinder umgemodelt" (Frau D., S. 37). Hinter dieser Besorgnis steht die Angst, „eine schlechte Mutter zu werden" (Frau C., S. 36), bzw. die Sorge, das Kind zu verlieren: „Man hätte mir mein Kind genommen, und es wäre vielleicht nie mehr geliebt worden. Der Gedanke war fürchterlich für mich" (Frau C., S. 36). Auch Frau M. hatte vor ihrer Tat die furchtbare „Vision, das Kind müsse irgendwo getrennt von ihr existieren."

Als zentrales Anliegen schält sich heraus, das Kind ganz für sich zu besitzen – kein anderer soll es haben:

> Der L. gehöre ihr. Sie habe den L. mitnehmen und nicht zurücklassen wollen. Weil er zu ihr gehöre (Frau H., S. 39).

So wird das Kind dann zum Teil mit den „gewohnten, von liebevoller Fürsorge getragenen pflegerischen Handlungen, etwa das Bereitlegen des Badehandtuches in der Nähe der Heizung, um es anzuwärmen," (Frau I., S. 71) in den Tod geführt. Durch den Tod des Kindes aber wird die Beziehung konserviert. Der tragische Verlauf sichert zugleich, daß das Ideal eines optimalen Mutter-Kind-Verhältnisses erhalten bleibt (s. Teil I, Kap. 4.2). Hier offenbart sich der Tötungsakt als „perfekte Mütterlichkeit" – eine letzte endgültige „Pflegehandlung" an dem Kind.

Ein weiterer Gesichtspunkt spielt im Zuge der Motivationsentwicklung der Täterinnen oft eine Rolle, nämlich der, daß das Kind nicht dem Partner überlassen werden darf. „Sie habe nur verhindern wollen, daß ihr Mann ihn ihr wegnehme" (Frau F., S. 7). Zum Teil zieht sich der Partner ohnehin von den Kindern zurück. „[. . .] weil er so gar kein Interesse an den Kindern hatte [. . .], da war ich mit ihm innerlich fertig" (Frau D., S. 46). Gelegentlich sind es aber auch die Frauen, die die Kinder vom Vater fernhalten. So berichtet ein Ehemann, „daß sie ihn nicht hinreichend als Vater der Kinder anerkannt habe [. . .]. Sie habe das Prinzip vertreten, daß der Vater mit Kindern nichts zu tun habe, was die Erziehung anlange" (Frau A., S. 63, Fremdanamnese des Ehemannes).

> Männer können das nicht so gut fühlen wie eine liebende Mutter. Das kleine Wesen aus meinem Leib war mein Fleisch und Blut (Frau C., S. 37).

1.5.2 Vergleich Aktenanalyse – Tiefeninterview

Im Folgenden werden die Aktenaussagen einer Gegenüberstellung mit dem analytischen Teil der Arbeit unterzogen, soweit dieses Material nicht bereits in obigen Text eingeflochten wurde. Es ergeben sich wesentliche Parallelen, obwohl bei den Gutachten zu bedenken ist, daß die Täterinnen hier die Aussagen vor der Verurteilung, also unter dem Einfluß der (bevorstehenden) Hauptverhandlung und damit des Urteils machten (Simons 1988, S. 58), im Gegensatz zu der bereits Jahre zuvor verurteilten Täterin des Tiefeninterviews. Die Aktenaussagen stimmen in folgender Weise mit dem analytischen Teil der Arbeit überein.

Sofern sich in den psychiatrischen Gutachten Angaben zur eigenen Mutter der Täterin finden, stehen sie, insbesondere sofern sie etwas detaillierter gefaßt sind, im Einklang mit den Ausführungen im analytischen Teil der Arbeit. So läßt sich gerade auch das Phänomen der Spaltung, das, sowohl theoretisch beleuchtet als auch persönlichkeitsstrukturbildend, bei dem Tiefeninterview zutage trat, als durchgängiges Prinzip der hier untersuchten Frauenpopulation beobachten. Dieses Prinzip schlägt sich auch im Verhältnis der Frauen zu ihren Kindern nieder.

Das Tiefeninterview wurde mit einer alleinstehenden gleichgeschlechtlich orientierten Frau geführt; folglich sind Ausführungen zu einer Problematik, die aus der Beziehung mit einem männlichen Partner erwächst, im analytischen Teil lediglich am Rande (s. Teil I, Kap. 7) zu finden. Alle vorliegend begutachteten Frauen standen hingegen in einer heterosexuellen Partnerbeziehung; bei zwei Frauen wurde diese unmittelbar vor der Tat beendet. Neu tritt das Verhältnis Täterin – Schwiegermutter in Erscheinung, das geprägt wird von der Beziehung des Partners zu seiner Mutter.

1.5.2.1 Konfrontation mit zwei Müttern

Alle Akten, die dieses Verhältnis thematisieren, lassen eine einheitliche Konstellation erkennen: einem besonders dichten Verhältnis zwischen dem Partner und seiner Mutter steht ein besonders schlechtes Verhältnis zwischen der Täterin und ihrer Schwiegermutter gegenüber. Diese beiden Komponenten des Dreiecks gilt es aufzuschlüsseln:

Das dichte Verhältnis zwischen dem Mann und seiner Mutter zeigt auf, daß die ursprüngliche Symbiose offensichtlich beidseitig nicht aufgelöst wurde. Die Mutter kann ihren Platz nicht zugunsten der Schwiegertochter räumen. Der Sohn löst sich nicht aus der Bindung zu seiner Mutter. Dadurch knüpft er keine Beziehung zu seiner Frau. Dieses wäre zu bedrohlich. Als Konsequenz für die Frau entsteht umgekehrt keine wirkliche Bindung zum Mann. Möglicherweise wurde die Partnersuche unbewußt von dem Anliegen bestimmt, eine Bindung nicht aufkommen zu lassen. Dadurch ist es der Frau ihrerseits erlaubt, die Bindung an die eigene Mutter bestehen zu lassen. Es läßt sich das sogenannte ,,Kollusionsphänomen" beobachten, ein uneingestandenes voreinander vertuschtes Zusammenspielen von zwei oder mehreren Partnern. Die Wurzeln liegen darin, daß beide Seiten einen gleichartigen, unbewältigten Grundkonflikt aufweisen, der in verschiedenen Rollen ausgetragen wird (Willi 1983, S. 56). Kollusionen sind häufig auch Ausdruck ,,gesellschaftlich vorgegebener Konfliktmuster" (Willi 1983, S. 23). Folgendes Bild baut sich auf: Es treffen zwei Partner aufeinander, die beide noch an der Kette ihrer eigenen Mutter liegen und keine Kapazität für eine andere Bindung frei haben. In einem der Gutachten wird dieser Punkt auch explizit von dem Gutachter aufgegriffen:

> Beide Eheleute sind noch unausgereift und haben eine persistierende Bindung zur jeweiligen Mutter. Ihr Zusammenleben war durch Annäherung und Trennung, Anziehung und gegenseitige Furcht gekennzeichnet (Frau F., S. 94).

Aus dieser Konstellation entsteht nun ein Kind. Theoretisch wäre an eine Befreiung durch dieses Dritte zu denken. Die Frau könnte der eigenen Mutter das Kind als eigenes entgegenhalten, wie es bereits oben in dem Analysebericht von Bouchart-Godard wiedergegeben wurde (s. Teil I, Kap. 3.3.2.4.2):

> In der Vorstellung dieses Kindes, das sie ersetzen soll, findet die Tochter die Möglichkeit, sich zu befreien und aus jener Unschuld herauszukommen, die die erstickende Bindung mit der Mutter sicherte. (Bouchart-Godard 1987, S. 21)

Durch die Konfrontation mit Partner und Schwiegermutter verstärkt sich jedoch die problematische Situation. Selbst wenn die Frau ihrerseits dazu in der Lage wäre, könnte sie sich dennoch nicht dem eigenen Kind als Mutter verantwortungsbewußt widmen. Der Partner (als Sohn) vermag dieses nicht zuzulassen. Nicht nur für die Frau stellt sich mit der Mutterschaft eine Wiederbelebung der eigenen Kindheit ein, wie oben ausgeführt wurde (s. Teil I, Kap. 2.3.3), auch für den Kindsvater ist ein dichtes Verhältnis Mutter – Kind angesichts seiner eigenen Problematik zu bedrohlich; denn die Frau verkörpert zugleich auch Anteile der eigenen Mutter (wie auch der Mann für die Frau Anteile der Mutter verkörpert). Um nun in dieser problematischen Konstellation die Bindung an die eigene Mutter zu erhalten, werden der Frau seitens des Partners die negativen Anteile übertragen, während die Mutter die positiven Anteile innehält. Die französische Psychoanalytikerin Olivier schildert diesen Zwiespalt:

Im Namen der „Mutter" wird die Schwiegertochter der Worte beraubt werden. Es ist ja im übrigen bekannt: Die Männer finden keine Worte, weder für die eine noch für die andere, und sie erweisen sich als unfähig, bei Schwiegermutter-Schwiegertochter-Konflikten einzugreifen. Sie schweigen, da sie nicht die Worte finden, um eine Wahl auszudrücken, die ohnehin nie ganz klar ist: Der Sohn, das Objekt der „Mutter", das sich gegen seine „Frau" verteidigt. Indem er die meidet, die er täglich sieht, bleibt er stecken in der Abrechnung mit derjenigen, die er nicht mehr sieht. Zwischen ihren Müttern und ihren Frauen wissen die Männer nicht mehr, an welchen Busen sie sich flüchten sollen. (Olivier 1987, S. 181)

Vor diesem Hintergrund sind auch die hier relativ häufig berichteten Gewaltbeziehungen erklärbar. (Auf weitere der vielfältigen Aspekte von Gewaltbeziehungen soll im Rahmen dieser Arbeit nicht eingegangen werden.) Aus der Sicht des Mannes muß die „böse" Mutter-Partnerin bestraft werden, weil sie ihn enttäuscht hat; aus der Sicht der Frau wird hier die gelernt-erworbene Opferhaltung manifest, die sich selbst die Schuld zuschreibt und die eine masochistische Leidenshaltung zur Folge hat. Zwei divergente Rollenmuster treten sich gegenüber.

Diese Konstellation, nämlich Aufteilung der positiven und negativen Aspekte auf zwei verschiedene Frauen seitens des Mannes, erleichtert die Aufrechterhaltung der Spaltung; nur das Kind stellt nunmehr eine Bedrohung für den Vater dar; es nimmt ihm einen Teil der Zuwendung (Willi 1983, S. 38). Die Frau ihrerseits spürt instinktiv, daß das Kind eine Chance zur Befreiung bietet; aber sie spürt auch diese Bedrohung. So ist ein mögliches Motiv für die Tötung, gerade auch in Krisen- oder Trennungssituationen, neben der Rache am Partner der Wunsch, das Bedrohungsobjekt zu beseitigen und die Situation zu Beginn der Partnerschaft wiederherzustellen, als die Probleme noch nicht manifest waren.

Die Frau steht zwei Müttern gegenüber. Die Beziehung zur eigenen Mutter verändert sich durch die Existenz der „bösen Schwiegermutter" möglicherweise auch insoweit, als die Spaltung Gut – Böse interpersonal aufrechterhalten werden kann. Eine Frau, die noch in einer Bindung an ihre Mutter verstrickt ist, vermochte keine eigene Identität aufzubauen (s. Teil I, Kap. 3.3.2.4). Zur Kompensation dieses Defizites ist es um so wichtiger für sie, aus einem äußeren Status – eben dem als Hausfrau und Mutter – Anerkennung zu finden. Gelingt ihr dieses, können die Brüche in der Persönlichkeitsentwicklung weiterhin verdeckt werden. Genau an diesem Punkt wird ihr nun in den vorliegenden Fällen die Bestätigung abgesprochen. Es wird in Abrede gestellt, daß sie die Rolle in richtiger Weise ausfülle, und zwar sowohl durch die Schwiegermutter direkt, als auch durch das „Sprachrohr" Sohn. Reaktionen darauf sind, wie auch aus der Aktenanalyse ersichtlich, zunächst verstärkte Bemühungen, doch „gut" zu sein, im Haushalt und als Mutter einwandfrei zu „funktionieren". Erweisen sich diese Anstrengungen jedoch als erfolglos, wobei nochmals auf die objektive Unmöglichkeit, in diesen Bereichen „gut" zu sein, hinzuweisen ist, so treten die Frauen den Rückzug an: Krankheit, Frauenleiden, Depression, Passivität sind bei allen Täterinnen in mehr oder weniger starkem Ausmaß feststellbar (s. Kap. 1.5.2.3). Vor allem manifestiert sich eine Angst, den alltäglichen Verrichtungen nicht mehr Genüge tun zu können. Daß dieser sogenannten „Alltagsangst" bei Frauen ein anderer Stellenwert zukommt als bei Männern, stellt der Psychiater Kuhs in folgenden Zusammenhang:

> Wenn die Angst vor dem Alltäglichen in der Melancholie bei Frauen stärker ausgeprägt ist als bei Männern, so ist zur Erklärung der Lebensstil des größten Teils der Frauen in unserer Gesellschaft mit heranzuziehen: insbesondere im Haushalt (den auch berufstätige Frauen zu versorgen haben) und in der Kommunikation mit den Familienangehörigen (welche für die Frau im allgemeinen und nach wie vor eine noch größere Rolle spielt als für den Mann) nimmt das Alltägliche eine weit größere Bedeutung ein, als in den meisten „Männerberufen". (Kuhs 1990, S. 174)

Bei Hinzukommen weiterer Belastungen – im Sinne des Tropfens, der das Faß zum Überlaufen bringt, – erfolgt dann eine „Terminierungsreaktion" (D. Dörner 1985, S. 162), d. h. eine tragische Beendigung der Lebenssituation.

Unter den soeben geschilderten Umständen verschärft die Tatsache, daß ein „Partner" existiert, die Situation der Täterin. In der Zwickmühle einer solchen Beziehungskonstellation darf die Frau nicht als verantwortungsbewußt Handelnde die Rolle der Mutter einnehmen. Ein Erwachsensein im Sinne der Verantwortungsübernahme scheidet aus. Für das eigene Kind zeigt sich entweder die eigene Mutter verantwortlich oder die Schwiegermutter: „Die Schwiegereltern haben sich auch in die Sauberkeitserziehung bei K. hineingehängt" (Frau A., S. 16). So taucht als Motiv für die Tötung vor diesem Hintergrund auch das Bedürfnis auf, wenigstens einmal Entscheidungen zu treffen, und sei es über das Ende des Kindes.

1.5.2.2 Die Tat als Ausweg

Noch starb ich nicht, und blieb auch nicht am Leben. (Dante, Göttliche Komödie, Hölle XXXIV, 25)

Mit der Tat soll der „Ausweg" geschaffen werden: irgendein Ausweg. „Sie habe auf einmal so einen Drang gehabt: Ich muß irgendwie raus. Es muß irgendetwas passieren" (Frau A., S. 27–28). „Irgendwie habe sie das Ganze nicht mehr gepackt" (Frau F., S. 45). Wor*aus* soll der Weg führen? Es geht um ein Hintersichlassen der Lebenssituation insgesamt; kein markantes bedeutenderes konflikthaftes Ereignis, das der Tat vorausgeht, steht im Vordergrund, sondern die Erfahrungen des normalen Alltags haben sich im subjektiven Erleben zugespitzt: „Die Spannungen seien für sie unerträglich geworden und sie habe den ganzen Tag geweint" (Frau A., S. 22–23). „Sie sei sich vorgekommen wie ein Haufen lebensunwerten Lebens" (Frau E., S. 37).

Der Jurist Mangabeira Unger differenziert zwischen einer Verzweiflung des Gefangenseins und einer Verzweiflung der Fremdheit (Mangabeira Unger 1986, S. 188). Beide Empfindungen treffen bei den Frauen zusammen, und „je größer der Bereich alltäglicher Erfahrung, der sich offenbar nicht in die Sprache der zentralen persönlichen Bedürfnisse übersetzen läßt, desto größer auch die mögliche Bedeutung der Verzweiflung am alltäglichen Leben" (Mangabeira Unger 1986, S. 190).

Frauen ohne Bestätigung von außen, ohne Unterstützung durch den Partner, klammern sich an die Kinder, sehen sich als Einheit mit diesen und phantasieren „Auswege" nicht für sich allein. Daß Frauen ihre Kinder in die „Lösungs"-Überlegungen miteinbeziehen, ist aber auch im Zusammenhang mit ihrer weiblichen Sozialisation zu betrachten. Swientek, die ihre langjährigen praktischen Erfahrungen mit suizidgefährdeten Frauen festgehalten hat, schreibt:

„Als Mutter läßt man seine Kinder nicht im Stich", bekommt hier eine ganz besonders tragische Bedeutung! Frauen, die nicht mehr leben wollen, weil sie nicht mehr leben können, sehen auch keine Chance mehr für ihre Kinder. In ihrer eigenen Hilflosigkeit können sie weder für sich selber noch für die Kinder einen Ausweg erkennen. Könnten sie es, würden sie ihn – der Kinder wegen – beschreiten. (Swientek 1990, S. 125)

Allen geschilderten Tatverläufen gemeinsam ist das „Plötzliche" der Erkenntnis, der Entscheidungen: „Jetzt oder nie" (Frau J., S. 12). „Aber alles war nach außen hin ganz friedlich. . . . Plötzlich kam mir der Gedanke:" „Plötzlich hatte ich mir gedacht: Jetzt oder gar nicht." (Frau D., S. 42).

Der Psychiater Bertram beschreibt eine solche Auslösesituation folgendermaßen:

> Und in dieser Situation fällt auf einmal der Grauschleier über die Gegenwart und läßt die bisherigen emotionalen Weißmacher wirkungslos werden; sie lassen sich plötzlich nicht mehr weiß machen. Meist fehlt ein konkreter Anlaß, oder der Auslöser der Verstimmung ist, gemessen an den bereits durchgemachten Schwierigkeiten, lächerlich unbedeutend. (Bertram 1983, S. 64)

Für den Psychiater Schrappe ist es das, „was einen der bemerkenswertesten Sachverhalte derartiger Taten ausmacht: die offenbare Fokussierung einer Lebens- und Krankheitsgeschichte auf einen alles andere in den Hintergrund drängenden Punkt" (Schrappe 1970, S. 193). Dieser „Punkt" ist hier der Abgrund, wie es eine der Täterinnen beschreibt:

> Sie habe vor einem Abgrund gestanden und habe nicht den Glauben gehabt, daß es wieder gut werden könnte (Frau J., S. 19–20).

> So öffnet sich im Erleben ein Abgrund, aber damit öffnet sich auch ein Abgrund im Handeln. (Wurmser 1989, S. 7)

Leere, Teilnahmslosigkeit, Hoffnungslosigkeit, Verzweiflung, Grübeln, Apathie, Angst vor allem möglichen – diese Symptome des depressiven Formenkreises – sind Begleiter beim Sprung in den Abgrund. Gelegentlich ist auch die Grenze zur Psychose bereits überschritten. Andere vernehmen diese Stimmen aus dem Abgrund, „von außen", die sie auffordern, zu springen bzw. das Kind zu schikken – Symptome des schizophrenen Formenkreises. „[. . .] in der Tat, die Stimme kommt wieder und läßt nicht ab, bis man es schließlich tut" (Waismann 1983, S. 87).

Trotz der unterschiedlichen psychiatrischen Symptomschwerpunkte ist den von den Frauen geschilderten Störungen gemeinsam:

> Mit „Störungen" in diesem Sinne sind *prinzipielle* Störungen gemeint, also nicht, daß es so nicht weitergeht, wie man möchte – nicht, daß dieses oder jenes Bestimmte „nicht geht" –, sondern: daß es im *ganzen* nicht weiter-

geht, daß eine Störung des dramatischen Flusses selbst, des Ablaufes, des Weiterganges offenbar wird. (Helwig 1961, S. 31)

Jeder Ausweg aus einer solchen Krise, einem festgefahrenen Zustand eines langfristig ungelösten Lebensproblems, kann nach Darstellung Dörners nur mit Hilfe einer Eruption bzw. eines gewalttätigen Sprungs erfolgen (K. Dörner/U. Plog 1989, S. 328). Es ist „auch eine Frage von Leben und Tod" (K. Dörner/U. Plog 1989, S. 327). Die Beschreibungen Dörners über die Zuspitzung einer Lebenssituation treffen die Realität der Täterinnen unmittelbar vor ihrem Tatentschluß.

So wenig aber die Alltagssprache in der Lage ist, diese fundamentale Veränderung zu beschreiben, so sehr scheitert der Versuch eines psychopathologischen Zugangs. (Kuhs 1990, S. 193)

Auch der psychiatrische Blickwinkel vermag die hier gewählte symptomübergreifende Betrachtungsweise bei den Täterinnen des vorliegenden Deliktes zu unterstützen. Äußert doch die Psychiaterin Zumpe (Zumpe 1966, S. 206): „erscheinen die Gemeinsamkeiten [. . .] hervorstechender als die durch die Art der Krankheit bedingten Unterschiede." Lediglich im Verhalten nach der Tat stellte sie bei den von ihr untersuchten Täterinnen des hier betrachteten Deliktes Unterschiede fest. Für Schrappe entspringen „nur im forensisch-psychiatrischen Idealfall [. . .] die Handlungsmotive unmittelbar aus der [. . .] Krankheitsursache" (Schrappe 1970, S. 202).

Das zugrundeliegende Problem wird nicht gelöst, sondern beseitigt, im Wege einer sogenannten „Terminierungsreaktion". Die Basis solcher Kurzschlußhandlungen sind geringe Kompetenz und hohe emotionale Belastung (Simons 1988, S. 63), auf letztere ist zugleich auch der Scheinwerfer des Sozialen zu richten, wie ihn die bereits zitierte Diplom-Pädagogin Swientek anhand eines Beispiels aus ihrer Praxis mit suizidgefährdeten Frauen formuliert:

Sie wagt Hilfe weder vom Ehemann noch von der eigenen Mutter, noch von der Schwiegermutter zu *fordern*. Sie bittet, hofft und macht Vorschläge. Als nichts geschieht, wird sie hilflos-depressiv. Sie kann die Situation nicht mehr steuern, nicht mehr kontrollieren, sie hat sie nicht mehr im Griff. Sie ist ihr machtlos ausgeliefert.
In unserer Gesellschaft ist kein Mensch so wehrlos wie eine Frau mit einem kleinen Kind. Außer sich verbal zu äußern, hat sie keine Möglichkeiten, wenn sie ihr Kind nicht schädigen will. „Einfach weggehen, sich den freien Nachmittag *nehmen,* das Kind nächtelang brüllen *lassen,* bis der Vater sich aufrafft, alles „hinschmeißen", auf daß die anderen aufmerksam werden – alles schadet dem Kind! Selbst lautstarke Auseinander-

setzungen, die vor allem der eigenen Psychohygiene dienen (und der Hoffnung, daß Lautstärke Erfolg hat) werden des Kindes wegen unterlassen. Die einzige Möglichkeit, der Fortgang *mit* Kind – ist für die meisten Frauen undenkbar. Oft dauert es Jahre, bis sie diesen Schritt mit vielen unguten Gefühlen und einem sehr schlechten Gewissen dem (vaterlos werdenden) Kind gegenüber tun. (Swientek 1990, S. 124)

1.5.2.3 Krankheit

Eine Krankheit wird allen zehn Frauen bescheinigt: „Krankheiten als Lebensvorgänge an der Grenze der unserem Organismus möglichen Anpassungen" (Hafferl 1953, o. Seitenangabe, zit. nach Rosin 1981, S. 105). Über die Gemeinsamkeiten bzw. Unterschiede hinweg wird eine klinische Diagnose gemäß dem Katalog des ICD (International Classification of Diseases) seitens des Gutachters gestellt. Keine der begutachteten Frauen ist im Sinne der Differenzierung Redlichs „schwer anormal" (Redlich 1967, S. 106), so daß sich hier auch die Beobachtung des forensischen Psychiaters Glatzel bestätigt, „daß es der Gutachter in foro nur selten mit schweren und offenkundig psychisch gestörten Menschen, weit häufiger jedoch mit sogenannten ‚Grenzfällen' zu tun hat" (Glatzel 1985, S. 25). Der Stempel des „Wahnsinns" wurde einigen Täterinnen schon zuvor von ihrer Umwelt, z. B. vom Partner (Frau A., S. 22) aufgedrückt. Eine solche „Fremddefinition" (Gleiss 1980, S. 132) korrespondiert allerdings mit einer entsprechenden „Selbstdefinition" (Gleiss 1980, S. 132); denn die Frauen fühlen sich auch krank. „Sie habe gemerkt, daß sie irgendwie krank sei, und zwar weil sie in ihrem ganzen Verhalten so langsam geworden sei und auf der Straße wie eine Schnecke gegangen sei" (Frau E., S. 57). In den Worten der Frau E. drückt sich unmittelbar das von dem Psychiater Kuhs in folgender Weise beschriebene depressive Zeiterleben aus. Es ist das Gefühl, das sich zentriert um „das Zurückbleiben des eigenen Werdens und Sich-Entfaltens hinter der vorwärtsschreitenden umgebenden Welt" (Kuhs 1990, S. 192). Die begutachteten Frauen geben sich, bis auf wenige Ausnahmen (s. Kap. 1.5.1.2), die Schuld an diesem ihrem Erlebniszustand bzw. den damit einhergehenden Schwierigkeiten. So berichtet Frau E., es sei „in Folge ihres Gesundheitszustandes [. . .] zu einer zunehmenden Entfremdung mit ihrem Mann gekommen" (Frau E., S. 26–27). Diese Schuldzuweisungen, die in den Eigeninterpretationen der Frauen zum Ausdruck kommen, decken sich mit der Beobachtung, daß Frauen allgemein dazu tendieren, „im Erleben persönlicher Probleme diese eher als Anzeichen psychiatrischer Symptome zu (Einfügung A. W.) deuten als dies ein Mann täte" (Greenglass 1986, S. 241).

In sich spürt sie (er im Original, A. W.) die Not, die es ihr zu wenden gilt. Sie fühlt, daß sie krank ist, daß etwas anders in ihr ist, als sie es gewöhnt war. Sie möchte not-wendig wissen, wo Es, wie Es und warum Es in ihr ist. Sie sucht die *Diagnose ihres Krankseins.* Das ist ihre Diagnose. Die Einsicht in gestörte Individualität. (O. G. Wittgenstein 1984, S. 280)

Die dargebotene Selbstinterpretation der Krankheit (Rosin 1981, S. 114) hat Auswirkungen; denn das „Verständnis", das ein Mensch von seiner Krankheit entwickelt, beeinflußt auch seine Sicht der Lebensqualität. Entscheidend dabei ist insbesondere, ob Hoffnung auf eine wesentliche Besserung besteht (Rosin 1981, S. 114). „Krankheit" impliziert daher vor allem zwei wesentliche Faktoren: das Vorliegen einer objektiven Beeinträchtigung sowie die Übernahme der Krankenrolle durch die Betroffene (Gleiss 1980, S. 129).

Was hat es mit diesen Erkrankungen der Täterinnen auf sich? Für die Psychiatrie bricht Krankheit aus „im Körper des Patienten als ,privates' Ereignis [. . .], dessen ,organische' Spuren der Arzt analysiert, katalogisiert und potentiell kontrolliert" (Kargl 1977, S. 327). Ausdruck der Krankheiten sind aber neben körperlichen Symptomen auch Klagen der Frauen und ihrer Umgebung über Störungen im normalen sozialen Kontakt: einerseits Rückzug oder Desinteresse, andererseits aus dem Rahmen fallendes ungewöhnliches Verhalten, wobei der Rahmen durch die sozialen Normen gesteckt ist. „Die Klagen bilden ein verschlungenes Gefüge ab, in dem der mögliche biologische Defekt des Patienten nur ein Moment ist: In erster Linie ist in den Klagen das Normengefüge umschrieben, in dem die Umgebung des Patienten und er selbst seine Biografie, sein Verhalten und seine Äußerungen erblickt und bewertet" (Herzog 1984, S. 30).

Es soll in diesem Zusammenhang nicht in Frage gestellt werden, ob die Frauen tatsächlich krankhafte Störungen aufweisen. Die Auffassung, wonach der Krankheitsbegriff der Psychiatrie ein „Mythos" sei (Szasz 1972), greift zu kurz. Der Psychiater Szasz vergleicht die diagnostischen Bemühungen der Psychiater mit den Anstrengungen eines blinden Polizisten, der den Verkehr auf einer belebten Kreuzung regeln soll (Szasz 1957, S. 411). Ohne die Komplexität dieser Diskussion hier aufgreifen zu können, wird folgendes zu bedenken gegeben:

„Die Behauptung, daß Krankheit nur ein ,Mythos' sei, kann zu einer Auffassung von der Dysfunktion bei Verhaltensstörungen führen, die nicht weniger mythologisch ist als die falsche Anwendung des Krankheitsmodells. Bildlich gesprochen: es mag sein, daß wir alle nur Schauspieler sind, die ihre Rolle spielen; – dennoch ist es legitim zu fragen, wie die Rollenverteilung überhaupt zustande kam und warum man die Rolle des Kranken so schwer wieder los wird. Mit solchen Fragen rühren wir an den Kern der Probleme, wie die vielfältigen Faktoren, die zu Verhaltensstörungen führen, zu differenzieren sind und welche Beziehungen dabei zwischen biologischen und psychosozialen Faktoren bestehen – Fragen, die mit terminologischen Neuerungen allein nicht abgetan sind. Im übrigen schadet es nichts, wenn wir auch weiterhin den vertrauten und handlichen Terminus ‚krank' verwenden (statt des häßlichen Wortes ‚verhaltensgestört'), solange wir nur im Auge behalten, daß psychische, emotionale oder Verhaltenskrankheiten nicht dasselbe sind wie Körperkrankheiten." (Redlich/Freedman 1976, S. 377–378)

Bezogen auf die hier vorliegenden Akten weist lediglich eine Frau möglicherweise eine organisch begründbare Erkrankung auf. Sie leidet seit ihrem vierzehnten Lebensjahr unter Epilepsie (Frau G). Epilepsien werden ätiologisch in zwei Gruppen eingeteilt: die symptomatischen Epilepsien, bei denen strukturelle oder funktionelle Veränderungen des ZNS nachweisbar sind, sowie die genuinen Epilepsien, deren Ätiologie unbekannt ist (Redlich/Freedman 1976, S. 888). Mangels näherer Angaben im Gutachten – verwiesen wird allerdings auf die Diagnose eines früher behandelnden Arztes, wonach eine genuine Epilepsie bei Frau G. vorliegen soll – läßt sich also auch hier keine klare Zuordnung des Krankheitsbildes zu den organischen Erkrankungen vornehmen. Darüber hinaus weist die Tatvorgeschichte sowie der Tatablauf bei Frau G. keinen Zusammenhang mit epileptischen Symptomen auf.

Ohne, wie bereits gesagt, das Problemfeld Psychiatrie versus Antipsychiatrie tatsächlich begehen zu wollen, seien hier jedoch auch noch diese Anmerkungen wiedergegeben: ,,Natürlich kann man, streng genommen, nicht beweisen, daß es so etwas wie Geisteskrankheiten wirklich gibt –, genausowenig wie sich das Gegenteil beweisen läßt. Aber man darf doch mit gutem Grund annehmen, daß das, was man unter dem Begriff ‚seelisches Kranksein' versteht, auch irgendein Substrat hat und daß das, was da erlebt, erlitten und behandelt wird, nicht in seinem eigenen Wesen zutiefst ein ‚Nichts' ist" (Langegger 1983, S. 163).

Eine Psychiatriekritik – ihrer Systeme, ihrer Methoden – ist ohne Zweifel überaus wichtig, doch nicht zu Unrecht gibt Langegger zu bedenken: ,,Wenn man gewohnt ist zuzuhören, kann man sich dann und wann der Vermutung nicht verschließen, daß hinter der ständigen Beteuerung mancher sogenannten ‚Antipsychiater‘, es gäbe gar keine Geisteskrankheiten und es brauche folglich auch keine Psychiatrie zu geben, eine Menge *Abwehr* steckt; Abwehr gegen all das Ungereimte, Unangenehme und Unheimliche, das im Irrsinn steckt und immer wieder aus ihm hervorbricht" (Langegger 1983, S. 162–163).

Dennoch: „Es wäre falsch, den antipsychiatrischen Protest an dem zu messen, wo er übers Ziel hinausgeschossen ist und etwa alle psychische Krankheit ungeprüft als das erbarmungswürdige Resultat schamloser Ausbeutung, Unterdrückung und Vergewaltigung gedeutet hat" (Spazier 1982, S. 159). „Natürlich wird, wie immer bei [. . .] Übertreibung, etwas verdeutlicht" (Spazier 1982, S. 151). „Dabei muß noch völlig dahingestellt bleiben, ob psychische Störungen in dieser Hinsicht durch die bestehende Psychopathologie und Klassifikation adäquat beschrieben werden" (Gleiss 1980, S. 128).

1.5.3 Erzählversion des Psychiaters

Wie sieht die Erzählversion der psychiatrischen Gutachter aus? Im Anschluß an die direkt wiedergegebenen Äußerungen der Frauen geht es darum, zu beleuchten, was der Psychiater erzählt, bevor er seine Diagnose darbietet.

> Im Erzählen wird ein Bezug zur vergangenen Wirklichkeit hergestellt, zu einem Geschehen, das die Zuhörer nicht selbst miterlebt haben, an dem der Erzähler aber beteiligt war und an dem er nun seine Zuhörer via Sprache teilhaben läßt. (Gutwinski-Jeggle 1987, S. 177)

Wie bereits oben erwähnt, nehmen die indirekten Erzählungen der Frauen, ihre Klagen, den weitaus größten Raum in den Gutachten ein. Quantitativ betrachtet, halten sich die Gutachter mit eigenen Kommentaren, Beurteilungen eher zurück. So finden sich beispielsweise in einem siebzigseitigen Gutachten insgesamt lediglich zwei Seiten Kommentar. Die Spärlichkeit der Kommentare hat aber wiederum zur Folge, daß den wenigen Anmerkungen wie Beurteilungen besonderes Gewicht zukommt.

Die Gutachten stellen die Thematisierung der „Beeinträchtigungen" in den Mittelpunkt: einerseits das Erleben der Beeinträchtigungen durch die Täterinnen, andererseits das Wahrnehmen der Beeinträchtigungen durch Dritte. Die in den gutachterlichen Darstellungen berichteten Störungen werden nicht eingebettet in das jeweilige gesellschaftliche Umfeld mit seinen spezifischen Anforderungen. Vor dem Hintergrund eines solchen Anforderungskataloges schälen sich die beobachtbaren Beeinträchtigungen auf ganz neue Weise heraus. Es sind nicht nur die realen, d. h. objektiven, sondern stärker noch die subjektiv als solche gewichteten Anforderungstatbestände, die sich hier auswirken. Gerade im Hinblick auf die Frauen- und Mutterrolle sind es die konkret nicht benennbaren Anforderungen, die aus dem jeweils zugrunde gelegten Mutter-/Frauenbild gespeist werden. Das Mutter- und Frauenbild der Gutachten wird daher untersucht, indem zunächst sämtliche Gutachtenzitate zu dem Komplex Mutter-/Frauenbild zusammengetragen werden. Anschließend wird die Untersuchungssituation beleuchtet, bevor sich das Augenmerk auf die Diagnose richtet.

1.5.3.1 Manifestes Mutterbild

Die Gutachten „erzählen" – auf der manifesten Textebene – über das Mutterbild der Täterin folgendes:

> Zentrale Lebensinhalte sind die der Mutterschaft, harmonischen Partnerschaft und Familie: Sieht Probandin diese Lebensbereiche beeinträchtigt, dann kommt es zu starker Verunsicherung mit depressiven Reaktionen und impulsiven Entladungen (Frau A., S. 57).

> Beide Eheleute sind noch unausgereift und haben eine persistierende Bindung zur jeweiligen Mutter. Ihr Zusammenleben war durch Annäherung und Trennung, durch Anziehung und gegenseitige Furcht gekennzeichnet (Frau F., S. 94).

„Bei Frau F. sind diese zugrundeliegenden Konflikte weitgehend verdrängt und vom Bewußtsein abgespalten" (Frau F., S. 94). „Die zugrundeliegenden Probleme, die z. B. in den sehr ambivalenten Beziehungen zum Ehemann, aber auch zur eigenen Mutter enthalten sein dürften, sind weitgehend verdrängt und vom Bewußtsein abgespalten" (Frau F., S. 74). Diese hier im Gutachten zweifach wiedergegebene Information wird nicht weiter aufgeschlüsselt.

In den übrigen acht Gutachten finden sich keine direkten Aussagen des Psychiaters zu dem Themenkomplex „Mutterbild".

Die konkret zu begutachtenden Fälle werden gelegentlich zum Anlaß genommen, allgemeine Bemerkungen über Frauen bzw. Mütter zu machen. So ergab die Testinterpretation des MMPI bei Frau H. einen „ausgeprägten Feminitätswert". Daran schließt sich der folgende Kommentar:

„Frauen haben Schwierigkeiten, Aggressionen auszudrücken"; sie neigen dazu, sich in „masochistische Techniken zu (Einfügung, A. W.) flüchten, die bei anderen Leuten wiederum Wut und Zorn hervorrufen [. . .]. Häufig bedeutet es für sie dann eine Befriedigung, wenn sie sich selbst bemitleiden können, weil sie so schlecht behandelt werden" (Frau H., S. 5 des testpsychologischen Anhanges).

Bei der testpsychologischen Menschzeichnung kommt für Frau H. „eine besitzergreifende, sich geradezu ankrallende weibliche Identität zum Ausdruck" (Frau H., S. 11 des testpsychologischen Anhanges). Diese Eigenschaften sind es, die sie in der

Liebesbeziehung auch so intensiv und fordernd machen. Die Verschmelzungswünsche mit den Partnern und den Kindern [. . .] sind insofern auch narzißtisch, als sie (die Prob.) sich im Liebesobjekt selbst wiederfinden möchte. [. . .] durch drohenden Verlust eigenes Selbst gefährdet (Frau H., S. 14 des testpsychologischen Anhanges).

Nun ist nicht in Abrede zu stellen, daß die genannten Eigenschaften bei dieser Täterin und auch bei Frauen allgemein häufiger zu finden sind. Die Absolutheit jedoch, insbesondere auch die Generalisierung, die alle Frauen einbezieht, sowie insbesondere die Art der sprachlichen Darstellung – „ankrallend" – lassen für etwas Positives daneben keinen Raum. So fehlen denn auch konsequenterweise die positiven Aspekte in der vorliegenden Betrachtung. Lassen wir Kargl zu Wort kommen: „Man fragt sich unwillkürlich, welche Beziehung der Gutachter zum Probanden haben muß, wenn er die Sprache der Vernichtung verwendet" (Kargl 1982, S. 216–217).

„Besonders deutlich zeigt sich die ambivalente Beziehung von Frau B. zu ihrer Umwelt auch ihren Kindern gegenüber: [. . .] ausgesprochener ‚Kindertick'" (Frau B., S. 59). „Dieser ‚Kindertick' ist dahingehend zu interpretieren, daß Frau B. selbst in ihrer infantilen Persönlichkeitsstruktur die starke Neigung hat, sich mit Kindern zu identifizieren." Es gab eine „enge Symbiose zwischen Frau B. und ihrer zweieinhalbjährigen Tochter; diese zeigte starkes Imitationsverhalten (Zigaretten, Bier)" (Frau B., S. 59); diese Symbiose war „bereits pathologisch"; sie ist „bei alleinstehenden Müttern durchaus nicht selten zu beobachten" (Frau B., S. 60).

Wie beiläufig wird hier alleinstehenden Müttern als Gruppe ein psycho-pathologischer Stempel aufgedrückt.

Aber auch die angestrebte Selbständigkeit von Frauen, die in den vorliegenden Gutachten überhaupt nur in einem Fall zu beobachten ist, wird als pathologisch eingestuft. So wird über das Unabhängigkeitsstreben der Frau G. ausgesagt: hier scheint eine „asthenische Haltung durch, die aber durchaus nicht etwa als Symptom einer epileptischen Wesensveränderung angesehen werden kann, sondern sowohl eine Persönlichkeitseigenheit darstellt, die auch ihre psychodynamischen Wurzeln hat" (Frau G., S. 46). Kommentarlos bleibt hingegen das Aufkeimen einer vor der Ehezeit bei Frau A. nicht vorhandenen Unselbständigkeit, die erst im Gefolge des familiären Zusammenlebens erwächst. Die Schwester der Frau A. berichtet in der Fremdanamnese folgendes: ,,Durch die ständigen Maßregelungen von ihrem Ehemann sei B. immer unselbständiger geworden. Sie habe sogar ihren Mann immer aufs neue um das Haushaltsgeld bitten müssen" (Frau A., S. 61). Der Gutachter greift diese Schilderung nicht auf. In seinen Augen ist mit diesem Verhalten das Grenzgebiet zwischen Normalität und Pathologie nicht betreten. Tatsächlich entspricht die Unselbständigkeit dem gesellschaftlichen Standard. ,,Frauen in Beziehungen leben oft unterhalb ihrer Möglichkeiten, eine Tatsache, aus der sich wiederum viele weibliche Phantasien und Liebeserwartungen ableiten, denn nur so erhalten die Selbstverkleinerungen ihren Sinn" (Brückner 1983, S. 109). In einer psychoanalytischen Studie stellte Willi die typische Beziehungsdynamik dar: Frauen und Männer veränderten während der Beziehung beide ihre Persönlichkeit. Bei Frauen war diese Veränderung größer und wies in die entgegengesetzte Richtung. Frauen verloren einen Teil ihrer Ich-Stärke, während Männer an Ich-Stärke dazugewannen (Willi 1978, S. 21 ff.).

Den vergleichsweise eher umfangreichen Ausführungen der Täterinnen stehen die eher knappen Darstellungen der Gutachter gegenüber. Oben wurde angeführt, aus welchen Angaben der Frauen sich Rückschlüsse auf ihre Haltung zum Muttersein, ihr Verständnis der Mutterrolle ziehen lassen. Trotz zum Teil umfangreicher Erörterungen anderer Themen scheint eine unsichtbare Schranke vor den Kernfragen errichtet zu sein, die nur an wenigen Stellen und damit in seltenen Augenblicken der Begegnung zwischen dem Gutachter und der Täterin etwas gehoben wurde. Die kargen Kommentare der Gutachter sind insofern folgerichtig. Diese Kommentare werden noch nicht einmal dem von den Frauen gebotenen Material über ihr Mutterbild gerecht, insofern als dieses zum großen Teil gutachtlich nicht verwertet wird. Ein solches ,,Brachliegen" ist um so erstaunlicher, als die ,,obligatorische Frage nach der Kindheit, dem Verhältnis zur Mutter und zum Vater", im allgemeinen eine ,,Schlüsselstellung" bei der Behandlung von klinischen Fällen einnimmt (Hauser 1987, S. 139). Hier jedoch bleiben die tatsächlichen Angaben unaufgeschlüsselt; die einzelnen Spuren zu dem latenten

Textinhalt werden nicht verfolgt, und damit verharrt dieser im Dunkeln. Um mit Lang (s. Kap. 1.5) zu sprechen: Weder werden hier vergangene Gespräche hörbar noch der Horizont einer Ursymbolisierung – der Mutter-Imago – sichtbar. Zu beobachten ist dagegen eine „globale Argumentationstaktik" (Runte 1988, S. 87): Die Aussagen zur Mutterschaft muten eher pauschal als aufdeckend an, z. B. die oben in diesem Kapitel wiedergegebene Bemerkung des Gutachters, daß für Frau G. die Mutterschaft eine besondere Bedeutung habe.

1.5.3.2 Kontaktverhalten

Von der Qualität der Beziehung zwischen dem Gutachter und seinem Probanden hängt es ab, was und wieviel dieser ihm mitteilt, was aus seiner Erinnerung im Untersuchungsverlauf präsent wird, wie der Proband Fragen versteht und darauf eingeht, welche kommunikative Aktivität er in dem Dialog mit dem Sachverständigen entwickelt: Ein Proband, der einem Gutachter mißtraut, wird diesem weniges und anderes mitteilen, als einem, zu dem er Vertrauen faßt, von dem er sich Hilfe für seine Schwierigkeiten verspricht, der ihm Gelegenheit bietet, sich im Gespräch zu entfalten. (Crefeld 1990, S. 278)

Über die Untersuchungssituation, d. h. über den eigentlichen Kontakt Gutachter-Probandin läßt sich lesen:

Es fehlt in ihrem Verhalten jeglicher Bezug zu den Umgebungspersonen. [. . .], nimmt von ihrer Umgebung kaum Notiz [. . .], spricht zumeist ohne adäquaten Begleitaffekt und ohne eigentliche Zuwendung (Frau D., S. 65–66).

Der Kontakt zwischen Gutachter und Probandin ist hier, wie auch in den übrigen Fällen – mit einer Ausnahme, nämlich der einzigen voll ausgebildeten Akademikerin unter den Täterinnen –, defizitär. Es entsteht überhaupt kein Bezug zwischen den Gesprächspartnern. Es wird *erklärt,* beschrieben, zugeordnet. Von einem aus Empathie erwachsenden *Verstehen* wird nichts spürbar (s. Kap. 1.5). Die Bezugslosigkeit schlägt sich in der folgenden Wertung nieder: Feststellen lassen sich

abnorme Beziehungssetzungen [. . .], schon als Heranwachsende fühlte sie sich in ihrem Selbstgefühl dauernd verletzt, ungerecht behandelt, weniger beachtet als andere. Ihr Leben lang sei sie überall zurückgesetzt und zurückgestoßen worden (Frau D., S. 69).

Die eigenen Äußerungen der betreffenden Frau (Frau D.) dazu lauten:

Sie selbst habe stets das Gefühl gehabt, daß sie überall zurückgesetzt und zurückgestoßen worden sei. Das sei aber nicht wörtlich auf ihre Eltern zu beziehen, sondern sei ein allgemeines Prinzip für ihr ganzes Leben gewesen. Sie habe sich psychisch unverstanden gefühlt; sie habe alles in sich „reingefressen" [. . .]. Ich bin da und bin auch nicht da [. . .]. Alles ist wie hinter einem Schleier. Ich fühle mich selber nicht. Ich fühle mich wie eine Marionette (Frau D., S. 32–35).

Wer darin geschult ist, solche Kurzformeln aufzunehmen, in denen sich das Selbstverständnis eines Patienten ausdrückt, der gewinnt in der Regel eine große Hilfe: Ihm wird das „Beziehungsangebot" deutlich, das Patienten – oft ohne es selbst zu merken – den Menschen ihrer Umgebung machen, ihr Umgangsstil und die vorweggenommenen Erwartungen, die sie an ihren Schicksalsablauf haben. Und da sich diese (oft nachteilig gefärbten) Erwartungen an das Lebensschicksal tatsächlich häufig genug im neurotischen Arrangement oder im neurotischen Wiederholungszwang erfüllen, bietet uns das Verständnis dieser ‚inneren Formeln' auch einen wichtigen Einblick in den Zusammenhang zwischen der inneren Welt eines Patienten und den [. . .] Lebenskrisen und Konfliktkonstellationen. (Dührssen 1986, S. 33)

In solche Zusammenhänge aber werden die „Beziehungsangebote" nicht gestellt. Hinter diesen „Kurzformeln" verbergen sich vielfach „Klischees" im Sinne von Lorenzer. „Klischees" entstammen im Gegensatz zum „symbolischen Sprachgebrauch", der der Ebene des Sekundärprozesses entspricht (Lorenzer 1973 a, S. 118–119), der – entwicklungsgeschichtlich älteren – „Privatsprache" (Bittner 1969, S. 19).

Sprache ist gekennzeichnet durch ein „Oszillieren zwischen sekundär-prozeßhaft-kommunikativer und primärprozeßhaft-privatsprachlicher Verwendung". (Lorenzer 1973 a, S. 118–119)

Die privatsprachlichen „Klischees" drücken Störungen des Patienten aus (Wodak 1981, S. 20), markieren Brüche in der Lebensgeschichte (Wodak 1981, S. 22). „Klischees lassen sich nur durch die Teilnahme des Psychiaters am „Sprachspiel" (L. Wittgenstein 1989, § 7, § 23) aufschlüsseln. Lorenzer versteht „Sprachspiel" folgendermaßen:

Vorgänge, wie wir sie im Rahmen des Konzeptes des „logischen Verstehens" wie auch des „Nacherlebens" abgehandelt haben, reichen dann offensichtlich nicht aus. Eine Operation, die nur auf *Erfüllung von festen Erwartungsformeln* (Hervorhebung, A. W.) aufbaut, greift immer an der entscheidenden Stelle zu kurz, an der Stelle, an der das [. . .] Verstehen sich überhaupt erst bewähren muß: als Vermögen, das Immer-schon-Verstandene zu überschreiten und die Privatisierung Schritt für Schritt zu bereinigen. Kurzum, [. . .] Verstehen hat sich als hermeneutisches Verfahren zu zeigen. (Lorenzer 1973 b, S. 136)

Die Bedeutsamkeit einer Differenzierung auf der Sprachebene entfaltet sich vor dem Hintergrund, daß Handeln sich nicht außerhalb der „Sprachlichkeit" entwickelt (Lorenzer 1973 a, S. 119). Über eine andere Täterin (Frau C.) heißt es in einem der Gutachten beispielsweise: Das „Kontaktverhalten ist außerordentlich ambivalent" (Frau C., S. 68), d. h., das „Kontaktbedürfnis" schlägt um in „Kontaktabwehr", „sofern das Verhalten der jeweiligen Bezugsperson ihren Vorstellungen, Erwartungen und Wünschen zuwiderläuft" (Frau C., S. 68). Wie diese als „Zurücksetzungserlebnis" beschriebenen Situationen in der konkreten Begegnung mit dem Gutachter aussehen, bleibt offen.

Lediglich einmal – bei der einzigen Akademikerin, wie bereits erwähnt – kommt „ein mitschwingender tragender Kontakt zustande" (Frau G., S. 47). „Es sei am Rande bedacht, daß sich das Alltagsbewußtsein bei den psychiatrischen Forschern zwar auf ihre Erfahrung mit Kranken gründet. Sie urteilen jedoch eben auch aus ihrer persönlichen Erfahrung, d. h. aus der Sicht von zumeist arrivierten oder arrivierenden Angehörigen der Universitäten, die den Kampf um Karriere bewältigen oder bewältigt haben" (Bach/Heine 1981, S. 13–14).

Weitere Hinweise auf den interpersonellen Ablauf der Untersuchung finden sich nicht. Unter Zugrundelegung der Auffassung, daß jedes Verhalten immer ein Verhalten „in-Beziehung-zu" (Orban 1986, S. 27) ist, offenbart dieses Schweigen einen Mangel der Begegnung und auch einen Mangel des Gutachtens; denn *„jede Kommunikation hat einen Inhalts- und einen Beziehungsaspekt, derart, daß letzterer den ersteren bestimmt"* (Watzlawick/Beavin/Jackson 1990, S. 56). Wird letzterer nicht aufgegriffen, besteht die Gefahr, daß ersterer verschüttet bleibt. Hier offenbart sich, daß die Psychiatrie über „keine entwickelte therapeutische Beziehungslehre" verfügt, obwohl sich auf ihren „vielfältigen Interaktionsfeldern [. . .] so gut wie alles wiederholt (Einfügung A. W.), was es an gelungenen und vor allem mißglückten zwischenmenschlichen Beziehungen gibt" (Spazier 1982, S. 164). „In ihrer (der Psychiatrie, Erläuterung A. W.) durchschnittlichen Verfassung verfügt sie nicht über das Sensorium, um überhaupt wahrzunehmen, daß sich diese kommunikativen Parameter in die psychiatrische Situation hinein fortsetzen und auch diese nachhaltig beeinflussen" (Spazier 1982, S. 164).

Die oben sichtbar gewordene Ausklammerung des Beziehungs-
aspektes hat fundamentale Konsequenzen für die Diagnose der Störung selbst, vor dem Hintergrund,

> daß jede Verhaltensform nur in ihrem zwischenmenschlichen Kontext
> verstanden werden kann und daß damit die Begriffe von Normalität oder
> Abnormalität ihren Sinn als Eigenschaften von Individuen verlieren. Wer
> sich je mit der Psychotherapie der funktionellen Psychosen befaßt hat,
> weiß, daß der sogenannte Geisteszustand des Patienten durchaus nicht
> statisch ist, sondern sich mit der zwischenpersönlichen Situation ändert
> und daher auch weitgehend von der Haltung des Therapeuten oder For-
> schers abhängig ist. Psychiatrische Symptome *müssen* in monadisch iso-
> lierter Sicht abnormal erscheinen; im weiteren Kontext der zwischen-
> menschlichen Beziehungen des Patienten gesehen, erweisen sie sich je-
> doch als adäquate Verhaltensweisen, die in diesem Kontext sogar die
> bestmöglichen sein können. Die Bedeutung der Einbeziehung des Zwi-
> schenmenschlichen kann kaum überschätzt werden. (Watzlawick/Beavin/
> Jackson 1990, S. 48–49)

Von dieser Erkenntnis der Kommunikationsforschung ist die forensische Psychiatrie, wie sich den vorliegenden gutachterlichen Äußerungen, aber auch der Fachliteratur entnehmen läßt, weitgehend
unbehelligt geblieben.

Wird die Sprache als Grenze zwischen Wissen und Nichtwissen,
zwischen Bewußtem und Unbewußtem (Feer 1987, S. 50) gesehen,
so drückt das Schweigen bzw. die Kürze der Kommentare zweierlei aus: der Psychiater weiß an dieser Stelle nicht mehr, als er über
seine Sprache verlautbaren läßt, d. h., er weiß nicht um das im Raum
stehende Problem, bzw. es ist ihm nicht bewußt, gehört der Welt des
Unbewußten an. Hirschbergs Unterscheidung zwischen „Sprechen
über" (Erklären) und „Sprechen *mit*" (Einfühlen) heranziehend
(s. Kap. 1.4.2), decken die Gutachten keine – sprachlichen – Anhaltspunkte für ein „Sprechen *mit*" auf.

> Die einzige Beziehung ist diejenige, die einen Namen aussprechen läßt –
> den Namen der Krankheit. (Foucault 1988, S. 75)

Die vorliegenden Aktenstudien bestätigen insoweit eine Untersuchung Lehmanns, wonach Psychiater sich selbst in Krankengeschichten nur ganz selten erwähnen, Psychoanalytiker hingegen ihre
eigene Person einbinden und von ihren Wahrnehmungen in Ich-
Form berichten (Lehmann 1984, S. 90).

Dem Psychiater liegen die Darstellungen der Frauen vor; er nimmt
sie – durchwoben von seinen Wahrnehmungen – zur Kenntnis. Sei-

ne Diagnose reift heran. Als Frucht fällt endlich eine Begrifflichkeit vom Kategorienbaum des ICD herab:

Es handelt sich um eine depressive Entwicklung (ICD Nr. 309.1) bei einer psychasthenischen, unausgereiften Persönlichkeit mit hysterischen Strukturanteilen (ICD Nr. 301.6) (Frau A., S. 56).

Das Lesen dieser Diagnosen mutet an wie eine „beständige Zirkulation von Schlüsselworten" (Kargl 1977, S. 306).

1.5.3.3 Wahrnehmung des Psychiaters

Wird nun die Brücke geschlagen zu einer sichere Erkenntnis darbietenden Diagnose – mit der die Gutachten enden –, ist ersichtlich, daß in dieser Begriffswelt kein Raum für die Zeichnung eines komplexeren Mutterbildes zu sein scheint. Das System stellt sich als lükkenlos dar. Es orientiert sich an dem Maßstab, den „der Normencodex der ‚gewöhnlichen Gesundheit‘ in der jeweiligen Gesellschaft" bildet (Pohlen/Wittmann 1980, S. 61).

Nochmals sei hier der Einwand gebracht: Es gibt aber „weder vom statistischen noch vom klinischen Standpunkt her eine allgemeine Definition von Normalität und geistiger Gesundheit [. . .]. Übereinstimmung gibt es nur in bezug auf Extreme, nicht über Bereiche des Überganges oder des Umschlagpunktes" (Redlich 1967, S. 106).

Der forensische Psychiater will ermitteln, ob – unter Heranziehung des ihm geläufigen Systems – eine Störung zu konstatieren ist. Dieses Anliegen prägt seine Herangehensweise an die Untersuchungssituation; es bestimmt vor allem seine Wahrnehmung:

Die Wahrnehmung des Psychiaters vollzieht sich also entlang einer normativen Schablone, die dem Feststellen und damit Festschreiben von Sozial-Devianten dient. (Pohlen/Wittmann 1980, S. 61)

Stützt sich der Psychiater bei seiner Tätigkeit allein auf obiges Wahrnehmungssystem, läßt ihn dieses dort abschalten, wo er die Merkmalsabweichungen feststellen kann. Dieser Wahrnehmungsmodus erweist sich als „systematischer Kommunikationsabbruch" (Pohlen/ Wittmann 1980, S. 61). „Der psychiatrische Wahrnehmungsprozeß ist eine etikettierende Tätigkeit, bei der alle möglichen Verhaltensmerkmale eines Subjektes in einem schematisch vorgegebenen geschlossenen Kategoriensystem rubriziert und subsumiert werden. Das Kategoriensystem selbst wird ebensowenig hinterfragt" (Pohlen/Wittmann 1980, S. 61).

Wo man klassifiziert, muß man urteilen, was wohin gehört. Sobald man urteilt, ist oft das Verurteilen nicht weit weg. Kategorien verleiten zu kategorischen Urteilen. Dies ist eine Versuchung, der wir nie ganz entgehen. (Wurmser 1987, S. 6)

Hierin liegt *eine* Erklärung für das soeben festgestellte Defizit der Gutachten; denn der Diagnosekatalog des ICD ist ein solches geschlossenes Kategoriensystem, noch stärker jedoch der Katalog der §§ 20, 21 StGB.

1.5.3.3.1 Bezugssysteme

Vor uns liegt das Kategoriensystem des Psychiaters, das sich dem Kategoriensystem des Strafjuristen zu stellen hat. Mit dem Errichten eines „Systems" bzw. Einordnen eines Einzelfalles in ein System, wird der Blick vom Individuellen auf das Allgemeine gelenkt. Luhmann bezeichnet Systeme als „kontingente Selektionen" (Luhmann 1981, S. 200). Der Begriff der Kontingenz deutet darauf hin, daß hier zwar eine Auswahl stattfindet, das Bestehen anderer Möglichkeiten aber gedanklich mitumfaßt ist. „Auf Kontingenz zu achten, heißt demnach Seiendes im Lichte anderer Möglichkeiten zu betrachten" (Luhmann 1981, S. 201). Die Schematabildung per se bringt noch keine Einengung mit sich. Schematisierende Erlebnisverarbeitung ist vielmehr ein wichtiger Faktor bei der Informationsaufnahme, bei der Orientierung in Zeit und Raum (Luhmann 1981, S. 225). Entscheidend ist, darauf hinzuwirken, daß einzelne Schemata als Schemata bewußt und damit in ihrer Funktionsweise kontrollierbar werden (Luhmann 1981, S. 226). Luhmann führt für diesen Vorgang den Begriff des Prinzips ein. „Prinzipien sind mithin Schemata, in denen die Problematik schemagebundener Selektivität thematisch geworden ist und bewußter Steuerung unterworfen ist" (Luhmann 1981, S. 226). Systeme, die dieses Andere gedanklich mitaufnehmen, bleiben offene Systeme. Baut ein System auf sozialen Begegnungen, auf Interaktionen von zwei oder mehreren Personen auf, so muß das Andere zweifach mitgedacht werden, auf der Ebene des Handelns der einen Person, die passende oder nicht passende Handlungen beizusteuern vermag, und auf der Ebene der Erwartung der anderen Person an das Verhalten des Gegenübers, das zum Faktor der eigenen Verhaltensorientierung wird (Luhmann 1981, S. 203–204). Parsons spricht in diesem Zusammenhang von der „doppelten Kontingenz" aller Interaktionen (Parsons 1951, S. 36–37). Dabei beruht die „Erwartbarkeit wechselseitigen Erwartens" im wesentlichen „auf dunklem vorsprachlichen Verstehen [...], auf unmittelbarer Wahrnehmung dessen, was andere meinen" (Luhmann 1981, S. 207). Ein offenes System, das sich seiner Selektivität bewußt ist, wird danach trachten, arbeitsteilig zu kooperieren, sich der Hilfe anderer offener Systeme zur Offenlegung des mitgedachten Anderen bedienen, um Wahrheiten zu ermitteln (Luhmann 1981, S. 197).

Anhand dieser grundsätzlichen Betrachtung zur Arbeit mit Systemen führt uns der Weg zurück auf die Ebene der gutachterlichen Tätigkeit. Eine Wissenschaft wie die Psychiatrie, die sich mit Lebensphänomenen befaßt, müßte sich des Austausches mit der Umwelt bewußt sein (Watzlawick/Beavin/Jackson 1990, S. 117), d. h. ein „offenes System" bilden.

Tatsächlich will der Gutachter ermitteln, ob das Erscheinungs- und Verhaltensbild der Frauen zum Zeitpunkt der Tat Krankheitswert zeigt; auf dieses Ziel ist seine Wahrnehmung fixiert. Er fungiert als „neutraler Sachwalter in der Position eines (emotions-)distanzierten Beobachters" (Pohlen/Wittmann 1980, S. 62). Seine „eindimensional-geschlossene, normengeleitete" Wahrnehmung steht im Gegensatz zu der „offenen" Wahrnehmung beispielsweise des Psychoanalytikers. Dieser Wahrnehmungsstil wirkt sich aus auf das Gegenüber, hier die Täterin. Diese handelt, nimmt wahr ebenfalls vor dem Hintergrund eines – lebensgeschichtlich begründbaren – eingeengten Bezugssystems: ihre enge Welt der Familie und des Haushaltes. Die insbesondere in obigen Selbstaussagen deutlich gewordene Enge, die objektiv gegeben und von den Frauen subjektiv erlebt wird, erfährt Verstärkung dadurch, daß sich die Frauen, wie oben bereits erwähnt, in dieser, ihrer eigenen, Welt letztlich mit fremden Blicken selbst betrachten und in dieser Weise auch erleben. Das Bezugssystem der Frauen verleiht diesen trotz des Chaos – mangels vorstellbarer Alternativen – insofern eine gewisse Sicherheit, als jede Grenzüberschreitung, d. h. jedes In-Frage-Stellen dieses Bezugssystems, eine noch größere Bedrohung darstellt, die zunächst heftige Angstreaktionen auslöst und deshalb unbedingt vermieden wird (Pohlen/Wittmann 1980, S. 62). Zu berücksichtigen ist in dieser konkreten Gutachtensituation für die Frauen die extreme Anspannung, die durch die Haftsituation und die Erwartung des bevorstehenden Strafprozesses hervorgerufen wird.

Es treffen somit in der Begutachtungssituation zwei eingeengte Bezugssysteme aufeinander. Die Konsequenz ist der typische psychiatrische Diagnoseprozeß, in dem der Eine im Anderen nichts als den Fall sehen kann und dadurch den Schwächeren zwingt, sich selbst auch nur als Fall mitzuteilen. Unter diesen Bedingungen werden eingeengte Bezugssysteme verstärkt. (Pohlen/Wittmann 1980, S. 62)

Welche Funktion erfüllt das Bezugssystem des Psychiaters? Zunächst einmal dient es, ähnlich wie das System des Gegenübers, der Angstabwehr. Es ist die Angst,

in die Geschichte des anderen und seines Anders-Seins verwickelt zu werden und damit selbst herauszufallen aus dem normativen Rahmen gesunder Gewöhnlichkeit. (Pohlen/Wittmann 1980, S. 62)

Bezogen auf die hier im Raum stehende Problematik, geht es nicht nur um das herkömmliche psychiatrische Bezugssystem: das ICD, sondern zugleich um das besondere des forensischen Psychiaters: §§ 20, 21 StGB. Darüber hinaus lebt auch der Psychiater in einem außerberuflichen familiären Bezugssystem, das zwangsläufig auch eine bewußte oder unbewußte Vorstellung von Mutter umfaßt und das daher von dem vorliegenden Thema berührt wird. Dieses System ist lebensgeschichtlich – individuell und gesellschaftlich – geprägt und mehr oder weniger offen. Es handelt sich um das Bezugssystem, das bei dem geschlossenen Wahrnehmungsmodus außen vor bzw. innen verdeckt bleibt. Je nach Gegenüber, je nach dessen Problemlage, vermag dieses aber eine zusätzliche Einengung mit sich zu bringen. Es ist dann unter Umständen eine andere Angst des Betroffenseins, die sich hier meldet, nicht die, „genauso zu werden", sondern eine sehr tief verwurzelte, die anklingt an archaische Kindheitsängste. Um ein solch elementares Thema handelt es sich bei der Tötung eines Kindes durch die Mutter oder (aus der Perspektive des Kindes) der Tötung des ohnmächtigen Kindes durch die allmächtige Mutter. Gerade die starke Tabuisierung dieses Faktums bringt es mit sich, daß die Konfrontation mit einer solchen Täterin elementare Ängste zu berühren vermag. Auch von daher läßt sich das Bestreben der Gutachter verstehen, die Wahrnehmung auf das für ICD sowie StGB relevante Material zu beschränken. Aber das Bild bleibt dabei in mehrfacher Hinsicht unvollständig, Verzerrungen sind vorhanden. „Der Sachverständige selbst steht in einem Netz vielfältiger Determinanten, über die er selten hinreichend reflektiert" (Rasch 1981, S. 41). Letztlich wäre es dem Psychiater aufzuerlegen, mittels Selbstwahrnehmung mit seiner Angst umzugehen, d. h., seine Wahrnehmung zu öffnen. Zur Herstellung einer Arzt-Patientin-Beziehung in der Begutachtungssituation ist „stets von neuem eine Arbeit an sich selbst" vonnöten (Schorsch/Becker 1977, S. 18). Dem steht jedoch entgegen, daß „der Mangel einer verbindlichen und probaten psychiatrischen Begegnungslehre [. . .] ein übriges tut (Einfügung A. W.), den Psychiater ahnungslos zu lassen. Er verfügt über keine Methode, sich selbstabgrenzend auf den psychisch Kranken authentisch, das heißt hinreichend glaubwürdig, einlassen zu können. Das aber ist erforderlich" (Spazier 1982, S. 187). Ferner ist mit Rasch (Rasch 1981, S. 43) zu bedenken, daß der Psychiater von seiner Ausbildung her weder mit psychologischen noch gar mit kriminologischen Fragestellungen ausreichend vertraut ist; er besitzt also eigentlich nicht das „angemessene Rüstzeug" für die Beurteilung von Persönlichkeiten, die im Bereich des Normalpsychologischen oder an dessen Rand angesiedelt sind; vertraut ist ihm hingegen das gut handhabbare Schema von Kurt Schneider (K. Schneider 1946). Bedient er sich dennoch der Selbstwahrnehmung, erhebt sich die Frage, welche Grenzen sich ihm dann stellen. Geht es überhaupt darum, der Täterin – durch ein umfassenderes Erkenntnisinventar – gerecht zu werden, ihr in der Gutachtensituation die Chance zu geben, ihr Bezugssystem zu erweitern? Ist dieses in der Kürze der für ein Gutachten zur Verfügung stehenden Zeit überhaupt möglich? Nochmals sollen die Psychiater Redlich/Freedman zu Wort kommen:

> Gleich welche Methode der Psychiater wählt, so sollte es doch in jedem Fall seine ehrliche Absicht sein, im Interesse des Patienten zu handeln. (Redlich/Freedman 1976, S. 316)

1.5.3.3.2 Erwartungen der Justiz

Der forensisch-psychiatrische Gutachter sieht sich gehalten, effizient zu arbeiten. Nicht zuletzt seine Auftraggeberin, die Justiz, tritt mit dieser Erwartungshaltung an ihn heran. Norm- und Erfahrungswissenschaft treffen aufeinander. Der Jurist erwartet eine unmittelbare Entscheidungshilfe (Luhmann 1981, S. 284). Die Entscheidung des Richters, sich naturwissenschaftlicher Unterstützung zu bedienen, impliziert – im Gegensatz zu einer Inanspruchnahme der Sozial- oder Geisteswissenschaften – die Hoffnung auf eine einfachere Handhabung erstgenannter für Laien. „Nur die Naturwissenschaften können ihren Komplikationsgrad für die Praxis weitgehend neutralisieren, indem sie Produkte zur Verfügung stellen, die sich auf Grund einfacher Rezepte oder Bedienungsanleitungen technisch (das heißt ohne volles Verständnis) handhaben lassen" (Luhmann 1981,

S. 284). Vordergründig scheint hier der Schlüssel für das eingespielte Zusammenwirken von Juristen und Psychiatern in foro zu liegen. Der Jurist sucht eine Methode der Entscheidungsvereinfachung, um ein „komplexes" Problem zu „reduzieren" (Luhmann 1981, S. 285). Strukturelle Parallelen der beiden Disziplinen, die – trotz der Unterschiedlichkeit des Gegenstandes und der Methodik im einzelnen – bestehen, erleichtern den ersten Zugang zum gemeinsamen Arbeiten. Einige Autoren wie z. B. der Jurist Kargl (Kargl 1977, S. 322) heben den gemeinsamen funktionalen Aspekt – Entwicklung von „Reaktionsschemata gegen Abweichung" – so sehr hervor, daß sie die Betonung der disziplinmäßigen Unterschiede, wie sie von anderer Seite vorgenommen wird, als „künstliche Abgrenzungsversuche" bezeichnen. Als beide Disziplinen tatsächlich verbindend erweist sich ein „Negativum", das beiden Welten anhaftet.

> So, wie der Richter die Schranke zwischen der Gesellschaft und den Rechtsbrechern reguliert, so kann man den Psychiater als den Hüter der Schranke zwischen der Gesellschaft und den psychisch Kranken bezeichnen. (Lauter/Schreiber 1981, S. 7)

Es geht nicht um „Aufklärung" im Sinne einer weitgehenden Offenlegung des Problemfeldes. Hieraus resultiert die Phalanx gegenüber der Psychoanalyse als mitwirkende erkenntnisbeitragende Kraft im Rahmen der Entscheidungsfindung.

Die Unterschiede sind dennoch erheblicher Natur; gerade hierin liegt jedoch auch der Schlüssel zum beiderseits geschätzten Zusammenwirken. Je nach Sichtweise scheint sich stärker der trennende oder der gemeinsame Aspekt voranzustellen. Der Psychiater Ehrhardt schreibt von dem „ohnehin nicht einfachen Gespräch zwischen Richter und Sachverständigem" (Ehrhardt 1964, S. 230). Der Jurist Rottleuthner hingegen betont die Gemeinsamkeit der Kommunikationsweise: beide halten sich aus Diskussionen heraus, machen den Tatbestand der Normverletzung jeweils beim anderen fest und begeben sich jeder Selbstproblematisierung (Rottleuthner 1973, S. 165). Die Psychiatrie scheint für solche Einordnungs- bzw. Bezugsprobleme prädestiniert, kommt ihr doch der Status einer „Grenzwissenschaft" zu. Sie ist keine Naturwissenschaft im eigentlichen Sinne, obwohl sie sich als solche bezeichnet. Von dieser unterscheidet sie sich, indem sie sich auf geistige Gegebenheiten bezieht; hingegen ist sie aber auch keine Geisteswissenschaft, beruft sie sich doch auf biologische Hintergründe (Herzog 1984, S. 203). Dieser „weder/noch"-Status erschwert die Kritik sowohl seitens der

Natur- als auch seitens der Geisteswissenschaften. Für eine Disziplin ganz anderer Provenienz wie die Jurisprudenz scheint gerade dieses wissenschaftliche Grenzterritorium der Psychiatrie besonders attraktiv zu sein. Möglicherweise hat der Psychiater gar nicht die Zeit, sich seinen – durch die Begutachtung – auflebenden Ängsten zu stellen. Auch ist ein um diese Komponente bereichertes Ergebnis ehrlicher zwar, aber unter Umständen weniger erwünscht. Hier sollen lediglich vorab einige Einwände zur Sprache kommen, die einer stärkeren Einbeziehung eigener Anteile des forensisch tätigen Psychiaters entgegenstehen; ausführlicher wird diese Situation unten behandelt (s. Kap. 1.5.4). Denkbar ist, daß Argumentationen – wie eben dargestellt – zu diesem Thema vorschnell als Alibi herangezogen werden; denn bequemer und einfacher ist es jedenfalls, sich den „Fällen" mit der Meßlatte des ICD zu nähern.

Zusammenfassend: Der forensisch tätige Psychiater orientiert sich also im Normalfall an drei Bezugssystemen, von denen zwei, nämlich das Kategoriensystem psychischer Störungen (ICD) sowie das juristische, offengelegt werden, wohingegen das lebensgeschichtlich-gesellschaftliche verdeckt bleibt – ein Bezugssystem, in dem persönliche und allgemeine Erfahrungen zusammenfließen. Wie ein hintergründig mitlaufender Webfaden wirkt es strukturgebend auf die Kommunikation mit der Täterin ein. Nun ist aber jede psychische Störung zugleich eine Kommunikationsstörung (Spazier 1982, S. 162) und steht im Zusammenhang mit sozialen Normen. Das Verständnis von Auffälligkeiten erfordert die Bezugnahme auf das Unauffällige. Gerade dieser nicht beachtete Bereich, in diesem Sinne also das „Negierte", darf nicht aus dem Blickwinkel geraten. Das erfordert Kapazität für Aufmerksamkeit (Luhmann 1981, S. 401).

1.5.4 Begriff der Gesundheit – ein Definitionsprozeß

Der Begriff der Gesundheit und Normalität ist „noch immer ein sehr verschwommener" (Redlich/Freedman 1976, S. 182). Watzlawick (Watzlawick/Beavin/Jackson 1990, S. 48) zufolge ist „in Ermangelung einer brauchbaren Definition psychischer Normalität auch der Begriff der Abnormität undefinierbar". Das „medicozentrische" Weltbild richtet sich aus auf ein Denken in Begriffen von Krankheit, Gesundheit, Heilung und Normalität (Parin/Parin-Matthèy 1988, S. 62). Es gibt das Bestehen klarer Grenzen vor. Wie jedoch bereits an anderer Stelle (s. Kap. 1.5.3.3) dargelegt, hat die Grenzziehung allenfalls fiktiven Charakter; denn zu bedenken ist, „daß die Abgrenzung der psychischen Norm von der Abnormität wissenschaftlich nicht durchführbar ist, so daß dieser Unterscheidung trotz ihrer praktischen Wichtigkeit nur ein konventioneller Wert zukommt" (Freud 1938, S. 51). Es kann nicht das Anliegen dieser Arbeit sein, die Bandbreite der vorhandenen Definitionsansätze zur Krankheit anzuführen, deren gemeinsames Kennzeichen das Verhaftetsein im „Medicozentrismus" ist. Exemplarisch seien drei herkömmlicherweise differenzierte Ansätze benannt, die unterschiedliche Herangehensweisen an das schillernde Phänomen „Gesundheit" in der Psychiatrie erhellen:

1. der *statistische* Ansatz, der vom Durchschnittsverhalten ausgeht und bestimmt, inwieweit ein Verhalten vom statistischen Durchschnitt abweicht (Redlich/Freedman 1976, S. 179);

2. der *klinische* Ansatz, der alles als abnorm definiert, was nicht zweckentsprechend funktioniert (Redlich/Freedman 1976, S. 180) und

3. der *normative* Ansatz, wonach das, was Abnormität ist, von den kulturellen Wertmaßstäben derer abhängt, die sie definieren (Redlich/Freedman 1976, S. 181).

In der täglichen Praxis benutzt der Psychiater einen kombinierten Ansatz zur Verhaltensbeurteilung; er diagnostiziert ein Verhalten als eindeutig abnorm, wenn es schwere Beeinträchtigungen und Leiden mit sich bringt, von den anerkannten Normen der Kultur abweicht und daher relativ selten vorkommt; bei Grenzfällen jedoch helfen solche Kriterien nicht viel. (Redlich/Freedman 1976, S. 182)

Welche Kriterien aber helfen dann weiter bzw. werden herangezogen, wenn es gilt, das „Niemandsland zwischen Geisteskrankheit und geistiger Gesundheit" (Redlich 1967, S. 107) zu beackern? Die Grenzziehung zwischen normal und abweichend erfolgt durch den Psychiater. Seine Tätigkeit zeichnet sich aus durch das ständige Bemühen, Normales von Pathologischem zu unterscheiden (Parin/ Parin-Matthèy 1988, S. 70). Dabei orientiert er sich eben auch an seiner eigenen Normwelt; eine Machtfülle besonderen Ausmaßes ist ihm zu eigen.

Der Proband fühlt sich erniedrigt, wenn ihm Worte, Symbole und unterschwellige Signale bestätigen, daß er es mit einem überlegenen Arzt zu tun hat. Aufgrund des Phänomens der Gegenübertragung (ein Gesichtspunkt, der in anderem Kontext nochmals zu betrachten sein wird) wird dessen Gefühl der Überlegenheit ständig angeregt, der Proband wiederum erzählt angesichts dessen tatsächlich nur von seinem Leiden usw., die Verzerrung der Beziehung wirkt sich aus (Parin/Parin-Matthèy 1988, S. 70).

1.5.4.1 Definitionssubjekt: männlicher Psychiater, Definitionsobjekt: weibliches Delikt

Da das vom Psychiater zu untersuchende Klientel hier ausschließlich aus Frauen besteht und das Thema ein explizit weibliches ist, sei eine Norm exemplarisch betrachtet.

> Es mag wohl sein, daß das Geschlecht des Wissenschaftlers keine Rolle spielt, wenn es darum geht, die Gesetze der Ausdehnung oder des Materialwiderstandes zu überprüfen. Doch wenn es darum geht, das Funktionieren der menschlichen Gesellschaften zu analysieren, ist das Geschlecht des Forschers eine Variable von erstrangiger Bedeutung. (Knibiehler 1989, S. 92–93)

90 % der Psychiater in der Bundesrepublik Deutschland sind männlichen Geschlechts (Böhm 1987, S. 90). „Zu vermuten ist, daß hiermit ein vorwiegend männlicher Blick auf beide Geschlechter in Theorien, Beschreibungen von Krankheitsbildern, Erstellungen von Diagnosekriterien und Erhebungsinstrumenten sowie in ihre Anwendung einfließt" (Böhm 1987, S. 90).

Männlicher Blick – das Zitieren dieses in Teilen der neueren feministischen Literatur mit Negativeigenschaften überfrachteten Wahrnehmungsmodus gibt Anlaß zu einer begrifflichen Klarstellung. Ein männlicher Blick heißt zunächst einmal lediglich, daß es Männer sind, die hier Gegenstände/Menschen anschauen. Sie bringen aber dabei ihre aus der Sozialisation erwachsenen Fragen, Erklärungsmuster und Methoden ein (von der Groeben 1988, S. 202). Ihre Erlebnis- und Erfahrenswelt ist der Maßstab. Auch Frauen werden aus dieser Perspektive betrachtet. Erfolgt insoweit keine Einbeziehung der Geschlechtsvariable (wie auch vieler anderer prägender Sozialisationsfaktoren), bleibt die Wahrnehmung beschränkt, die Darstellung unvollständig. „Das Denken der Frau hat zwangsläufig immer beide Geschlechter mit einbezogen; das männliche, weil es so bestimmend ist, und das weibliche, weil Frauen schließlich weiblich sind. Männer aber haben es sich leisten können, eine Monokultur zu denken und das weibliche Geschlecht auszublenden" (Breitling 1989, S. 190). Breitling stellt hier den weiblichen Blick bzw. das weibliche Denken ohne weitere Differenzierung als integrativ dar.

Dem primär „weiblichen Blick" geht es darum, die „verborgene Kultur der Frau" (Nadig 1986) in der Wissenschaft aufzuspüren, ihr

Gehör zu verschaffen. Das Aufdecken der Geschlechtskategorie soll nicht das Errichten von Feindbildern, sondern muß das Erlernen eines menschlichen Blickes zum Ziel haben (von der Groeben 1988, S. 199), in dem die Frage nach den „blinden Flecken" hinter der jeweils eigenen Sichtweise – auch der der Frauen – gestellt werden darf, wissenschaftliche Konstanten sich als Variablen herausschälen, die den Weg für Veränderungen freigeben (Fox Keller 1986, S. 19). Die Bezugnahme auf das Eigene ist aber zum Verständnis des Anderen unabdingbare Voraussetzung; denn „das Versäumnis, Geschlecht als eine sozial konstruierte Variable zu behandeln, hat zu einer ahistorischen, verzerrten Sicht der Gesellschaft geführt" (Kohen 1989, S. 177). Der Ethnologe Erdheim führt hierzu an:

> Was es heißt, Schweizer zu sein, wird einem erst klar, wenn man das Fremde verstehen möchte und auf die eigenen Schranken stößt. Dieser Satz läßt sich beliebig variieren, etwa: Was es heißt, ein Mann zu sein, wird einem erst klar, wenn man eine Frau verstehen möchte und auf die eigenen Schranken stößt. (Erdheim 1990, VII–VIII)

> Die Darstellung der Welt, wie die Welt selbst, sind ein Werk der Menschen; sie beschreiben sie aus ihrem Blickwinkel, den sie mit der absoluten Wahrheit verwechseln. (de Beauvoir, Das andere Geschlecht 1968)

Böhm stellt verschiedene Untersuchungen zu diesem Thema – geschlechtsspezifische Perspektive in der Psychiatrie – vor, eine davon, die Situation in der Bundesrepublik Deutschland betreffend, von Haunert aus dem Jahre 1980 (Haunert 1980, zit. nach Böhm 1987 S. 90). Die ermittelten Untersuchungsergebnisse ähneln sich alle weitgehend bezüglich des Bildes seelischer Gesundheit in den Konzepten der in diesem Bereich tätigen Fachkräfte. Die Vorstellung des seelisch gesunden Erwachsenen deckt sich weitgehend mit der des seelisch gesunden Mannes, während das Bild der psychisch normalen Frau signifikant vom Bild des seelisch gesunden Erwachsenen abweicht. Frauen werden per se enger mit seelischer Störung und Schwäche verknüpft; seelische Gesundheit zeichnet sich durch „männliche" Eigenschaften wie Aktivität, Durchsetzungsvermögen und Rationalität aus (Böhm 1987, S. 90). Diese Ergebnisse veranlassen Böhm zu folgender Feststellung: „Die Beurteilung seelischer Gesundheit orientiert sich an der männlichen Norm. Frauen werden zu einem Rollenverhalten erzogen, das näher an der Vorstellung von seelischer Störung liegt, und laufen somit schneller Gefahr, eine entsprechende Diagnose zu erhalten" (Böhm 1987, S. 91). Es wird „von einem *Doppelstandard* seelischer Gesundheit und Humanität ausgegangen: einem für Männer und einem anderen für Frauen" (Frans-

sen 1981, S. 94). Die klare Dichotomie des Männer- und Frauen-
bildes hat sich im 19. Jahrhundert herausgebildet. So galt die Hysterie, schon begrifflich abgeleitet von Gebärmutter, lange Zeit als
eine typisch weibliche Krankheit; die klinische Beobachtung schien
das damals zu bestätigen (Corbin 1989, S. 73). Die Frau erhielt das
„Monopol auf Tränen, Leidensschreie, Wallungen. Unwohlsein,
Ohnmachten, nervöse Anfälle belegten, daß die ärztliche Auffassung
der unterschiedlichen Natur von Mann und Frau der Wirklichkeit
entsprach. Der Mangel an Selbstkontrolle war ein Beweis für die
Zerbrechlichkeit der Frau, rechtfertigte das Mitleid; dieses zwie-
spältige Gefühl assoziierte die Frau mit den Unreifen oder Hilflo-
sen, die mit ihr in den Genuß des Mitleids kamen: das Kind, der
Kranke, . . .“ (Corbin 1989, S. 75).

Tatsächlich paßt die Art, wie Männer und Frauen psychisch von den gesellschaftlich erwarteten Verhaltensnormen abweichen, auffällig gut zu
den Erwartungen, die die Gesellschaft an sie stellt: die sozial isolierte
Hausfrau, die sich weiblich-passiv in Einschränkungen dieser Rolle un-
terwirft, reagiert am ehesten mit Depressionen, Phobien und ängstlich
hilflosem Rückzug. In der Übererfüllung der Rollenerwartung verweigert
sie sich im stummen Protest. (Chesler 1977, o. Seitenangabe, zit. nach
Böhm 1987, S. 92)

Auch bei den Männern stellt die Abweichung oftmals eine Überspit-
zung einzelner Aspekte ihres Rollenstereotyps dar. Haben Männer
eher die Tendenz, anderen gefährlich zu werden, so schädigen sich
die Frauen vielmehr selbst. Für sich anstauende Aggressionen gibt
es keine Frauen gestattete Form des Auslebens:

Statt wütend zu sein, sind sie leidend, statt haßvoll erduldend – *gelähmt
von der Angst vor dem eigenen Haß*, der nicht empfunden werden darf.
(Brückner 1983, S. 67, Hervorhebung A. W.)

Dieses Verhalten ist Bestandteil ihres Rollenstereotyps: in erster
Linie die Schuld bei sich selbst zu suchen, Verantwortung für psychische Probleme sich selbst aufzubürden und zugleich im äußeren
Handlungsspielraum, in der realen gesellschaftlichen Verantwortung äußerst beschränkt zu sein. Diese Anforderung birgt in sich den
Widerspruch, weiblich und zugleich lebenstüchtig zu sein. Es ist
kein Zufall, daß gerade die Frauen, die am ehesten dem Rollenste-
reotyp entsprechen, also junge Mütter, die nicht berufstätig sind, das
höchste Erkrankungsrisiko tragen. Sie sind mit der schwierigen Aufgabe der Kindererziehung weitgehend alleingelassen, haben aber
zugleich als junge Ehefrau die Verantwortung für ihre Lebensper-

spektive der des Mannes untergeordnet. Ebenso wie das „normale‘ Verhalten geschlechtsspezifisch geprägt ist, so ist es auch das Abweichungsverhalten" (Böhm 1987, S. 92–93). Der Einwand, daß sich hinsichtlich der Rollenverteilung zwischen den Geschlechtern vieles geändert habe, greift nicht durch, wie verschiedene Erhebungen u. a. des Deutschen Jugendinstituts von 1989 (Mayr-Kleffel 1989, S. 64 u. 78) gezeigt haben. Spätestens mit der Mutterschaft sind die Frauen in die klassischen Rollen eingezwängt (Beck-Gernsheim 1989). So haben denn auch depressive Erkrankungen von Frauen eher zugenommen (von Braun 1989, S. 10). Diese Zunahme ist zu verzeichnen, obwohl erstmals aufgrund der kulturellen und rechtlichen Situation der Frauen eine Aussicht auf „vormundsfreie" Existenz besteht. Bei keiner anderen psychiatrischen Krankheit besteht ein so enger Bezug zur Wirklichkeit wie bei der Depression. In den meisten Fällen gehen Verlusterfahrungen voran (Widlöcher 1986, S. 129–130), zu diesen gehört auch und vor allem der Verlust des Ichs oder der Selbstachtung. Wie erklärt es sich, daß die Selbstachtung von Frauen in einem Zeitalter zurückgeht, das angeblich der Frau ein aktiveres, stärkeres Selbstbild zugesteht? Von Braun zufolge ist die Antwort in der Tatsache zu suchen, daß das „Selbstbild, das den Frauen angeboten wird, nicht als *Selbstbild* empfunden wird" (von Braun 1989, S. 10, Fn). Sei es nun das passive Weibchen oder die aktive Frau – fremde Projektionen sind immer schon da. „Der Raum für die Entwicklung eines Selbstbildes, das nicht schon von Außen definiert wurde, wird zusehends kleiner" (von Braun 1989, S. 12).

Die Differenzierung Parsons, wonach eine physische Erkrankung die Unfähigkeit mit sich bringt, eine oder mehrere relevante *Aufgaben* zu erfüllen, eine psychische Krankheit sich jedoch in dem übergreifenden Sinne einer Unfähigkeit zur *Rollen*erfüllung manifestiert (Parsons 1967, S. 60, Hervorhebungen A. W.), scheint sich bei den Frauen, die zur Bewältigung ihrer Mutter-, Hausfrauen-, Ehefrauenrolle nicht mehr in der Lage sind, „anschaulich" zu bewähren. Allerdings hat Parsons die Reziprozität des Prozesses nicht wahrgenommen. Die betroffenen Frauen sind infolge der Erkrankung nicht mehr zur Rollenerfüllung in der Lage, aber sie waren zuvor gerade auch an der Rollenerfüllung, nicht zuletzt aufgrund deren Vagheit und Allumfassendheit – im Gegensatz zu herkömmlichen Rollenmustern – gescheitert.

Zusätzlich stellt sich für die Frauen klassischerweise folgendes Problem: Frauen sind für die Reproduktion des Mannes und der Kinder zuständig; es ist hingegen niemand vorgesehen, der sich um ihr psychisches Wohlbefinden kümmert, sie unterstützt und auffängt. So beschreibt die Täterin Frau G. ihr Eheleben:

> Die Ehe entwickelt sich für sie sehr enttäuschend, [. . .]. Auf diese Situation reagiert sie mit schweren Krankheiten, was aber „überhaupt keinen", d. h. weder ihren Mann noch ihre im Haus lebenden Schwiegereltern interessiert.

Auch die Untersuchungsergebnisse passen ins Bild, wonach die Ehe für Männer einen gewissen Schutz vor psychischer Erkrankung darstellt, für Frauen hingegen eher einen Belastungsfaktor (Böhm 1987, S. 78–93), d. h. Ehefrauen sind weitaus häufiger betroffen als unverheiratete Frauen. Wahl u. a. ermittelten in einer an Hausfrauen durchgeführten Erhebung:

> Und die Hausfrauen [. . .] äußerten oft Gefühle des Eingesperrtseins bis hin zur Depression und mangelnder Anerkennung für ihre Leistungen als Mutter und Hausfrau – gerade auch von ihren Männern. (Wahl u. a. 1980, S. 211)

In den Worten der Hausfrau: „Normalerweise nehmen die anderen keine Notiz von der Hausarbeit. Bestätigung muß man sich also selbst geben" (Nairne/Smith 1987, S. 72). Die mit der Hausfrauen- und Mutterrolle verbundene Zuständigkeit der Frauen für Beziehungsprobleme läuft hinaus auf „harte Arbeit", geht es doch um die „psychische Wahrnehmung von Unausgesprochenem und von Gefühlen" (Böhm 1987, S. 81). Die Versorgungsleistungen der Frau, sowohl die physisch als auch die psychisch erbrachten, können unbegrenzt in Anspruch genommen werden, haben „keinen Wertausdruck" (Werner 1987, S. 224).

> Die Vorstellung, daß eine Frau hauptsächlich da sein muß, falls einer ihrer Lieben sie braucht, findet ihren gesellschaftlichen Ausdruck in der Mißachtung von Hausarbeit und Kindererziehung. Beides sind zentrale Elemente der weiblichen Rolle, die die Frau gleichwohl aus der allgemeinen Sozialstruktur herausfallen läßt. Ihre Arbeit wird als einzige nicht bezahlt, und das in einer Gesellschaft, in der Verdienst mit Leistung gleichgesetzt wird, und ihre Arbeit bedarf keiner Ausbildung, sie wird als quasi ,natürliches' weibliches Element und als instinkthafte Tätigkeit betrachtet, und das in einer Gesellschaft, in der Status mit Ausbildung steigt. Beides macht die weibliche Rolle archaisch und untypisch. (Janeway 1971, Kap. 12, zit. nach Brückner 1983, S. 96–97)

Sichtermann begreift die ständigen Unterbrechungen, die die Arbeit für ein Kind begleiten, als „unterbrochene Handlungsbögen" (Sichtermann 1982, S. 95). Diese den Alltag bestimmenden permanenten

Einbrüche in die jeweiligen natürlichen Handlungsabläufe haben Auswirkungen auf den inneren Haushalt der Mutter. Während in unserer Kultur zielstrebiges Handeln erwartet wird, soll das rational gerichtete Denken in diesem Lebensfeld keine Gültigkeit beanspruchen (Beck-Gernsheim 1989, S. 65). Die ständigen Unterbrechungen haben oftmals das Aufkommen innerer Leere zur Folge. Eine von der Sozialpsychologin Beck-Gernsheim interviewte „normale" Mutter schildert dieses Erleben:

> Der innere Prozeß ... rollt an – und wird gedämmt. Schließlich verliert das Hirn die Bereitschaft, spontan mit dem Assoziieren zu beginnen, es schützt sich gegen die zahllosen Unterbrechungen ... durch Schweigen. Es wird still in dir. (Beck-Gernsheim 1989, S. 70)

Die Gefahr besteht darin, daß sich immer seltener eigene Gedanken, Interessen und Wünsche melden. Vor diesem Hintergrund räumt Böhm der erhöhten Rate psychischer Störungen bei Frauen den Stellenwert einer „Berufskrankheit" ein (Böhm 1987, S. 81). „Überforderung" geht aber bei lediglich im Haus und in der Familie tätigen Frauen typischerweise einher mit einer „Unterforderung", die darin besteht, daß vorhandene Fähigkeiten in anderen Bereichen nur unzureichend genutzt werden, wie eine Untersuchung über die Genese psychischer Störungen bei Frauen zutage förderte (Kolling/ Mohr 1982, S. 124–125). So betrachtet, ist die auch von den hier begutachteten Täterinnen benannte Überlastung durch die aufgezeigten Rollenanforderungen kein individuelles Problem. Krankheiten können dann aber, wie bereits benannt, verstanden werden als „Lebensvorgänge an der Grenze der unserem Organismus möglichen Anpassungen" (s. Kap. 1.5.2.3).

1.5.4.2 Das unbewußte Zusammenspiel von diagnostischer und mütterlicher Macht

Dieser Aspekt der Überlastung wird beim psychiatrischen Diagnoseprozeß unberücksichtigt gelassen. Das begutachtete Individuum stellt in der Untersuchungssituation seine Probleme dar, ohne sich dabei selbst als „Teil eines sozialen Systems oder Subsystems zu begreifen, in dem seine Verhaltensschwierigkeiten entstanden sind" (Keupp 1972, S. 96). Diese Sichtweise ist auch den Ausführungen der Frauen zu eigen, wie sie in den Gutachten wiedergegeben werden. Sobald die Selbstdarstellungen einer Täterin von dieser – unausgesprochenen – Maxime abweichen, wird die Täterin insofern in ihre Schranken verwiesen, als in einer solchen – andere Faktoren in die „Ursachenfrage" einbeziehenden – Version der Krankengeschichte ein pathologisches Indiz gesehen wird; in dieses Raster fällt z. B. das von Frau F. geschilderte „Opfer-Erleben" (s. Kap. 1.5.1.2); denn spiegelbildlich faßt auch der Diagnostiker das Individuum als „relativ geschlossenes System" (Keupp 1972, S. 97) auf. Hierin liegt ein Erklärungsansatz dafür, daß das Mutterbild keine Bedeutung hat für die Gutachter; denn individuelle und gesellschaftliche Komponenten wären nicht auseinanderzudividieren. Das Mutterbild wird aber von den Gutachtern auch als nebensächlich angesehen. Es scheint ohne Belang zu sein für die dem Diagnosebefund zugrundeliegende Fragestellung: Hat sich eine krankhafte seelische Störung bei der Tat niedergeschlagen? Juristen sind genau an der Beantwortung dieses Phänomens interessiert, also gilt es, *Nebensächliches* auszuklammern.

> ... unser Sinn dafür, was beachtet werden muß, bestimmt unsere Auffassung dessen, was da ist. Andererseits erfordert jede kognitive Ordnung der Welt eine Abstraktionsleistung, eine Auswahl, die einiges systematisch als unwesentlich ausklammert. Der selektive Blick des Denkens wird auch jeweils von einer gesellschaftlichen Praxis getragen, die das Nebensächliche in der Tat zu vernachlässigen vermag. (Hagemann-White 1987, S. 27)

Das Mutterbild, eine Nebensächlichkeit, mit der auseinanderzusetzen es sich nicht lohnt.

> Um sie kein Ort, noch weniger eine Zeit;
> Von ihnen sprechen ist Verlegenheit.
> Die Mütter sind es!
> (Goethe, Faust, 2. Teil, 6215–6217)

Die Kategorisierung „nebensächlich", d. h. nicht in die Betrachtung einzubeziehend, bringt es aber mit sich, daß der „Untersuchungsgegenstand", hier die tötenden Mütter, um genau jene Aspekte beschnitten wird, die der Gutachter für seine Zwecke nicht gebrauchen kann. Fox Keller sieht in einer solchen Ausklammerung eine „Art von Aggression" (Fox Keller 1986, S. 130). Noch weitergehend unterstellt der Strafrechtler Schild dem Wissenschaftler Tötungsinteresse hinsichtlich seines Objektes. „Wissenschaft will überhaupt nicht [. . .] Wirklichkeit als solche (wie sie in ihrem ‚Wesen' eigentlich ist) begreifen, sie will ihren Gegenstand beherrschen, ihn analysieren (zerlegen und damit töten) und dann wieder künstlich (technisch) zusammenbauen" (Schild 1983, S. 29).

Zugleich beinhaltet die Einstufung als „Nebensächlichkeit" auch eine Rationalisierung. Der forensische Psychiater ist mit tötenden Müttern konfrontiert. So sehr Frauen auch gesellschaftlich am Rande stehen mögen, so machtvoll ist ihre Position gegenüber ihren Kindern – eine einzigartige, mit nichts zu vergleichende Machtfülle ist ihnen hier eigen (s. Teil I, Kap. 6.3.1). Macht ist dabei nach der klassischen Formulierung Webers zu verstehen als „jede Chance, innerhalb einer sozialen Beziehung den eigenen Willen auch gegen Widerstreben durchzusetzen, gleichviel worauf diese Chance beruht" (M. Weber 1964, S. 38). Herrschaft hingegen ist formalisierte Macht (Mikinovic/Stangl 1978, S. 15–16, Fn). Für Foucault stellt sich die Machtfrage in folgender Weise:

> Keine Person ist eigentlich mit der Macht identisch; und dennoch wirkt sie immer in einer bestimmten Richtung: von den einen auf der einen Seite gegen die andern auf der andern Seite. Man weiß nicht, wer sie eigentlich hat; aber man weiß, wer sie nicht hat. (Foucault 1987, S. 112)

Die Macht der Mutter und ihre Auswirkungen auf die Begegnung mit dem Psychiater (bzw. weiter unten der Justiz) gilt es nochmals zu beleuchten bzw. zu hinterfragen.

> Jede Macht beginnt bei der Allmacht der Mütter. Die *Imago* der *Magna Mater* fehlt in keiner Analyse [. . .]. Auf der präobjektalen Ebene ist das Kind ein Teil der Mutter, die wiederum ein Teil ihrer Mutter ist, die Puppe in der Puppe, dargestellt durch die russische *Puppe Babuschka,* ein Spiel, das sich endlos fortzeugt. (Mayer 1986, S. 141–142)

„Was ist nun unabänderliche Natur, und was wurde daraus gemacht? Gegeben ist die *Macht der Mutter,* mit ihrem Körper Kinder zu empfangen, zu gebären und zu ernähren. Für das Kind gibt es am Anfang nur die Gier, das orale Verschlingen [. . .]. Als Bild resultiert die versorgende und verschlingende Mutter" (Mayer 1986, S. 142–143), wie es sich aus der Weltsicht des Säuglings darstellt. Für das Kleinkind erscheint die Macht der Mutter grenzenlos: allmächtig, unberechenbar und bedrohlich für die Ich-Grenzen (Hagemann-White 1987, S. 18). „Aber aufgrund der primären Ohnmacht des Kindes, der intrinsischen Merkmale seiner psycho-physiologischen Situation und der unvermeidlichen Erziehungsschwierigkeiten kann die Imago der guten allmächtigen Mutter die der erschreckenden Omnipotenz der bösen Mutter nie vollständig verdecken" (Chasseguet-Smirgel 1974, S. 159). Dadurch, daß die Mutter sowohl als befriedigende als auch als versagende Person wahrgenommen wird, bildet sich eine „archaische Überzeugung ihrer Zauberkraft" aus (Hagemann-White

1987, S. 17); sie scheint Macht über Leben und Tod zu besitzen (Hagemann-White 1987, S. 16). Macht steht daher zunächst auf der magischen Denkstufe des kleinen Kindes (Janssen-Jurreit 1984, S. 184), so haben auch Macht und Magie dieselbe Wortwurzel, worauf der Philosoph Gebser (Gebser 1978, S. 87) hinweist. Alle Fäden hält die Mutter in ihrer Hand, sogar den Lebensfaden des Kindes. Die der Mutter zugeschriebene Macht lebt vor allem in der Phantasie des Kindes. Es ist die „innere Macht" (Erler 1985, S. 45), die der „äußeren", gesellschaftlichen Macht gegenübersteht. „Je geringer die gesellschaftliche und soziale Kompetenz, desto stärker ist das Festhalten an jener Macht, die auf Versorgung anderer bezogen ist" (Mayer 1986, S. 152). Aus der Sicht des Kindes dimensioniert die phantasierte Allmacht der Mutter um so größer, je mehr sich das Kind schutzlos einer feindlichen Umwelt ausgesetzt fühlt (Hagemann-White 1987, S. 28).

Die Omnipotenz der Mutter ist dem Kind so lange zuträglich, als sie in den Dienst des Kindes gestellt wird. Eine durch ihre Lebensbedingungen beeinträchtigte oder sogar unterdrückte Mutter wird ihre omnipotente Rolle in der Dyade eher ausnutzen, um das [. . .] Gefälle auf Kosten des Kindes zu erhalten (Gambaroff 1984, S. 30). Die tötenden Mütter haben nun diese Omnipotenz in erschreckende Bahnen gelenkt, sie haben die frühkindliche Phantasie einer Herrin über Leben und Tod furchtbare Wirklichkeit werden lassen. Diese Täterinnen haben ihre „Macht" voll ausgespielt und befinden sich doch alle in einer Situation der Ausweglosigkeit. Mayer äußert sich hierzu: „Um Macht begreifbar und vielleicht auch kontrollierbarer zu machen, darf sie nicht versteckt werden hinter Metaphern der Ausweglosigkeit" (Mayer 1986, S. 153). Sichtbar wird die Machtfülle; die Ohnmacht bleibt verdeckt. Die archaische Phantasie wird belebt und fordert um so heftiger, wonach sie ohnehin strebt: Begrenzung durch Gegenmacht. Diese kann aus der Sicht des Kindes nur von einem Mann ausgehen, da männliche Macht als von vornherein begrenzt, zumindest begrenzungsfähig, gilt (Hagemann-White 1987, S. 19). Hagemann-White charakterisiert die männliche Macht folgendermaßen: „Sie entspringt außerhalb des kindlichen Selbst" [. . .] und ist „vor ihr sicher" (Hagemann-White 1987, S. 19). Fox Keller differenziert zwischen der *Autorität* des Vaters und der *Macht* der Mutter (Fox Keller 1986, S. 116). Diese Spaltung schließt es aus, die Mutter als eigenständige Person anzuerkennen. So hat die Phantasie der mütterlichen Omnipotenz nicht nur individuelle Auswirkungen, sondern sie zeigt sich auch im kulturellen Unbewußten. Seit

213

dem Beginn der Zivilisation, verstärkt seit dem Zeitalter der Aufklärung, wurde der Versuch unternommen, die frühkindliche mütterliche Machterfahrung durch die später im Leben erfahrbare gesellschaftliche Impotenz der Frau auszugleichen. „Solche Imagines (von Omnipotenz und Impotenz, Einfügung A. W.) sind definitionsgemäß frei von jeder Einfühlung in die *reale Mutter,* obwohl sie im Verlauf der Entwicklung auch einzelne Züge der historischen Mutterfigur in sich aufnehmen können" (Rohde-Dachser 1987, S. 118).

> Nur wenige von uns lernen die wahre Mutter kennen, ihre wirkliche Macht oder die realen Grenzen ihrer Macht. Statt dessen lebt sie als ein Gespenst fort, das abwechselnd überwältigend und inkonsequent ist. Indem das männliche Kind sich mit dem Vater identifiziert und sich von der Mutter weg-identifiziert, versucht es, sich aus der Einflußsphäre der Mutter völlig zu entfernen. Durch Beherrschung lernt der Knabe, ihre Omnipotenz in Impotenz zu transformieren. (Fox Keller 1986, S. 117)

aus diesem Vermögen [. . .] der Frau, Kinder zu erzeugen, Leben zu erzeugen, aus dieser Möglichkeit der Mutterschaft für die Frau (ob sie nun Mutter ist oder nicht) resultiert zum großen Teil die männliche Angst. Die Angst, die der Mann vor der Frau und vor dem Weiblichen hat, trifft sich mit der Angst, die er vor der Natur hat, die Angst vor der Möglichkeit der Natur, Leben zu schaffen. (Gauthier 1987, S. 74)

So wurde nicht von ungefähr Frau in den Schriften der Spätaufklärung mit Natur gleichgesetzt. Beide durch männliche Vernunft zu bändigen war eine der wesentlichsten Zielsetzungen jener Epoche, die bis heute philosophisches und alltägliches Denken sowie die Lebensrealität der Geschlechter bestimmt. Der vernünftige Mann, der sich nicht wie die Frau durch seinen Geschlechtscharakter und seine Naturhaftigkeit auszeichnet (Hohm 1985, S. 61), befindet sich in dem permanenten Prozeß der Abgrenzung von dem „Anderen der Vernunft" (Böhme/Böhme 1985). Mit der – späteren – Herrschaft des männlichen Kindes wird zwar „äußere" Macht etabliert, es entwickelt sich jedoch weder wirkliche Abgrenzung noch dynamische Autonomie, statt dessen „hält die mythische Macht der Mutter an" (Fox Keller 1986, S. 118). Genährt wird zugleich die kollektive Phantasie über weibliche Macht (Hagemann-White 1987, S. 18). Es ist zu vermuten, daß das individuelle und das kollektive Bild verschmelzen angesichts der Nahrung, die diese Imagines aufgrund der realen Destruktivität tötender Mütter erhalten.

Im Strudel dieses Desasters sitzt nun der Gutachter mit der Aufgabe, das Tatgeschehen auf seine Krankheitswertigkeit „abzuklopfen". Doch so laut er auch mit Hilfe seines psychiatrischen Instrumentariums und seiner erheblichen Machtkompetenzen klopft, werden die im Unbewußten angeschlagenen Tasten nicht völlig zu übertönen sein. Dringen diese Töne aber durch, so verändert sich die Szenerie. Zwei auf unterschiedliche Weise mit Macht ausgestattete Wesen begegnen sich. Die erhebliche Macht des Psychiaters (Strotzka 1985, S. 136) trifft auf Macht ganz anderer Couleur. Erklärend sei hinzugefügt, daß der diagnostizierende Psychiater diese Macht durchaus nicht bewußt einzusetzen braucht.

Macht wird allerdings nicht immer bewußt erlebt, zumal dann nicht oder eher schwer, wenn sie sich in Strukturen und Werten verfestigt hat, die für die Individuen zur „Gewohnheit" geworden sind. (Albersmeyer-Bingen 1989, S. 663)

Der Psychiater betrachtet die konkrete Mutter – sein Untersuchungsobjekt. Insoweit die Täterin diesen Aspekt – ihr Dasein als „konkretes" weibliches Individuum – einbringt, ist eine Abgrenzung möglich. Diese ist nicht mehr gewährleistet, wenn „Mutter" nicht „konkretistisch" genommen wird, sondern zugleich als Symbol für „Nicht-Ersatz und Originalität" (Meßner 1985, S. 194). In der Konfrontation mit einer explizit als Mutter in Erscheinung tretenden Frau – wie hier der Täterin – begegnet der Psychiater auch seiner konkreten Mutter, und zwar seiner konkreten Mutter in der Ausprägung individueller und kollektiver Phantasie. Sie betritt – unbemerkt und ungewollt – den Untersuchungsraum, und das zuerst aus den Erfahrungen mit ihr gewachsene Mutterbild, in das das Konkrete und das Nicht-Konkrete sowie das Allgemeine und das Individuelle im Verlauf des Lebens verwoben wurden, schiebt sich ebenfalls zwangsläufig in die Begutachtung; denn

auch der Sachverständige ist nicht frei von einer allgemeinen menschlichen Eigenschaft, nach der er seine Erfahrungen aus früher erlebten zwischenmenschlichen Beziehungen auf den Probanden unbewußt überträgt. (Cohn 1990, S. 33)

Gerade bezogen auf das psychiatrische Mutterbild ist von Belang, daß die „wissenschaftliche Psychiatrie" des 19. Jahrhunderts, worauf Foucault (Foucault 1989 b, S. 307) hinweist, von einem typischen Frauenleiden – der Hysterie – ihren Anfang nahm; Frauen waren daher schon in der Etablierungsphase dieser Disziplin bevorzugtes Objekt der Betrachtung, galt es doch hier besonders, mit vernünftigen Methoden, dem „Anderen der Vernunft" zu begegnen. Wie sich dieses Denken und die Methodik auf den psychiatrischen Krankheitsbegriff auswirken, der in der Konfrontation mit dem juristischen Krankheitsbegriff zu betrachten sein wird, soll unten erörtert werden (s. Kap. 2.4.4.3.2).

Konsequenzen dieser mütterlichen Machtfülle, der sich der Psychiater gegenübersieht, sind folgende: eine tatsächliche Begegnung wird durch oben beschriebene eindimensional-geschlossene Wahrnehmung unterbunden; damit ist – jedenfalls äußerlich – die Abgrenzung gewährleistet; bestimmte „Tabu"-Themen werden für nebensächlich befunden, was die Legitimation der Ausklammerung zur Folge hat, und so gewinnt die Gegenmacht die Oberhand: es ist die „Macht der Diagnose" (Gronemeyer 1988, S. 35), die folgendermaßen zu charakterisieren ist:

> Diagnostische Macht erhebt nicht nur Anspruch darauf, verbindlich zu definieren, was normal ist, sie erschöpft sich nicht darin, verpflichtende Standards vorzuschreiben, sie *monopolisiert* auch die *Verfahren*, mit deren Hilfe die jeweiligen Normalitätsstandards erreicht werden können. (Gronemeyer 1988, S. 36)

All das läßt sich aus den Gutachten und dem dortigen Diskurs über Mutterbilder herausdestillieren. Es kommt in der Sprache des Textes zum Vorschein und in dem „beredten Schweigen" (Lorenzer 1973 a, S. 92). „Die Sprachanalyse gibt Aufschluß nicht nur darüber, was in einer Sprache benannt wird, sondern vor allem auch darüber, was sie *nicht* benennt" (Rohde-Dachser 1987, S. 114). „Die Eindeutigkeit der Macht bringt auch die Sprache zum Stillstand" (Ruhs 1986, S. 48). Nicht nur die Sprache wird „krank", auch das störende Subjekt mit allen geschilderten Begleiterscheinungen wird verdrängt durch diesen „Diskurs des Wissens, sein(en) Anspruch auf Objektivität" (Ruhs 1986, S. 51). Es verbleiben die „schweigenden Mütter" (Rohde-Dachser 1987, S. 114), die verschwiegenen Mütter, deren Rede nicht gehört wird (Irigaray 1987, S. 97).

> . . . und die Geste, die zum Töten ausholt, setzt endlich eine Sprache frei, diese Sprache hat nichts zu sagen als das „Ich spreche, jetzt spreche ich . . . (Foucault 1987, S. 59)

Mit seinem Gutachtentext hält der Psychiater Einzug in den Gerichtssaal; dort findet er Richter vor in Erwartung einer objektiven Begutachtung der Angeklagten. Eine solche werden sie nicht vernehmen, sobald er die Stimme erhebt. Doch ist das, was sie hören, möglicherweise genau das Erwartete.

2 Die Tat vor Gericht

Mit der Prüfung eines Eröffnungsbeschlusses (§§ 203, 204 StPO) nach Abschluß des Ermittlungsverfahrens nimmt sich das Gericht in diesem sogenannten Zwischenverfahren der Tat an. Erstmals mit der gerichtlichen Entscheidung über die Zulassung der staatsanwaltschaftlichen Anklage zum Hauptverfahren gewinnt das Gericht neben einer bestimmten Einstellung zum Tatvorwurf auch ein – durch das Sachverständigengutachten geprägtes – ausführlicheres Bild über die Persönlichkeit der Beschuldigten, nunmehr Angeschuldigten. Die Anklage ist nur dann zur Hauptverhandlung zuzulassen, wenn eine Verurteilung der Angeschuldigten mit einiger Wahrscheinlichkeit nach Durchführung der Hauptverhandlung zu erwarten ist. Eine Vormeinung des Gerichts bildet sich in diesem Stadium heraus, auch über die Persönlichkeit der Angeschuldigten. Zu diesem Zeitpunkt wird die Vormeinung allein gestützt auf den Akteninhalt, dem Gutachten kommt dabei ein großes Gewicht zu, gerade weil dieses noch nicht Gegenstand der Auseinandersetzung in foro ist, sondern nur „überflogen" wird, eben dadurch aber in besonderer Weise Spuren im Latenzbereich zu zeichnen vermag. Das komplizierte – rechtliche und tatsächliche – Wechselspiel zwischen Richter und Sachverständigem nimmt hier – jedenfalls auf inhaltlicher Ebene – seinen eigentlichen Ausgangspunkt, noch nicht mit der eher allgemein gehaltenen Auftragserteilung (Haars 1978, S. 15). Für die Wahrnehmungsstruktur des Richters gilt, daß – worauf unter Verweisung auf Laing (Laing 1976, S. 16) bereits oben hingewiesen wurde –, die Anfangsperspektive, aus der wir ein Ding sehen, unseren ganzen späteren Umgang mit ihm determiniert. Auch der von Sozialpsychologen ermittelte „primacy effect" ist hier zu beobachten. Danach wird von zwei einander widersprechenden Informationen die erste leichter gespeichert, wirkt daher stärker und vermag auf die Entstehung von Einstellungen und Beurteilungsakten größeren Einfluß zu entfalten. Dieser Effekt beansprucht, worauf der forensisch erfahrene Psychologe Maisch hinweist, auch im juristischen Bereich Geltung (Maisch 1975, S. 569–570). Vor diesem Hintergrund entfaltet der „primacy effect" des Eröffnungsverfahrens nicht unerheblichen Einfluß auf den richterlichen Entscheidungsprozeß der Hauptverhandlung neben berufsspezifischen und sozialisationsbedingten richterlichen Einstellungen; es ist eine „Entscheidungsstrategie der Perseveranz" (Maisch 1975, S. 570) zu beobachten.

2.1 Strafrechtswissenschaft

Um das strafjustizielle Gedankengebäude in seinem Kontrast, aber auch in seinen Berührungselementen zur Psychoanalyse sowie zur Psychiatrie erfassen zu können, erscheint der Einstieg über eine Beleuchtung des wissenschaftlichen Umfeldes hilfreich.

Die vorliegende Tötungstat an Kindern – ein Frauendelikt: eine solche Tat war, wie im historischen Abriß oben eingeblendet wurde, zu bestimmten historischen Zeiten dem pater familias gestattet; ihm wurde das Recht über Leben und Tod seiner Kinder eingeräumt, nicht der gebärenden Frau. Weitergehend galt das Recht über Leben und Tod lange Zeit sogar als eines der charakteristischen Privilegien souveräner Macht (Foucault 1989 a, S. 161): „Das Recht, sterben zu *machen* und leben zu *lassen*" (Foucault 1989 a, S. 162). Im Zuge der Zivilisation wurde dieses alte Recht abgelöst „von einer Macht, leben zu *machen* oder in den Tod zu *stoßen*" (Foucault 1989 a, S. 165). Damit galt auch die physische Existenzvernichtung des Kindes durch den Vater als sanktionswürdig. Sogar einer der Grundpfeiler der kulturbildenden christlichen Religion liegt in der religiös gebotenen Tötung des Kindes, hier des Sohnes, durch den Vater (Abraham – Isaak), letztlich läßt sich auch die Kreuzigung Jesu unter diesem Aspekt betrachten. Diese Einblendung ist nicht ohne Belang, ist doch gerade die Strafjustiz besonders von christlichen Werten geprägt (Woesner 1971, S. 135), auch wenn in einem weltlich gewordenen Staat der Richter nicht mehr stellvertretend Gottes Urteil ausspricht (Arndt 1968, S. 212). Immerhin ist hier ein Erbe angetreten, dessen Auswirkungen auf dem Justizsektor nachzuspüren wäre: Maßen sich die tötenden Mütter etwas an, was ihnen im Gegensatz zu den Vätern noch niemals zustand, ein besonders schwerwiegender Umstand? In einem Roman von Marnix Gijsen „Goed en Kwaad" wird der Gedanke formuliert:

> Nur zwei Taten gibt es, durch die wir uns Gott nähern: ein Kind zur Welt zu bringen und morden. (Marnix Gijsen 1951, zitiert nach Berger/Stephan 1987, S. 6, Fn. 11)

Wie aber ist dem zu begegnen, wenn beides zusammentrifft?

Das Mutterbild des Strafjuristen hängt an verborgener Stelle im Elfenbeinturm der Strafrechtsdogmatik. Mit Dogmatik sind jene Sätze erfaßt, die sich um das kodifizierte Recht herumranken, mit deren Hilfe Einzelfallentscheidungen begründet werden (v. Savigny 1976, S. 120). Im Geflecht von Rechtssatz und Dogmatik liegt die

Eintrittskarte zum Wissenschaftspalast der Jurisprudenz – es ist im Vergleich zu den modernen Natur- und Sozialwissenschaften ein altes Denkgebäude. Das Strafrecht prägt schon seit langer Zeit unser Denken und Handeln – vor dem Aufkommen der Psychiatrie, der Psychoanalyse, der Kriminologie (Scheffler 1985, S. 8) – als eine gewachsene und überdauerte „Welt konstruierter Begriffe" (Bauer 1955, S. 12). Nicht zuletzt mit der Etablierung moderner Wissenschaftsdisziplinen ist aber auch der Wissenschaftscharakter der Jurisprudenz immer wieder in Zweifel gezogen worden. Sie ist wissenschaftstheoretisch sicherlich ein aliud, eine „Sonderwelt" im Sinne Husserls (W. Marx 1969, S. 167), und es gibt mannigfaltige Versuche der Einordnung bzw. Charakterisierung, um ihre wissenschaftlichen Unzulänglichkeiten zu begradigen, auf deren Einzelheiten einzugehen hier verzichtet werden soll. Aber das Tradierte trägt sich insofern fort, als den anderen Disziplinen vor Gericht global der Status von Hilfswissenschaften eingeräumt wird, sehr zum Nachteil der Erkenntnisbildung, wie der Strafrechtswissenschaftler Peters bekundet (Peters 1988, S. 90).

Die Jurisprudenz ist – anders als die Psychiatrie – keine Erfahrungswissenschaft. Sie hat es vornehmlich nicht mit der Erkenntnis, sondern mit der Gestaltung der sozialen Wirklichkeit zu tun (Oetjens 1970, S. 22). Juristen beschäftigen sich weniger mit empirischen Äußerungen; ihre Dogmatik, die sich argumentativ auf der Grundlage des kodifizierten Rechts entfaltet, dieses erst mit Leben füllt, baut auf Wertungen auf (von Savigny 1976, S. 140). „Daß die Anwendung der Gesetzesregeln *nichts anderes* als eine logische Subsumtion unter begrifflich geformte Obersätze sei, kann [. . .] im Ernst niemand mehr behaupten" (Larenz 1979 a, S. 154).

Oben wurde der Subjekt-Objekt-Bezug in der empirisch arbeitenden Psychiatrie zum Gegenstand der Betrachtung gemacht. In der normativen Disziplin des Rechts scheint die Person des Rechtsanwenders – des Richters – in noch größerem Ausmaß mit dem Gegenstand der Entscheidung verknüpft zu sein, als hierin Wertungen, insbesondere in Form von Billigkeitserwägungen, von der Dogmatik impliziert sind; denn Wertäußerungen haben eine engere Beziehung zu Gefühlen und Haltungen, Wertungen kommen aus dem Gefühlshaushalt eines Menschen und „sprechen sein Gefühlsleben an in einer Weise, wie das empirische Feststellungen nicht tun" (von Savigny 1976, S. 141). Wertungen sind daher auch weniger intersubjektiv, und die ihnen zugrundeliegenden Haltungen sind leichter beeinflußbar (von Savigny 1976, S. 142). Schon vom dogmatischen

Hintergrund her sind also Wertungen im Erkenntnisakt des Strafjuristen impliziert, die Person des Richters müßte danach eine wichtige Funktion bei der Analyse der Strafurteilssetzung einnehmen. Wie stellt sich das Leitbild des Richters dazu?

2.2 Die Persönlichkeit des Strafrichters

Eine Machtposition ersten Ranges ist dem Strafrichter eingeräumt. Er ist der „subjektive Bestandteil des Rechts" (Bendix 1932, S. 79). Die Entscheidung über existenzielle menschliche Belange liegt in seiner Hand; wie kein anderer in unserer rechtsstaatlich organisierten Gesellschaft übt er schicksalhafte, oft daseinszerstörende Gewalt über Menschen aus (Jäger 1975, S. 120). Der Strafrichter wirkt nicht auf der Sonnenseite, sondern im Kellergewölbe der Gesellschaft, „im Grunde eine tragische Figur", wie Dreher meint (Dreher 1979, S. 65), auf seinen Schultern lastet die Verantwortung (Dreher 1979, S. 51); das gilt in besonderem Maße für einen Strafrichter, der an einem Verfahren wegen Tötungsdelikten beteiligt ist.

Dem Strafrichter wird soziale und psychische Schwerstarbeit aufgebürdet, ohne daß eine professionelle Bewältigungsmöglichkeit offeriert wird (Jäger 1975, S. 120). Unter der Fahnenstange eines (weiter unten näher auszuführenden) hehren Richterideals, dem kein realer Mensch Genüge zu tun vermag, wird ihm zugemutet, sich permanent mit dem tiefsten Dunkel der menschlichen Natur zu konfrontieren. So schreibt der Jurist Arndt:

> Die schier übermenschliche Anforderung an den, der theoretisch oder praktisch – [. . .] – mit dem Strafe-Androhen, Strafe-Verhängen und Strafe-Vollstrecken befaßt ist, diese Anforderung verlangt die Selbstüberwindung, dem Opfer und dem Täter je auf seine Weise zu begegnen. Aber wie? Angemessen? Aufgeschlossen? (Arndt 1968, S. 228–229)

Die Auseinandersetzung mit den dunklen Aspekten des Daseins birgt nicht nur die Gefahr, daß „dieses glanzlose Auge der Justitia" (A. Mitscherlich 1974, S. 91) den Blick trübe werden läßt, vielmehr wird der gesamten Psyche eine „Dauerleistung" (Jäger 1975, S. 121) abverlangt.

> Denn ein guter Jurist kann nur der werden, der mit einem schlechten Gewissen Jurist ist. (Radbruch 1952, S. 24)

Diese Worte Gustav Radbruchs sind jedem Juristen geläufig. Eine solche Mahnung wirft das Problem auf, wie es sich mit einem nicht nur gelegentlichen, sondern einem dauerhaft schlechten Gewissen leben läßt (Jäger 1975, S. 121). Der Richter erscheint vor diesem Hintergrund als Opfer der an ihn gestellten Anforderungen. So weist auch Bauriedl darauf hin, daß es keine Macht über andere ohne Unterdrückung von wichtigen Lebenswünschen in der eigenen Person und umgekehrt gibt (Bauriedl 1988, S. 122). Die in dieser Weise exponierte Psychostruktur eines Individuums drängt auf eine Lösung. Von verschiedenen Autoren wird in diesem Zusammenhang auf eine besondere – prädisponierende – Psychostruktur des Strafrichters hingewiesen (Mrozynski 1974, S. 48–49). Diese Frage ist jedoch trotz zahlreicher Untersuchungen (Kaupen 1971, Werle 1977) noch immer als weitgehend ungeklärt zu behandeln (Jäger 1975, S. 120). Mrozynski, der hier stellvertretend für zahlreiche sich mit dieser Materie beschäftigende Autoren genannt wird, vertritt die Ansicht, daß die Herkunft aus der Mittelschicht mit ihrer „typischen Wertorientierung" des „moralischen Rigorismus" den Richter in besonderem Maße für ein Tätigwerden unter der „autoritären Struktur der Gerichtsbarkeit" (Mrozynski 1974, S. 48) disponiere. In der täglichen Berufspraxis, im institutionellen Rahmen der Justiz, werde er in seinen Grundeinstellungen immer aufs neue bestätigt (Mrozynski 1974, S. 49). Wie aber Mrozynski selbst einräumt, hat der Richter die Herkunft aus der Mittelschicht mit den Angehörigen der meisten akademischen Berufe gemeinsam (Mrozynski 1974, S. 48). Diese Auffassung setzt sich nicht tatsächlich mit dem Bewältigungsmodus des im Strafjustizapparat tätigen Juristen auseinander; es ist wohl auch nicht der Anspruch obiger Arbeit. Die Persönlichkeit des Richters sowie die sich aus seiner Person ergebenden „Fragwürdigkeiten und Fehlerquellen juristischen Denkens und Handelns" (Maisch 1975, S. 567) konnten noch nicht zufriedenstellend eruiert werden. Die Erhebungen zu diesem Themenkomplex leiden an folgendem Dilemma: sachkundige Kritik, insbesondere von innen her, hat einen schweren Stand. Der radikalen Kritik von außen, die für die Betroffenen oft aufgrund ihrer Überzeichnung schwer annehmbar ist, steht von innen her eine Auseinandersetzung auf der Basis von „Beschönigung, Selbstlob, Selbstbespiegelung, phrasenhafte(r) Beschwörung des Richterethos und sonstigen Firnis" gegenüber (Schmid 1968 b, S. 48). Es ist eine Spaltung der Kritiker innen/außen zu beobachten. Weder auf die eine noch auf die andere Seite stellt sich die vorliegende Arbeit. Der mächtige Richter wird hier gerade auch in seiner Ohnmacht gesehen – als eine „auf schmalem Grate wandelnde Gestalt" (Dreher 1979, S. 65). Auf bisher erschienene Untersuchungen zu dem Komplex Richterpersönlichkeit ist dabei vereinzelt Bezug zu nehmen. Der Richter auf der Suche nach einem Ausweg in dieser Alltagssituation des Strafwesens baut eine „routinehafte" Abwehr (Jäger 1975, S. 121) auf; in der erstarrten Routine des Alltags treten keine Konflikte mehr hervor. Dieses ist jedoch kein tatsächlicher Ausweg, weder für den Strafrichter noch für die Institution, noch für die Gesellschaft. Abwehr – eine Antwort, die das Überleben und Funktionieren in der aufgezeichneten Misere zu gewährleisten vermag. In diesem Lichte lohnt es sich auch, an späterer Stelle, das Zusammenwirken mit dem forensisch-psychiatrischen Sachverständigen zu betrachten. Abwehr ist zunächst nichts weiter als ein Schlüsselbegriff. Da im folgenden Kontext dem Phänomen der Abwehr eine zentrale Rolle bei der Klärung des forensischen Geschehens um die Täterin zufällt, sei eine umfassende klassische Definition dieser Erscheinung angeführt:

> Gesamtheit von Operationen, deren Finalität darin liegt, jede Modifikation einzuschränken oder zu unterdrücken, die geeignet ist, die Integrität und die Konstanz des bio-psychologischen Individuums zu gefährden. Soweit das Ich sich als Instanz konstituiert, die diese Konstanz verkörpert und sie aufrechtzuerhalten versucht, kann es als passiver und aktiver Faktor dieser Operation beschrieben werden. Allgemein richtet sich die Abwehr gegen einen inneren Reiz (Trieb) und elektiv gegen einen an Vorstellungen gebundenen Reiz (Erinnerungen, Phantasien), gegen eine bestimmte Situation, die diesen Reiz auslösen kann, soweit er mit diesem Gleichgewicht unverträglich und daher für das Ich unlustvoll ist. Die unlustvollen Affekte, Motive oder Abwehrsignale können ebenso deren Gegenstand sein. Der Abwehrvorgang besteht aus mehr oder weniger in das Ich integrierten Abwehrmechanismen.
>
> Gekennzeichnet und durchdrungen vom Trieb, gegen den sie sich letztlich richtet, nimmt die Abwehr oft ein zwanghaftes Gepräge an und geht, mindestens teilweise, unbewußt vor sich. (Laplanche/Pontalis 1986, S. 24)

Dieser Schlüssel – Abwehr – verschafft Zutritt zu einem Raum, einem ganzen Gebäude gar, hinter dessen Türen sich nicht nur Akten mit der Beschreibung von Lebenssachverhalten und deren rechtlicher Subsumierung unter gesetzliche Tatbestände befinden, sondern konkrete Personen. Ein erster Lichtstrahl fällt nun auf diese Abwehr, ihre Erscheinungsformen, ihre Inhalte. Das Phänomen Abwehr beschränkt sich nicht auf einen einzelnen Raum der Strafjustiz, es bildet wesentliche Stützpfeiler. Eine relevante Eigenschaft der Abwehr besteht darin, daß sie nur dann ihre Funktion, Bindung der zugrundeliegenden Ängste (Bauriedl 1988, S. 123), zu erfüllen vermag, solange sie nicht aufgedeckt wird. „Diese Ängste sind unangenehm und werden zur Stabilisierung des innerpsychischen Haushalts durch unbewußt gesteuerte Abwehrmechanismen abgewehrt. Der Gewinn dieser Abwehr ist eine erlebte ‚Sicherheit'" (Wendl 1979, S. 54). Eine Disziplin, der die Enthüllung jedweder Abwehrmechanismen eigen ist, wird – ohne weitere inhaltliche Auseinandersetzung – als Gegnerin betrachtet, womit ein erster Grund für die real existierende Frontenstellung zwischen Psychoanalyse und Strafjustiz benannt ist.

2.3 Das schlechte Gewissen des Strafrichters

Beginnen wir unsere Wanderung durch die Hallen der Strafjustiz mit der Betrachtung des „schlechten Gewissens", d. h. des schlechten Gewissens eines moralisch guten Juristen. Ein schlechtes Gewissen basiert auf Schuldgefühlen. Schuldgefühle entstehen dann, wenn ein Verbot des Über-Ich real oder in der Phantasie übertreten wird und dieses seine „Mißbilligung" kundtut (Brenner 1986, S. 143).

Es mutet befremdlich an, eine psychische Sperre wie ein „schlechtes Gewissen" als moralischen Wert einer gesamten Berufsgruppe aufzuoktroyieren. Bemerkenswerterweise wird auch dem forensisch-psychiatrischen Sachverständigen von anderer Seite (Schorsch/Bekker 1977, S. 22) die Aufgabe zugewiesen, das „schlechte Gewissen" bei der Verurteilung zu verkörpern. Diese Parallelität gilt es weiter unten bei der Frage des Zusammenwirkens Richter – Sachverständiger näher zu beleuchten (s. Kap. 2.4.4.3.3).

Der Appell an das Gewissen der Strafjuristen, in neuerer Zeit unter anderem von Dreher formuliert (Dreher 1979), hat zwei Aspekte. Gustav Radbruch hatte bei der Formulierung seines berühmten Zitats sicherlich im Sinn, die „Chance des Gewissens" (Richter 1988) in das richterliche Handeln einzubauen, d. h., der Menschlichkeit das Wort zu übertragen. Es ist das Gewissen als „Quelle von Naturrecht oder Naturrechtserkenntnis" (Ellscheid 1977, S. 37). Podlech weist in diesem Zusammenhang darauf hin, daß der Gewissensbegriff gerade dann relevant wird, wenn die Frage nach dem rechten Tun von der Gesellschaft aus ihrer Tradition nicht mehr eindeutig beantwortet werden kann, weil die Geltung der Tradition fragwürdig geworden ist. Das Gewissen übernimmt die Funktion, die Unsicherheit über ethischen Fragen durch eine persönliche Entscheidung zu beenden

(Podlech 1963, S. 200). Der andere Aspekt einer Bezugnahme auf das Gewissen ist gewissermaßen die Kehrseite der soeben dargestellten Idealisierung. Das Gewissen schwebt nicht im luftleeren Raum über der Psychostruktur des Individuums. Es gibt keine „einsame" Erkenntnis von Wahrheit, wie es dem Verständnis naturrechtlicher Spekulation entsprach (Ellscheid 1977, S. 37).

2.3.1 Aspekte des Über-Ich

Und dabei lehrt uns die Psychoanalyse, daß es gerade unser Gewissen und unsere Ideale sind, die zu einem ganz besonders hohen Grad von Zwang und Maßlosigkeit bestimmt werden, von globalen Affekten begleitet werden und den Absolutsetzungen frönen, die zu unlösbaren Konflikten führen. (Wurmser 1989, S. 115)

Mit der Einbeziehung des Gewissens meldet sich das Über-Ich zu Wort. Dieses Über-Ich spricht auch aus einer Definition des Gewissens, wie sie das Bundesverfassungsgericht vorgelegt hat. Gewissen ist danach ein

real erfahrbares seelisches Phänomen, dessen *Forderungen, Mahnungen* und *Warnungen* (Hervorhebung A. W.) für den Menschen unmittelbar evidente Gebote unbedingten Sollens sind. (BVerfGE 12, 45, (54))

Für den Strafjuristen Peters (Peters 1988, S. 245) konstituiert das Gewissen den „Kern der richterlichen Persönlichkeit".

Das Gewissen ist der „Punkt in der Psyche, wo sich Gesellschaft und Individualität vereinen. Gewissen wird lebensgeschichtlich und durch gesellschaftliche Erfahrungen geformt" (Nadig 1988, S. 198). Das Über-Ich beinhaltet auch Elemente einer Abwehrstruktur, worauf Wurmser hinweist (Wurmser 1987, S. 37), aber nicht nur (Brenner 1986, S. 143); Brenner definiert Über-Ich als „eine Kompromißbildung oder, um es präziser zu formulieren, eine Gruppe von Kompromißbildungen, die ihren Ursprung weitgehend in den Konflikten der ödipalen Phase haben" (Brenner 1986, S. 143).

Das Über-Ich, entwicklungspsychologisch klassischerweise (auf neuere Aspekte ist weiter unten einzugehen) durch die Konfrontation mit der zugleich auch gesellschaftliche Ge- und Verbote übermittelnden Vaterfigur in die Psyche des Kindes implementiert, kristallisiert sich im Richteralltag in Gestalt jenes Leitbildes, dem zu entsprechen der konkrete Richter keine Chance zu sehen vermag. Der allgegenwärtige Tadel des Vaters ist in sein berufliches Tun eingebaut, er ist dem Gesetz „unterworfen" und vernimmt die mahnenden Worte Bockelmanns u. a. (Bockelmann 1961, S. 39), mit „dem schrecklichen Amt des Richters" nicht zum Pharisäer zu werden, sondern mit „äußerster moralischer Zurückhaltung" zu richten. Egal, wie der Richter sich verhält, eine Verhandlung führt, einen Fall entscheidet, sein Ich vermag dem Ideal nicht das Wasser zu reichen.

2.3.2 Idealisierung des Richters

Die Bezugnahme auf das Über-Ich erfordert eine Einblendung dieser innerpsychischen Instanz.

Beim Über-Ich lassen sich zwei Substrukturen unterscheiden: das soeben angeführte Über-Ich im engeren Sinn (Elhardt 1984, S. 34) – als „negative Funktion" (Kernberg 1977, S. 47) enthält es mehr die „einschränkenden, verbietenden, verfolgenden, strafenden Motive, genetisch gekoppelt an den gefürchteten Elternaspekt" (Elhardt 1984, S. 34) – und das Ich-Ideal – als „positive Funktion" enthält es mehr die „positiv getönten Leitbilder im Sinne des Vorbildes" („so möchte ich sein"), „genetisch mehr gekoppelt an die bewunderten und geliebten Elternaspekte" (Elhardt 1984, S. 34).

Der Richter sieht sich in der Konfrontation mit beiden Über-Ich-Strukturen: Drohung und Beweihräucherung prägen seine Tätigkeit in gleicher Weise. Seine Ich-Instanz, um im Freudschen topischen Modell Ich, Es, Über-Ich zu bleiben, muß eine komplizierte „Vermittlungs"arbeit (Mertens 1981, S. 133) leisten. Nun wurde in der psychoanalytischen Theoriediskussion in neuerer Zeit für die Gesamtperson des Individuums statt des Ich (das auf die Sonderbedeutung Ich-Instanz beschränkt bleibt), der Begriff des Selbst eingeführt (Elhardt 1984, S. 35, Kohut 1977). Zugleich wird damit in Abgrenzung vom Triebmodell (s. Kap. 2.4.1.2.1) die Regulation des Selbstwertgefühles in den Mittelpunkt der Betrachtung gestellt. Das realistische Selbstwertgefühl einer Person entwickelt sich allmählich auf der Basis eines „primären und normalen Narzißmus" (Freud 1914 a, S. 41–42). Die natürlichen kindlichen Größenphantasien finden idealerweise eine Resonanz durch beglückendes Widerspiegeln des kindlichen „Exhibitionismus" im „Glanz des elterlichen Auges" (Elhardt 1984, S. 38). Das kindliche Größenselbst erweitert sich allmählich um die idealisierte „Eltern-Imago" (Mertens 1981, S. 149), sofern einer Idealisierung der Eltern keine Hindernisse entgegenstehen. Größen-Selbst und Eltern-Imago werden im Laufe einer gesunden Entwicklung zunehmend mit der Realität konfrontiert und dieser angepaßt. So vermag sich das realistische Selbstwertgefühl eines Individuums mit den stabilisierenden Persönlichkeitskomponenten Selbstvertrauen, Selbstachtung und Selbstliebe zu entwickeln (Elhardt 1984, S. 38). Im normalen Werdegang der Heranreifung macht also das unrealistische, archaische Größen-Selbst der ersten Lebenszeit allmählich realistischen Zielen und Wertvorstellungen Platz, d. h., es geht nun nicht mehr um den „passiven Zustand des bedingungslosen Bewundertwerdens des Kleinkindes, sondern um die aktiv herbeizuführende Erfahrung in Übereinstimmung mit Über-Ich und Ich-Ideal" (Elhardt 1984, S. 38). Dadurch wiederum wird das Selbstwertgefühl erhöht.

Unter Heranziehung oben skizzierter Zusammenhänge zwischen Selbstwertgefühl und Ideal erhebt sich die Frage, welche Konsequenzen es für das Selbstwertgefühl eines Menschen hat, der zwischen Skylla – nicht zu erfüllendes Ideal vor Augen – und Charybdis – kritische, mahnende Über-Ich-Instanz im Nacken – hin- und herschaukelt. In genau dieser Position aber befindet sich der Strafrichter. Mißt sich sein Ich an dem Ideal, d. h. dem richterlichen Leitbild, gerät es in arge Bedrängnis angesichts der schwierigen Vermittlungsaufgabe. Eine Übereinstimmung im realitätsgerechten Handeln mit diesen beiden Über-Ich-Komponenten ist nicht möglich. Entweder der Richter reagiert auf den massiven Über-Ich-Druck – hier bekommt die berufsbezogene Funktionalisierung des „schlechten Gewissens" ihren Standort –, oder er entwickelt ein „pathologisches Größen-Selbst", d. h., daß er sich *so* sieht wie dieses Leitbild des Richters und damit durch Selbstidealisierung das Omnipotenzgefühl der frühen Kindheit hinüberrettet. So hat denn auch Werle in einer Untersuchung über das Selbstverständnis der Richter ermittelt, daß „mit zunehmender Dauer der Tätigkeit als Richter ein Prozeß der *Verklärung* (Hervorhebung A. W.) in den Wahrnehmungen richterlicher Funktionen" einhergeht (Werle 1977, S. 331). Bezogen auf die Persönlichkeit besteht hier die Gefahr der Regression, d. h. eine Bewegung weg von real gegebenen Bedingungen (Reinke-Köberer 1979, S. 24).

Dieses Erleben der Allmacht wird begleitet von Einbrüchen des Erlebens der Ohnmacht – einer „narzißtischen Kränkung" (Kohut 1985, S. 227), die es abzuwehren gilt; denn den Vollkommenheitswünschen stehen Insuffizienzgefühle gegenüber, vor allem deshalb, weil die tatsächlichen Fähigkeiten nicht gemerkt und nicht geschätzt werden (Eicke 1982, S. 496). Diese eigene Insuffizienz muß aber verdrängt werden, um eine „schmeichelhafte Identität des Ichs mit dem hohen Über-Ich" zu erlauben (Caruso 1972, S. 119). So weist Caruso in diesem Zusammenhang auch darauf hin, „daß uns auch der ständige Druck des schlechten Gewissens gegenwärtig macht (Einfügung A. W.), wenn der Über-Ich-Anspruch auf unerreichbare Ziele gerichtet wird" (Caruso 1972, S. 119).

Es geht hier nicht um die Aufdeckung einer Richterpathologie, sondern um die Entlarvung eines Berufsverständnisses als pathologisch, das die Mitglieder unter moralischen Streß stellt (Caruso 1972, S. 119) und damit die „Fixierung an das archaisch bleibende Größen-Selbst und/oder an die idealisierte Eltern-Imago" (Mertens 1981, S. 148) der in diesem Bereich erfolgreich Tätigen provoziert. Das Dilemma besteht darin, daß sich „für die Justiz nicht so sehr die Frage stellt, wie der Richter tatsächlich *ist,* sondern wie er sein *soll"* (Rasehorn 1968 b, S. 5). Dem „Real-Selbst" wird kein Raum gewährt, es ist durch Verleugnung von dem Größen-Selbst abgetrennt. Eine Spaltung drückt sich aus. Das Selbstbild wird grandios genannt, weil ihm die „guten" Aspekte des Objekts – Justiz – „quasi hinzugeschlagen werden, es sich als allmächtig, autark und stark, als unabhängig phantasiert" (Reinke-Köberer 1979, S. 25). Das Verständnis der Richterpersönlichkeit zeigt auf das platonische Ideal: Die Ideen formen die Wirklichkeit (Rasehorn 1968 b, S. 5). Die Frage, wie soll der Richter sein, muß vor diesem Hintergrund eigentlich überspitzt dahingehend beantwortet werden, daß er „überhaupt nicht sein soll", d. h., er soll „nicht als eine Person existieren", die Recht spricht (Rasehorn 1968 b, S. 5). Zwar vertraut das Grundgesetz die rechtsprechende Gewalt den Richtern, d. h. Personen an (Art. 92 GG). Das Gerichtsverfassungsgesetz (§ 1 GVG) läßt hingegen dem Gesetzeswortlaut zufolge die richterliche Gewalt durch die *Gerichte* ausüben. Diese Bestimmung schlägt sich in dem Bewußtsein der Rechtsausübenden nieder; selbst ein allein entscheidender Einzelrichter am Amtsgericht in Strafsachen bekundet, daß *das Gericht* überzeugt sei, der Angeklagte habe die Tat begangen. Urteile erscheinen generell als „Akte der Organisation Justiz" (Lautmann 1972, S. 131). Der lebendige Richter wird auf diesem Wege zum unpersönlichen, unnahbaren Gericht. „Nicht Entwicklung der Persönlichkeit wird erstrebt, sondern ihre Auslöschung" (Rasehorn, 1968, S. 5). Die „vakante" Stelle wird ausgefüllt durch ein „Tugendbündel" (Rasehorn 1968 b, S. 5). Der Landgerichtspräsident Kellermann (Kellermann 1963, S. 290) stellt sich den idealen Richter folgendermaßen vor:

So soll der Richter von rascher Entschlußkraft sein und doch bedächtig, gründlich, aber nicht pedantisch, er soll mutig zu seiner Überzeugung stehen und doch aufgeschlossen sein für Gegenargumente. [. . .], er soll im Auftreten bestimmt sein, jedoch ohne Selbstüberheblichkeit, er soll die Verhandlung fest und energisch in der Hand haben, aber doch konziliant und entgegenkommend sein und jede Schroffheit vermeiden; er soll natürlich auch sehr gute Rechtskenntnisse haben, ohne aber ein einseitiger, lebensfremder Theoretiker zu sein. Er soll Lebenserfahrung haben, jedoch nicht voreingenommen sein und etwas für unmöglich halten, was ihm selbst noch nicht begegnet ist usw. Er soll also aus vielem, was im Wesen eines Menschen auseinanderstrebt, eine Synthese bilden."

Ein solch fern der menschlichen Realität gestricktes Leitbild müßte mangels Einlösbarkeit den Charakter des Unverbindlichen haben. „Der Geist wird [. . .] zum ewigen Licht, das wie ein panoptisches Glasauge auf die Reste eines inneren Lebens starrt" (Sloterdijk 1988, S. 70). Dennoch, dieses Leitbild prägt das Bewußtsein der Richterschaft, wie oben bereits unter Bezugnahme auf die Untersuchung von Werle eingeführt wurde. Die Selbsteinschätzung der Richter läßt sie denn auch auf einem „Höhenflug" (Rasehorn 1968 b, S. 6) gleiten, sozusagen in den „platonischen Himmel [. . .], wo nur der abstrakte Mensch als Idee wohnen könnte" (Caruso 1972, S. 67). Gerade das in diesem Zusammenhang von Rasehorn eingebrachte „Flugsymbol" ist eine in der psychoanalytischen Fachliteratur geläufige Metapher für das oben geschilderte Omnipotenz-Erleben des noch im unrealistischen Größen-Selbst gefangenen Erwachsenen (Argelander „Der Flieger" 1985): „das Thema der Grandiosität in der Phantasie vom Fliegen" (Kohut 1985, S. 206).

Der Idealisierung des Richters steht die Realität des Menschlichen gegenüber, die einen anderen Aspekt des Über-Ichs – die oben sogenannte „negative Funktion" – aufwirft: das strikte Eingebundensein des Richters in eine Aufstiegshierarchie sowie in einen Organisationsapparat (Rasehorn 1968 b, S. 12). Auch die Sprache, die die richterliche Tätigkeit umschreibt, weist eindeutig gebieterische Momente auf: Der Richter ist der Rechtsordnung, dem Rechtszwang sowie dem Gesetzesbefehl unterworfen (Rasehorn 1968 b, S. 16). Ohne daß das Recht in seiner Zielsetzung Schaden nähme, wären hier auch andere Begrifflichkeiten vorstellbar, die stärker den Charakter der Gesetze als „Leitlinien, um die Richtigkeitsvorstellungen der Gesellschaft zu erkennen" (Rasehorn 1968 b, S. 17), in den Vordergrund stellen und weniger den „Knüppelcharakter" des Rechtssystems. Zwar ist der Richter „unabhängig" (Art. 97 Abs. 1 GG, § 25 DRiG), hat aber „Dienste zu verrichten" und „Opfer zu erbringen" (Rasehorn 1968 b, S. 19); persönliche Gerechtigkeitsvorstellungen haben dagegen in der Organisation keinen Platz, wie Werle in seiner Richteruntersuchung ermittelte (Werle 1977, S. 302). Provokativ zur richterlichen Unabhängigkeit schreibt Irle (Irle 1971, S. 30): *„Unabhängigkeit* von sozialer Realität existiert nur für den Eremiten, und sogar er richtet sich [. . .] nach Vorbildern." Aber auch Larenz räumt ein: „Gewiß läßt sich kein Richter denken, der außerhalb der Vorstellungswelt seiner Zeit und seiner Umgebung lebte, der daher ganz frei wäre von ‚schichtenspezifischen' Vorstellungen und Werturteilen seiner eigenen sozialen Schicht" (Larenz 1979 a, S. 168). Diese Vorstellungen sind für Larenz allerdings „überwindbar" (Larenz 1979 a, S. 168–169).

Ist der einzelne Strafrichter nicht dem Leitbild gemäß zu einem (solchen) „Höhenflug" in der Lage, weil ihm eine realistische Selbsteinschätzung die Grenzen seines Tuns vor Augen führt, dann erheben sich Schuldgefühle, das schlechte Gewissen meldet sich zu Wort. Unter Verweisung auf E. Bloch ist zu bedenken, daß es nicht darum geht, jegliche Moral auszuklammern, sondern den Bann eines Über-Ichs freizulegen, das statt „befreienden, uns utopisch aufnehmenden Bildern des Genügetuns" (E. Bloch 1975, S. 280) „unter idealer Maske, eine Art inneres Folterwerkzeug bildet" (E. Bloch 1975, S. 280). Exzessive Idealisierung läßt somit die „psychologischen Phänomengruppen von Narzißmus und Aggression" verschmelzen (Wurmser 1989, S. 230).

Nun tobt aber der Kampf des Ich an mehreren Fronten gleichzeitig; denn nicht nur mit dem drohenden Über-Ich gibt es auf der Ich-Ebene Probleme. Auch auf den untersten Rängen – vom Es her – wird eventuell Druck ausgeübt durch Triebimpulse, auf die weiter unten das Augenmerk zu richten sein wird. Diese haben die Tendenz, an die Oberfläche zu treten; denn das „Über-Ich steht der dunklen Welt der Triebe näher als das Ich" (Freud 1923, S. 315). Das in der Psyche eines jeden Menschen wirkende Kräftespiel wird eben besonders aktualisiert durch jede Art von Anforderungen, insbesondere wenn Aufgaben bewältigt werden sollen, deren Lösung als Überforderung erlebt wird (Wendl 1979, S. 51). Zur Klärung dieser Wirkkräfte gilt es die fokussierte Rolle des Strafjuristen auch sozialpsychologisch zu entwirren.

2.4 Erwartungen der Gesellschaft an den Strafrichter

Die rechtsstaatliche Gesellschaft delegiert ihre Strafverfolgung auf die Strafjustiz bzw. sehr konkret auf den verfahrensführenden Richter. „Strafjuristische Tätigkeit ist – wie kaum eine andere – abhängig von gesellschaftlichen Strömungen, historischem Wandel, Gruppeninteressen, von individuellen und kollektiven Merkmalen der Entscheidenden und der Rechtsunterworfenen" (Engelhardt 1976, S. 9). Der Richter wird eingesetzt als Agentur allgemeiner Konformitätserwartungen. Gerade darin liegt ein wesentlicher Grund der oben dargelegten Herrscherrolle, die sich herleitet aus der Befugnis, Gesetze zu interpretieren. Dadurch aber verwandelt der Strafrichter „aus dem Diener des Gesetzes sich in weitem Umfang in dessen Herrn" (Dreher 1979, S. 53). Die Kehrseite, die dunkle – nicht sichtbare – geht mit dieser Machtzuweisung einher. Der Richter ist nicht nur Sachwalter des Strafwesens, er ist auch Resonanzkörper der Gesellschaft, d. h. stellvertretend für das Kollektiv soll er auch die mit dem Bekanntwerden eines Verbrechens einhergehenden affektiven Momente in Bahnen lenken; denn „auf alles, was mit Verbrechen und Verbrechern zusammenhängt, reagiert die Gesellschaft eher emotional. Das Thema ‚Verbrechen' fasziniert und reizt die Phantasie, die Verbrechenswirklichkeit stößt ab" (Schwacke 1983, S. 242). Dabei ist stets im Blick zu behalten, daß der Richter auch „Normalbürger" (Streng 1980, S. 662) ist, bzw., um mit Dreher zu sprechen, „daß er selber ein Mensch ist, wie dieser sein Mitmensch ist, und daß er selbst auch nicht gegen Fehltritte gefeit ist" (Dreher 1979, S. 64–65). Auch der „menschliche" Richter handelt unter dem Druck eigener Impulse, er ist bezüglich der Funktion als „Auffangbecken" insoweit sowohl delegierendes als auch ausführendes Organ. Das Gewärtigen der eigenen Triebhaftigkeit, der unter Umständen mit der Strafverhängung eine Surrogatbefriedigung an die Hand gegeben ist, lastet um so schwerer in Konfrontation mit dem nicht erreichten Ideal des souveränen Richters; es entstehen tatsächlich unbewußt Schuldgefühle. So erhellt sich das schlechte Gewissen in einem eigenen Lichte; es ist die Rückbesinnung auf die Sprachwurzel „Gewissen", die hier weiterhilft: „Gewissen weist nämlich unmittelbar auf ein Mitwissen hin. Das Präfix ‚Ge' ist ursprünglich mit dem lateinischen ‚Con' identisch" (Reik 1925, S. 179).
Der klaren Aufgabenzuweisung auf der rationalen Ebene unterliegt somit ein irrationaler, schwankender Boden.

2.4.1 Kollektives Strafbedürfnis

Das Strafbedürfnis des Kollektivs – ein bereits in den zwanziger Jahren ausführlich thematisiertes gesellschaftliches Phänomen (Reik 1925, S. 155–156) – wurde in der Folgezeit immer wieder aufgegriffen, so insbesondere von dem Strafverteidiger Reiwald (Reiwald 1948). Die Existenz eines gesellschaftlichen Strafbedürfnisses wurde ebenso heftig wie plakativ in straftheoretische Diskussionen eingebracht, unter anderem von Plack (Plack 1974) sowie Ostermeyer (Ostermeyer 1975), wie andererseits in Zweifel gezogen (Eisenberg 1990, S. 93). Belastend für die Debatte hat sich jedenfalls die Undifferenziertheit ausgewirkt, mit der auf beiden Seiten der Schlagabtausch geführt wird. Zu Recht merkt der Jurist Arndt hier an: „Wie verwegen auch immer diese Vorwürfe gegen die Gesellschaft klingen mögen, bei nüchterner Betrachtung sind darin Goldadern der Wahrheit zu entdecken" (Arndt 1968, S. 222); denn „über die Auseinandersetzung mit dem Phänomen des Verbrechens entscheidet nun einmal die Resonanz der Gesellschaft, weshalb es unerläßlich ist, daß die Juristen wenigstens die Gedanken und Ergebnisse etwa der Verhaltensforschung oder die psychoanalytischen Enthüllungen, wie ein Kollektiv agiert und reagiert, endlich in ihre Welt miteinbeziehen" (Arndt 1968, S. 228).

2.4.1.1 Klassischer Ansatz

Strafbedürfnis ist in diesem Zusammenhang zu verstehen als das aktive Verlangen, andere bestraft zu sehen, nicht als Wunsch, selbst bestraft zu werden. Letzteres Phänomen wurde insbesondere von Reik (Reik 1925, S. 137) eingehend betrachtet.

Dieses Strafbedürfnis wird gespeist aus drei unbewußten affektiven Quellen (Moser 1974, S. 415).

Der konforme Bürger ist im allgemeinen mit Hilfe seines Über-Ichs in der Lage, sich verbotener und daher verdrängter Impulse zu erwehren. Ein Rechtsbruch, d. h. die Übertretung eines gesellschaftlichen Tabus ohne Sanktionierung, birgt die Gefahr, daß diese mühsam gehaltene Balance kippt (Alexander/Staub 1929, S. 266). Freud führt dazu aus:

> Wenn einer es zustande gebracht hat, das verdrängte Begehren zu befriedigen, so muß sich in allen Gesellschaftsgenossen das gleiche Begehren regen; um diese Versuchung niederzuhalten, muß der eigentlich Beneidete um die Frucht seines Wagnisses gebracht werden. (Freud 1912–13, S. 361)

Je stärker der eigene Impuls ist, um so lauter ertönt der Ruf nach Strafe; eigene Normtreue wird so gewährleistet. Eigene verbotene Bestrebungen verursachen Schuldgefühle, die zugleich nach Bestrafung, und zwar in diesem Zusammenhang eigener Bestrafung, rufen. Der Täter wird zum „Projektionsschirm" eigener Schuld, zum sogenannten „Sündenbock". Je weniger über die Person des Täters sowie über die Tat bekannt wird, desto störungsfreier verläuft der Projektionsmechanismus (Streng 1980, S. 645). Vorgreifend auf den letzten Abschnitt dieser Arbeit sei darauf hingewiesen, daß hierin auch ein Anknüpfungspunkt für ein ausführlicheres Aufrollen der Lebensgeschichte des Täters im Rahmen der Tataufklärung liegt. Obwohl also gemeinsame Regungen beim Konformen und beim Täter zu konstatieren sind (Freud 1912–13, S. 361), müssen gerade diese Gemeinsamkeiten geleugnet werden. Auch schon Durkheim kam aus anderer, nämlich soziologischer, Perspektive zu der Erkenntnis, daß der Verbrecher als „regulärer Wirkungsfaktor des sozialen Lebens" fungiert; denn das Verbrechen vereinigt die aufrechten Gemüter und läßt sie zusammenrücken: „Sie müssen sich stärken und gegenseitig versichern, daß sie immer im Einklang stehen. Das einzige Mittel ist die gemeinsame Reaktion" (Durkheim 1977, S. 144).

Eine weitere Quelle des Strafbedürfnisses wird gespeist aus dem staatlichen Gewaltmonopol. Dieses läßt unter der allgemeinen Prämisse des dem Kollektiv auferlegten Gewaltverzichts im Bereich des Strafrechts ein Ventil für Aggressionen offen, die sich gegen Normabweichende richten. Es gilt, das Zusammengehörigkeitsgefühl der „Gerechten" zu stärken (Reiwald 1948, S. 249). Der Straftäter ist solcherart Zielscheibe, er fungiert nicht mehr als „Sündenbock" für projizierte Schuld, sondern, wie Engelhardt (Engelhardt 1976, S. 62) differenziert, als „Prügelknabe" – Ersatzobjekt für Aggressionsabfuhr.

Die dritte Quelle entspringt Rachegelüsten, und zwar nicht nur derjenigen, die als Angehörige direkt oder mittelbar durch die Tat betroffen sind, sondern auch Dritter, die sich insoweit mit dem Opfer identifizieren (Engelhardt 1976, S. 63); ein aus Angst erwachsendes Bedrohungsgefühl bricht sich hier Bahn.

2.4.1.2 Grenzen des klassischen Ansatzes

Die Klärung der problematischen Forderung an den Strafjuristen, er müsse ein schlechtes Gewissen haben, machte seine Einbettung in ein kollektives Umfeld erforderlich, mithin einen Gang zu den affektiven Quellen gesellschaftlichen Strafbedürfnisses. Mit einer Anzahl von Fragestellungen verschiedener Couleur im Gepäck ist ein Innehalten geboten. Vom Anspruch staatlicher Strafrechtskontrolle scheint nichts übrig zu bleiben, und so wird konsequent, wenn auch vorschnell, ein „Plädoyer für die Abschaffung des Strafrechts" (Plack 1974) u. ä. abgegeben; denn behandlungsbedürftig sei die Gesellschaft der Guten und Gerechten (Plack 1974, S. 114–115). Hingegen kritisiert Engelhardt, daß die in dieser Weise vorgetragene psychoanalytische Strafrechtskritik „reduktionistisch" bleibt, solange sie sich nicht konkretisiert, insbesondere in gesellschaftliche Bedingungen einreiht (Engelhardt 1976, S. 66). Diesem Einwand ist zuzustimmen; denn der kollektive Ansatz der psychoanalytischen Strafrechtskritik geriert sich sehr allgemein. Er hat sich entwickelt auf der Basis des klassischen Freudschen Triebbegriffes und ist noch nicht wesentlich darüber hinausgewachsen. Um welche Impulse geht es? Um welche Allgemeinheit? (Schumann 1989, S. 15). Zusammenhänge zwischen Strafrecht und Stabilisierung bzw. Änderung von moralischen Überzeugungen sind im Grunde bis heute unerforscht geblieben (Schumann 1989, S. 26). Zu bedenken ist, daß sich Strafe und Verbrechen im Bewußtsein der konformen Öffentlichkeit notwendigerweise abstrakt präsentieren (Engelhardt 1976, S. 64). Es mag dahingestellt bleiben, ob, wie Hassemer bestreitet (Hassemer 1979, S. 36), eine empirische Erhebung unter Beibehaltung des gesellschaftlichen Status quo überhaupt möglich ist.

2.4.1.2.1 Kontroverse um den Triebbegriff

In der Freudschen Weltsicht standen sich entweder zwei antagonistische Triebe (Lebens- und Todestrieb bzw. Libido und Aggression) gegenüber oder Trieb und Triebkontrolle (Bauriedl 1988, S. 122).

Triebe sind Kräfte, die ihren Ursprung in einer somatischen Triebquelle haben, sich psychisch repräsentieren, ihr Ziel in dessen Befriedigung suchen, auf ein Objekt angewiesen sind (Freud 1915 a, S. 85–86). In seinem späteren Werk ging Freud von dem Bestehen eines Lebenstriebes (Eros) sowie eines Todestriebes (Thanatos) aus. Die Triebenergie der Libido fließt dem Lebenstrieb, die Aggression – als destruktives Moment betrachtet – dem Todestrieb zu (Freud 1920 a, S. 269 Fn). Das Verhältnis Libido – Aggression sieht Freud dabei dialektisch; normalerweise kommt es zur Triebvermischung (Freud 1923, S. 308). Die metapsychologische Herleitung

233

des Triebkonzeptes auf naturwissenschaftlicher Basis ist fragwürdig, ebenso die Außerachtlassung konstruktiver Elemente der Aggression als lebenserhaltender Kraft (Fromm 1977, S. 219). Die wissenschaftlichen Kontroversen um diesen Punkt, die sich zuspitzen auf die Frage angeboren oder erworben, bedürfen hier keiner Darstellung; denn jedenfalls geht mit einem Trieb jeweils ein Triebschicksal einher (Freud 1915 a, S. 102), das sich in bestimmten Verhaltensformen und Symptomen manifestiert, somit feststellbar ist. Werden Trieb und Triebschicksal in dieser Weise verkoppelt gesehen, so läuft die verschiedenerseits geäußerte Kritik, mit der Annahme eines Triebes werde eine „ahistorische(n) konfliktlose(n) Gemeinschaft" zugrunde gelegt, (Smaus 1985, S. 54 sowie S. 29–30) ins Leere; hingegen erwächst die „Erkenntnis der *Einheit von Natürlichkeit und Sozialität im Trieb*" – „der entscheidende Beitrag für das menschliche Selbstverständnis", wie Lorenzer formuliert (Lorenzer 1980 b, S. 337).

2.4.1.2.2 Kulturelles Triebschicksal

Nicht um das Triebschicksal des Individuums geht es vorliegend. Im Brennpunkt steht das kollektive Triebschicksal, bzw. dessen pathologische Entwicklungen. Dadurch entsteht eine besondere Problematik. Der Begriff Pathologie ist aus der Klinik des Individuums gewonnen. Auf die Gesellschaft übertragen, kann dieser Begriff Wirkung nur in Abgrenzung zum Normalitätsbegriff entfalten. Wissenschaftsgeschichtlich leitet sich die Psychoanalyse ab aus einer Individualtherapie zur Behandlung bestimmter seelischer Leiden. Hier nun geht es um die Betrachtung kollektivpsychologischer Erscheinungen.

Die Psychoanalyse stellt eine innige Beziehung her zwischen all diesen psychischen Leistungen der Einzelnen und der Gemeinschaften, indem sie dieselbe dynamische Quelle für beide postuliert. Sie knüpft an die Grundvorstellung an, daß es die Hauptfunktion des seelischen Mechanismus ist, das Geschöpf von den Spannungen zu entlasten, die durch Bedürfnisse in ihm erzeugt werden. Ein Teil dieser Aufgabe wird lösbar durch Befriedigung, welche man von der Außenwelt erzwingt; zu diesem Zwecke wird die Beherrschung der realen Welt Erfordernis. Einem anderen Teil dieser Bedürfnisse, darunter wesentlich gewissen affektiven Strebungen, versagt die Realität regelmäßig die Befriedigung. Daraus geht ein zweites Stück der Aufgabe hervor, den unbefriedigten Strebungen eine andersartige Erledigung zu verschaffen. Alle Kulturgeschichte zeigt nur, welche Wege die Menschen zur Bindung ihrer unbefriedigten Wünsche einschlagen unter den wechselnden und durch technischen Fortschritt veränderten Bedingungen der Gewährung und Versagung von seiten der Realität. (Freud 1913, S. 379)

Im vorliegenden Zusammenhang ist Ausschau zu halten nach Gültigkeit beanspruchenden Kriterien für psychische Gesundheit; diese Kriterien wären positiv zu benennen als Fähigkeit zum realitätsgerechten Handeln sowie negativ als Freisein von Symptomen und Ängsten, in Waelders Worten:

> Psychisch gesund ist ein Mensch, der sich an die Außenwelt anpassen und dabei einen befriedigenden oder wenigstens erträglichen Grad innerer Harmonie aufrechterhalten und ein gewisses Maß an Befriedigung erreichen kann. (Waelder 1963, S. 53–54)

Caruso schreibt diesbezüglich: „Das Ich wird, sobald es sich nicht mehr als seinen eigenen souveränen Herrscher erkennt, unterdrückt sein" (Caruso 1972, S. 77).

Freud zufolge geht die kulturelle Entwicklung notwendigerweise mit Triebrepression einher, d. h., pathologische Elemente – gemessen an obigem Gesundheitsbegriff – sind dem Individuum sowie der Gattung insgesamt strukturell eingebunden. Für Marcuse hingegen ist, unter Heranziehung obiger Geltung beanspruchender Kriterien, das Moment der „zusätzlichen Unterdrückung" richtungweisend. „Zusätzliche Unterdrückung" besteht in einer Gesellschaft dann, wenn das Realitätsprinzip – der Kontrahent des Lustprinzips – mit dem Leistungsprinzip identifiziert wird (Marcuse 1968, S. 48–49). Ein Trieb, der nicht gelebt wird, muß verdrängt werden. „Wir haben gelernt, daß libidinöse Triebregungen dem Schicksal der pathogenen Verdrängung unterliegen, wenn sie in Konflikt mit den kulturellen und ethischen Vorstellungen des Individuums geraten" (Freud 1914, S. 60). Wie aber läßt sich eine oftmals Jahrzehnte andauernde Verdrängung aufrechterhalten? (Mertens 1981, S. 132) „Dieselben Eindrücke, Erlebnisse, Impulse, Wunschregungen, welche der eine Mensch in sich gewähren läßt oder wenigstens bewußt verarbeitet, werden vom anderen voller Empörung zurückgewiesen oder bereits vor ihrem Bewußtwerden erstickt" (Freud 1914, S. 60). Hilfsmittel zur Bewältigung ist die Bildung eines Ich-Ideals, der Substruktur des Über-Ich (s. Kap. 2.3.2), an welchem ein Individuum mit den soeben geschilderten Eigenschaften sein aktuelles Ich mißt. Steht nun in einer Gesellschaft weniger die Frage der Triebregulierung im Sinne von Modifikation und Aufschub als vielmehr das Verbot der Triebbefriedigung (Mentzos 1988, S. 131) an erster Stelle der kulturellen Wertskala, so sind große Teile der Gesellschaft einem massiven Über-Ich-Druck ausgesetzt, d. h., sie entwickeln eine pathogene Charakterstruktur.

2.4.2 Deliktspezifische Differenzierung: Kindestötung durch die Mutter

Das Modell der psychoanalytischen Strafrechtskritik orientiert sich offensichtlich an der Beobachtung, daß klassische Kriminalität, d. h. Aggressionsdelikte gegen die Rechtsgüter Leib und Leben, in besonderer Weise Rufe nach Strafe zur Folge haben. Hinter der scharfen Sanktionierung dieser Delikte vermutet Engelhardt Konformitätsängste der Mittelschicht (Engelhardt 1976, S. 175). Mit dieser Einführung einer gesellschaftlichen Separierung Täter – Konformer auf der schichtenspezifischen Ebene wird das oben dargestellte Triebmodell eingebettet in ein gesellschaftliches Umfeld. Die Chancen, kriminell oder konform zu werden, sind je nach Schichtzugehörigkeit und je nach Delikt unterschiedlich verteilt. Die Chancen sind auch geschlechtsspezifisch verteilt (Oberlies 1990, S. 319), worauf bereits im ersten Teil der Arbeit eingegangen wurde. Vorsätzliche Tötungsdelikte werden in der überwiegenden Mehrzahl von männlichen Tätern begangen; der Frauenanteil ist gering (Göppinger 1980, S. 614). Für Aggressionsdelikte allgemein läßt sich neben dem Geschlecht noch ein weiteres Selektionskriterium feststellen: der soziale Status. „Jugendliche mit niedrigem Status begehen häufiger Aggressionsdelikte" (Schumann u. a. 1987, S. 66). Welche Aussagekraft vermag das zur Diskussion stehende Modell zu entfalten bei einem Aggressionsdelikt von Frauen – Tötung eines Kindes durch die Mutter? Das im Vorspann gezeichnete allgemeine Modell zum kollektiven Strafbedürfnis ist im Licht des hier vorliegenden Deliktes zu spezifizieren. Die Erwägungen zum allgemeinen kollektivpsychologischen Strafrechtshintergrund, denen der Charakter des Spekulativen anhaftet, werden auf frappierende Weise hoffähig, richtet sich der Scheinwerfer von einer tötenden Mutter auf die Reaktionen der Öffentlichkeit. Nur das Einblenden der allgemeinen Stimmungslage gewährleistet eine umfassende Betrachtung.

2.4.2.1 Kindestötung und Öffentlichkeit

Die öffentliche Entrüstung kulminiert bei Bekanntwerden eines Deliktes der vorliegenden Art.

Affekte und Gefühlszustände sind, funktionell gesehen, wichtige und unentbehrliche „Indikatorensysteme". Sie signalisieren unerwünschte, das innere und äußere Gleichgewicht gefährdende Situationen. (Mentzos 1988, S. 123)

Das Tätigwerden des Strafjuristen ist einzubetten in diesen Erwartungshorizont der Allgemeinheit; kaum ein anderes Delikt vermag die Gemüter der Öffentlichkeit so zu erhitzen wie gerade die Tötung des Kindes durch die eigene Mutter. Indikator für diese „Anteilnahme" der Gesellschaft ist das Interesse, mit dem einschlägige Prozesse in den Medien verfolgt werden; denn Öffentlichkeit kann nicht mehr – konkret – als das bei der Gerichtsverhandlung anwesende Publikum begriffen werden, sondern sie muß – abstrakt – im Sinne der Theorie von Habermas mittels Massenmedien hergestellt werden. „Das Subjekt dieser Öffentlichkeit ist das Publikum als Träger der öffentlichen Meinung; auf deren kritische Funktion ist Publizität, etwa die Öffentlichkeit bei Gerichtsverhandlungen, bezogen" (Habermas 1969, S. 12).

Aus der Fülle möglicher Themen der öffentlichen Diskussion gelingt es nur einigen, die „Aufmerksamkeitsschwelle der Öffentlichkeit" (Geißler 1984, S. 524) zu überwinden. Außerhalb jeden Verhältnisses zu ihrem Umfang und zu ihrer Gefahr (H. J. Schneider 1983, S. 125) offenbart sich vor diesem Hintergrund die Schwerpunktberichterstattung über ein Kindestötungsdelikt nicht nur in den Boulevardzeitungen, sondern auch in überregionalen Tageszeitungen, politischen Magazinen sowie im Fernsehen. Der letzte aufwühlende „Fall", der Prozeß gegen die der Tötung an ihren eigenen Kindern verdächtige Monika Weimar, hat monatelang Schlagzeilen prägend gewirkt. Die Massenmedien stellen einen kommunikativen Zusammenhang her, holen das Verbrechen gewissermaßen aus der Abstraktion der Gesetzbücher in die gute Wohnstube. „Die Kommunikationsmedien sind darum auch nicht so sehr Medien der Kommunikation, sondern Katalysator medienfähiger Bewußtseinslagen" (Kohlenberger 1983, S. 829). Anzumerken ist dabei, daß die Kriminalitätsberichterstattung nicht nur das in der Öffentlichkeit bestehende Aufmerksamkeitsniveau widerspiegelt, sondern zugleich auch Werturteile weitergibt (Leibholz/Rinck 1971, Rn 1 zu Art. 5 GG) und somit das Bild über Kriminalität „mitkonstruiert".

Dieses konstruierte Bild über Kriminalität und Kriminaljustiz gibt den Maßstab ab, nach dem kriminelle Situationen in der Gesellschaft alltäglich definiert werden und Einstellungen gegenüber Kriminellen und gegenüber der Kriminaljustiz und der Wirksamkeit der Sozialkontrolle entwickelt werden. (H. J. Schneider 1982, S. 61)

Letztlich wird auf diese Weise anhand von – nicht der realen Bedeutung entsprechenden – Einzelbeispielen das herrschende Strafrechtssystem vor Augen geführt (Schwacke 1983, S. 50) und somit ein Beitrag zur „Herstellung eines kollektiven Wissens über Gut und Böse" (Feltes 1980, S. 10) geleistet. Die öffentliche Meinung wiederum, d. h. für den vorliegenden Zusammenhang der kollektive Strafmotor, stellt „ein gewisses Korrektiv zur Tätigkeit der offiziellen Instanzen des Strafrechts dar" (Smaus 1985, S. 1).

Berichte über aufsehenerregende Strafprozesse werden laut einer Untersuchung, die Engler durchführte, von über 80 % der Bevölkerung verfolgt (Engler 1973, S. 29), wobei sich weibliche Befragte „bemerkenswerterweise" häufiger an Prozesse gegen weibliche Angeklagte erinnerten als männliche der gleichen Altersgruppe (Engler 1973, S. 35). Engler ermittelte auch eine Tendenz dahingehend, daß weibliche Befragte geneigt sind, „typisch weibliche" Straftaten milder zu bestrafen als männliche Altersgenossen; exemplarisch wird in diesem Kontext die Tötung des Kindes durch die Mutter angeführt.

Wie bereits erwähnt, entbehrt das obige psychoanalytische Strafrechtsmodell der Konkretisierung. In seiner Allgemeinheit selbst von Strafjuristen gestützt, die der Psychoanalyse im allgemeinen nicht sehr wohlgesonnen sind, vermag es zur Rechtfertigung verschiedener kriminalpolitischer Zielsetzungen eingesetzt zu werden. So wird dem Ansatz auch, im Vorgriff auf den unerwünschten Beifall harter Sanktionspolitiker, von einigen Autoren ohne tatsächliche inhaltliche Auseinandersetzung quasi die „Daseinsberechtigung" abgesprochen. Smaus (Smaus 1985, S. 30) beispielsweise schreibt: „Wie nützlich sie (die psychoanalytischen Theorien, A. W.) dagegen für die Herrschaft sind, zeigt sich daran, wie sie über die Annahme einer Triebstruktur besonders das Strafrecht einleuchtend legitimieren."

2.4.2.2 Generalprävention

Das auf psychoanalytischem Boden erstellte Gerüst der Kollektivpsyche scheint auf eine Rechtfertigung der Straftheorie „Generalprävention" hinauszulaufen: die Allgemeinheit benötigt die Bestrafung einzelner zur Aufrechterhaltung des eigenen psychischen Gleichgewichtes. Meldet sich der Strafzweck der Generalprävention aus dieser Richtung zu Wort, so mag Verwirrung aufkommen. Denn

gerade die Psychoanalyse ist es andererseits, die aufgrund spezial-
präventiver Straferwägungen bei der Erörterung der individuellen
Schuldfrage Vorreiterin exkulpativer Bestrebungen ist bzw. in dem
Ruf steht, es zu sein (H.-J. Rauch 1983, S. 392) Doch psychoanalytische Kriminologie und psychoanalytische Strafrechtskritik sind
zu differenzieren (Vogt 1979, S. 66). So wird die scheinbare Unterstützung des generalpräventiven Aspektes durch die Psychoanalyse
zum Teil auch schon von Strafrechtswissenschaftlern aufgegriffen,
die sich im übrigen nicht gerade als psychoanalytische Bündnispartner gerieren (Gimbernat Ordeig 1974, S. 160, Fn 20). Lediglich
bei oberflächlicher Betrachtung liegt hierin ein Widerspruch. Der
Strafzweck der Generalprävention, der sich unter dem Mantel „Verteidigung der Rechtsordnung" (§§ 47 Abs. 1, 56 Abs. 3, 59 Abs. 1
Nr. 3 StGB) als klassische Abschreckung Einlaß ins Strafsystem
verschafft hat, wird interpretiert als Vermeidung ernstlicher Gefährdung der rechtlichen Gesinnung der Bevölkerung als Folge schwin-
denden Vertrauens in die Funktion der Rechtspflege wegen unge-
rechtfertigter Nachgiebigkeit und unsicherem Zurückweichen vor
dem Verbrechen (BGHSt 24, 40 (40–45)); oder aber es gilt hiermit
zu verhindern, daß die Strafe wegen ihrer Milde für die Bevölkerung
unverständlich sei und eine Abschwächung der Wirkung der Strafandrohung zur Folge habe (BGHSt 24, 64 (67)). Auch das Bundesverfassungsgericht trägt in diesem Zusammenhang vor, daß das „Un-
werturteil des Richters" wesentlich zur Bewußtseinsbildung in der
Bevölkerung beitrage (BVerfGE 27, 18 (29)). Nicht eine spezielle
Norm soll gestärkt werden, sondern das Rechtsbewußtsein der Bevölkerung (Schumann 1989, S. 6). Was auch immer dieses „Rechtsbewußtsein" sein mag – Akzeptanz der Rechtsordnung oder
„Stammtischversion richterlicher Entscheidungen" (Schumann
1989, S. 16) –, allen tragenden Erörterungen dieses „schillernden
Phänomens" (Schumann 1989, S. 16) ist eines gemein, sie setzen auf
der Ebene der kognitiven Begegnung mit dem Normbruch an wie
unter anderem Jakobs, der systemtheoretische Herleitungen zu dieser Problematik erarbeitet hat (Jakobs 1983, S. 9). In diesem Ver-
bund setzt der kollektivpsychologische Ansatz der Psychoanalyse
völlig neue Markierungen. Nicht eine Rechtfertigung des Status quo
oder gar eine Strafschärfung ist das Anliegen, sondern es geht um
das Aufdecken affektiver Erlebnismuster, eben nicht nur des Täters,
sondern auch der Konformen. Die Zielrichtung besteht nicht darin,
„zu legitimieren, sondern zu analysieren" (Jäger 1975, S. 111). In
diesem Zusammenhang sei nochmals Bernfeld zitiert: „Erst an der

Grenze ihrer Denkmittel hört die Psychoanalyse auf, sich einzumischen" (Bernfeld 1931, S. 147, s. Teil I, Kap. 6.1). Im Vordergrund der Betrachtung steht nicht so sehr die Norm als Orientierungsmarke, sondern das emotionale Aufbegehren der Allgemeinheit über den Normverletzer. Die Besonderheit des psychoanalytischen Ansatzes gegenüber den überkommenen Lehren ist es, nicht allein von repressiven Strafwirkungen, vor allem Strafängsten, sondern primär von Strafbedürfnissen auszugehen (Jäger 1980, S. 52). Diese Erkenntnisse sind jedoch nicht unter der Rubrik „Generalprävention" im herkömmlichen Sinne aufzunehmen, weder in die klassische negative Generalprävention der Abschreckung (Welzel 1969, S. 241–242) noch in die neuerdings aus der Taufe gehobene „positive Generalprävention" (Schumann 1989, S. 2). Gesellschaftliche Sanktionserwartungen sind zu berücksichtigen, nicht um ein Abreagieren mittels harter Bestrafung von Straftätern zuzulassen, sondern um mit diesem analytischen Wissen langfristig an einer Einstellungsänderung zu wirken (Haffke 1974, S. 281).

Exkurs: Generalprävention und Strafzumessung

Generalpräventive Erwägungen finden im wesentlichen über die Strafzumessung Einlaß in das Strafsystem. Die Generalprävention fungiert als ein Bauelement in diesem Gebäude, das auf der Basis klassischer Straftheorien errichtet wurde von Anhängern der sogenannten – additiven – Vereinigungstheorien, die sich bei der Reformkonzeption des Strafgesetzbuches durchgesetzt haben (Dreher/Tröndle 1991, § 46 Rn 3 ff.). Aufschlußreich ist hier – im Gegensatz zum Alternativentwurf eines Strafgesetzbuches von 1966 (Alternativentwurf AE 1966, § 2) – der Verzicht auf eine gesetzliche Definition von Sinn und Zweck der Strafe.

Von den genannten additiven Vereinigungstheorien zu unterscheiden ist die von Roxin konzipierte „dialektische Vereinigungstheorie" (Roxin 1973 a, S. 27–28). Statt lediglich mal diesen, mal jenen Strafzweck in den Vordergrund treten zu lassen, geht es hier vielmehr um ein Gleichgewicht der Strafzwecke in einem Verfahren gegenseitiger Beschränkung. Die einzelnen Stufen strafrechtlicher Sozialkontrolle wie Strafdrohung, Strafverhängung und Strafvollzug werden jeweils mit unterschiedlichen Strafzwecken verknüpft.

Der Richter betritt diese von hehren Strafzwecken geweihten Räumlichkeiten sowohl, wenn er sich über die Strafbegründung Gedanken macht, als auch, wenn er die Strafzumessung festlegt. Für den letztgenannten Vorgang stehen ihm Strafzumessungsanleitungen zur Verfügung, im wesentlichen in Form der vom BGH sachlich umschriebenen, aber nicht ausdrücklich als solche benannten „Spielraumtheorie" (BGHSt 34, 345 (349)). Diese wird laut Bruns sachlich gehandhabt als „Prävention im Rahmen der Repression" (Bruns 1988, S. 34). Weitere Empfehlungen zur Strafzumessung laufen letztlich darauf hinaus, „ein bißchen Spezial-, ein bißchen Generalprävention sowie ein bißchen Vergeltung" zu berücksichtigen; Empfehlungen, die von großen Teilen der Praxis aufgegriffen werden. In schwierigen Fällen ist folgender Rückgriff auf kollektive Momente impliziert:

> Für die verbleibenden Restfälle möchte ich deshalb bei der Meinung bleiben, daß gerade bei der Beurteilung der Bewertungsrichtung sich ein gewisser *Rückgriff* auf die Normen der Sozialethik, des Anstandes usw. nicht ganz vermeiden lassen wird. (Bruns 1988, S. 56–57)

Diese Empfehlung verweist den Richter zwangsläufig auf seine eigene Person; darauf wird er aber ohnehin zurückgeworfen, wenn er sich seiner Mittlerfunktion im oben genannten Sinne bewußt werden sollte, einhergehend mit dem Versuch, seine „Erwartungserwartungen" (Smaus 1985, S. 148), d. h., die Vorstellungen, die er sich über den Konsens seines Handelns mit der Allgemeinheit macht, in sein Tun zu implementieren. Letztlich stützt sich die Strafzumessung des Richters auf Erfahrung. Wer bei Gewinnung einer rechtlichen Entscheidung auf Erfahrung baut, bewegt sich vorwiegend im Raum des Irrationalen (Würtenberger 1968, S. 62). Denn menschliche Erfahrung ist meistens nur begrenzt rationalisierbar und deshalb für andere nicht oder nur schwer kontrollierbar. Neben der eigenen Erfahrung ist es vor allem auch die anderer Richter, d. h. einer „kollektiven" Erfahrung, die aus einer unter Umständen langen Tradition des Standes und des amtlichen Wirkens der Richter in der Strafrechtspflege stammt (Würtenberger 1968, S. 63): die „Erfahrungswelt der vor ihm wirkenden Richtergenerationen" (Würtenberger 1968, S. 67). Diese aber waren dem Gedanken der Generalprävention in sehr viel stärkerem Maße verhaftet; jedenfalls über eine Rekurrierung, wie sie bei der Strafzumessung ausdrücklich erfolgt, auf die Lebenserfahrung des Richters und über dessen Rückbezug auf eine Standeserfahrung bleibt die Generalprävention in der Richterschaft lebendig. Generalpräventives Potential zeigt sich aber stets zugleich auch als Einfallstor von Irrationalitäten sowohl kollektivpsychologischer Natur als auch individualpsychologischer Natur; hier bleibt der Richter Mensch im eigentlichen Sinne menschlicher Unzulänglichkeiten. So hat denn auch Hofstätter (Hofstätter 1963, S. 118) bemerkenswerte Inkonsequenzen in der Strafzumessung ausgemacht. Schon in den dreißiger Jahren formulierte Exner, daß die wichtigsten Strafzumessungsgründe nicht nur ungeschrieben, sondern auch unausgesprochen und nicht nur unausgesprochen, sondern auch *unbewußt* blieben (Exner 1931, 100–101, Hervorhebung A. W.); der Richter wirke „als Naturheilkundiger auf dem Gebiete der Jurisprudenz" (Exner 1931, S. 96).

2.4.2.3 Das Besondere am Delikt

Nur wenn der „Transformationsprozeß vom Allgemeinen ins Besondere" (Haffke 1980, S. 141) gelingt, vermag dem Modell der psychoanalytischen Strafrechtskritik tatsächlich Aussagekraft beizukommen.

Im folgenden sei der Versuch unternommen, sich dem Phänomen kollektiver Strafbedürfnisse über das Delikt Tötung eines Kindes durch die Mutter zu nähern. Dem möglichen Einwand, hier sei im wesentlichen „Spekulation" im Spiel, ist unter Bezugnahme auf Streng (Streng 1980, S. 637) zu begegnen.

> Es kann hier bei der Beschäftigung mit strafrechtstheoretischen Grundbegriffen nicht darum gehen, „Letztgültiges" sagen zu wollen [. . .]. Der Beschäftigung mit zentralen Fragen menschlichen Erlebens und gesellschaftlichen Zusammenlebens haftet anscheinend unvermeidlich in gewissem Maß der Charakter des Spekulativen an [. . .]. Die Verwendung des tiefenpsychologischen – insbesondere psychoanalytischen – Ansatzes und mancher von Tiefenpsychologen gewonnener Erkenntnisse dient gerade der *Verdeutlichung* (Hervorhebung A. W.) dieses Spekulativ-Fiktiven in den Grundlagen unseres gegenwärtigen Strafrechtsverständnisses.

Ausgangspunkt der Betrachtung ist der von Ehrenzweig (Ehrenzweig 1974, S. 290) in die psychoanalytische Strafrechtstheorie-Diskussion eingebrachte deliktspezifische Differenzierungsansatz. Ehrenzweig unterscheidet zwischen ödipalen und postödipalen Straftaten. Erstere lassen sich auf primär affektive Grundlagen zurückführen wie z. B. Tötungshandlungen; letztere entspringen vorrangig einem rationalen Kalkül wie z. B. Vermögensdelikte (Ehrenzweig 1974, S. 293). Eine Straftat gibt Aufschluß über den entwicklungsgeschichtlichen Ursprung der Konfliktkonstellation. Diese Deliktseparierung bedarf der Ergänzung um das präödipale Entwicklungsraster. Der

Keim, aus dem sich das für das Kindestötungsdelikt spezifische emotionale Potential entwickelt, liegt in der Phase der ganz frühen Kindheit, noch im präverbalen Stadium. Ehrenzweig hat insoweit Ausdifferenzierungen des Freudschen Triebmodelles, wie sie anhand neuerer theoretischer Erkenntnisse der Psychoanalyse vorgenommen wurden, nicht Rechnung getragen. So kritisiert Haffke (Haffke 1974, S. 285) zu Recht, daß Ehrenzweig bei seinen Überlegungen einseitig von der mittlerweile überholten Auffassung ausgehe, daß sich das Gewissen erst in der ödipalen Phase herausbilde. Die Grundsteinlegung des Über-Ichs durch frühe Mutteridentifikationen werde hingegen außer acht gelassen (s. Ausführungen in Teil I, Kap. 4.1.2.). Das hier zu betrachtende Delikt ist, wie oben ausführlich erörtert wurde, *ein* Ergebnis einer destruktiven Mutter-Kind-Bindung. Eine frühe Störung der präverbalen Phase hat sich in dem Verbrechen der Kindestötung manifestiert. Im vorliegenden Kontext soll nun aber das Augenmerk auf das Gefühlsleben der Konformen gerichtet werden. In bezug auf die Genese kriminellen Verhaltens gewonnene Erkenntnisse sind nicht ohne weiteres auf die Welt der Nicht-Kriminellen zu übertragen. Haffke warnt vor einer pauschalen Übertragung individualpsychologischer Einteilungsschemata auf sozialpsychologische Entsprechungen in diesem Bereich (Haffke 1974, S. 285). Was hat es mit dieser Warnung auf sich? Die Gerichtsreporterin Platen hat in ihrer Darstellung des Falles Monika Weimar „Volkesstimme" gesammelt. Sie zitiert Zuschauerreaktionen. Bemerkungen dieser hinsichtlich der Tat außenstehenden Personen gipfelten – angesichts des Verteidiger-Plädoyers auf Freispruch – in der Empörung:

Wenn die freigesprochen wird, [...], dann, na dann hau ich eben auch ein Kind platt! (Platen 1988, S. 45)

Große Teile der Öffentlichkeit reagieren auf den Tabubruch der Täterin offenbar mit grenzenloser Wut. Hier scheint ein Hinweis auf die Annahme eigener Betroffenheit zu liegen, auf zugrundeliegende Identifikationsprozesse mit Opfer und/oder Täterin (Engelhardt 1976, S. 46). Der Gedanke an ein Vorhandensein kollektiver Strafbedürfnisse drängt sich geradezu auf. Es zeigen sich Züge der im ersten Teil der Arbeit charakterisierten Wut des Kleinkindes. Ein Identifikationsprozeß mit Opfer und/oder Täterin scheint zugrunde zu liegen. Die „tiefe Unsicherheit sowie die Furcht, von der überwältigenden Macht der mütterlichen Ur-Imago vernichtet zu werden" (Chasseguet-Smirgel 1988, S. XIX), läßt nach dem Halt durch das Gesetz des Vaters rufen.

2.4.2.4 Identifikationsprozesse der Öffentlichkeit

Der Identifikationsprozeß läuft unbewußt ab, resultierend aus unbewußten Phantasien (Langer 1987, S. 14). Diese wiederum verändern die Realität tatsächlich insofern, als sie Reaktionen hervorrufen (Langer 1987, S. 14). Ein der Ratio in besonderer Weise unzugängliches Verhalten läßt Rückschlüsse auf eine machtvolle unbewußte Phantasie zu. Je früher der entwicklungspsychologische Ursprung der Phantasie lag, desto stärker wurde sie im Laufe der Zeit verdeckt, und desto weniger läßt sie sich entschlüsseln und der Vernunft überantworten. Nicht die globale Übernahme kriminalätiologischer Annahmen auf das Gebiet der Sozialpsychologie gebietet es – auch im Hinblick auf eine Analyse des Affekthaushaltes der Konformen – den Blick auf die frühe Mutter-Kind-Beziehung zu richten, sondern gerade diese auf keinen rationalen Grund rückführbaren Affektdurchbrüche unbeteiligter Dritter geben das Beschreiten dieses Weges vor.

2.4.2.4.1 Identifikation mit dem Opfer

Die Identifikation des Normalbürgers mit dem kindlichen Opfer rührt an frühkindliche Angst vor der Destruktivität der Mutter. Auch die strafrechtstheoretischen Ausführungen Hassemers weisen diese Richtung an. Angst ist als Maßstab des strafrechtlichen Interesses der Bevölkerung sowie ihrer Entrüstung zu betrachten. Es ist eine Angst, die einhergeht mit einem Gefühl der Bedrohung (Hassemer 1973, S. 159). Hassemer differenziert zwischen objektiven und sogenannten „kommunikativen" Aspekten des Bedrohungsmoments. Letztere entfalten Wirksamkeit, wenn extreme Fälle gesellschaftlicher Verunsicherung zu konstatieren sind, die sich durch Bezugnahme auf objektive Faktoren nicht mehr erklären lassen. Die im Zusammenhang mit der vorliegenden Tat zu beobachtende Angst ist keine „Real-Angst", d. h., sie ist nicht äquivalent zu der tatsächlich bestehenden Möglichkeit, Opfer eines solchen Verbrechens zu werden. Hierin liegt ein wichtiger Unterschied zu anderen Kapitalverbrechen. So ist auch im Bewußtsein der Bevölkerung die kausale Einbindung einer solchen Tat in ein familiäres Konfliktfeld verankert (Smaus 1985, S. 59). Ist die Angst aber keine reale, so verweist sie auf die Spuren des Unbewußten. Freud (Freud 1926, S. 302) machte neben der Real-Angst eine neurotische aus, gespeist aus der Befürchtung, der Triebimpulse des Es nicht mehr Herr bleiben zu können, sowie einer damit einhergehenden Bestrafungsaussicht durch das Über-Ich. Auch Anna Freud (A. Freud 1936, S. 55) benennt drei „große Ängste": Triebangst, Realangst, Gewissensangst. Mit Hilfe verschiedener Abwehrmethoden sollen die den Ängsten zugrundeliegenden Gefahren vom Ich ferngehalten werden. Hier aber geht es um eine Angst ganz anderer Qualität, die nicht in das klassische Triebschema, in dem sich die drei „großen Ängste" ausmachen lassen, zu passen scheint – eine nicht zu benennende Angst, für deren Bewältigung daher auch die klassischen Abwehrformen nur bedingt hilfreich zu sein vermögen. Für Hassemer wäre eine „Angst-Kurve" der Bevölkerung zu beschreiben, aus der sich ablesen ließe, ob und mit welchem Nachdruck die Gesellschaft auf die Gefährdung oder Verletzung von Schutzobjekten reagiert (Hassemer 1973, S. 222). Die traditionell „schweren" Delikte dürften an vorderster Stelle stehen; es sind diejenigen Delikte, „deren Tabuierung bis in die Sphäre der frühesten Sozialisation zurückreicht" (Engelhardt 1976, S. 229). Dieser Skala zufolge ist die Tötung durch die Mutter das am stärksten angstbesetzte Delikt; archaisch verwurzelt, birgt es die größte Bedrohungsintensität in sich. In dem frühen Stadium der noch nicht vollzogenen Separierung von der Mutter besteht ein totales Angewiesensein auf mütterliche Fürsorge, die Angst vor einer möglichen mütterlichen Destruktivität ist daher eine totale. Sie kann nicht ertragen werden; sie wird sofort durch Handeln abgewehrt (Reinke-Köberer 1979, S. 31). Die ganze Person ist davon berührt. Der im Ausmaß des kollektiven Interesses sowie der Entrüstung steckende Schlüssel ist es, der Zutritt verschafft zu der in der Frühphase des Lebens angelegten verborgenen Kammer des Unbewußten. Nicht zuletzt auch der dieser Entwicklungsphase eigene Mangel an Verbalisierungsfähigkeit trägt sich in dem Aufschäumen der Gefühlswogen fort. Weder Angst noch Impuls können benannt werden, finden einen Kanal in einem besonders „ausgeprägten irrationalen Strafbedürfnis" (Engelhardt 1976, S. 230). Nicht die Triebimpulse im klassischen Sinne, die im Rahmen des vorgestellten psychoanalytischen Srafrechtsmodells immer wieder angeführt werden, auch nicht die sich nach außen hin manifestierende Wut sind zu thematisieren, sondern im Rahmen einer „Affektabwehr" (Wurmser 1987, S. 35) zeigen sich erstgenannte lediglich zur Verdeckung der rudimentären basalen Angst. Im Lichte der Erforschung der Frühkindheit muß die Affekttheorie von der der Triebe abgetrennt werden (Wurmser 1987, S. 35), d. h., Affekte können nicht auf Triebe reduziert werden bzw. umgekehrt (Wurmser 1987, S. 306).

Richten wir unser Augenmerk auf die soeben erwähnte *unaussprechliche Angst:*

> Wenn die Mutter eine genügend gute Anpassung an die Bedürfnisse des Kindes aufbringt, so wird dessen Leben nur wenig durch Reaktionen auf Zusammenstöße gestört. (Es zählen natürlich nur *Reaktionen* auf die Zusammenstöße, nicht diese selbst.) Das mütterliche Versagen ruft Phasen der Reaktion gegen die Behinderungen hervor, die das Kind dadurch erfährt, und diese Reaktionen stören es im „fortschreitenden Leben". Ein Übermaß des Reagierens erzeugt nicht Enttäuschung, sondern enthält die Drohung des *Nichtseins.* Dies ist, meiner Ansicht nach, eine sehr reale, urtümliche Angst, die jeglicher Angst, zu deren Beschreibung das Wort Tod gehört, weit vorausgeht. (Winnicott 1956, S. 161/162)

Die Betrachtung dieser Angst vermag Aufhänger zu sein für ein psychoanalytisches Strafrechtsmodell aus anderer Blickrichtung. Zugleich verdeutlicht sich hier auch, warum gerade ein Strafprozeß der vorliegenden Art Modifikationen des klassischen Strafrechtsmodells erfordert.

An mehreren Stellen dieser Arbeit wurden bereits Aspekte der neueren psychoanalytischen Theorie eingebracht, die sich um Störungen des Selbst zentrieren (s. Kap. 2.3.2). Das Modell psychoanalytischer Strafrechtskritik hält fest am Freudschen Triebmodell, selbst dort, wo es aus der Allgemeinheit in die Konkretisierung tritt (vgl. Ehrenzweig). Das oben thematisierte Strafrechtsgerüst konzentriert sich weniger auf die Psychostruktur der Täter als auf diejenige sogenannter konformer Bürger. Um deren innerpsychische Dynamik zu erfassen, stellt die Angst eine wertvolle Orientierungsmarke dar. Vor dem Hintergrund der Existenz einer „unaussprechbaren Angst", die im vorsprachlichen Entwicklungsstadium beheimatet ist, mutet die Fokussierung einer kritischen Strafrechtstheorie auf Triebimpulse an wie die Verlagerung des Startpunktes von der primären auf die sekundäre Bahn. Im folgenden soll der Versuch unternommen werden, diese rudimentäre Angst des Normalbürgers zum Vorschein kommen zu lassen. Anzuknüpfen ist an obige Ausführungen zur Mutter-Kind-Beziehung in der Frühphase (s. Teil I, Kap. 2 u. 3). Als zentraler Abwehrmechanismus zum Verständnis der vorliegenden Tat erwies sich die Spaltung. Sie vermittelt dem durch seine „psychische Realität" (Nitzschke 1978, S. 28) bedrohten Individuum die größte Sicherheit. Spaltung ist nicht nur ein Indiz für schwere psychische Störungen, sondern entwicklungspsychologisch auch ein notwendiger Reifungsschritt, worauf nochmals hinzuweisen ist (Schwarz 1988, S. 44). Jedes Festhalten an der Spaltung im späteren Erwachsenenalter – wie bei der Täterin im Tiefeninterview deutlich auszumachen war – sowie auch jeder partielle Rückgriff auf dieses Phänomen in spezifischen Situationen im Wege der Regression läßt archaische Wurzeln des jeweiligen Problems erahnen. Dieses archaische Muster der Abwehr ist kein „Abwehrmechanismus" im eigentlichen Sinne mehr, es ist ein „Erhaltungsmechanismus" (s. Teil I, Kap. 3.3.1.1). Nicht Triebimpulse, Schuldgefühle gilt es abzuwehren, sondern das bedrohte Selbst muß *erhalten* werden. Stets können mehrere Abwehrmechanismen einer Person zusammenwirken, gewissermaßen eine „Abwehrstruktur" bilden; in diesem Sinne vermögen auch Abwehr- mit sogenannten Erhaltungsmechanismen im Einklang aufzutreten, wobei erstere gewissermaßen die Oberfläche präsentieren, letztere sich dagegen eher verborgen halten. Abwehrmechanismen im Sinne dieser „reifen Abwehrmechanismen" (Mentzos 1988, S. 64) sind, worauf weiter unten einzugehen sein wird, im vorliegenden Kontext vor allem: Identifizierung, Rationalisierung, Verleugnung, Verschiebung, aber auch Projektion und Introjektion, deren Einreihung in die reifen Abwehrmechanismen nicht unstrittig ist.

Bevor das Phänomen der Spaltung bei normalen Bürgern in den Blickpunkt rückt, ist – gerade für die Betrachtung kollektiver Erscheinungen – eine psychische Abwehrstrategie von besonderer Relevanz einzuflechten, die *Ich-Einschränkung*.

Ich-Einschränkung [. . .] wehrt aktuelle unlustvolle Außenwelteindrücke ab, die das Wiederaufleben vergangener unlustvoller Außenwelteindrücke zur Folge hätten [. . .]. Ich-Einschränkung als Methode der Unlustvermeidung gehört [. . .] dem normalen Prozeß der Ich-Entwicklung an. (A. Freud 1936, S. 80–81)

Dem Ich steht es frei, es gar nicht auf das Zusammentreffen mit der gefährlichen äußeren Situation ankommen zu lassen (A. Freud 1936, S. 73–74). Tritt diese Form der Ich-Einschränkung jedoch nicht nur vereinzelt auf, sondern als kollektives Phänomen, so kann es „das psychologische Elend der Masse" (Freud 1930, S. 244) signalisieren; denn Ich-Einschränkung läuft auf eine „Verarmung des Ich" (Freud 1910, S. 128) hinaus. Freud sieht dieses Phänomen im Zusammenhang mit dem großen Verdrängungsaufwand, den die Kultur von jedem Individuum fordert (Freud 1910, S. 128). Es ist wiederum auf Marcuse (s. Kap. 2.4.1.2.2) Bezug zu nehmen; ausschlaggebend für die inhaltliche Analyse dieses Phänomens ist das Kriterium der „zusätzlichen" Triebrepression, d. h., entscheidend ist, ob in einer Gesellschaft die Triebunterdrückung der Triebregulierung vorgeht.

Hier nun sei der Einstieg gewählt, um im Hinblick auf den Affekthaushalt der Konformen einen anderen zur Spaltung hinführenden Entwicklungsstrang aufzuzeigen, der auf ein generelles Grundmuster im Gefühlshaushalt der Individuen in dieser Gesellschaft verweist. Die Allgemeinheit des Phänomens verstellt in der Regel den Blick, so daß kulturspezifische Affektmuster der Normalbürger gemeinhin nicht wahrgenommen werden (Horn 1981, S. 79):

> Diese „Normalbevölkerung" im Zentrum wird durch *wahrnehmungspsychologische Barrieren* vor reflexiver Selbsterkenntnis geschützt. (Frehsee 1991, S. 37)

Die primäre Sozialisation des Kindes findet in der Familie statt. Diese ist aber auch immer die Bühne, auf der gesellschaftliche Konflikte ihren Austragungsort finden. Gerade auch aus der soziologischen Perspektive einer „zunehmenden Desintegrationstendenz" der modernen Familie (König 1946, S. 57) ist die Affekt- und Abwehrstruktur der Konformen zu betrachten. Die Familie, mehr und mehr ihrer institutionellen Funktionen entkleidet, wächst aus der früher bestehenden festen Verbindung zur Gesamtgesellschaft heraus. Dieses hat zur Konsequenz, daß die Familie um so stärker von den rein privaten Gefühlsbedürfnissen ihrer Mitglieder getragen wird (Richter 1967, S. 64). Gefühlsmäßige Verbindungen müssen den Mangel an äußerem Halt kompensieren. Sind diese Beziehungen nun nicht harmonisch und stabil genug, bestehen, angesichts des auch innerfamiliär immer kleineren Kreises von Familienmitgliedern und damit von Bezugspersonen, kaum Ausgleichsmöglichkeiten. Eine emotionale Überlastung der Familie bzw. „Überemotionalisierung" (Beck/Beck-Gernsheim 1990, S. 182) geht aber auch von Einflüssen hochspezialisierter Arbeitsteilung, gefühlsferner moderner Arbeitsbedingungen aus; es werden so „familienfremde Spannungen" in die Familie hineingetragen (Schelsky 1954, S. 355). Störmomente für das affektive Klima in der Familie sind mannigfach. Hinzu kommt die – oben ausgeführte – gesellschaftliche Orientierung am Leistungsprinzip, d. h. die Vorrangigkeit der Triebunterdrückung gegenüber der Triebregulierung. Die Familie ist sozusagen der Umschlaghafen für Gefühle jedweder Art; Gefühlsstaus, die unter Umständen auch aus ganz anderen Lebensbereichen herrühren, werden hier abgetragen. Familie wird gesehen als „Enklave von Harmonie und Menschlichkeit im Windschatten einer Gesellschaft [. . .], deren Produktionssphäre zunehmend nach harten Rentabilitäts- und Effizienzkriterien organisiert wurde" (Bennent 1985, S. 19–20). Vor diesem Hintergrund vermag eine Familie dem heranwachsenden Kind in seiner spezifischen Abhängigkeit aber keine Sicherheit zu geben (Caruso 1972, S. 48), baut doch das Fundament dieses familiären Hauses einzig auf der Labilität der Gefühlswelt. Die Familie vermittelt so nicht mehr die Nestwärme, welche für die Entwicklung des Menschen unentbehrlich war (Horkheimer 1948, S. 458).

Andererseits aber war diese Konstruktion von Anfang an brüchig, weil sie ihr wesentliches Element, die Idee der Gefühlsverbundenheit und Intimität, an die Persönlichkeitsstruktur der Frau knüpfte. Wenn Gefühlsverbundenheit und Intimität Anspruch auf eine allgemeine und kulturelle Wertschätzung erheben, kann die Realisierung dieser Werte nicht an eine Trägerschicht delegiert werden, die andererseits aus der kulturellen Wertsphäre ausgeschlossen ist. (Schütze 1986, S. 146)

Die Wertsetzung einer Kultur, in der Wirtschaftsbeziehungen der Vorrang eingeräumt wird (Kocka 1982, S. 163) gegenüber grundlegenden menschlichen, insbesondere kindlichen Bedürfnissen, vermag das Kind letztendlich durch spezifische Unsicherheit in seinem Wesen zu bedrohen (Caruso 1972, S. 40). Hier ist die soziologische Grundlage für ein bestimmtes affektives Grundmuster genannt. Dieses erfährt zahlreiche Variationen, bleibt jedoch hinsichtlich seiner Rudimente konstant. Die im Folgenden zu skizzierende Gefühlswelt macht sich dennoch nur als „Tendenz" geltend, d. h. keineswegs bei jedermann; es gibt immer auch „Gegentendenzen" (Heller 1981, S. 302).

Gesellschaftlicher Bedeutungszuwachs der frühen Mutter-Kind-Beziehung: Mit den kleiner werdenden Familien geht eine drastische Verringerung der verfügbaren „Erziehungspersonen" einher, letztlich reduziert sich die Erziehung auf die Mutter-Kind-Beziehung als hauptsächlichem Austragungsort (Döpp 1981, S. 22). Die entscheidenden persönlichkeitsprägenden Auseinandersetzungen haben sich offenbar in die frühe Kindheit in das Verhältnis zur Mutter verlagert – „der ödipale Konflikt bleibt demgegenüber offen" (Horn 1981, S. 78). Die Reduzierung der Beziehungspersonen sowie des Erlebensraumes geht einher mit einem „Wirklichkeitsschwund" der Welt: „Die Individuen können nur noch in irrelevanten Bereichen rudimentär jene Spontaneität entfalten, die ihnen das Gefühl vermittelt, in der Tat auch verantwortlich zu sein, d. h., verändernden Einfluß ausüben zu können" (Horn 1968, S. 76). Die Vermittlungen zur Außenwelt verlaufen großenteils anonym über „Television bis zur Selbstbedienung"; es entsteht eine Abhängigkeit von unpersönlichen gesellschaftlichen Abläufen; die persönlichen Kontakte hingegen

„verdünnen, bleichen [. . .] zu schattenhaften Begegnungen" (Bökkelmann 1971, S. 42, zit. nach Döpp 1981, S. 22). Vor diesem Hintergrund kann das Mutter-Kind-Verhältnis in der Regel nicht „blühen" (Döpp 1981, S. 22). Nimmt doch die Mutter eine ambivalente Position zwischen den urwüchsigen kindlichen Bedürfnissen und einer hochtechnisierten Welt ein, in der für Kinder kein natürlicher Lebensraum vorgesehen ist, ihnen statt dessen lediglich Plätze wie „Spielplätze" u. ä. zugewiesen werden.

Frehsee regt in einem aktuellen Beitrag „Zur Abweichung der Angepaßten" (Frehsee 1991, S. 28) eine Ausweitung des formellen juristischen Verbrechensbegriffs an unter dem Gesichtspunkt kriminologischen Erkenntnisinteresses; sein Beispiel reiht sich lückenlos in den vorliegenden Zusammenhang:

> Kürzlich ist es in meiner unmittelbaren Wohnnachbarschaft einer Handvoll honoriger Bürger gelungen, unter Berufung auf die baurechtlichen Vorschriften zum Schutz reiner Wohngebiete die Einrichtung eines Kinderhortes zu verhindern. Schützt das Baurecht hier ausdrücklich offenkundig unsoziale Haltungen und Akte, so muß ein mittelschichtspezifisches kriminologisches Erkenntnisinteresse alles einschließen, was sich im materiellen Sinne als unangemessenes Eindringen in fremde Schutzsphären oder Vorenthaltung legitimer Teilhabe darstellt.

F. X. Kaufmann zufolge kommt Kindern eine gesellschaftliche Randstellung sogar in den ihnen dienenden Einrichtungen wie Kindergärten u. a. zu.

> Aufgrund ihrer spezifischen Bedürfnisse stellen Kinder in allen Lebensbereichen eine Komplikation dar, die dem herrschenden Muster der Rationalisierung zuwiderläuft. [. . .] Die Funktionsprinzipien moderner Gesellschaften kommen mehr und mehr bereits in der Kindheitsphase zur Geltung und beeinflussen die „Vitalsituation" der Kinder entscheidend. (F. X. Kaufmann 1980, S. 771)

Die Entwirklichung der äußeren Lebensbedingungen bringt eine *Entwirklichung der inneren Realität* mit sich. In der frühen Kindheit durften bestimmte Affekte nicht erlebt werden. Die emotionale Bedeutung gewisser Anteile der Wirklichkeit durfte nicht wahrgenommen werden, mußte unter Zuhilfenahme der Abwehrform der Verleugnung ignoriert werden. „Die eigenen Antriebe, Bedürfnisse, Gefühle wurden systematisch ausgeklammert, mußten übersehen und unwirklich gemacht werden – ob diese nun die Selbstbehauptung oder den Zorn oder sexuell-zärtliches Verlangen oder Hunger [. . .] betrafen" (Wurmser 1987, S. 294). „Du sollst deine Gefühle nicht zeigen" – dieser Wert rührt aus der frühesten Kindheit, ist in der Familie verankert, in der Familie als Spiegel der Gesellschaft, einer Gesellschaft, die – wie ausgeführt – vom „Wirklichkeitsschwund" heimgesucht ist. Basale Affekte werden verleugnet und fallen dann radikaler Verdrängung anheim (Wurmser 1987, S. 296). Es ist eine Urform der Verdrängung, nicht zu vergleichen mit dem reifen Abwehrmechanismus der Verdrängung eines Konfliktes. Hier geht es vielmehr um die Verdrängung des „Eigensten" (Wurmser 1987, S. 296) – eine Quelle tiefster Angst. Wann immer Spuren dieses Verleugneten und Verdrängten anklingen, geht es einher mit radikaler (Selbst-)Verurteilung. Über frühe Introjektion der Mutter-Figur als Anklageinstanz – sie läßt stellvertretend die Gefühle nicht zu – wird ein grausames Über-Ich installiert. Die Affekte, insbesondere die negativen, brauchen einen Kanal; der Introjektion tritt die Projektion zur Seite (Wurmser 1987, S. 297). Das ganze Selbst- und Welterleben wird in absoluten Gegensätzen polarisiert. Eine Spaltung in Gut und Böse erfolgt. Dieses Spaltungserleben der Welt verdichtet sich dann, wenn es seinen Ursprungsort trifft – die Mutter.

> In harmonischer Einheit mit der Mutter erlebt sich das Kind „getragen", groß, stark und mächtig. Es erlebt sich im Mittelpunkt eines allmächtigen Systems und hat die Illusion, dessen Beweger und Bewirker zu sein. (Leber 1976, S. 126)

Vor oben genanntem gesellschaftlichen Hintergrund ist es jedoch sehr schwer, diese „harmonische Einheit" zu leben. Wahrscheinlicher ist, daß das Kind die (dargestellte) ambivalente Position der Mutter und ihre damit einhergehende ambivalente Motivation als „narzißtisch traumatisierend" erlebt (Ziehe 1981, S. 126). Diese Traumatisierung erfolgt nun aber in einer ganz frühen Erlebnisphase, und zwar bereits dann, wenn die Mutter noch gar nicht als ganzheitlich wahrgenommen, als eigene Person realisiert wird. Nicht das Angewiesensein auf das tatsächliche äußere Mutterobjekt wird in den Mittelpunkt des Erlebens gestellt, dieses wäre zu verletzlich, zu angstauslösend. Zur Angstbewältigung wird folgender Mechanismus in Gang gesetzt: unter Zuhilfenahme der Phantasie, d. h. der psychischen Realität innerer Bilder, werden diese von den realen Objekten – in diesem Fall der Mutter – abgelöst mit der Folge: eine phantasierte „*Imago* der Verschmolzenheit, Auflösungseuphorie und Allmacht gewährleistenden Mutter wird im Unbewußten ‚aufbewahrt'" (Ziehe 1981, S. 127). Wichtig zu betonen ist, daß, angesichts des frühen Stadiums, in dem diese Angst auftritt, auch die so innerlich aufgebaute Mutter-Imago stets verbunden ist mit archaischen Selbstrepräsentanzen, da es, wie schon erwähnt, keine real wahrgenommene Trennung zwischen Mutter und Selbst gibt. Daraus folgt aber, daß die innere Szene nicht ‚Mutter' zum Inhalt hat, „sondern ‚Verschmelzungssituation/Selbst' als eine ununterscheidbare Verquickung bildhaft geronnener Erlebnisspuren" (Ziehe 1981, S. 127). Diese innerlich aufbewahrte Mutter-Imago betrifft nicht das Wahrnehmungserleben als solches, sondern lediglich die Bedürfnisebene. Demzufolge findet auch nicht, wie etwa in der Psychose, eine Überschwemmung der Wahrnehmungsfunktionen durch diese inneren Bilder statt noch eine z. B. beim Autismus auftretende Abschottung gegen angstmachende äußere Beziehungen (Ziehe 1981, S. 127). Zusammenfassend sei nochmals darauf hingewiesen, daß es sich nicht um das „realistische [. . .] Erkennen des Objektes (= Mutter), sondern um dessen magische und überdimensionale Aufwertung handelt" (Strzyz/Beier 1981, S. 139).

Das weiter oben dargestellte archaische Über-Ich setzt die Meßlatte eines mit Absolutheitsansprüchen ausgestatteten übersteigerten Ideals an (Wurmser 1987, S. 300).

Es sei darauf verwiesen, daß „archaisch" eben lediglich die vorsprachliche Substruktur im Prozeß der psychischen Reifung benennt, jedoch vom sozio-ökonomischen Standpunkt her keineswegs als „archaisch" zu beurteilen wäre, wie sich aus obiger Darstellung der soziologischen Randbedingungen ergibt. (Ziehe 1981, S. 126)

Dem übersteigerten Ich-Ideal vermag kein realer Mensch zu entsprechen: hier ist es das Ideal der „guten Mutter". Es finden sich Parallelen zum oben erörterten Richter-Ideal. Dem hellen Licht des Ideals steht jeweils die totale Finsternis gegenüber – hier: die „böse Mutter". „Das Ich will nicht ‚zuviel', sondern es erreicht ‚zu wenig'" (Ziehe 1981, S. 133). Solcherart geht das gesellschaftlich-normative „Klima" keine Allianz mit einer restringierenden Instanz ein (dem Über-Ich), sondern eher mit einer Ansprüche stellenden (dem Ich-Ideal) (Ziehe 1981, S. 133).

Die „böse" Mutter meldet sich zu Wort. Es ist auch hier das *Konzept der „guten und bösen" Mutter,* das es in Zusammenfassung zu beleuchten gilt. Dieses bedeutet nicht,

daß Aspekte einer wirklichen Mutter aufgezählt werden, die sich dann in einem moralischen Sinne als gut oder schlecht in ihrer Mütterlichkeit verhalten hat, sondern daß es sich um die innere Verarbeitung der unmittelbaren körperlichen Erfahrung des Säuglings und Kleinkindes sowie seiner frühen Abhängigkeit von einem anderen Menschen handelt. So wie das kleine Kind auf den bösen Tisch haut, wenn es sich daran gestoßen, sich weh getan hat und den Gegenstand dafür verantwortlich macht, ist die Mutter der frühen Lebensjahre im Erleben des Kindes zuständig für alle Gefühle und Spannungen: die bösen und die guten, die gefährlichen und die beruhigenden, die befriedigenden und die frustrierenden. Eigene bedrohliche und unbewältigbare Affekte von Wut, Schmerz und Angst werden in die Mutter hineingelegt: die „böse Mutter" ist das machtvolle Bild der daraus folgenden Ängste, Ausdruck der Grunderfahrung der psychologischen und biologischen Abhängigkeit, durchwebt mit den Stürmen der eigenen Emotionen und Begierden, die uns immer wieder überraschend treffen.

Die böse Mutter existiert in jedem von uns, denn wir waren alle einmal klein und unersättlich, kannibalistisch und tobsüchtig. [. . .] Und Frauen – besonders Müttern – werden solche häßlichen Gefühle sicher am wenigsten zugestanden, geschweige denn, daß sie in der Lage sind, sie sich selber zuzugestehen. So beginnt die Kette der Verdrängungen und Verwerfungen dessen, was wir nicht von uns wissen wollen, und setzt sich fort in unserem Liebesleben, der Beziehung zu den eigenen Kindern und der Fähigkeit, Neugier und Kreativität zu entwickeln und ein Leben lang Fragen stellen zu können. Als uns unbekannte innere Stimmen können Aspekte des Bildes der „bösen Mutter" zu Verfolgern werden, tauchen als merkwürdige Verbote auf und überfallen uns als plötzliche Panik. (Fulde 1988, S. 13/14)

Ursprünglich in der Entwicklung eines jeden Individuums ist das subjektive Empfinden, Opfer zu sein (Langer 1988, S. 98). Wird der emotionale Druck zu groß, reagiert das Opfer. Sein Gefühlsleben antwortet mit Wut, ein solch destruktives Potential wird zunächst als von außen kommend, d. h. von der Mutter herrührend, erlebt; auf diese Weise soll vermieden werden, es als Vorwurf gegen sich selbst zulassen zu müssen (Langer 1988, S. 93). Nochmals sei anzumerken, daß hier nicht einer psychologistischen Sichtweise der Mutterschaft das Wort geredet werden soll. „Gesellschaft" tritt über die Interaktionsform der Mutter an das Kind heran, ohne daß diese Mutter in ihrer gesellschaftlichen Funktion aufginge, sie repräsentiert ihrerseits psychische Struktur, Körperbedürfnisse, innere Natur (Ziehe 1981, S. 125). Die innerpsychische Spaltung der Mutter in Gut und Böse setzt sich in einer Spaltung nach außen fort.

Wenn wir die Mutter als Subjekt bezeichnen, so ist deren Subjektivität immer schon innerhalb der Dialektik von Individuum und Gesellschaft zu denken. (Lorenzer 1985, S. 117)

Im ersten Teil der Arbeit wurde der Entwicklungsweg des ursprünglichen Opfers zur Täterin rekonstruiert. Im Hinblick auf die hier nun relevanten konformen Bürger gilt es zu betrachten, inwieweit neben dem oben dargestellten Prozeß der Identifikation mit dem Opfer auch ein solcher mit der Täterin vorliegt. Engelhardt hat in Ausführung des triebtheoretischen Strafrechtsmodells dargetan, daß im Phänomen des kollektiven Strafbedürfnisses mehrere Identifizierungsprozesse Konformer zusammentreffen. Insbesondere ist neben der Identifizierung mit dem Opfer eine solche mit dem Täter / der Täterin auszumachen (Engelhardt 1976, S. 46). Der Punkt im Erleben, der aus der Psyche des erduldenden Opfers die handelnde Täterin werden läßt, ist auch der Angelpunkt – bezogen auf die Konformen –, an dem der Prozeß der Identifikation mit dem Opfer in den mit der Täterin übergeht. Während die tatsächliche Täterin den in ihr wirkenden zerstörerischen Impuls in der – äußeren – Realität gegen ihr Kind gerichtet hat, um von ihren destruktiven Impulsen nicht selbst überwältigt zu werden, wird bei den Konformen gegebenenfalls ein Aggressionspotential permanent unterdrückt. Ein Ausagieren kommt allenfalls in der inneren Realität – der Phantasie – in Betracht oder aber, stellvertretend durch Identifikation mit der handelnden Person, der tötenden Mutter. Aufgrund der damit einhergehenden Schuldgefühle, um das triebdynamische Modell heranzuziehen, richtet sich in diesem Fall das Strafbedürfnis gegen die eigene Person.

Ob nun eine Person mit dem – unter den derzeitig gegebenen gesellschaftlichen Verhältnissen zu beobachtenden – emotionalen Grunddefekt konform bleibt oder irgendwann die Grenze zur Abweichung überschreitet, hängt davon ab, ob „surrogatstiftende Ersatzbefriedigung" zur Aufrechterhaltung des Gleichgewichts ausreichende Hilfe bietet; dieses ist wiederum abhängig von dem Ausmaß der vorhandenen Beschädigung sowie der Belastung durch die aktuelle Lebenssituation. Treffen extreme Bedingungen zusammen, reicht die *Phantasie* zur Bewältigung nicht mehr aus, sie vermag ihre Funktion als Abwehrcharakter nicht zu erfüllen; es drängt zur Tat (s. Teil I, Kap. 3.3.1.1). In diesem Zusammenhang sei nochmals auf die im ersten Teil der Arbeit dargestellte Häufigkeit hingewiesen, mit der Tötungsphantasien von Müttern gegenüber Kindern gehegt werden. Gemessen daran ist die Anzahl der tatsächlich ausgeführten Delikte verschwindend gering. Unter den verschiedenen Mechanismen zur Bewältigung eines Aggressionspotentials kommt der Phantasie eben eine besondere Rolle zu.

Die Phantasie ist eine Fiktion, obwohl sie in den Empfindungen des Subjekts real ist. Sie ist Teil des menschlichen Geistes und prägt nicht nur das Innere des Menschen, sondern auch seine körperliche Entwicklung, sein Verhalten, den Geist und die Körper anderer Menschen. (Langer 1987, S. 15)

Sie vermag, wie ausgeführt, auch eine Funktion als Abwehrcharakter zu erfüllen.

Wer die Gewalt phantasiert und sie so entwirklicht, der zerbricht ihren Bann und muß sie weder gegen die Anderen noch gegen sich selber richten,

schreibt Erdheim (Erdheim 1987, S. 167). Es seien hier die Beispiele der Wiegenlieder aggressiven Inhalts in Erinnerung gerufen. Wiegenlieder stellen althergebrachte Bewältigungsmechanismen individueller Art dar. Inzwischen, im Zeitalter der Videokultur, sind sehr viel drastischere Formen zur ,,autoplastischen" (Alexander/Staub 1929, S. 265), d. h. der innerlich stattfindenden (im Gegensatz zur nach außen getragenen ,,alloplastischen") Bewältigung verfügbar. In diesem Zusammenhang sei ein ,,bemerkenswertes" Massenkulturphänomen aus den USA eingebunden. Dort wird laut Angabe der Süddeutschen Zeitung vom 26. 03. 1990 regelmäßig im Rahmen einer Millionen-TV-Sendung mit dem Titel ,,Amerika's witzigste Amateurvideos" ein Preis verlost. Mindestens 40 % der Videos, gerade die preisverdächtigen, wollen mit mehr oder minder gewaltsamen Vorfällen in Gestalt von getarnten Unfällen unterhalten; echte Gewaltszenen sind ausgeschlossen. Interessant ist nun, daß die Opfer solcher vermeintlicher Unfälle in erster Linie Kinder sind: ,,Da spaziert ein Kleinkind auf die Kamera zu und schlägt mit seinem Kopf an das Gerät – Filmende. Ein anderer Junge radelt mit seinem Fahrrad gegen einen Baum. Oder eine Mutter geht mit ihrem Kleinkind am Flußufer spazieren und stößt es aus Versehen ins Wasser" (SZ 26. 03. 1990). Mit diesen Inhalten wird ein Massenpublikum an den Bildschirm gefesselt.

Reicht die Phantasie zur Bewältigung nicht aus, wird zur Umsetzung gedrängt. Der Sprung der Phantasie aus der inneren Realität des Subjektes in die äußere Welt läßt schon zuvor eine qualitative Veränderung stattfinden. Erdheim u. a. (Erdheim 1987, S. 167) differenzieren diesbezüglich zwischen Phantasie, die Realität entwirklicht und den Menschen frei macht für neue Gedanken, und *Mythos,* der immer zur Realität tendiert. Dieser Definition zufolge fallen auch die beschriebenen ,,Unfallvideos" eher in die Kategorie Mythos. Auch Langer (Langer 1987, S. 14) sieht in einem Mythos mehr als nur eine irreale Phantasie. Vielmehr bewirke dieser eine tatsächliche Veränderung der Realität durch die unbewußten Mächte, die er entfessele. Demzufolge stellen Mythen für Langer (Langer 1987, S. 14) eine „ernstzunehmende Kraft" dar. Hier nun ist von Belang, daß das Strafrecht, insbesondere auch die Strafverhandlung, immer wieder in Zusammenhang mit Mystifikationen gebracht wird (Engelhardt 1976, S. 266); es wird auf den „mythischen Gehalt" strafrechtlichen Denkens hingewiesen (Haffke 1980, S. 153). Vor dem Hintergrund der soeben dargelegten Differenzierung Phantasie – Mythos beinhaltet diese Attribuierung des Strafverfahrens, daß hier keine sich auf die Phantasie beschränkende Abwehr, sondern eine die Realität beeinflussende zu konstatieren wäre. Es erhebt sich die Frage, wie die Verhandlung gerade des vorliegenden Deliktes in diesem Kontext zu orten ist.

Doch zuvor ist nochmals auf den Prozeß der Identifikation einzugehen, bei dem eine Identifikation mit der Opferrolle des Kindes sowie mit der Aggressorrolle der Mutter als zwei Komponenten das Identifikationsmuster bestimmen. Es handelt sich um eine „Doppelidentifikation". In der Literatur ist in diesem Zusammenhang von „Identifikations"-Prozessen die Rede (Engelhardt 1976, S. 46; Streng 1980, S. 647). Unter Bezugnahme auf die im ersten Teil der Arbeit erfolgte Begriffsklärung (s. Teil I, Kap. 3.1.1) ist die Verwendung des Begriffes „Identifikation" im vorliegenden Kontext zu unpräzise. Identifikation setzt die Übernahme von Objektrepräsentanzen in Selbstrepräsentanzen voraus, hier jedoch wird lediglich ein Affekt übernommen, und zwar hinsichtlich des kindlichen Opfers die Angst, hinsichtlich der mütterlichen Täterin die (ebenfalls auf Angst rückführbare) Aggression. Angesichts der Bandbreite des Identifikationsphänomens, wie oben ausgeführt wurde, halte ich es im Hinblick auf die Begrifflichkeit der herangezogenen Literatur für vertretbar, den Begriff Identifikation in diesem Kontext dennoch beizubehalten: Identifikation mit Täterin und Opfer.

So findet sich in den Reaktionen der Öffentlichkeit, wie oben dargestellt (s. Kap. 2.4.2.3), die grenzenlose Erwartungshaltung des Kleinkindes gegenüber der Mutter der primären Entwicklungszeit wieder, eine Erwartung, die mangels Definition nicht einlösbar ist und im Verborgenen weiterwirkt – lebenslang unerfüllt bleiben muß. „Dennoch bleibt seine (des Kindes, Erläuterung A. W.) Psyche für immer von der primären Hilflosigkeit geprägt, zumal diese einem Zustand totaler Sättigung folgte, in dem die Bedürfnisse automatisch befriedigt wurden" (Chasseguet-Smirgel 1988, S. 17). Diese

Situation der „Prägung" (Chasseguet-Smirgel) verstärkt sich vor dem gesellschaftlichen Hintergrund der kleinfamiliären Mutter-Kind-Bindung (Parsons 1967, S. 81). Der nicht präsente Vater vermag die frühkindliche Ambivalenz gegenüber der Mutter, die ihre Wurzeln in der Totalität des Angewiesenseins hat, auch nicht teilweise – durch das Anbieten einer weiteren Bezugsperson – abzumildern. Die „vaterlose Gesellschaft" (A. Mitscherlich 1973) stellt hier kein Kontingent zur Verfügung, verweigert jede Mithilfe. Ein in den letzten Jahren häufig diskutierter „Gegentrend" schlägt sich in der realen Lebenswelt laut Untersuchung des Deutschen Jugendinstituts u. a. (Mayr-Kleffel 1989, S. 64, s. Kap. 1.5.4.1) noch nicht nieder. So hat aus psychoanalytisch-theoretischer Perspektive insbesondere Abelin in seinen Arbeiten zur Bedeutung der „frühen Triangulierung", d. h. einer Einbeziehung des Vaters in die kindliche Entwicklung lange vor dem Aufkeimen klassisch ödipaler Regungen, darauf verwiesen, daß schon ab dem zwölften Lebensmonat neben der Objektrepräsentanz der Mutter die eines Vaters (oder Vater-Substituts) als Kontrastrepräsentanz auszubilden sei, damit das Kind eine Vorstellung von seiner Getrenntheit außerhalb der Selbst-Objekt-Einheit mit der Mutter erfahren kann (Abelin 1975, S. 294–295). Hiernach scheint eine befriedigende Beziehung zum Vater vor allem im Hinblick auf eine Lösung der gegenüber der Mutter empfundenen Ambivalenz ausschlaggebend zu sein (Mertens 1981, S. 65–66). So vermag sich keine übergroße Abhängigkeit von der Mutter zu halten. Die gesellschaftliche Realität bewegt sich nun aber, wie auch oben ausgeführt wurde (s. Kap. 2.4.2.4.1), eher in die Richtung, daß der „schwache" Vater in der Familie immer bedeutungsloser wird, er somit – traditionellerweise Repräsentant des Realitätsprinzips – als Besetzungs- und Identifikationsobjekt kaum noch in Betracht kommt (Döpp 1981, S. 23). Für die USA schreibt Parsons über diese Situation, daß

... der primäre Brennpunkt in den Residuen der präödipalen Mutter-Kind-Beziehung zu finden ist, in jener Phase, von der Freud gesagt hat, sie beinhalte die „erste wahre Objektbindung". Die Grundlage, auf der diese sich entwickelt, geht zurück auf die sehr große und noch zunehmende Bedeutung der *isolierten* Kernfamilie bei der Sozialisierung. Das „amerikanische Dilemma" besteht in diesem Fall darin, daß das Kind typischerweise ermutigt wird, in dieser Zeit eine äußerst intensive Bindung an die Mutter zu entwickeln, während gleichzeitig von ihm verlangt wird, späterhin mit dieser frühen Abhängigkeit radikaler zu brechen, weil der Prozeß der Emanzipation von der Orientierungsfamilie weiter und schneller vorangetrieben wird als in anderen Systemen. (Parsons 1967, S. 81)

Verstärkt wird dieses Dilemma der „Vaterlosigkeit" durch die auch in unserer Gesellschaft festzustellende Tendenz einer zunehmenden „Isolierung der Kleinfamilie", d. h. des Wegfalls kontinuierlicher verwandtschaftlicher sowie nachbarschaftlicher Beziehungen (Lempp 1986, S. 91).

2.4.2.4.2 Identifikation mit der Täterin

Der neben dem Prozeß der Identifikation mit dem kindlichen Opfer ablaufende Prozeß der Identifikation mit der Mutter ist in folgenden Zusammenhang zu stellen: In der Tötungstat der Mutter gegenüber ihrem Kind kulminiert die in der Gesellschaft allgegenwärtige latente Kinderfeindlichkeit. „Besonders leicht wird das Kind geschlagen. An ihm übt sich der Erwachsene, der sich sonst nicht zu helfen weiß" (E. Bloch 1975, S. 276). Dem schwachen Kind [. . .] gegenüber ist die sonst erfolgreich verdeckte Tätlichkeitsneigung plötzlich wieder da. Nach Angaben des Internationalen Kinderschutzkongresses 1990 wird jedes zehnte Kind in der Bundesrepublik Deutschland mißhandelt (FR 07. 09. 1990), mit zunehmender Tendenz. Die Identifikation mit den aggressiven Anteilen der Täterin zeigt die Ambivalenz gegenüber Kindern auf. Mit der Tötung wurde der Bogen – allgemeines Tolerieren von Schlägen in der Kindererziehung – eindeutig überspannt. In diesem Zusammenhang ist auch auf die einleitend dargestellte geschichtliche Tradition des Kindermords in der Antike sowie in verschiedenen Kulturen hinzuweisen, ferner darauf, daß bis vor wenigen Generationen die Kinder noch unter der absoluten Gewalt der Eltern standen, mithin rechtlos waren. Hier schimmern Erziehungsstrukturen durch, die noch nicht überwunden sind. So schreibt auch König, daß Verhaltensmuster, deren „Sinnhaftigkeit für eine aktuelle Gegenwart verschwunden ist", als „gewissermaßen sedimentierte Kultur" (König 1975, S. 190) weiterleben. Die zutiefst ambivalente Haltung drückt sich auch darin aus, daß das Problem der Gewalt gegenüber Kindern im Bewußtsein der Gegenwart nicht einmal normativ geklärt und die Grenze zwischen „gerechtfertigten Züchtigungsmaßnahmen" und strafbaren Mißhandlungen prekär und ungesichert ist (Zenz 1981, S. 59). Es scheint, als sei Gewalt gegenüber Kindern im Verhaltensrepertoire noch so stark präsent, daß sie nur durch heftige Gefühlsreaktionen unterdrückt werden kann (Zenz 1978, S. 21).

Aufschlußreich ist in diesem Zusammenhang auch die unterschiedliche Behandlung der geständigen Mutter, die sich reumütig im nachhinein auf ihre Mutterrolle besinnt – (sie wird mittels Psychiatrisierung in klassische weibliche Abweichungsbahnen gelenkt) – und der nicht geständigen. Inwieweit sich hier die „Volksseele" austoben kann, hat sehr anschaulich in jüngster Zeit das bereits erwähnte Verfahren gegen Monika Weimar gezeigt. Die geständige reumütige Mutter hält das Tabu aufrecht, indem sie den eigenen Rechtsbruch verurteilt (Streng 1980, S. 652). Ihr kann auf andere Weise begegnet werden. Zeigt die Täterin keine Anzeichen von Reue, muß sie hingegen bekämpft werden.

2.4.3 Der mythische Gehalt des Strafrechts

Nunmehr gilt es zu beleuchten, was es mit dem mythischen Gehalt des Strafrechts sowie Strafverfahrens und dem sich darin bergenden Bewältigungspotential für konforme Bürger auf sich hat.

> Ja, ein seltsames Phänomen ist dieser Strafmythos, weil hier Mythos und Vernunft zusammenfallen. Der Strafmythos hat über alle andern Mythen hinaus dieses Privileg, daß er das Gesetz enthüllt, das im Kern einer jeden Einsetzungserzählung liegt, das Gesetz, das die geschichtliche Zeit in der Urzeit verankert. Umgekehrt aber zeigt sich hier auch die Vernunft in seltsamem Licht, insofern sie den teilenden Verstand auf ein Gesetz gründet, das nicht von einer Begriffslogik, sondern von einer Kräftelogik getragen wird; mittels der Strafe hebt eine Kraft der Reinigung eine solche der Befleckung auf. (Ricoeur 1974, S. 242)

2.4.3.1 Rationale Funktion des Strafrechts

Zur Vermeidung von Mißverständnissen erscheinen mir folgende Anmerkungen erforderlich. Das Strafwesen in seiner materiellen als auch in seiner formellen Ausprägung nimmt eine wichtige – rationale – gesellschaftliche Funktion wahr. Freud bettet die Frage von Justiz und Strafe in folgenden Kontext:

> Die für alle gleiche Gefahr der Lebensunsicherheit einigt nun die Menschen zu einer Gesellschaft, welche dem Einzelnen das Töten verbietet und sich das Recht der gemeinsamen Tötung dessen vorbehält, der das Verbot übertritt. Dies ist dann Justiz und Strafe. (Freud, 1927, S. 174)

Für den Juristen Arndt stellt sich die Herleitung des Strafwesens folgendermaßen dar: „Denn auch die denkbar offenste Gesellschaft wird irgendeine Grenze ziehen müssen gegenüber einem Verhalten, dem sie sich verschließt" (Arndt 1968, S. 208). Wie das nicht mehr tragbare Verhalten dabei zu definieren ist und ob Strafe die unausweichliche Konsequenz darstellt, bleiben zwei offene Fragen, die jedoch den rationalen Kern, d. h. eines gewissen gesellschaftlichen Handlungsbedarfs angesichts eines „sozialschädlichen" Verhaltens, nicht zu erschüttern vermögen.

Die Frage des Strafens, wie immer dieses Strafen beschaffen sein mag und welcher Theorie einer auch anhängen mag, – die Frage des Strafens entsteht dort, wo die Welt nicht mehr heil ist, weil von Menschenhand ein Unheil geschah, das sich von Menschenhand *nicht* wieder heilmachen läßt. Die Frage des Strafens erhebt sich dort vor uns, wo Gerechtigkeit unerreichbar wurde. [. . .] Daß ein Verbrechen geschah, heißt, daß die bewahrende Gerechtigkeit unterging. Daß eine Tat ein Verbrechen ist, heißt, daß ausgleichende Gerechtigkeit zu üben unser Menschenmaß übersteigt. (Arndt 1968, S. 230)

Das Anliegen einer Gemeinschaft, im Hinblick auf ein kollektives Existenzerhaltungsinteresse (Engelhardt 1976, S. 86) Verbrechern im institutionalisierten Rahmen zu begegnen, weist den „rationalen Sinngehalt" des Strafwesens aus.

„Rationalität" ist zunächst negativ als „Freiheit von Irrationalität" zu bestimmen (Engelhardt 1976, S. 27). Irrationalität scheint sich dabei vor allem in diskriminierendem Verhalten zu konkretisieren und beeinflußt nicht zuletzt den Selektionsstil der Instanzen strafrechtlicher Sozialkontrolle (Engelhardt 1976, S. 26). Der Gehalt an Irrationalität zeigt sich eben in dem besonderen Interesse an aufsehenerregenden Prozessen wie z. B. Kindertötung durch die Mutter (s. Kap. 2.4.2.1). Bislang wurden die kollektiven Strafbedürfnisse primär unter dem Gesichtspunkt subjektiver Irrationalität thematisiert. Nun soll die objektivierte Irrationalität, wie sie sich im Strafrecht und in der Strafverhandlung ausdrückt, Gegenstand der Betrachtung sein. Irrationalität erweist sich als strukturell in dem Strafsystem verankert; das gilt jedenfalls insoweit, als das Strafwesen aus tiefliegenden Ängsten resultierende kollektive Strafimpulse auffängt. Neben der „primären" – rationalen – Funktionsebene (Mentzos 1988, S. 125) gibt es diese „sekundäre" Funktionsebene, die jedoch im eigentlichen Sinne „dysfunktional" wirkt (Böllinger 1983, S. 156; Mentzos 1988, S. 126). Es ist dabei eine besondere Verwobenheit dieser beiden Funktionsebenen zu konstatieren; denn Rationalität und Irrationalität sind nicht klar hinsichtlich ihrer Elemente auseinanderzuhalten. Auch der rationalen Seite gehört Irrationalität schon insofern an, als sie sich auf Gewalt stützt. So weist Freud darauf hin, daß Recht ursprünglich rohe Gewalt war und noch heute der Stützung durch die Gewalt nicht entbehren kann (Freud 1933 b, S. 276–277). Ferner ist in diesem Zusammenhang zu berücksichtigen, daß Strafjustiz sich mit dem aggressiven Gewaltpotential möglicher und tatsächlicher Rechtsbrecher befaßt, d. h. mit Irrationalem; ihre Aufgabe besteht darin, rational mit dem Irrationalen abzurechnen. Sie wird dadurch aber, worauf Engelhardt zu Recht hinweist (Engelhardt 1976, S. 89), selbst irrational. Diese Wechselwirkung basiert darauf, daß die sich irrational verhaltenden Rechtsunterworfenen in einer Beziehung zu dem Gewalt androhenden bzw. Gewalt verhängenden Strafsystem leben; diese Verbindung zeichnet sich aus durch irrationale Abhängigkeit. Abhängigkeit geht nun aber stets einher mit Ansprüchen sowie Erwartungen affektiver Art. Diese fließen in die Institution zurück. In dem Zufluß und Rückfluß sind irgendwann die rationalen und irrationalen Teilchen nicht mehr zu separieren; sie fließen ineinander. Daraus folgt aber, daß stets beide Seiten strafrechtlicher Sozialkontrolle im Auge zu behalten sind (Engelhardt 1976, S. 89). Aber nicht nur durch die Berührung mit dem Irrationalen wird die Strafjustiz faktisch irrational, sondern sie legt bereits in der Theorie einschlägige Spuren:

Was in der Strafe das Rationalste ausmacht – daß sie ein Vergehen aufwiegt –, ist zugleich das Irrationalste, nämlich die Vorstellung, daß sie es auslöscht. (Ricoeur 1974, S. 244)

2.4.3.2 Aspekte der Strafjustiz

Nicht nur die rationalen und irrationalen Komponenten können nicht isoliert benannt werden, auch zwischen Subjektivem und Objektivem besteht keine eindeutige Grenzmarkierung. Für Dahmer erscheinen institutionelle Gebilde so „verdinglicht und verobjektiviert", daß affektive Beziehungen einzelner oder mehrerer Individuen relativ bedeutungslos werden (Dahmer 1971, S. 89). Dieser Auffassung zufolge entfaltet eine gesellschaftliche Institution wie die Strafjustiz aufgrund ihrer „überhistorischen raumzeitlichen Ordnung" eine Eigendynamik, die sich individueller Verfügung entzieht. Adorno hält diesem Standpunkt jedoch zu Recht entgegen, daß es in diesen Gebilden neben Objektivem eine subjektive Dimension gibt, die sich feststellen läßt.

Auch die den Menschen entfremdeten Prozesse bleiben menschlich. (Adorno 1961, S. 125)

261

Die Individuen werden zwar bis ins „Innerste" durch die Gesellschaft geformt, worauf auch Spitz, Erikson, Redlich und andere in ihren praktischen Untersuchungen zur Entwicklungspsychologie, sowie Kardiner, Malinowski, Margret Mead u. a. aus ethnologischer Perspektive immer wieder gestoßen sind (Caruso 1972, S. 49), wirken ihrerseits aber auf die Gesellschaft zurück, unter anderem auch, indem sie soziale Prozesse in ihrer Weiterentwicklung zu blockieren sowie die gegebenen Verhältnisse zu bestätigen vermögen.

> Gesellschaft ist ein menschliches Produkt. Gesellschaft ist eine objektive Wirklichkeit. Der Mensch ist ein gesellschaftliches Produkt. (Berger/ Luckmann 1972, S. 65)

So geht es darum, mit „gesellschaftlichen Augen auf Menschen zu blicken (Einfügung A. W.) und mit menschlichen Augen auf Gesellschaft" (Hauser 1987, S. 260). Wie dabei im einzelnen Individuelles und Gesellschaftliches – Natur und Kultur – bereits im Prozeß der primären Sozialisation miteinander verzahnt werden, wurde oben im ersten Teil der Arbeit im Sinne der Theorie Lorenzers dargelegt (s. Teil I, Kap. 6.2.1).

Individuelles und Institutionelles können in diesem Prozeß des Ineinandergreifens verschiedener Elemente dahingehend quasi „zusammengeschweißt" werden, als strafrechtliche Mechanismen, die ursprünglich der Regelungsfunktion dienten, sich in diesem „Verdinglichungs"-Prozeß verselbständigen können und schließlich nur noch den psychodynamischen Bedürfnissen der Mitglieder dienen (Jäger 1975, S. 119). Die ursprüngliche Zwecksetzung hat sich aufgelöst.

Foucault blendet noch einen weiteren Gesichtspunkt ein. Er weist darauf hin, daß das System strafrechtlicher Sozialkontrolle „Teil eines sehr viel umfassenderen und komplexeren Systemes ist, das man [. . .] als Strafsystem [. . .] der Gesellschaft bezeichnen kann" (Foucault 1973 b, S. 136). Zwischen beiden besteht gewissermaßen eine „unterirdische Kommunikation" (Engelhardt 1976, S. 93).

2.4.3.3 Strafjustiz als Abwehrsystem

Die obigen Ausführungen haben aufgedeckt, daß mit der Strafjustiz ein hochkomplexes, hinsichtlich vielfältigster Faktoren sehr verwobenes Gebilde vor uns steht. Strafrechtliche Sozialkontrolle ist jedenfalls nicht schon a priori Indiz für kollektive Pathologie, vielmehr muß sich eine pathologische Dimension erst erweisen (Engelhardt 1976, S. 122). Insofern ist es auch verkürzt, das Strafverfahren unter Verweisung auf die „Asymmetrie" der Rollen, Motive, Bedürfnisse" als „pathologischen Prozeß" (Rottleuthner 1973, S. 159) zu titulieren. Unter grundsätzlicher Anerkennung einer auch „segensreichen" Funktion (Haffke 1980, S. 164) gilt es, die sich in Abwehrhaltungen manifestierenden psychopathologischen Kräfte konkret aufzuzeigen.

Wir werden nun wiederum auf die „Rationalität" zurückgeworfen. Engelhardt schreibt (Engelhardt 1976, S. 77), daß ein Handeln dann rational ist, wenn es der Einsicht in die Wirklichkeit entspringt. Zugleich erhebt sich hier aber die Frage, von welcher „Wirklichkeit" die Rede ist bzw. konkret an welcher Wirklichkeit sich das Strafwesen orientiert. Jedenfalls ist Rationalität nicht schon dadurch erreicht, daß eine Entscheidung dogmatisch-rechtstheoretisch standhält. Bezogen auf die Legitimität einer Entscheidung ist – entsprechend auch hier (s. Kap. 2.3) – lediglich eine Bezugnahme auf transzendentale Sollenssätze, etwa nach Art des Naturrechts, nicht ausreichend (Engelhardt 1976, S. 182). Die vorhergehend skizzierte Komplexität des Strafsystems, gerade auch im Hinblick auf die prägenden Wechselwirkungen zwischen Institution und Individuen vor dem Hintergrund des sich gegenseitigen Durchdringens von Rationalität und Irrationalität, führt uns zu dem Phänomen der „psychosozialen Abwehr" (Mentzos 1988, S. 27), ein Oberbegriff für interpersonale und institutionalisierte Abwehrkonstellationen (Mentzos 1988, S. 27). Diese Abwehrform zeichnet sich dadurch aus, daß im Gegensatz zu einer im Inneren der Person wirkenden intrapsychischen klassischen Abwehr, bei der die Person andere Menschen lediglich in der Phantasie an ihrem innerpsychischen Kräftespiel teilnehmen läßt, hier *real* zwei oder mehrere Personen (interpersonale Abwehr) oder eine Institution (institutionalisierte Abwehr) in den Abwehrvorgang eingebunden sind, und zwar durch Zuweisung bestimmter Rollen in dem vorherrschenden innerpsychischen Kräftespiel (Mentzos 1988, S. 27). Dabei beeinflußt die Anzahl der in einem psychosozialen Abwehrsystem involvierten Personen nicht nur quantitativ die Komplexität des Geschehens, sie ist auch wenigstens zum Teil für qualitative Unterschiede verantwortlich zu machen (Mentzos 1988, S. 57).

Der Intellektualität der Strafrechtsdogmatik haftet per se eine „Abwehrbetonung" (Mentzos 1988, S. 31) an, soweit sich diese isoliert von anderen Zusammenhängen darstellt. Es verbirgt sich dahinter häufig der Abwehrmechanismus der „Rationalisierung". Diese

Abwehrform die auch, wie Elhardt (Elhardt 1984, S. 58) betont, „gruppenpsychologisch große Bedeutung hat", läßt sich als „unbewußte Scheinbegründung" definieren. Handlungen, Einstellungen und Meinungen werden dabei intellektuell – mit rationalen Pseudo-Gründen – gerechtfertigt, obwohl sie unbewußt Triebinteressen entspringen, die jedoch, wegen ihres „egoistischen" Charakters und der Begleitängste, nicht bewußtseinsfähig sind. Elhardt (Elhardt 1984, S. 59) führt weiter aus, daß „auffällig" auch immer eine „besonders sachlich-affektlose oder betont redselig-ausführliche Verhaltensbegründung für Situationen" ist, die „normalerweise besonders affektgeladen erlebt werden." Rationalisierungen fügen sich oft zu systematisierten Konstruktionen zusammen, die als „neurotische Ideologie" die Grundlage wesentlicher Einrichtungen des gesellschaftlichen Alltags bilden. Elhardt (Elhardt 1984, S. 59) nennt in diesem Zusammenhang auch ausdrücklich die Rechtsprechung.

Oben wurde dargelegt (s. Kap. 2.4.3.1), daß strafrechtliche Sozialkontrolle dem rationalen Interesse der Gesellschaft an Selbsterhaltung entspringt (Engelhardt 1976, S. 90). Abweichung und Konformität bilden dabei die beiden Kehrseiten derselben Medaille. Der Ort nun, an dem sich die soziale Ausgrenzung abweichenden Verhaltens konkretisiert, ist der Verurteilungsprozeß (Böllinger 1983, S. 157). Hier wird zwischen den „Phänomenen der Gesellschaft" und den Anforderungen des Strafrechts ein „Akt der Entscheidung" gelegt (Haffke 1980, S. 164). So ist der *Strafprozeß* eher ein „Verfahren im sozialen" als ein „Verfahren im personalen Interesse" (Rotter 1974, S. 107). Wassermann zufolge obliegt den Gerichten lehrbuchgemäß die soziale Funktion der Friedensstiftung, Schaffung von Rechtssicherheit sowie Bewahrung der Rechtsordnung (Wassermann 1970, S. 136). Diese abstrakten Zielsetzungen vermögen jedoch zur Lösung praktischer Probleme wenig beizutragen. „Die Erwartungen, die sich in der sozialen Wirklichkeit auf das Verhalten der Gerichte richten, sind nämlich nicht abstrakt, sondern konkret" und gehen einher mit „erheblichem Druck auf den Positionsinhaber" (Wassermann 1970, S. 136). Gesellschaftliche Anforderungen und richterliche Reaktionen sind, wie bereits dargelegt, miteinander verknüpft. Diese Verknüpfung hat ihr Zentrum im Strafprozeß, auch Abwehrhaltungen kulminieren hier. Die gegebenenfalls zutage tretenden Abwehraspekte sind dabei jeweils in zweifacher Hinsicht zu betrachten: Durch die Brille der Gesellschaft – Strafverfahren als kollektive Abwehr – sowie durch die Brille des beteiligten Rechtsstabs, insbesondere des verhandlungsführenden Richters – welche Möglichkeiten eröffnen sich ihm, in diesem Rahmen sowohl die auf ihn delegierten als auch die eigenen Impulse bzw. Ängste (s. Kap. 2.4) zu kanalisieren?

Im Hinblick auf die *Bevölkerung* räumt Smaus ein, daß „das Drama des Verfahrens für die nicht beteiligten Dritten bestimmt ist. Sie sollen die Überzeugung hegen, daß alles mit legalen Mitteln zugegangen ist" (Smaus 1985, S. 180). Auch Rasehorn widmet sich der Funktion des modernen Strafprozesses als Drama (Rasehorn 1989, S. 178). Welche Wirklichkeit präsentiert sich jedoch vor den Kulissen? Betrachten wir also die Bühne, das Äußere, das Ritual, die Symbolik, die Szenerie sowie die Dramaturgie. Das Theater des Lebens ruft zur Vorstellung; auf dem Spielplan steht im allgemeinen eine Tragödie. Die einzelnen Elemente des Drehbuches sind nicht vorgegeben, denn aus der Fülle der zur Verfügung stehenden Informationen über den Lebenssachverhalt werden nur einzelne für die Darbietung ausgewählt (Haberstroh 1979, S. 147). So nimmt, trotz der institutionalisierten generellen Regelung durch die StPO, jede Hauptverhandlung jeweils eine individuelle Gestalt an, die sie wesentlich von vorangegangenen Verhandlungsabläufen unterscheidet (Wendl 1979, S. 52). Es findet im Gerichtssaal jeweils eine „gewöhnliche ‚ungewöhnliche' Begegnung" statt, insofern als mehrere Welten aufeinandertreffen (Schulte 1989, S. 26). Der Lebenssachverhalt tritt in den „Lichtkegel der Relevanz" (Rothacker 1954, S. 41). Die notwendige Filterfunktion geht zwangsläufig einher mit einer Wahrnehmungszensur (Watzlawick/Beavin/Jackson 1990, S. 78). Das aber bedeutet, daß „der einzelne Verfahrensbeteiligte (Einfügung A. W.) anhand der routinisiert abrufbaren Bestände seines Alltagswissens unbewußt diejenigen" auswählt, die in seinem Verständnis eine Beziehung zu seiner Situation als Person und Handelnder begründen (Haberstroh 1979, S. 147). In dieser Situation wird Rückgriff genommen auf die Bestände des Unbewußten.

Wie sich dieser „Rückgriff" in der Hauptverhandlung gestaltet, stellt der sich an psychoanalytischen Grundlagen orientierende Richter Wendl in groben Zügen folgendermaßen dar: Für die Person der Angeklagten wird weithin eingeräumt, daß durch den psychischen Streß in der Hauptverhandlung die der Straftat zugrundeliegende „unbewußte Szene" rekonstruiert wird (Wendl 1979, S. 63), die Angeklagte dabei in ihrer Bedrängnis in ihre „sicherste Rolle" flieht und in diesem Rollenverhalten fixiert bleibt (Wendl 1979, S. 58). Aber auch bei den übrigen Prozeßbeteiligten werden in der Hauptverhandlung in „jeweils unterschiedlicher Weise Verunsicherungen ausgelöst (Einfügung A. W.), die jeder auf seine ihm spezifische Weise zu bewältigen versucht" (Wendl 1979, S. 67). Gerade auch durch die Konfrontation mit der Angeklagten, ihrer Tat, ihrem Erleben und Verhalten sowie deren Übertragung und spezifischer Rolleninszenierung werden die anderen Teilnehmer in der Hauptverhandlung in ihrem eigenen Verhalten und Erleben tangiert (Wendl 1979, S. 68). Scheint die bei einem Prozeßbeteiligten ausgelöste Verunsicherung nicht mehr bewältigbar, so löst dies eine im Prinzip ähnliche Psychodynamik aus wie bei der Angeklagten, es wird nämlich Schutz in der persönlich „sichersten Rolle" gesucht. Dabei ist als grundlegender Unterschied zu beachten, daß der Richter „in Sicherheit und Festigkeit" handelt, die Angeklagte ihre Rolle hingegen „in Angst und Ungewißheit" wahrnimmt (Peters 1988, S. 99). Die nach außen gezeigte Sicherheit ist aber starr und unflexibel. Eine gute Steuerung der Verhandlung sowie eine sichere Entscheidungsfindung setzen voraus, daß der Richter möglichst vielseitig wahrnimmt und versteht, was in der Hauptverhandlung abläuft (Wendl 1979, S. 50), das Vorgeben äußerer Sicherheit steht dem jedoch entgegen.

„Jedenfalls ist ein emotional ergriffener Richter gefährlich, auch unberechenbar, und zwar nicht nur dann, wenn er nicht gelernt hat, mit seinen Emotionen umzugehen, sondern auch im anderen Fall" (Schild 1983, S. 110). Ein Richter, der emotional ergriffen ist, neigt um so leichter dazu, Verhaltensweisen aus seiner Perspektive zu bewerten. Das kann zu völlig falschen Beurteilungen führen. Der Richter beurteilt aus seiner Normalsituation das Verhalten des Angeklagten nach Normalregeln (Peters 1988, S. 99).

Was trägt sich von den skizzierten Erkenntnissen über den psychodynamischen Ablauf einer Hauptverhandlung in die Praxis? Der Richter ist im allgemeinen, insbesondere durch die Beschränkung der bisherigen juristischen Ausbildung auf Dogmatik und berufstechnische Fertigkeiten, einhergehend mit strikter Trennung von Theorie und Praxis schon in der Ausbildung und erst recht in der Berufspraxis (Böllinger 1979, S. 91), auf den Umgang mit diesem „subjektiven Faktor" (Reinke-Köberer 1979, S. 34) der Emotionalität überhaupt nicht vorbereitet. So schreibt Kühne:

> Die Dynamik der persönlichen Begegnung im Prozeß besitzt eine starke Erlebnisintensität, der der Jurist weitestgehend ungeschützt gegenübersteht, weil die Ausbildung sowohl an der Universität als auch in der 2. Ausbildungsphase nur juristische Subsumtion, nicht aber Techniken kommunikativer Interaktion präsentiert. (Kühne 1978, S. 17)

Die Einblendung der berufsständischen Ausbildungs- und Berufswelt verdeutlicht, daß neben der je individuell in das Verfahren einfließenden Psychodynamik des einzelnen Richters eine professionelle Grundstruktur auszumachen ist, denn die einseitig theoretisch-dogmatische Ausbildung zeichnet sich nicht nur durch einen Mangel in obigem Sinne aus, sie erzeugt *im Gegenteil* (Hervorhebung A. W.) vom ersten Betreten des Tätigkeitsfeldes an „eine Abwehrhaltung gegenüber verunsichernden Erkenntnissen aus dem Bereich der Sozial- und Humanwissenschaften" (Jäger 1975, S. 119), d. h., sie ist nicht nur defizitär, sondern offeriert auch einen – allerdings vordergründigen – Gewinn.

Decken wir das dem Juristen vermittelte Handwerkszeug genauer auf: Er bewegt sich in den Gleisen der Rechtsdogmatik, die ihm ein einseitiges Weltbild vermittelt (Wassermann 1970, S. 130). Wie sich dieses im einzelnen durch die Brille des Juristen präsentiert, wurde u. a. von Engisch in seiner Abhandlung „Vom Weltbild des Juristen" (Engisch 1950) dargelegt. Dogmatik bedeutet „Gebundenheit und damit Enge". Sie birgt aber auch Geborgenheit in sich, einen „geschützten Ort" vor dem „Sturm offenen Fragens" (Wassermann 1970, S. 130). Juristische Dogmatik blendet psychologisches Wissen aus (Jäger 1975, S. 115), sie läßt damit auch den „actor" nicht in das Blickfeld ihrer Betrachtung treten (Simitis, o. Jahr, S. 146, zit. nach Rottleuthner 1973, S. 182, Fn 14), stellt so zugleich die Weichen für eine „deformierte Kommunikation" (Simitis, o. Jahr, S. 146, zit. nach Rottleuthner 1973, S. 182, Fn 14), und sie führt hinweg vom menschlichen Lebenssachverhalt (Jäger 1975, S. 118). Für Jäger ist diese strafrechtsdogmatische Denkweise unter dem Aspekt einer „Abwehr- und Beruhigungsfunktion" zu interpretieren:

> Die heile Welt stringenter, „sauberer" Subsumtion verdeckt die heillose Welt menschlicher Defekte und Katastrophen und erspart dem Juristen, sich mit ihr allzu berührungsnah einlassen zu müssen. (Jäger 1975, S. 118)

Der Umgang mit „Schuldigen" wird so beruhigend dogmatisch abgesichert. Die immer wieder – u. a. auch von Radbruch – erhobene Forderung, „daß *auf ein Lot Jurisprudenz ein Zentner Menschen- und Lebenskenntnis* kommen müsse" (Radbruch/Zweigert 1961, S. 153), wird in der juristischen Aus- und Fortbildung bisher hartnäckig und konsequent nicht nur ausgeklammert, sondern, wie erwähnt, in ihr Gegenteil verkehrt. Dieser Widerspruch befremdet um so mehr, als gerade bei der Verhandlungsführung, aber auch bei der im Strafurteil vorzunehmenden Strafzumessung, die Berufung auf „Menschenkenntnis und Lebenserfahrung" des Richters wiederkehrende Faktoren sind. Vor diesem Hintergrund ist anzunehmen, daß mit der Einflechtung der „Menschenkenntnis" offensichtlich auch hier (wie im Rahmen der Bestimmung subjektiver Verbrechensmerkmale) eine vom psychologischen Erkenntnisstand der Fachwelt ungebrochene, unbeeinflußte „esoterische" Psychologie (Bockelmann 1980, S. 16) der Juristen Wirkung zu entfalten vermag. Die Welt der Justiz gibt sich – nicht nur hinsichtlich ihrer dogmatischen Position – sehr abgeschlossen nach außen (Plewig 1983, S. 88). Auch die in ihrem Inneren stattfindenden Strafverfahren sind trotz des gesetzlich verankerten Prinzips der Öffentlichkeit abgeschlossen. Sind diese doch ein streng rituelles Verfahren, ausgestattet mit einem beträchtlichen „Aufgebot von Förmlichkeiten" (Wassermann 1970, S. 143) wie Robe, Sitzordnung u. a. Dieses förmliche Verfahren beinhaltet Schutzfunktionen für den Angeklagten, ist vor dem Hintergrund der Unschuldsvermutung zu erfassen, erfüllt aber auch eine Funktion als Stützkorsett zum Aufbau einer inneren Distanz der Verfahrensbeteiligten. Jene zwei Aspekte – Rationales und Irrationales (s. Kap. 2.4.3.1) – greifen hier unmittelbar ineinander. Die Strafverhandlung, die auf psychosozialen Kommunikationsvorgängen basiert, greift zur Regelung derselben allein auf die StPO zurück, „tote Texte", wie Kühne formuliert (Kühne 1978, S. 19). Das überkommene Verhandlungsritual schützt die Verfahrensbeteiligten somit auf zwei Ebenen, auf der bewußten sowie der unbewußten, zugleich übt diese „Stütze" auch massive Zwänge aus, die das „Verhalten der Verfahrensbeteiligten in bestimmte Formen pressen" (Wassermann 1970, S. 145). Auch dieses läuft wiederum auf zwei Ebenen gleichzeitig ab. Die Angeklagte wird geschützt, und es wird zugleich erheblicher Zwang ihr gegenüber ausgeübt, aber auch der Richter bzw. die anderen Verfahrensbeteiligten werden geschützt und gedrückt zu gleichen Teilen. Die Doppelbödigkeit dieser Struktur wird nicht offengelegt. Die mit der Förmlichkeit einhergehende Autorität des Gerichtes wird als notwendig gerechtfertigt. Aufzudecken gilt es aber das über ein notwendiges Maß an Autorität Hinausgehende, die „Sur-plus-Autorität" (Wassermann 1970, S. 145). Für Rasehorn soll durch die Symbolik des Strafverfahrens ein „geschichtsloser Eindruck" hervorgerufen werden. So erklärt er das Festhalten der Justiz an der richterlichen Robe damit, daß ins Bewußtsein gerufen werden soll, und zwar sowohl bei den Rechtssuchenden als auch beim Richter selbst, „daß es bei unseren Verhandlungen nicht um die Austragung juristischer Probleme geht, sondern um Grundfragen der Existenz und des Menschseins, also um metaphysische Vorgänge, die heute noch die gleichen sind wie vor Hunderten von Jahren" (Rasehorn 1968 a, S. 13). Für die Öffentlichkeit ist die Symbolik aber tatsächlich von Belang, wie Smaus in ihrer diesbezüglichen Befragung zutage gefördert hat. Trotz der immer wieder vorgetragenen Kritik an den überholten Riten schälte sich in der Untersuchung heraus, daß lediglich diejenigen Symbole als überflüssig erachtet wurden, die nichtgerichtliche Symbolik vertreten wie Kruzifix, Fahne bzw. Bundesadler. „Der Kern des Prozesses nämlich soll unverändert bestehen bleiben: die Richter als Hauptakteure sollen weiterhin auf einem Podium sitzen, und sie sollen Roben tragen. Man sieht anhand dieses Ergebnisses bestätigt, daß die Legitimation eines Menschen, über andere Strafen zu verhängen, eine besonders prekäre Angelegenheit ist, die dem Bewußtsein der Beteiligten über Symbole entrückt werden muß" (Smaus 1985, S. 173). E. Bloch führt in diesem Zusammenhang aus:

Nicht umsonst die feierliche Ausgestaltung des Strafprozesses zu allen Zeiten, die Vermummung der Richter, das Über-Ich in Staatsgestalt, [...]. All das erweckt den Eindruck eines besonderen, neben der tatsächlichen Welt bestehenden juristischen Seins, Straf-Seins, und soll ihn erwecken. (E. Bloch 1975, S. 280)

Der oben eingebrachte mythische Gehalt des Strafwesens tritt zutage: Es gibt nämlich keinen Mythos ohne ihn repräsentierenden Kultus (also Ritus, Symbolik) und umgekehrt keinen Kultus ohne zugrundeliegenden Mythos (Otto 1955, S. 79–80). Die Urbedeutungen werden vergessen, Mythen bilden sich (Blumenberg 1971, S. 50). Nun geht es darum, die Suche nach dem „Sinn hinter dem Sinn" (Levi-Strauss 1973, S. 122) aufzunehmen, um so den „verlorenen Sinn zurückzugewinnen" (Kerényi 1967, S. IX). Strafrechtsdogmatik und Strafverfahren beinhalten Abwehraspekte. Allgemein und vor dem Hintergrund dieses Deliktes ist die Frage aufzuwerfen, ob sich bzw. gegebenenfalls wie sich diese erkenntnishindernd auswirken.

2.4.4 Die Suche nach der Wahrheit

Das Ziel des Strafverfahrens ist Gegenstand umfangreicher Erörterungen in Literatur und Rechtsprechung (Vormbaum 1987, S. 119). Während zum Teil „Rechtsfrieden" an erste Stelle gesetzt wird (Schmidhäuser 1971, S. 516), legt die herrschende Auffassung die „Wahrheitsfindung" als zentrales Anliegen des Strafverfahrens fest (Vormbaum 1987, S. 119–120). Der Begriff „Wahrheits*findung*" impliziert das Bestehen einer Beziehung zwischen der Dogmatik des materiellen Strafrechts und der strafprozessualen Ebene. Da der Begriff der Wahrheit sowohl für die Strafjustiz von zentraler Bedeutung ist als auch einen Kern psychoanalytischer Gedanken darstellt, soll im folgenden der Versuch unternommen werden, an Hand des Wahrheitsverständnisses Unterschiede bzw. Gemeinsamkeiten herauszuschälen. Das Wesen der Wahrheit gilt es aufzuspüren. Der Weg führt zu der Person des Rechtsanwenders, letztlich aber zur Schuldfrage bzw. zum Schuldunfähigkeitstatbestand. Für das Bundesverfassungsgericht erweist sich die Ermittlung des *wahren* Sachverhalts als zentrales Anliegen des Strafprozesses, „ohne den das materielle Schuldprinzip nicht verwirklicht werden kann" (BVerfGE NJW 1981, S. 1719 (1722)) Der juristische bzw. der psychiatrische Krankheitsbegriff stellen sich vor. Was liegt darin für weibliche Täterinnen verborgen?

2.4.4.1 Wahrheitsverständnis

Die Frage nach dem Wesen der Wahrheit, die hier aufgeworfen zu sein scheint, hat zu allen Zeiten das philosophische Denken bewegt (Schlick 1979, S. 79). Wahrheit ist ein „Perfektionsbegriff" (Luhmann 1981, S. 378), etwas das wahr ist, kann „weder wahrer werden noch unwahr sein" (Luhmann 1981, S. 378). Krauß gibt denn auch zu bedenken, daß der

> Augenblick, in dem ein Konflikt in foro ausgetragen wird, der denkbar ungünstigste Zeitpunkt ist, um sich auf Wahrheit zu konzentrieren. (Krauß 1980 b, S. 75)

Wurmser (Wurmser 1989, S. 426) mag uns vermittelnd den weiteren Weg weisen: *„Die Wahrheit hängt also von der Methode ab; sie ist keine absolute Wesenheit.* Damit verschiebt sich aber das erkenntnistheoretische Interesse von Fragen des Beweises zu *solchen des Wertes.*" So ist denn auch die Wertbezogenheit strafjustizieller Verfahren ausschlaggebend, nicht die Beweiswelt naturwissenschaftlicher Exaktheit. Um somit die für die Strafjustiz relevante Wahrheit aufzudecken, ist zunächst ihre begriffliche Heimat in der Strafprozeßordnung aufzusuchen.

270

Das Gesetz erhebt in § 244 Abs. 2 StPO die „Erforschung der Wahrheit" zum Gegenstand des Strafverfahrens. Eine Interpretation dieser Vorschrift hat dahingehend zu erfolgen, daß sich die strafprozessualen Funktionsträger in ihrem Verhalten im Strafprozeß von der *Intention* auf Wahrheitsfindung leiten lassen (Vormbaum 1987, S. 130; Schmidt 1964, S. 44). In § 244 Abs. 2 StPO ist das Prinzip der sogenannten „materiellen Wahrheit" verankert (Kleinknecht 1981, § 244 Rn 30). Die materielle Wahrheit rekurriert auf die Normen des Strafrechts: Die Prüfung welcher Norm gibt der Lebenssachverhalt vor, lautet die relevante Fragestellung. Dieser Prozeß der „Wahrheitsfindung" erfolgt mit Hilfe strafprozessualer Gesetze. Oftmals wird dem Begriff der Wahrheitsfindung das „gerechte Urteil" an die Seite gestellt (Vormbaum 1987, S. 121). Allerdings ist die Gleichsetzung der Normen des materiellen Rechts mit Gerechtigkeit problematisch, gibt es doch materielle Normen, die um höherwertiger Interessen willen der materiellen Gerechtigkeit im eigentlichen Sinne nicht dienlich sind (Vormbaum 1987, S. 121). Nicht das gerechte Urteil, sondern die – mit den Normen des materiellen Rechts übereinstimmende – richtige Entscheidung ist Vormbaum zufolge aufzuspüren. Für das Bundesverfassungsgericht ist die Ermittlung des wahren Sachverhalts notwendige Grundlage eines *gerechten* Urteils (BVerfGE NJW 1983, S. 1043 (1043)). Der Strafprozeß ist dabei die einzige Form, in der sich materielles Strafrecht konkret realisieren darf (Strafprozeß als notwendiges Verfahren) (Roxin 1989, S. 5). Inhaltlich läßt sich die richtige Entscheidung charakterisieren durch folgende Bedingungen: zutreffende Ermittlung des Sachverhaltes („Wahrheitsfindung" in engerem Sinn), rechtsfehlerfreie Vornahme der Subsumtion und schließlich ein den Anweisungen des Strafzumessungsrechts gerecht werdender Sanktionsausspruch. Zugrunde liegt hier ein „korrespondenztheoretischer" Wahrheitsbegriff (Vormbaum 1987, S. 122). Wahrheit ist danach erkannt, wenn die Vorstellung mit einer Wirklichkeit übereinstimmt. Sie ist also im Gegensatz zu dem tradierten Wahrheitsbegriff (Schlick 1979, S. 80) weder das Denken selber noch dessen Objekt (Vormbaum 1987, S. 122–123). Der Strafrechtswissenschaftler Volk bezeichnet diese vorherrschende Ansicht als „sehr einfache Alltagstheorie von Wahrheit" (Volk 1980, S. 7); da diese jedoch unser tägliches Verhalten bestimme, sei es pragmatisch richtig, wenn das Strafrecht als Instrument der Sozialkontrolle dieses Wahrheitsverständnis übernehme (Volk 1980, S. 7). Wie aber läßt sich dieser Wahrheitsbegriff in der Rechtswirklichkeit mit Leben erfüllen?

Hierin ist das Problem der „forensischen Wahrheit" (Kleinknecht/ Meyer 1989, § 261, Rn 1) angeschnitten; es zeichnet sich aus durch idealistische Untermauerung einerseits und pragmatische Reduktion andererseits. Für Arndt spielt die „Wahrheitsfrage [. . .] eine so überragende Rolle" (Arndt 1961, S. 250); denn „*rechtsprechende Gewalt heißt: rechtskraftwirkende Entscheidung durch Wahrheits- und Rechtsprüfung um der Gewißheit willen*" (Arndt 1961, S. 251). Der strafrichterliche Urteilsspruch ist ein „*Wahr*spruch" (Arndt 1961, S. 250). Die Suche nach der materiellen Wahrheit erfährt mannigfache Grenzen durch die Regelungen der Strafprozeßordnung zum Schutz der Beschuldigten/Angeklagten und zur Regelung des Verfahrensablaufes. Volk schreibt hierzu:

... neben die materiell-rechtliche Begrenzung des Wichtigen tritt die prozessuale Verfälschung des Richtigen. (Volk 1980, S. 9)

Der Richter habe nicht die Wahrheit festzustellen, sondern er habe zu entscheiden, wird von anderer Seite pragmatisch betont (Adomeit 1973, S. 207). Der Entscheidungszwang, unter dem der Strafrichter steht, impliziert, daß Strafprozesse darauf angelegt sind, überhaupt eine Entscheidung zu fällen (Vormbaum 1987, S. 125). Vor diesem Hintergrund wird der Strafprozeß gesehen als Ort, Instrument und Hemmnis der Wahrheitsfindung. Diese erfolgt also *im* Prozeß, *durch* den Prozeß und u. U. *trotz* des Prozesses (Vormbaum 1987, S. 125.):

Es geht in der Strafrechtspflege nicht nur um die materiellrechtliche Richtigkeit der Urteile, sondern ebensosehr auch *um ihre Gewinnung auf keinem anderen als dem justizförmigen Wege.* (Schmidt 1958, S. 601)

Dem Wahrheitsbegriff wird nur noch die Aufgabe der Übertragung reduzierter Komplexität zugebilligt (Luhmann 1969, S. 23). Ziel des Strafverfahrens ist es danach, innerhalb begrenzter Zeit relevante Überzeugungen zu bilden (Luhmann 1969, S. 22).

Wahrheit sprechen wir richterlichen Feststellungen [. . .] erst zu, wenn sie von richterlicher Überzeugung getragen sind. Dazu verlangen wir, daß der Richter persönliche Gewißheit spürt, daß er sich subjektiv „vergewissert" hat und etwas ohne Zweifel für wahr hält. Darin liegt offenbar eine moralische Arbeit. (Volk 1980, S. 8)

Richterliche Überzeugungsbildung rekurriert auf Person und Lebenserfahrung des Richters. Wahrheitsfindung stützt sich auf die Persönlichkeit des Richters, hier ist ihr eigentliches Zuhause. Kleinknecht führt zur „Überzeugung" aus (Kleinknecht/Meyer 1989, § 261 Rn 2):

Es genügt ein nach der Lebenserfahrung ausreichendes Maß an Sicherheit, demgegenüber vernünftige Zweifel nicht mehr aufkommen, eine persönliche Gewißheit des Richters in diesem Sinn. [. . .] Der Beweis muß vielmehr mit lückenlosen, nachvollziehbaren logischen Argumenten geführt sein. [. . .] Das bedeutet aber nicht, daß in den Urteilsgründen stets in allen Einzelheiten darzulegen ist, auf welche Weise der Richter zu bestimmten Feststellungen gelangt ist.

„Daß der Prozeß der Rechtsfindung in der subjektiven Überzeugungsbildung des Richters ausläuft und sich daher den objektivierenden Regeln wissenschaftlicher Verläßlichkeit weitgehend entzieht, gehört zu den unangefochtenen Prämissen des Verfahrens" (Krauß 1980 b, S. 71).

2.4.4.2 Die Wahrheit in der Person des Richters

„Die Psychoanalyse begann als eine Therapie", schreibt Freud, „aber nicht als Therapie wollte ich Sie Ihrem Interesse empfehlen, sondern wegen ihres *Wahrheitsgehalts*" (Freud 1933 a, S. 584–585, Hervorhebung A. W.). Zugrunde liegt die folgende Erkenntnis: „Der Kranke kann von dem in ihm Verdrängten nicht alles erinnern, vielleicht gerade das Wesentliche nicht, und erwirbt so keine Überzeugung von der Richtigkeit der ihm mitgeteilten Konstruktion. Er ist vielmehr genötigt, das Verdrängte als gegenwärtiges Erlebnis zu *wiederholen,* anstatt es, wie der Arzt es lieber sähe, als Stück der Vergangenheit zu *erinnern.*" (Freud 1920 a, S. 228)
Was haben Freuds Worte mit der Rechtsfindung zu tun? Spinnen wir seinen Faden weiter: Solange aber nicht erinnert werden kann, muß wiederholt werden. Erinnert werden kann wiederum nur dasjenige, was verstanden werden kann. Verstanden nun hingegen kann nur dasjenige, was bereits (vor-)verstanden ist, wenn auch auf einer anderen – vielleicht noch weitgehend unreflektierten – Stufe (A. Kaufmann 1974, S. 302). Die Überlegungen des Juristen Kaufmann reihen sich in die Freudsche Gedankenkette ein. Hier scheint eine Brücke zwischen psychoanalytischer Denkweise und juristischer Rechtsfindungspraxis, jedenfalls vom theoretischen Ansatz her, konstruierbar. Die soeben wiedergegebene, von dem Juristen Kaufmann für den Rechtsfindungsbereich formulierte „paradoxe Wahrheit" (hermeneutischer Zirkel) ist im Kern der Wahrheitsgehalt der Psychoanalyse, das Fundament der bereits im oberen Teil der Arbeit erwähnten hermeneutischen Methode. So schreibt Kaufmann, daß das Verstehen eines Textes oder auch eines sinnhaften Gesche-

hens, eben auch eines Sachverhaltes, „nie ein Betreten von völligem Neuland" ist, sondern stets ein „‚Wiedererkennen' von irgendwie schon Bekanntem". Dieses Vor-Verständnis ist als positives Korrelat zum negativen „Vor-Urteil", der unsachlichen – insofern den Erkenntnisprozeß behindernden (A. Kaufmann 1974, S. 303) – Voreingenommenheit, Bedingung des Verstehens; letzteres bewegt sich in einem „spiralenförmigen" Prozeß. Es gilt dieses „wahre" Vorverständnis, mit dem wir verstehen, von dem zu trennen, mit dem wir „mißverstehen" (Schroth 1984, S. 82).

Zur Klarstellung ist einzuflechten, daß das im folgenden noch weiterzubehandelnde Vor-Verständnis den Strafrichter nicht im gesetzlichen Sinne „befangen" macht, so daß auch kein Ablehnungsrecht wegen „Besorgnis der Befangenheit" gemäß § 24 Abs. 2 StPO besteht, und zwar auch dann nicht, wenn das Institut der Richterablehnung sehr weitreichend als Mittel zur Verteidigung der richterlichen Unabhängigkeit begriffen wird (Arzt 1969 b, S. 19). Vor uns liegt ein Phänomen, das nicht den einzelnen Richter, sondern die ganze Berufsgruppe auszeichnet. Die §§ 22 ff StPO (Ausschließung und Ablehnung eines befangenen Richters) antizipieren hingegen lediglich eine „denkbare Störung in der Beziehungsstruktur des Strafprozesses", die vom einzelnen Richter ausgeht (Haberstroh 1979, S. 146), wodurch er seine „neutrale Kommunikationsrolle" zu verlassen droht.

Im Rechtsfindungsverfahren kommt es nun zu diesen positiven Wirkungen des Vorverständnisses nur dann, wenn sich der Richter des benannten Phänomens bewußt ist. Aus dem Gesagten folgt für Kaufmann denknotwendig (A. Kaufmann 1974, S. 306): „Die Reflexion muß die Person des Urteilenden mit einbeziehen, der Richter muß sozusagen sich selbst unter Ideologieverdacht stellen."

Die Suche nach dem Wahrheitsgehalt der Rechtsfindung im Strafverfahren führt zu der Person des Richters. Ob ein Urteil richtig ist, d. h. wahr ist, hängt davon ab, ob der Richter seine eigene Person richtig begreift. Diese Auffassung erfährt Zustimmung auch von anderer Seite. Engisch schreibt: „Das rechte Verstehen des Gesetzes setzt voraus, daß wir uns selbst recht verstehen" (Engisch 1971, S. 98). Auch für Peters (Peters 1988, S. 241) legt der Richter in den Urteilsspruch ein „Stück eigenen Wesens" hinein. Dreher weist auf den Einfluß der „Stimmungslage" des Richters auf den Urteilsinhalt hin (Dreher 1979, S. 62), fordert aber andererseits, daß der Richter „seine eigene Person mit ihren Eigenheiten zurückdrängt" (Dreher 1979, S. 65). Nun ist aber, wie Schmid (Schmid 1968, S. 43–44) anführt, hier eine wichtige Unterscheidung innerhalb weltanschaulicher Einflüsse zu benennen, nämlich die zwischen den „persönlichen, privat-gefühlsmäßigen Einflüssen oder Stimmungen, denen der Richter ausgesetzt ist, und den generellen, einigermaßen artikulierten Idealen oder Wertordnungen, denen er bewußt oder unbewußt folgt und die übrigens durchaus irrational sein können".

Die von Kaufmann geforderte Introspektion des Richters ist, verglichen mit den Auffassungen oben genannter juristischer Autoren zu dieser Problematik, weitreichender in ihrer Konsequenz. Um sich selbst unter „Ideologieverdacht" zu stellen, wie Kaufmann fordert, bedarf es einer Reflexion der eigenen Person in dem Sinne, wie sie von Böhme als „oblique Reflexion" benannt wird, „eine Art Schrägblick, ein Blick von hinten über die Schulter" (Böhme 1990, S. 578). Es ist die hermeneutische Selbstreflexion, die auch der Psychoanalyse eigen ist. Somit treffen durch diese Einbindung der richterlichen Reflexion in den Rechtsfindungsprozeß juristische und analytische Hermeneutik zusammen. Es geht nicht mehr nur um „Wissen / Vorwissen" – ein kognitives, in den Verstehensprozeß einzubringendes Element, das „transzendentale Voraussetzung des Verstehens" ist (Schroth 1977, S. 198) -, sondern um Vor-*Verständnis* (A. Kaufmann 1974, S. 303, Hervorhebung A. W.). Damit aber müssen auch „die energetischen Besetzungen, die an kognitive Konstrukte geknüpft sind, ans Licht treten" (Böhme/Böhme 1985, S. 130). Indem Kaufmann Introspektion und Intersubjektivität (A. Kaufmann 1979, S. 72) einbezieht, zeigt er Wege zur richtigen Rechtsfindung auf, trotz der Tatsache, daß der Richter „ein Mensch aus Fleisch und Blut" ist (Dreher 1979, S. 61). Nur wenn der Richter sich seiner Vorurteile und Abhängigkeiten bewußt ist, wird er objektiv und unabhängig zu urteilen vermögen, sich der „Unabhängigkeit des Denkens" im Larenzschen Sinne annähern. Für Larenz ist die „‚Unabhängigkeit des Denkens' niemandem angeboren [. . .], sondern erfordert die lebenslange Arbeit des Menschen an sich selbst" (Larenz 1979 b, S. 167). Larenz führt weiter aus, daß es darauf ankomme, „Dinge, um sie rechtlich zu beurteilen, von verschiedenen Seiten und ohne Emotionen" zu betrachten (Larenz 1979 b, S. 167). Offen bleibt, wie sich Larenz die lebenslange Arbeit des emotionslosen Richters vorstellt. Die Erkenntnis Larenz' mutet paradox an insofern, als hier einerseits die Notwendigkeit der Selbstreflexion benannt wird, im Ausführungsstadium dann jedoch wieder zurückgenommen wird.

Der Blick in die eigene Psyche – die Konfrontation mit eigenen Ängsten – ist nicht verbunden mit richterlichem Subjektivismus im

Sinne von Willkür. Dieser *richterliche Subjektivismus* droht viel eher von seiten derer, „die sich vorgeblich nur an objektiv Gegebenes halten und so die subjektiven Momente der Urteilsfähigkeit verschleiern" (A. Kaufmann 1974, S. 305). Klassisch ist hier die Forderung Binders, der den Richter aufforderte, sich den „Geist der Rechtsordnung" zu eigen zu machen und seinen Subjektivismus zu überwinden (Binder 1935, S. 92 f.). Im Gegenteil wird der Richter durch das aufrichtige Einbeziehen der eigenen Person nicht Gefahr laufen, dem Druck eines strengen Über-Ichs zu unterliegen, das ihn warnt vor „pharisäerhafter Überschätzung seines Amtes", d. h., er ist kein „dem Gesetz Unterworfener, sondern eine *Richterpersönlichkeit*" (A. Kaufmann 1974, S. 307). Auch wird er nicht in eine Identifizierung mit einem übermenschlichen Ideal hineingeraten, wodurch eine – erkenntnishindernde – Distanz sowohl zu den Angeklagten als auch zu den anderen Verfahrensbeteiligten geradezu zwangsläufig heraufbeschworen wird.

Der Richter, der nicht nur platitüdenhaft in sich hineinhorcht (Streng 1980, S. 658), sondern wirklich hören will, d. h. auch „empfangsbereit" (Wassermann 1970, S. 147) für die relevanten Fragestellungen ist, wird Parallelitäten herstellen können. Indem er ein eigenes Strafbedürfnis, eigene Ängste bei sich wahrzunehmen vermag, kann er auch kollektive Strafbedürfnisse, die von außen an ihn herangetragen werden, in anderer Weise, nämlich konstruktiv, aufgreifen. Indem er einräumt, daß es solche Phänomene gibt, ist er in der Lage, auf der Ich-Ebene, d. h. rational zu urteilen. Weder ein Bestreiten, daß sich im Prozeß der Strafverhängung unbewußte Anteile entfalten, noch das Sichausliefern an diese Mächte sind der Wahrheitsfindung förderlich, sondern einzig der Weg, diese Anteile zu erkennen und sich dann rational damit auseinanderzusetzen, mit dem Ziel, Irrationalitäten zu überwinden. Es gibt kein objektiv richtiges Recht. Diese Objektivität, die den Naturwissenschaften zu eigen gewesen sein mag, aber auch in der dortigen Theoriediskussion das Feld inzwischen weitgehend räumen mußte (Crefeld 1990, S. 277), beinhaltet eine „völlige Auslöschung des Ichs und gänzliche Hingabe an den Gegenstand"; sie ist „kein Ideal für die Rechtswissenschaft" (A. Kaufmann 1979, S. 71). Gerade die Kritik an einer objektivistischen Richtigkeitsvorstellung macht den Weg frei für die Gewinnung von Kriterien materialer Rationalität (U. Neumann 1984, S. 56). Die Richtigkeit des Rechts stellt sich her im konkreten Entscheidungsverfahren: „durch Reflexion und Argumentation, durch Intersubjektivität und Konsens" (A. Kaufmann 1979, S. 72).

Anders ist noch immer in weitem Umfang die Einstellung der praktisch tätigen Richter, wie Werle (Werle 1977, S. 296–297) feststellte. „Eine Entscheidung ist dann gerecht, wenn sie richtig ist. Als richtig gelten in der Organisation alle Entscheidungen, die den Einzelfall immer so behandeln wie alle vergleichbaren Fälle (Pawlowski 1972, S. 147). Der Bejahung eines persönlichen Einflusses im Prozeß der Entscheidungsfindung wird allenfalls ‚zögernd‘ zugestimmt" (Werle 1977, S. 302).

Der Richter dürfte sich nicht länger verstehen bzw. verstanden werden als eine Persönlichkeit, die „noch eine Steigerung gegenüber dem Ideal des autonomen Menschen darstellt" (Böhme 1990, S. 579), d. h. letztlich ein Mensch, der „durch die Verleugnung der eigenen Natürlichkeit, insbesondere des Leibes, durch die Blindheit gegenüber seinen Abhängigkeiten, durch die Rigidität seines Selbstbehauptungswillens und die Illusion der Spontanität zu charakterisieren" ist (Böhme 1990, S. 579). Statt dessen müßte sich in dieser Funktion der „souveräne Mensch" darstellen, der „ohne die Forderungen von Vernunft, Bewußtheit und verantwortungsvollem Handeln aufzugeben, [. . .] durch Gelassenheit gegenüber seinen Abhängigkeiten charakterisiert" ist (Böhme 1990, S. 579). Diesen Prozeß gilt es einzuleiten, obwohl gerade auch die weit überwiegende Öffentlichkeit, wie aus einer Untersuchung von Smaus (Smaus 1985, S. 169) hervorgeht, die Person des Richters im Rechtsfindungsprozeß für unwichtig hält, daher auch nicht sehen will (s. Kap. 2.4.3.3). Nur dann, wenn der sich unter der Robe verbergende Mensch zumindest partiell beleuchtet wird, gelingt es, „hier und da ein Stück des Fadens in die Hand zu bekommen, dessen Ende für uns *im Dunkel* liegt" (Larenz 1979 a, S. 161, Hervorhebung A. W.). „Einen einzigen Lichtstrahl wirft die psychoanalytische Erfahrung in dieses Dunkel" (Freud 1912–13, S. 12).

Als vorläufiges Resümee stellt sich dar: Richterliche Persönlichkeitskomponenten fließen auf verschiedenen Bahnen in das Verfahren ein. Neben der Bahn, deren Zufluß allgemein anerkannt, d. h. sogar gesetzlich geregelt ist – dem Problem des aufgrund äußerer Verstrickung befangenen Richters –, ist es die Bahn eines im Innenleben stattfindenden persönlichen Involviertseins, dessen Relevanz nach wie vor überwiegend bestritten wird.

2.4.4.3 Die Wahrheit der Tat

Wahrheitsfindung im Strafverfahren ist nur, wie aufgezeigt wurde, möglich mittels Aufdeckung der Katalysator-Funktion des Richters, d. h. Benennung der

irrationalen Übersprungshandlung, die der Richter vollziehen muß, wenn er aus bloßen Wahrscheinlichkeiten eine subjektive Überzeugung formt. (Volk 1980, S. 7)

Die forensische Wahrheit im engeren Sinne wurde damit hinterfragt, kommen wir zur materiellen Wahrheit; hinsichtlich der Begrifflichkeit ist dabei zu bedenken, daß sich die materielle Wahrheit stets auch als forensische Wahrheit präsentiert (s. Kap. 2.4.4.1). Was soll von der „wahren" materiellen Rechtslage zur Sprache kommen? Der Wahrheitsanteil des Richters als Zünglein an der Waage im Prozeß des wechselseitigen Gewichtens von Lebenssachverhalt und rechtlicher Norm wurde beleuchtet. Der Sachverhalt – die Tat – ist aufzuklären. Dieses erfolgt, indem viele Details der Lebenswirklichkeit zugunsten einiger weniger weggeräumt werden (Kühne 1978, S. 52). Die klassische Forderung, daß das Urteil mit dem Beurteilten übereinstimmt (Schlick 1979, S. 80), ist unerfüllbar, denn „das Urteil bildet das Wesen des Beurteilten so wenig ab wie die Note den Ton, oder wie der Name eines Menschen seine Persönlichkeit" (Schlick 1979, S. 81). Wieviel an Persönlichkeitsgehalt muß aber in das Urteil eingehen, damit eine „richtige Entscheidung" erwächst, eine Entscheidung über die konkrete Tat: die „Suche nach einer Art der Wahrheit [. . .] im Innenleben des anderen [. . .], in seiner privaten, sonst verschlossenen Welt" (Wurmser 1989, S. 308). In welchem Ausmaß gilt es, die Persönlichkeit der Täterin aufzudecken vor dem Hintergrund der Tat, wo liegen andererseits Gefahren einer zu weitreichenden Aufdeckung?

Wurmser entfaltet einen – in seinen eigenen Worten – „*pragmatischen Begriff der Wahrheit*" (Wurmser 1989, S. 309):

Wahrheit als geschichtlich abhängige, als ein Wert, der für die *Zeit*, die *Person*, die *Entwicklungsstufe* und die *Situation spezifisch* wäre, die Wahrheit als einzigartige, als individuelle und als eine wirksame *Kraft!* (Wurmser 1989, S. 309)

Sein Wahrheitsverständnis impliziert „*Komplementarität:* [. . .] Wahrheit ist immer vielfach schillernd, mehrdeutig und vielschichtig" (Wurmser 1989, S. 434). Die Thematik psychologischer Wahrheitsfindung ist aufgerollt, inwieweit aber sind die Spuren „affektiver Wahrheit" (Nitzschke 1985, S. 252) tatsächlich freizulegen, was ist für den entscheidenden Richter im Prozeß seiner Erkenntnisbildung von Belang? Foucault öffnet die Tür: „Hält die Strafjustiz an ihren Formen fest, kann sie sich allen Wahrheiten öffnen, wenn sie nur gewiß, bewiesen und für jedermann annehmbar sind" (Foucault 1977, S. 125).

Ist der Psychoanalyse damit Zutritt zum Gerichtssaal zu gewähren, oder soll sie außen vor bleiben? Letzteres befürwortet der Psychoanalytiker Ferenczi unter Hinweis auf diametral entgegengesetzte Zielsetzungen der Psychoanalyse einerseits sowie des Gerichtsverfahrens andererseits. Das psychoanalytische Verfahren basiere auf der „uneingeschränkten Aufrichtigkeit" des Analysanden, das Strafverfahren hingegen gestatte dem Angeklagten, sich zu verteidigen, und sei es durch die Verheimlichung von Dingen, die ihm schaden könnten (Ferenczi 1964, S. 402–403). Hingegen schreibt der Psychoanalytiker Reik:

> Doch die Psychoanalyse ist kein Gerichtsverfahren. Wir erwarten keineswegs, daß die Patienten uns die Wahrheit sagen, die ganze Wahrheit und nichts als die Wahrheit. Und wir sind auch nur am Rande an den äußeren Fakten und Ereignissen ihrer persönlichen Vergangenheit interessiert; es geht uns vielmehr um die emotionalen Auswirkungen vergangener Geschehnisse auf die Persönlichkeitsstruktur des einzelnen. (Reik 1981, S. 9)

Ist die Psychoanalyse kein Gerichtsverfahren, so ist umgekehrt auch das Gerichtsverfahren keine Psychoanalyse; aber eröffnen sich hier nicht doch Begegnungsstätten? „Die Erlebnisse der Kindheit und die Reaktionen darauf konstituieren das unbewußt gewordene Verhaltensmodell des späteren Erwachsenenlebens. Unbewußte Inhalte können allerdings naturgemäß nicht erfragt werden; für ihr Wirken kann es grundsätzlich nur Indizienbeweise geben. In diesem Punkt erweist sich eine Verwandtschaft zwischen juristischem und psychoanalytischem Vorgehen" (Muck 1979, S. 10–11); beide sind nämlich „angewiesen auf Kommunikation, deren Ergebnis ein ‚Aushandeln' von (unbewußten/bewußten) Motiven ist" (Schild 1983, S. 70).

Die Frage nach Struktur und Qualität der Wahrheit im Prozeß verweist auf Funktionen und Zweck des Strafrechts zurück (Müller-Dietz 1971, S. 265); erschöpft sich letzteres – in foro – tatsächlich darin, wie Krauß bekundet (Krauß 1980 b, S. 80), die Vergeltung begangenen Unrechts zu erwirken? Der Strafprozeß fokussiert die Tatschuld des Angeklagten. In diesem Rahmen vor allem ist Wahrheit zu stellen, und in diesem Kontext soll ein Erkenntnis fördernder Gehalt der Psychoanalyse betrachtet werden. Das strafrichterliche Urteil ist „in erster Linie Wahrspruch und Schuldspruch" (Arndt 1961, S. 254). Die latente Prämisse, daß das Strafrecht möglichst eine exakte und differenzierte Erfassung der individuellen Täterpsyche „bezwecke", wird u. a. von Haffke (Haffke 1980, S. 146) in Frage gestellt, weist doch die verkürzende Perspektive des Tat-Schuld-Prinzips in eine andere Richtung: Die Tat wird gesehen als „Momentaufnahme aus dem Leben des Täters; der Film als Ganzes bleibt unbelichtet" (Müller-Dietz 1971, S. 266). Es wird das „*Wahrsein*" der Deliktsbegehung durch den Täter festgestellt, sodann die „*Wahrheit*" über eine Schuld ausgesprochen (Arndt 1961, S. 254, Hervorhebung A. W.). Was Schuld ist, steht nicht von vornherein fest. Es muß erst im dialogischen Regelungsprozeß ausgemacht werden (Calliess 1974, S. 188), in dem das Verhältnis zwischen der „Strafbarkeit der Tat" und der „Strafwürdigkeit des Täters" (W. Maihofer 1966, S. 215) herauszuschälen ist.

> ... nicht die Wahrheit, die schließlich aufleuchtet, sondern das Rieseln und die Dürftigkeit einer Sprache, die immer schon begonnen hat. (Foucault 1987, S. 51)

Dem Strafjuristen anheimgegeben ist nicht die positive Feststellung der Schuld (diese wird unterstellt), sondern deren Ausschließung.

> Darum ist dieses Urteil leichter von der negativen Seite als von der positiven her zu fällen: Es scheidet alle diejenigen Menschen aus, die entweder noch nicht oder die nicht mehr der gleichen sinnmäßigen Selbstbestimmung mächtig sind. (Welzel 1969, S. 153)

2.4.4.3.1 Juristischer Krankheitsbegriff

> Wenn sich ein Urteil nicht mehr mit den Begriffen von Gut und Böse fällen läßt, spricht man von Normal und Anormal. (Foucault 1987, S. 102)

Der juristische Krankheitsbegriff erteilt Auskunft darüber, ob jemand aufgrund einer begangenen Straftat zu verurteilen ist. Der dem Schuldspruch eines strafrichterlichen Urteils unterlegte juristische Krankheitsbegriff beurteilt die Frage der Zurechenbarkeit losgelöst von medizinischen Erkenntnissen letztlich auf der Basis eines „praktisch-sozialen" Krankheitsbegriffes (Schild 1983, S. 23); diese eher pragmatische Einordnung Schilds findet nicht die ungeteilte Zustimmung führender Dogmatiker.

Die dem Schuldausschließungsparagraphen des Strafgesetzbuches zugrundeliegenden Gedanken setzen sich gewissermaßen wie ein Stockwerk auf das andere und greifen in folgender Weise ineinander. Rechtsetzung beinhaltet zwangsläufig die Annahme eines

„normalen" Normadressaten (Vogt 1979, S. 40). Immer dann, wenn
eine Norm gesetzt wird, ist das Gegenteil, das Andere, sei es in Gestalt der Anormalität allgemein, sei es in Form der Abweichung,
begriffsnotwendig impliziert.

> Normen entstehen nur, wenn man die Möglichkeit ins Auge fassen muß,
> daß konform *oder* abweichend gehandelt werden wird. (Luhmann 1981,
> S. 210)

„Strafrechtsnormen gehören zu den Rechtsnormen, die an alle Mitglieder einer Gesellschaft gerichtet sind" (Haferkamp 1980, S. 69).
Diese werden als geistig gesunde und normale Personen angesprochen (Vogt 1979, S. 46), zugrunde liegt die „beherrschende Idee von
der Freiheit und Ungebundenheit des Individuums" (H. Rauch 1936,
S. 1).

> Strafe setzt Schuld voraus. Schuld ist Vorwerfbarkeit. Mit dem Unwert-
> urteil der Schuld wird dem Täter vorgeworfen, daß er sich nicht rechtmä-
> ßig verhalten, daß er sich für das Unrecht entschieden hat, obwohl er sich
> rechtmäßig verhalten, sich für das Recht hätte entscheiden können.
> (BGHSt 2, 194 (200))

Dabei ist zu beachten, daß die sogenannte Strafbegründungsschuld
– „als wesentliches Moment des Anknüpfungstatbestandes für die
Strafverhängung" (Achenbach 1974, S. 4) – strikt zu trennen ist von
der Strafzumessungsschuld, die Auskunft über die Höhe der zu verhängenden Strafe erteilt (Roxin 1979, S. 282). Für Roxin sollte lediglich letztgenannte noch strafrechtliche Bedeutsamkeit entfalten:
„Die eigentliche, heute noch wirksame und wichtige Funktion des
Schuldprinzips besteht in der Begrenzung der Strafhöhe" (Roxin
1979, S. 297).

> Schuld ist „Vorwerfbarkeit" der Willensbildung. Alle Schuld ist demnach
> „Willensschuld". (Welzel 1969, S. 139)

Der dem Strafrecht zugrundeliegende Schuldgrundsatz wird von der
Rechtsprechung gestützt auf das wissenschaftlich nicht beweisbare
Dogma der Willensfreiheit (Würtenberger 1968, S. 80). Ein solches
Menschenbild ist konstruiert, oberflächlich und fern der psychischen
und sozialen Realität, die den Menschen prägt und beeinflußt (Vogt
1979, S. 40). Zur rechtshistorischen Herleitung dieses im Strafrecht
verankerten Menschenbildes führt Vogt aus:

> Die Befähigung des geistig gesunden Menschen, sich an rechtlichen Ver-
> haltensnormen zu orientieren, war so selbstverständlich – es war „die
> Regel" –, daß nicht gefragt wurde, *wie* diese Erfüllung möglich war, son-

dern lediglich, *wann* diese Erfüllung einmal ausnahmsweise unmöglich werden könnte. (Vogt 1979, S. 40–41)

„Nicht das (empirisch verifizierbare) Bild *des* Menschen dient zur Vorlage, sondern das in den Werturteilen der Gemeinschaft festgeschriebene Bild *vom* Menschen, an dem die Rechtsordnung ihre Regeln orientiert" (Krauß 1980 a, S. 124). Der vormals (bis zum Jahr 1974) geltende Schuldunfähigkeitstatbestand des § 51 StGB ist denn auch „in voller Unkenntnis der unbewußten Seelenvorgänge verfaßt" (Alexander/Staub 1929, S. 283). Zur Ermittlung der Ausnahmefälle bediente sich die Justiz im letzten Jahrhundert dabei zunächst der Erkenntnisse der Psychiatrie, die sich jedoch im Laufe der Zeit zunehmend hilflos gegenüber jenen psychischen Nöten stellte, die sich weder als Verrücktheit noch als organische Krankheiten ausdrückten (Richter 1978, S. 11–12). Mit dem Aufkommen der Psychoanalyse wurde die das strafrechtliche Denken bestimmende Auffassung des menschlichen Freiheitspostulats als „Konstruktion" entlarvt (Vogt 1979, S. 40). Für A. Mitscherlich ist die

Willensfreiheit eine Erfindung unserer infantilen Selbstidealisierung, die uns mit einer Allmacht begabt, welche wir gerade nicht besitzen. (A. Mitscherlich 1974, S. 104)

Becker-Toussaint sieht in der Willensfreiheit „keine vorgegebene Fähigkeit des Menschen, sondern eine nach Möglichkeit zu verwirklichende Zielvorstellung" (Becker-Toussaint 1981, S. 32). Ungebrochen von den Erkenntnissen zur Nichtbeweisbarkeit eines freien Willens hält aber die Rechtsprechung des Bundesgerichtshofes an der Voraussetzung der Schuld als „metaphysischer Tiefe" der Bestrafung fest (Würtenberger 1968, S. 80). So konstatierte der Bundesgerichtshof in seiner Grundsatzentscheidung, daß der geistig gesunde, keinem ungewöhnlichen übermenschlichen Zwang unterworfene Mensch frei sei, sich für das Recht und gegen das Unrecht zu entscheiden (BGHSt 2, 194 (200–201)) Dieses Beharren auf dem Prinzip strafbegründender Schuld trotz zahlreicher Vorschläge, die gewissermaßen Brücken bauend auf einen Ersatz des ethischen Schulddogmas durch die Kategorie der Verantwortung hinauslaufen (Roxin 1979, S. 298; Schreiber 1981 b, S. 35), gewährt Einblick in die zutiefst im Irrationalen liegenden Wurzeln der Strafe (Würtenberger 1968, S. 80). Schuld wirkt sich solcherart, worauf Roxin hinweist, „zum Nachteil des Angeklagten aus, indem sie ein ihm zugefügtes Übel legitimiert" (Roxin 1973 b, S. 316).

2.4.4.3.2 Psychiatrischer Krankheitsbegriff

Es kann nicht das Anliegen dieser Arbeit sein, die hinter den psychiatrischen Diagnosen stehenden Krankheitsbilder detailliert darzulegen. Die klassische Psychiatrie, deren zahlenmäßiger Einfluß gegenwärtig noch immer sehr groß ist (Plewig 1983, S. 124), fühlt sich der Krankheitsdefinition von Kurt Schneider verpflichtet. Diese basiert auf der Annahme, daß eine seelische Krankheit im medizinisch-psychiatrischen Sinne nur bei einer konkret körperlich feststellbaren Ursache anzunehmen ist (K. Schneider 1946, S. 4). Lassen sich körperliche Phänomene nicht lokalisieren, so werden diese, sofern es andere „Anhaltspunkte für das Vorliegen einer psychiatrischen Erkrankung" (K. Schneider 1946, S. 4) gibt, unterstellt. Zugrunde liegt die Differenzierung in bekannte und unbekannte Ursachen (Plewig 1983, S. 124), bzw. wie Witter betont, „körperlich begründbaren" und „körperlich ‚vorläufig noch nicht' begründbaren" (Witter 1970, S. 89). Der Psychiater Tölle sieht in Schneider „den großen Vereinfacher der Psychiatrie" (Tölle 1983, S. 8). Ein Zitat soll diese Charakterisierung untermauern.

> Diagnostik sieht auf das „*Wie?*" (Form), *nicht* auf das „*Was?*" (Thema, Inhalt). Wenn ich Gedankenentzug feststelle, dann ist mir dies als Erlebnisweise und diagnostischer Hinweis wichtig, nicht aber interessiert mich *diagnostisch,* ob der Teufel oder die Geliebte oder ein politischer Führer die Gedanken entzieht. Wo man auf solche Inhalte blickt, *verschwindet Diagnostik:* Man sieht dann nur das Biographische oder auslegbares Dasein. So ist es bei der Psychoanalyse und neueren extremen Abarten der Daseinspsychopathologie. Hier hört dann die Diagnostik allerdings auf und damit auch das Erbe *Kraepelins.* (K. Schneider 1956, S. 4)

Gerade der Jurist ist geneigt, dem Schneiderschen Denken zu folgen, so daß diese Psychopathologie sich im strafrechtlichen Denken niedergeschlagen hat (Tölle 1983, S. 8). Schneider selbst hat seine strenge wissenschaftliche Nosologie durchbrochen, indem er einen ihrer Bestandteile, nämlich die nicht herleitbare Schizophrenielehre, als „Glaubensbekenntnis" apostrophierte (K. Schneider 1946, S. 6); aus diesem Grund erhebt Kargl ihn zum „großen Architekten der psychiatrischen Kathedrale" (Kargl 1977, S. 328). „Am Grunde des begründeten Glaubens liegt nämlich der unbegründete Glaube" (L. Wittgenstein 1989, § 253). „Und ich werde dann, ohne Gründe, handeln" (L. Wittgenstein 1989, § 211).

Die Psychiatrie in der Nachfolge von Kurt Schneider geht unsystematisch-deskriptiv vor, indem sie Individuen betrachtet, diese anhand vorliegender Raster klassifiziert und versucht, weitere Patienten in die vorhandenen Rubriken einzuordnen. Die Täterpsychologie weigert sich, Persönlichkeitstheorien von Psychologie und Tiefenpsychologie überhaupt zu berücksichtigen. Motivationszusammenhänge, differenziertere innere Konstellationen, die Psychodynamik von Charakter und Tatsituation bleiben dadurch unerforscht (Moser 1971, S. 51). Die nosologischen Stützpfeiler der forensischen Psychiatrie sind aber an einigen Stellen ins Wanken geraten. Es häufen sich Stimmen auch innerhalb dieser Disziplin, die sich – von ihrem Rollenverständnis her – zu einer lediglich rudimentären Auseinandersetzung mit den psychiatrischen Krankheitsbildern bekennen. Glatzel schreibt in diesem Kontext:

> Eine andere Besonderheit forensisch-psychiatrischer Exploration liegt darin, daß eine mögliche Diagnose, das heißt die Zusammenfassung etwaiger psychopathologischer Auffälligkeiten unter einer gängigen Krankheitsbezeichnung, von untergeordneter Bedeutung ist.
> Krankheitsbezeichnungen bzw. Diagnosen in der Psychiatrie dienen der Verständigung innerhalb der Gruppe der Fachleute. Sie stellen außerordentlich grobe Raster dar, mit deren Hilfe Ordnung in die unendliche Vielfalt der Erscheinungsformen seelischer Abnormität gebracht wird. Über die Ursachen der jeweiligen Störung, die sie bezeichnen, sagen sie nur wenig aus, ein Gleiches gilt für den vermutlichen Verlauf. (Glatzel 1985, S. 24–25)

Von Bedeutung ist in diesem Zusammenhang auch das Eingeständnis Glatzels, „daß gerade die Psychiatrie in weiten Bereichen mit einem ungesicherten Wissensbestand arbeitet" (Glatzel 1985, S. 27) oder in Foucaults Worten:

> Die totale *Beschreibbarkeit* bleibt ein ferner Horizont; sie ist eher der Traum eines Denkens als eine begriffliche Basis (Foucault 1988, S. 130).

Obwohl das Fundament, auf dem die Krankheitsbilder erwachsen, sich selbst in den Augen der Erbauer als brüchig erweist, werden die Diagnosen darauf errichtet. Der Psychiater Langegger vermutet dahinter die Hoffnung der Anwender, daß die Benennung eines Krankheitsbildes mit bedeutungsvollem Namen die Vertreibung der Krankheit erleichtere. „Einen möglichst klingenden Namen zur Hand zu haben für einen vorher rätselhaften und vielleicht angsterregenden, seltsamen Geisteszustand, wirkt auf alle Fälle beruhigend und vermindert das unangenehme Gefühl von Ohnmacht. – Die mit etlichem Engagement immer wieder geführten Diskussionen über neue psychiatrische und psychologische Terminologien zeigen, wie wichtig es ist, über Machtwörter zu verfügen, auch wenn solche an der Sache selbst nichts ändern" (Langegger 1983, S. 210).

> Mit keiner psychiatrischen Diagnose ist bereits notwendig eine Aussage zu Einsichts- und Steuerungsfähigkeit verbunden, und auch zur Handlungsfähigkeit des Betroffenen sagen sie per se überhaupt nichts aus. (Glatzel 1985, S. 24–25)

Im letzten Jahrhundert hingegen wurde geisteskranken Verbrechern stets Zurechnungsunfähigkeit zugebilligt (v. Engelhardt 1983, S. 268). Die Diagnose des Psychiaters ist vielmehr im Lichte der §§ 20, 21 StGB zu betrachten und an dem in diesem Rahmen errichteten Katalog zu messen, dem sogenannten juristischen Krankheitsbegriff (s. Kap. 2.4.4.3.1). Der Jurist Schreiber gibt allerdings zu bedenken, die vielfach verfochtene These, daß ärztliche und juristische Beurteilung grundsätzlich voneinander getrennt werden können, sei verfehlt (Schreiber 1981 b, S. 36). Die Auseinandersetzung mit dem Begriffsinventar der §§ 20, 21 StGB läßt den Psychiater endgültig vom psychiatrischen auf das forensische Terrain überwechseln.

Die Psychopathologie psychiatrischer Erkrankungen greift für ihre Darstellung auf drei Beschreibungsmodalitäten zurück: Registrierung von Klagen über Auffälligkeiten, Objektivierung der Klagen sowie biologische Untersuchung und Darstellung (Herzog 1984, S. 15–16). Liegt eine organisch nicht begründbare psychische Störung vor, bilden die Klagen über Auffälligkeiten das Eingangstor für den psychiatrischen Diagnostiker. Nur der Weg führt nicht weiter, d. h., er führt zu den anderen Beschreibungsmodalitäten: der Objektivierung bzw. biologischen Untersuchung und Darstellung.

> Weder die Klagen anderer Personen noch die des Patienten enthüllen Krankheiten. Sie enthüllen Störungen und Leiden – beim Patienten und in seiner Verflechtung mit anderen Menschen –, aber weder deren Natur noch deren Ort. Daß die Störung von der Art einer Krankheit sei und im Leib des Patienten wohne, ist den Klagen nicht einbeschrieben. Beides wäre nur der hermeneutischen Klärung zugänglich. (Herzog 1984, S. 30)

Auch bei festzustellenden biologischen Variablen besteht das Problem, den subjektiv und sozial vermittelten Anteil des klinischen Gesamtbildes zu ermitteln. Dieses gilt um so stärker, wenn das Krankheitsbild eben nur aus subjektiv und sozial vermittelten Elementen besteht (Herzog 1984, S. 25).

„Wenn ich zur Definition eines Ausdrucks keine objektiven Parameter benutzen kann, so bleibt mir nichts anderes übrig, als den

Sinnzusammenhang des Ausdrucks – sei's aus umgangssprachlicher, sei's aus einer wissenschaftlichen, philosophischen, literarischen Tradition oder dergl. – durch Auslegung zu klären" (Herzog 1984, S. 31). „Also: Wir können weder naturwissenschaftlich noch hermeneutisch ermitteln, welche Krankheit der Irre hat. Aber wir können hermeneutisch klären, was der Psychiater meint, wenn er seine Version von der Krankheit des Irren erzählt" (Herzog 1984, S. 32). „Wovon die Erzählung berichtet – biologische, psychische, interpersonelle, institutionelle oder politische Zusammenhänge –, können wir zunächst nur in der Erzählung selbst und durch sie hindurch erfassen" (Herzog 1984, S. 33).

Während der soeben eingeblendete psychiatrische Krankheitsbegriff auf einer *Wertung* aufbaut, stellt sich der juristische Krankheitsbegriff als *Fiktion* dar. Für den Psychiater Rasch ist die Grenze zwischen juristischem und psychiatrischem Krankheitsbegriff „verwischt, und es erscheint paradox, daß der Psychiater bemüht ist, in foro ein Konzept von Krankheit durchzusetzen, dem er sonst nicht folgt und das auch nicht in das dort geltende System paßt" (Rasch 1981, S. 40). „Die sachliche Legitimation der herrschenden Lehre für ihren Krankheitsbegriff wird in der Annahme gesucht, daß zwar auch externe Ursachen, psychosoziale Faktoren, die Motive des einzelnen beeinflussen, mit-determinieren, daß aber jeder ‚Normalmensch' noch irgendwelche Steuerungsmittel habe, um diesen Determinanten entgegenzuwirken" (Böllinger 1979, S. 106).

Es gehört jedoch zu den Paradoxien des bestehenden Schuldstrafrechts, daß es die Schuldprüfung nicht umfassend ermöglicht, sondern im Gegenteil radikal beschränkt, es sich also kriminologischen Einsichten in die bestimmenden Faktoren kriminellen Verhaltens nicht öffnet, sondern verschließt. (Jäger 1980, S. 55)

2.4.4.3.3 Mütter im juristischen und psychiatrischen Krankheitsbegriff

Bislang wurde der Krankheitsbegriff (sowohl der juristische als auch der psychiatrische) losgelöst von der Tatsache erörtert, daß Angeklagte/Probandinnen hier Frauen sind, das Delikt spezifisch weiblich ist. Paßt der an der männlichen Norm destillierte Krankheitsbegriff überhaupt? Oder wird hier „ein Wesen nach Kriterien beurteilt [. . .], die für ein entgegengesetztes kreiert sind" (Simmel 1911, S. 70)? Die besonderen Zusammenhänge des Themas Krankheit – Frau stehen im Raum. Vor Gericht befindet sich eine „schlechte

Mutter". Es scheinen sich hier zwei Diskurse – der juristische und
der psychiatrische – zu überlagern, in der Weise,

daß die schlechte Mutter verworren als eine böse und zugleich kranke Frau
wahrgenommen wird. (Badinter 1984, S. 238)

Wie ist diese Äußerung Badinters im vorliegenden Zusammenhang
zu gewichten, was hat es mit entsprechenden Klassifikationen auf
sich? Die Krankheitssymptome der Frauen wurden im oberen Teil genannt. Sind sie psychiatrisch relevant, sind sie juristisch relevant?
Es wurde darauf hingewiesen, daß Psychiater zu 90 % männlichen
Geschlechts sind. Recht sei, so behauptet Rifkin, „ein Paradigma der
Männlichkeit", „das höchste Symbol männlicher Autorität in einer
patriarchalischen Gesellschaft" (Rifkin 1980, S. 83–84 und S. 92,
zit. nach Olsen 1990, S. 312), eine Auffassung, der in dieser globalen
Weise nicht zu folgen ist. Ohne diesen Punkt vorliegend vertiefen
zu können, ist jedoch anzumerken, daß Frauen lange Zeit von der
praktischen Rechtstätigkeit ausgeschlossen waren (Deutscher Juristinnenbund 1984, S. 2–3) und daß sich diese Tatsache auch auf die
Inhalte dieser – traditionsreichen – Wissenschaft ausgewirkt hat
(Olsen 1990, S. 305). Bezogen auf das vorliegende Delikt bzw. auf
Tötungsdelikte von Frauen allgemein, stellt die Juristin Oberlies in
der Auswertung einer einschlägigen Untersuchung den „absurden
Zirkelschluß" auf: „Frauen sind dadurch benachteiligt, daß sie selten vor Gericht stehen." Zur Begründung führt sie aus:

Das heißt, ihr Leben, ihre Konfliktlagen, ihre Motive sind sehr viel weniger Teil des „Gerichtsalltages" als Verhaltensweisen von Männern; Männer prägen das Bild der Richter, ihre Handlungsweisen sind den Richtern
vertrauter, die der Frauen dagegen fremd. [. . .] Meines Erachtens hat
dies zwei diskriminierende Auswirkungen auf Frauen, die töten. Einerseits macht sie diese Form der Abweichung zum isolierbaren Monster.
Die Berichte in Zeitungen scheinen mir ein gutes Beispiel hierfür, oder
auch Mergens denkwürdiger Satz „Frauen können grausamer sein als
Männer". Dies schließt andererseits nicht aus, daß Frauen, die „unbe-
kannten Wesen", das „andere Geschlecht", zwar ‚besser wegkommen'
als Männer, gleichzeitig könnten sie aber schlechter wegkommen, als es
ihrer Konfliktlage entspräche, wenn diese nur als kollektive zu erkennen
wäre.
  Hinzukommt, daß eine angeklagte Frau fast immer auf männliche Richter treffen wird. Das begrenzt die Möglichkeiten des Verstehens, genauso wie Schichtunterschiede die Verständigung behindern. (Oberlies 1990,
S. 321–322)

Auf diesem forensischen Terrain schieben sich Psychiatrie und Justiz gegenseitig die Karten zu. Nach außen hin übernimmt klar die Justiz die Verantwortung für die Frage, ob Schuldfähigkeit zu bejahen sei. Im Inneren dieses Verhältnisses läßt sich diese Verantwortungsübernahme – vor dem besonderen kollusiven Abwehrmodell der „Rollenverknüpfung" (Peters 1988, S. 93) – nicht so klar fixieren. Diese Rollenverknüpfung besteht darin, daß „der eine zwar nicht die Rolle des anderen übernimmt, sich aber mit dem anderen als eine geschlossene Einheit empfindet" (Peters 1988, S. 93). Ein solches Muster in der Begegnung zwischen Richter und Sachverständigem liegt insbesondere dann vor, wenn sich über lange Zeit eine Zusammenarbeit von Gericht und „Hausgutachter" entwickelt hat. „Mißverständnis und Unklarheit dienen hier als unverzichtbare Geschäftsgrundlage für eine reibungsarme Kooperation", wie Streng provokativ ausführt (Streng 1983, S. 404).

Und je mehr die Biographie des Kriminellen in der Gerichtsbarkeit die Analyse der Umstände ergänzt, um eine Einschätzung des Verbrechens zu ermöglichen, desto mehr verwischen sich die Grenzen zwischen dem Diskurs des Richters und dem Diskurs des Psychiaters. (Foucault 1977, S. 324)

Schon Robert Musil hat der Psychiatrie die Rolle als „Reserve-Engel der Jurisprudenz" zugeschrieben (Musil 1952, S. 244), den Richtern wird ihr „gutes Gewissen" erhalten. Schorsch zufolge hat, wie bereits in anderem Zusammenhang zitiert, der Psychiater das „schlechte Gewissen" in der Strafverhandlung, in diesem Prozeß des Entscheidungszwanges, zu übernehmen (Schorsch/Becker 1977, S. 22). Materiell, wenn auch nicht formal, kommt dem Gutachten Entlastungsfunktion für das Gericht zu (Müller-Dietz 1984, S. 116). Die „Verknüpfung" der Rollen wächst aber nun auch vor dem Hintergrund der Erkenntnis, daß „jede organisierte Einheit die Tendenz in sich trägt (Einfügung A. W.), Außenstehende in die internen Kommunikationsstrukturen einzubinden, nicht umgekehrt die Kommunikationsstrukturen zu Außenstehenden hin zu öffnen, da die Fruchtbarkeit des Alltagswissens der ‚insider' darauf beruht, auf einer gemeinsamen Ebene des Sich-verstehen-Könnens den auftauchenden Erscheinungen in gleicher Weise Bedeutung zuschreiben zu können" (Haberstroh 1979, S. 135). Die Psychoanalyse wird gar nicht erst gehört. In den Diskussionsbeiträgen zur Erweiterung des forensisch relevanten Krankheitsverständnisses wurde sie trotz anfänglich gegenteiliger Bekundungen außen vor gelassen, die Psych-

iatrie behielt die Oberhand. So äußert auch Schreiber, daß die Neu-
fassung der §§ 20, 21 StGB „zum Teil in veralteten Schichten der
Psychiatrie hängen geblieben" ist (Schreiber 1981 b, S. 31).
Psychoanalytisch orientierte Sachverständige finden sich „eher zufällig vor Gericht ein" (Rasch 1981, S. 43). Die Furcht vor dem –
das Strafsystem in Frage stellenden – Determinismus wirkt sich aus;
aber „die Furcht vor dem Determinismus kann uns doch nur so lange plagen, wie wir die Bedingungen nicht kennen und dennoch nach
ihnen handeln" (Reinke-Köberer 1979, S. 26–27).
Zur Absicherung ihrer Urteile, d. h. für ihren Gewinn an Legitimation bezahlen die Strafjuristen mit einem Verlust an Definitions-
macht (Bauer/Thoss 1983, S. 95). Der Statuskonflikt zwischen Strafjuristen und Psychiatern, der sich hin und wieder in wechselseitigen
Machtzuschreibungen entlädt, schwelt latent, läßt sich jedoch auf
obige Zurechtstutzung der Kompetenzbereiche reduzieren. Die
Psychiatrie hat sich in dieser Dualität als „Hilfsdisziplin" bewährt.
Die Fiktion vom alleinverantwortlichen Gericht geht an der Realität vorbei. Crefeld führt dazu aus:

Die eigentümliche Beziehung zwischen Juristen und psychiatrischen Sachverständigen wurde oft besprochen. Doch ob die Sachverständigen nun
die „Richter in Weiß" und die „eigentlichen Herren der Szene" sind oder
nur als „Gehilfen" des Richters zu agieren haben, ist bei realistischer Betrachtung nicht die Alternative. Verfahrensrechtlich eindeutig ist zweifellos die ausschließliche Zuständigkeit des Richters für die rechtlichen
Bewertungen, mag das auch manchem Arzt mit seinen juristischen Formeln am Ende seines Gutachtens nicht immer klar sein. Doch die Argu-
mentationsfigur vom Richter-Gehilfen verschleiert mehr die tatsächliche
Abhängigkeit des Gerichts vom humanwissenschaftlichen Sachverständigen, als daß sie zur Lösung des Problems etwas beitrüge. [. . .] Das Erfassen des sozialen Lebens durch das Recht, insbesondere das Ausfüllen
rechtlicher Begriffe mit medizinischen bzw. sozialwissenschaftlichen
Inhalten und das Einschätzen der tatsächlichen Folgen der rechtlichen
Entscheidung ist angesichts der immer komplexer sich darstellenden psychosozialen Verhältnisse mit der Lebenserfahrung des Juristen allein nicht
mehr zu bewältigen. Es ergibt sich ein Bedarf an fachkundiger „Subven-
tionierung der juristischen Argumentation". Gerade bei Fragestellungen,
die auf psychosoziale Sachverhalte [. . .] hinzielen, die unvermeidbar wer-
tende Aussagen [. . .] erfordern und auf meist sehr unbestimmten Rechts-
begriffen [. . .] basieren, droht eher die Entscheidungsautonomie des
Gerichts nur noch auf dem Papier zu stehen. (Crefeld 1990, S. 279–280)

Welcher Ort ist Frauen in diesem Grenzterrain zugewiesen? Die
Täterin sieht sich im allgemeinen in der Konfrontation mit Männern

– Juristen, Psychiatern –, die ihre Tat, ihre Persönlichkeit beurteilen. Werden tatsächlich in diesen Beurteilungssituationen andere Bewertungskriterien für tötende Frauen, speziell für tötende Mütter, herangezogen als für männliche Täter eines Tötungsdeliktes? Worauf ließe sich eine solche Behauptung stützen? „Irre" wurden schon erkannt und abgegrenzt, bevor Ärzte sich mit ihnen beschäftigten (Herzog 1984, S. 48). Um zu klären, wie sich diese „natürliche" Erkenntnis in der wissenschaftlichen Psychiatrie fortgesetzt hat, sind die Jahre ihrer ersten disziplinären Ausprägung zu betrachten. Geistesgeschichtlich stoßen zu dieser Zeit „Aufklärung" und „Romantik" aufeinander (Herzog 1984, S. 57). Es war die Epoche, in der das „Bedürfnis nach dem vernünftigen Bürger" (Crefeld 1990, S. 274) aufkam. Diese Zeit der Frühaufklärung stand im Zeichen eines Vernunftsbegriffes, der Freiheit und Gleichheit für alle Menschen, auch für Frauen forderte. Da jedoch die reale Lebenssituation der Frau nicht berücksichtigt wurde (Bovenschen 1979, S. 119), blieb die Idee der Gleichheit abstrakt und vermochte im Laufe der Zeit zu einer solchen der Über- und Unterordnung zu gerinnen. So wurde denn auch in der Folgezeit betont, daß die Frau aufgrund ihrer stärkeren körperlichen Bezogenheit der Natur verbunden und nur in der Erfüllung ihrer geschlechtlich vorgegebenen Aufgaben, d. h. insbesondere der Mutterschaft (Hohm 1985, S. 3), zur Selbstverwirklichung finden könne (Fouquet 1989, S. 51). Eine eigentümliche Verquickung von Erhebung – Idealisierung – der Frau als Mutter ging einher mit einer Verachtung dieses „Naturwesens" im Alltag, dem jegliche Kulturfähigkeit abgesprochen wurde (Bovenschen 1979, S. 243). Die Idealisierung übernimmt, worauf Freud hinwies, eine Abwehrfunktion, und zwar die der Verdrängung (Freud 1914, S. 60). Nicht von ungefähr wurde in dieser Zeit auch das Gefühl der Mutterliebe „geboren" (Badinter 1984, S. 113), das sich seitdem tabuisierend jeder negativen mütterlichen Gefühlsäußerung gegenüber dem Kind in den Weg stellt.

Wird ein Wert absolut gesetzt [. . .], gerät er unweigerlich in Konflikt mit anderen Werten, mit anderen Bedürfnissen und mit den Wertprioritäten der Umwelt. (Wurmser 1989, S. 42)

Die der Frau zugeschriebenen Tugenden waren genauso irreal wie die Reduzierung ihrer Person auf Naturhaftigkeit (Schütze 1986, S. 25–26). Diese Attestierungen entsprangen den Vorstellungen der zu jener Zeit geistesgeschichtlich führenden männlichen Persönlichkeiten; die Frau sollte stellvertretend Gefühle ausleben, auf sie wurde

Unvernunft projiziert. „. . . eine bestimmte Form des Vernunftsgebrauchs kam (Einfügung A. W.) unter anderem erst auf der Basis einer geschlechtsspezifischen Aufspaltung des Menschen zustande" (Bennent 1985, S. 12). Böhme/Böhme führen hierzu aus:

> Hier nämlich zeigt sich, daß die lebenspraktische Stilisierung zum vernunftgeleiteten Subjekt in der Matrix des Unbewußten als des Anderen der Vernunft verharrt. Eingeschrieben ins Programm der vernünftigen Autonomie ist der unbegriffene Wunsch nach Anerkennung durch einen Anderen, durch dessen bestätigenden Blick das Selbst sich gerade nicht autonom – an und für sich – bildet, sondern für Andere als Spiegelungen des Selbst. (Böhme/Böhme 1985, S. 433)

Durch das nicht der Realität entwachsene Frauenbild wird die konkrete Frau in ihrer Individualität nicht wahrgenommen, das bedeutet aber letztlich, daß ihre Individualität zerstört wird. Die so „entlebendigte, getötete" Frau kehrt als „Nachtmahr" zurück (Berger/Stephan 1987, S. 4). „Die Frau: Quelle des Bösen und des Unglücks, dunkle Macht und Kraft des Schattens, Königin der Nacht, im Gegensatz zum Tageswesen Mann, der für Ordnung, Klarheit und Vernunft einsteht" (Perrot 1989, S. 226). Der Mann sieht sich als das nicht körperliche, sondern im Geistigen beheimatete Wesen: „Daß er gezeugt und empfangen worden ist, stellt den Fluch dar, der auf seinem Schicksal lastet, jene Verunreinigung, die seinem Sein einen Makel anheftet. Gleichzeitig kündigt sie ihm den Tod" (de Beauvoir 1968, S. 159 ff.). „Die Frau, die als Gebärende im engsten Konnex mit dem Leben steht, wird in der Wahrnehmung des Mannes zur Botin des Todes, weil sie ihn an die Endlichkeit alles Seins erinnert" (Berger/Stephan 1987, S. 5–6). So sind es schon in der griechischen Mythologie, aber auch noch in Gepflogenheiten unserer heutigen Kultur „vor allem weibliche Wesen, die den Tod bzw. die Toten in ihren Händen und mitunter auch in Krallen und Klauen halten" (Neumer-Pfau 1987, S. 12). Das Weibliche gilt als „Verkörperung des Thanatos" (Rohde-Dachser 1989, S. 85). Für Freud verkörpert die Frau den „dunklen Kontinent" (Freud 1926, S. 303). „Im Dunkel ihres Schoßes liegt auch der Ort unserer Herkunft und tief im Unbewußten verkörpert er die Möglichkeit, dorthin zurückzukehren, von ihm aufgesogen zu werden, wie ‚in den Schoß der Erde eingehen' in unserer Sprache eine Metapher des Todes ist" (Rohde-Dachser 1989, S. 85). „Es ist das gleiche Muster, nach dem schon der patriarchale Gott des Alten Testaments das Chaos teilte, indem er das Licht von der Finsternis schied: und nannte das Licht Tag und die Finsternis Nacht" (Buch Mose 1, 1-5, zit. nach Rohde-Dachser,

1989, S. 86). Wenn nun die lichte Vernunft (des Richters, des Psychiaters) in die reale Finsternis (einer tötenden Mutter) blickt, was sieht sie dann noch? „Halb Charis steht sie da und halb Mänade" (Grillparzer, Das goldene Vließ (Der Gastfreund), S. 21), halb Tier, halb Göttin. „Im Topos der ‚Halbierung'", wie ihn hier Grillparzer in seiner Version der Kinder tötenden Medea zum Ausdruck bringt, „kommt sowohl die gespaltene, zerbrochene Identität der Frau im Aufbruch zum Ausdruck als auch der gespaltene Blick des Mannes auf sie, wenn sie seinem Bild von ihr nicht mehr entspricht" (Schulz 1987, S. 244). „In Medea wird die Frau als das Andere, der Ordnung nicht assimilierbare" begriffen (Schulz 1987, S. 244). Es findet eine „Wiederkehr des Verdrängten" statt. Wie stark diese Verdrängung aber ist, mag unter anderem auch dadurch verdeutlicht werden, daß keine andere Frauengestalt der griechischen Mythologie so oft Gegenstand künstlerischer Auseinandersetzungen war wie Medea; paradoxerweise löst ihr Name dennoch kein sofortiges Wiedererkennen aus, wie es etwa bei der schönen Helena oder bei Kassandra der Fall ist (Rinne 1988, S. 8).

Die Psychiatrie hat nun das Unvernünftige – Irrationale – zum Inhalt ihrer Disziplin. Ist es die „unvernünftige Weiblichkeit", die zur Drehscheibe wissenschaftlicher Kategorisierung erwächst – „Krankheit Frau" (Fischer-Homberger 1988)? Oben wurde bereits unter Bezugnahme auf Foucault darauf hingewiesen, daß die wissenschaftliche Psychiatrie mit Erhebungen zum Komplex „Hysterie", jenem spezifischen Frauenleiden, ihren Ausgang nahm. Dieses Leiden fand in historischer Perspektive seine geschlechtsspezifische Verwurzelung gerade darin, daß „ein bißchen hysterisch" zu sein gewissermaßen zum weiblichen Geschlechtscharakter dazugehöre, erst in der Übersteigerung werde eine Störung daraus (Fischer-Homberger 1988, S. 113). Die in der Hexenverfolgung kulminierende theologische Auffassung von der Anfälligkeit der weiblichen Seele für das Böse findet sich wieder in den medizinischen Theorien von der Labilität des weiblichen Selbst (Bennent 1985, S. 42). Dieser disziplinäre Ursprung hat sich nachhaltig prägend den diagnostizierenden Denkkategorien bis heute eingegraben; so schreibt Groddeck (Groddeck 1983, S. 57), daß Gesundheit des Mannes Leistungsfähigkeit bedeute, Gesundheit der Frau hingegen Glück der Nächsten. Die „Appendixfunktion" der Frau, ihr Supplementärcharakter (Bovenschen 1979, S. 165) ist wohl kaum deutlicher zum Ausdruck zu bringen. Wird in diesem Kontext nun die rechtliche Situation eingeblendet, so ist zunächst die Verankerung des Gleichheitsgrundsatzes der Geschlechter in Art. 3 GG zu betonen. „Äquivalenzmaßstab" für die Gleichberechtigung ist die Lage der Männer (Slupik 1988, S. 86). Der Mann ist „Subjekt dieses Diskurses, die Frau tritt nur in Relation zu ihm auf. [. . .] Die Formulierung ihrer Rechte geht nicht von ihrer gesellschaftlichen Situation aus, von ihren Fähigkeiten, ihren Erfahrungen, Kompetenzen und ihren Interessen" (A. Maihofer 1990, S. 371). Die Schuldfähigkeitsfrage – diese Verzahnung juristischer und psychiatrischer Denkweisen – orientiert sich in ihren beiden Facetten an der männlichen Norm.

2.4.4.3.4 Die Aufdeckung der Tat- und Lebensgeschichte in foro

Wie ließe sich eine Darstellung von Krankhaftigkeit gewinnen, die andere Aspekte einbezieht, stärker auch geschlechtsspezifischen Konfliktkonstellationen Rechnung trägt?

Für O. G. Wittgenstein setzt sich eine Krankheitsdiagnose idealtypisch aus drei Elementen zusammen. Er differenziert zwischen einer (subjektiven) „Krankseins-Diagnose", einer (von dritter Seite bescheinigten) „Krankheits-Diagnose" und einer „Kränkungs-Diagnose", in der sich das soziale Eingebundensein des erkrankten Individuums entfaltet (O. G. Wittgenstein 1984, S. 285–286). „Die Kränkungs-Diagnose kann erweisen, wie weit das Versagen seiner selbst oder seiner Umwelt den Krankseienden an der Gesundwerdung hemmt. Sie sollte begreifen, welche geschichtliche und soziale Aufgabe dem Kranken und denen gestellt wird, die ihm zu helfen bereit sind, sein Leiden zu bewältigen. Die Kränkungsdiagnose dient mehr zur Gesundung als zu der Einordnung und Benennung von Krankheiten in die Glaubens- und Denksysteme des Kranken oder des Arztes. Erst aus ihr kann von einer Norm, von einem normalen Menschen gegenüber dem Abnormen gesprochen werden" (O. G. Wittgenstein 1984, S. 286).

Nehmen wir diesen Faden in die Hand und gehen ein Stück daran entlang, in der Hoffnung, daß er uns in der Frage der Schuldfähigkeit neue Denkanstöße zu geben vermag. „Krankseins-Diagnose" und „Krankheits-Diagnose" waren oben im Blickpunkt der Darstellung. Welcher Stellenwert könnte einer „Kränkungs-Diagnose" zukommen? Wahrnehmung und Denken der Täterinnen sind desorganisiert, diese erweitern nicht die Phantasie, sondern wirken einkreisend, setzen der Phantasie Grenzen und damit „der Einsicht, daß die Dinge [. . .] durch Konflikt und Widerspruch veränderlich sind" (Mangabeira Unger 1986, S. 291). Die Täterinnen erleben sich nicht als ein eigenständiges Selbst mit einer von anderen unterscheidbaren Identität und einem Willen zum Handeln. Diese Situation entspricht nicht ihrer Lebensrealität, der Zugang zur inneren Realität aber ist versperrt. Die Kränkungs-Diagnose ist vor diesem Hintergrund zu benennen als „Hoffnungslosigkeit". Diese hat ihre Wurzel darin, daß wir außerstande sind, „das wahre Bild unserer selbst als einer lebendigen Person oder eines suchenden Geistes in irgendeinem bekannten Komplex sozialer Beziehungen oder vernünftiger Entwürfe zu entdecken" (Mangabeira Unger 1986, S. 195).

Kann hierin eine Krankheit in einem juristisch relevanten schuldausschließenden bzw. -mindernden Sinne gegeben sein? Liegt nicht vielmehr ein allgemeines Lebensproblem vor, dem sich zu stellen jedem aufgrund seiner individuellen Freiheit zumutbar ist? Die Frage der Willensfreiheit wird gestreift. Welches Ausmaß an Vorherbestimmtheit schreibt sich das Individuum selbst zu, welches wird ihm von dritter Seite eingeräumt? „In Wirklichkeit ist es so, daß ich stets begleitet bin von dem Gefühl, daß verschiedene Möglichkeiten vor mir liegen, zwischen denen ich mich entscheiden kann" (Waismann 1983, S. 55). Die Möglichkeiten bilden sozusagen einen „Streuungskegel, der sich in die Richtung der Zukunft öffnet" (Waismann 1983, S. 55). Die Spielräume, in denen sich ein Mensch bewegt, sind damit beschrieben, ohne daß sich jedoch sagen läßt, was er genau tun wird. An der „Spitze des Kegels" gibt es die Wahl nicht mehr; hier stellt sich die Determination ein. In das Bild des Kegels gehen Wahrnehmung des Handelnden und Wahrnehmung eines Dritten ein. Wie stellt sich die Determinierungsfrage, wenn in der Sichtweise des Handelnden im Zeitpunkt der Handlung keine Wahl zu bestehen schien, d. h. eine Zuspitzung in der Weise vorlag, daß jeder andere sich anders hätte verhalten können, der Handelnde durch Einengung des Gesichtsfeldes nicht mehr? – Es ist die Tatsituation der hier begutachteten tötenden Mütter. Beim Durchwandern dieses Grenzterrains der Zurechnungsfähigkeit, dieser „unteren Stufe des gerade noch geistig Normalen", wie Moos (Moos 1977, S. 809) es benennt, wird deutlich, daß sich der Grad der Determiniertheit sehr wohl, je nach Individuum, unterschiedlich beantworten läßt. Je weniger sich ein Mensch als „Herr im eigenen Haus" (Waismann 1983, S. 28) empfindet, desto stärker das Gefühl des Bestimmtwerdens, es erwächst dann dieses: „Ich habe nicht einmal das Gefühl, daß es *mein* Werk ist; der Gedanke ist irgendwie hereingeschneit – ein Gast aus einer anderen Welt: War er schon irgendwo, bevor ich ihn dachte?" (Waismann 1983, S. 31). Die Worte der Täterin Frau J. klingen an:

Es sei ihr unklar, ob die Gedanken, die sie denke, fremde Gedanken seien oder ihre eigenen Gedanken. Sie wisse auch nicht, nach welchen Gedanken sie dann tatsächlich handeln werde (Frau J., S. 9).

O. G. Wittgenstein gibt auf das im Raum stehende Problem folgende Antwort, wobei er letztlich auf den Zuständigkeitsbereich der Psychoanalyse verweist: „Je länger er Kind seiner Eltern, seiner Tradition bleibt, um so mehr bleibt er vorbestimmt durch seine Erziehung; je mehr er dagegen sich, seine unbewußten Wünsche und Verdrängungen einzusehen lernt, desto mehr kann er disponieren, desto mehr wird er indeterminiert sein" (O. G. Wittgenstein 1984, S. 235). Motor des Handelns oder, präziser formuliert, „Bremsklotz" des Agierens ist das Sich-Ergeben in das Schicksal (Waismann 1983, S. 23). Die innere Realität der Täterinnen liegt vor uns: „Dieser Mensch ist nachher seiner Tat nicht gewachsen: er schrumpft zusammen, wird klein und unbedeutend. Aber im Moment der Tat hebt ihn etwas über sich hinaus, so daß der, der die Tat begeht, eigentlich nicht derselbe ist, wie der, der sie später betrachtet und dazu ein verdutztes Gesicht macht" (Waismann 1983, S. 93). Mit dieser Betrachtung wird nicht zwangsläufig das in der forensischen Psychiatrie stark umstrittene Konzept der „Persönlichkeitsfremdheit" aufgeworfen, das auf einem statischen Persönlichkeitsmodell basierend weder Reifung und Entfaltung noch Einengung und Verarmung kennt (Rasch 1980, S. 1312); dargetan wird vielmehr jener „Mangel an sinngemäßer Selbstbestimmung" (Grosbüsch 1981, S. 24). Wird in dieses emotional-kognitive Persönlichkeitsgeflecht die Schuldfrage eingelassen, so hat der Strafrechtler Welzel darauf zunächst eine klare Antwort, daß nämlich die Schuld darin zu sehen sei, einen auf dieser Basis (der konflikthaften Lebenssituation, Ergänzung A. W.) sich entwikkelnden Affekt in sich groß werden zu lassen, „ohne hemmende Gegenkräfte zu entwickeln" (Welzel 1969, S. 150). Die strafrechtliche Problematik der „Affekttat" ist berührt. Diese setzt voraus, daß das seelische Gefüge des Betroffenen aufgrund einer tiefgreifenden Störung des Gefühlslebens wenigstens zeitweise außer Funktion tritt (Dreher/Tröndle 1991 § 20 Rn 10 b). Wäre tötenden Müttern stets eine Tötung im Affekt zuzubilligen? Bei den tötenden Müttern hat sich der Affekt im „Vorfeld der Tat" entwickelt, wäre mithin nicht als „Affekttat" im eigentlichen Sinne zu bewerten. Aber wie Krümpelmann zu Recht konstatiert: „Die Affekttat erwächst auf dem Boden einer dauerhaften Konfliktlage, die sich beim Täter zum subjektiven Eindruck der Unauflöslichkeit und Unausweichlichkeit verfestigt hat" (Krümpelmann 1976, S. 24). Der die Tat auslösende Konflikt hat in diesem Vorfeld seine eigentlichen Wurzeln. „Das tatsächliche Geschehen wird dann nicht mehr als Aggression erlebt, sondern bedeutet Konfliktbeendigung" (Grosbüsch 1981, S. 29). Die Komplexität des Geschehens wird nicht begriffen, wenn nur das (rationale Sach-)Bewußtsein des Handelnden zum Gegenstand der Untersuchung gemacht wird (Grosbüsch 1981, S. 30).

§ 20 StGB, der die Voraussetzungen für das Vorliegen der Schuldunfähigkeit eines Straftäters regelt, stellt auf das Vorhandensein von Unrechtseinsicht und entsprechender Steuerungsfähigkeit *nicht vor* der Tat, sondern *bei* Begehung der Tat ab. Wird das Affektverhalten zur Grundlage einer Differenzierung gemacht, so besteht bei dieser Gewichtung der sogenannten „Tatanlaufzeit" stets die Gefahr, entweder zeitlich „zu weit" zurückzugreifen oder „zu kurz" zu greifen (Grosbüsch 1981, S. 33). „Nie läßt sich der Verdacht ausräumen, daß der für die Beurteilung ‚entscheidende‘ Gesichtspunkt im Dunkeln bleibt" (Grosbüsch 1981, S. 35).

Der Bundesgerichtshof hat in einer aktuellen Entscheidung folgendes ausgeführt:

Der Schuldvorwurf geht vielmehr dahin, daß der Täter den zu der tiefgreifenden Bewußtseinsstörung führenden Affekt während der Entstehung durch ihm mögliche Vorkehrungen nicht vermieden hat. (BGHSt NStZ 1989, S. 262 (262))

Lediglich die „Genese des Affekts", der zur Tat geführt hat, rückt ins Blickfeld; so wird ausdrücklich „die hemmungslose Hingabe an depressive Verstimmungen" als schuldhaftes Verhalten bewertet. Zu Recht hält Frisch entgegen:

Der *BGH* bleibt insoweit bei der „Pflicht zur Selbstzügelung" stehen, statt über diese Leerformel hinausgehende konkretisierende Aussagen zu den grundsätzlich und in concreto in Betracht kommenden und dem einzelnen normativ angesonnenen Wegen der Affektvermeidung [. . .] zu entwickeln. (Frisch 1989, S. 265)

Ein hochgradiger „Affektzustand" impliziert dann das Vorliegen einer „tiefgreifenden Bewußtseinsstörung" (§ 20 StGB), wenn er sich nicht mehr im Rahmen des Normalen bewegt. „Welche Norm, welche Normalität wäre für die Beurteilung eines Tötungsdeliktes heranzuziehen? Bei einem Verhalten, das – wie ein Tötungsdelikt – als seltenes Ereignis jedenfalls weit außerhalb der statistischen Norm liegt, wäre eine generelle Exkulpation naheliegend", schreibt der forensische Psychiater Rasch (Rasch 1980, S. 1313). Simons, der langjährige Erfahrungen mit Strafgefangenen aufweist, die wegen Tötungsdelikten verurteilt wurden, wirft die Frage auf, ob die psychopathologische Disposition eines Täters daraus abzuleiten sei, daß eine bestimmte normale (Erläuterung A. W.) Situation überhaupt als Problem angesehen wird (Simons 1988, S. 75). Für den Psychiater Ehrhardt ist jedes Verbrechen aber zweifellos Symptom einer „sozialen Krankheit", und das Gewaltverbrechen ist ebenso ein Symptom für die „besondere Schwere einer solchen Krankheit" (Ehrhardt 1977, S. 386). Die Lebenssituation, aus der sich das vorliegende Delikt entwickelt hat, ist die der Mutter und Hausfrau in unserer Kultur. Ist Mutterschaft – kulturbedingt – eine „objektive Gefährdungsdisposition" (Ehrhardt 1977, S. 362), die im Falle des Hinzutretens einer „subjektiven Gefährdungsdisposition" (eines „Mangels an innerer Festigkeit" in Ehrhardts Sinne) in einer „sozialen Krankheit" kulminiert? Es wäre dann eine biologische Normalsituation, die sich zu einem gesellschaftlichen Problem verdichtet hat – „Risikofaktor ‚Frau'" (Lamott 1985, S. 325). Dieses zu bejahen könnte eine generelle Exkulpation der Täterinnen zur Konsequenz haben; denn die „katastrophenträchtige psychische Verfassung", die Rasch (Rasch 1980, S. 1314) als wesentliches Merkmal für ein Empfinden außerhalb des Normalen beschreibt, lag bei den hier begutachteten Frauen vor. Sie sind „krank", insofern im Verhältnis Krankheit/Gesundheit ihr Anteil an Krankheit für wesentlich gehalten wird (Schild 1983, S. 23). In diesen Zusammenhang ist auch das obige Zitat der Juristin Oberlies zu stellen, daß Frauen mit Tötungsdelikten unter Umständen schlechter wegkommen vor Gericht, als es der Fall wäre, wenn ihre Konfliktlage eine kollektive wäre. Oberlies hat mit dieser Formulierung Strukturen richterlichen Denkens benannt, die sich sehr konkret an dem Umgang mit dem Begriff „Affekttat" verdeutlichen lassen. Die soeben vorgestellte neue BGH-Entscheidung zur Affekttat hat – wie das Durchschnittsaffektdelikt – die Beziehungstötung eines Mannes gegenüber seiner Partnerin als Hintergrund (BGHSt NStZ 1989, 262 (262)). Schorsch bezeichnet das Affekttatmodell „als sexistisches Konstrukt", ein „Konzept von Männern für Männer", hier wird ein Geschehen beurteilt, das jedem Mann als eine „hautnahe Erfahrung" bekannt ist, – „voller Lebensnähe" – und damit „unmittelbar einfühlsam und verständlich" ist – die Ohnmacht und Hilflosigkeit, die mit einer konfliktträchtigen Beziehungssituation einhergehen. Den zugrundeliegenden Konflikt kennt jeder, hohe Identifikationsbereitschaft mit dem männlichen Täter kommt auf. Das Resultat ist eine „einmalig gewagte Konstruktion" im geltenden Schuldstrafrecht (Schorsch 1988, S. 10–12). Bezogen auf die aktuelle Rechtsprechung stellt Frisch fest, daß nunmehr die *Schuldminderung* das „Normale" sei (Frisch 1989, S. 263). Das weibliche Konfliktlösungsmuster hat hingegen, wie Schorsch betont, im Affekttatmodell keinen Platz.

In all den genannten Fällen, in denen eine Tötungstat aus einer frauenspezifischen Konfliktkonstellation erwachsen ist, Schuldunfähigkeit und damit Freispruch anzunehmen sprengt das geltende Strafrechtssystem, worauf Krümpelmann verweist (Krümpelmann 1974, S. 340), kann aber auch nicht ernsthaft intendiert sein, denn das Zugestehen einer generellen Schuldunfähigkeit liefe auf eine Unmündigkeit hinaus, bedeutet doch „die Annahme der Schuld*unfähigkeit,* daß wir uns nicht mit dem Betreffenden identifizieren, ihn nicht als unseresgleichen anerkennen (können)" (Schild 1983, S. 43). Diese Art der konstatierten Krankheit ist darüber hinaus nicht eine, die Hilfsbereitschaft erweckt (Richter 1978, S. 198 f.), sondern die zu einer weitergehenden negativen Stigmatisierung führt (Schild 1983, S. 11). Für die Reaktion auf eine psychische Erkrankung ist – Richter zufolge – weniger der objektive Status ausschlaggebend; vielmehr muß eine Schädigung in bestimmter Weise „ansprechen". Krankheiten, die der Umgebung ein schlechtes Gewissen bereiten, haben es besonders schwer, Gefühle von Hilfsbereitschaft hervorzurufen. Auch Haffke weist darauf hin, daß „psychisch oder psychosozial erkrankt" ein schlimmeres Stigma sein kann (Einfügung A. W.) als „verantwortlich-kriminell". „Was gut gemeint ist, droht ins Schlimmere verkehrt zu werden, wenn nicht gleichzeitig Strategien zur Veränderung der sozialpsychologischen Realität mitreflektiert werden" (Haffke 1973, S. 281, Fn 7).

Andererseits läuft die Annahme von Schuldfähigkeit im herrschenden Schuldstrafrecht zwangsläufig zum Schuldvorwurf. Ehrhardt differenziert „sich schuldig machen" und „schuldig werden" (Ehrhardt 1977, S. 372). Danach ließe sich sagen, die Frauen haben sich nicht schuldig gemacht, sie sind aber schuldig geworden. Dies ist eine Schuldverstrickung, die als Schuldvorwurf zu erheben eine Abgrenzung von der Täterin eines solchen Deliktes erleichtert; es ist nicht erforderlich, genauer hinzusehen. E. Bloch charakterisiert eine solche Art von Schuld:

> Tragische Schuld hängt, selbst in ihrem sichtbarsten humanen Defizit, noch mit dem zusammen, was an dem verhängnisvollen Handeln berechtigt ist, das heißt, was besser ist als die vorhandene Ordnung, mit der es kollidiert. (E. Bloch 1975, S. 285)

Verantwortung hat die Täterin für ihr Delikt zu übernehmen. Eine solche Verantwortung kann nur erwachsen auf der Basis einer Interaktion zwischen derjenigen, die die Verantwortung übernimmt, und demjenigen, der sie verlangt (Schild 1983, S. 47).

> Das Urteil, daß ein bestimmter Mensch in einer bestimmten Situation schuldfähig ist, ist darum kein theoretischer, sondern ein existenzieller, und zwar „kommunikativer" Akt: Es ist die Anerkennung des anderen als Du, als gleiches, sinnvoller Bestimmung zugängliches und darum gleich verantwortliches Subjekt, wie ich selbst es bin. (Welzel 1969, S. 153)

Ein Strafverfahren aber, das sich darauf konzentriert, Schuld vorzuwerfen, statt lediglich Verantwortlichkeit zuzuschreiben, muß sich nachsagen lassen, daß die Verfolgung anderer Ziele intendiert ist; es sei insoweit auf die Ausführungen zum kollektiven Strafbedürfnis verwiesen (s. Kap. 2.4.1). Von Schuld im Sinne des „sich schuldig Machens" könnte nur dann die Rede sein, wenn die Übernahme der Verantwortung für das Unbewußte gewährleistet wäre. Alexander und Staub zufolge (Alexander/Staub 1929, S. 282) muß die Gesellschaft jedoch dem gesetzwidrig handelnden Menschen erst die Gelegenheit geben, eine praktische Verantwortung für seine Handlungen zu übernehmen, indem sie die psychoanalytische Behandlung jenen Kriminellen zuteil werden läßt, die stärker unter dem Einfluß ihrer unbewußten Tendenzen stehen als Normale. Diesen massiven Einfluß der unbewußten Tendenzen zu erkennen läuft jedoch nicht auf eine Gleichsetzung „Alles-Verstehen" und „Alles-Verzeihen" hinaus (Schild 1983, S. 68). Vielmehr geht es um die „richtige Einordnung"; eben auch um eine „Erweiterung des richterlichen Wirklichkeitsbewußtseins" (Jäger 1980, S. 187), dem Ausgangspunkt der richterlichen Überzeugungsbildung.

> Das „unbewußte Selbst" agiert nicht quasi automatisch. Damit ein nach außen wirksames Verhalten in Erscheinung tritt, bedarf es einer Umsetzung in ein Tun, das im Einzelfall auch in einem Unterlassen bestehen kann. Die – bewußten oder unbewußten – bestehenden Strebungen müssen, um in reale Handlungen umgesetzt zu werden, einen Filter passieren. Bei der Beurteilung der Schuldfähigkeit kommt es darauf an, die Intaktheit, die Funktionsfähigkeit dieses Filters zu prüfen, die möglicherweise auf die Fähigkeit zu einer 0/1 Entscheidung reduziert ist. (Rasch 1989, S. 19)

Die Handhabung des Krankheitsbegriffes darf nicht länger „einer gewissen Beliebigkeit ausgesetzt" sein, die sich im wesentlichen an dem Kriterium des subjektiven richterlichen Unverständnisses gegenüber dem Krankheitsbild orientiert (Plewig 1983, S. 41). „Solan-

ge also die Bedingungen [. . .] nicht hergestellt sind, unter denen das
Freudsche Postulat – die Verantwortungsübernahme des Menschen
für seine Träume, des Neurotikers für seine Symptome und des neurotischen Kriminellen für seine Taten (Alexander/Staub 1929,
S. 282; Einfügung A. W.) – Wirklichkeit werden kann, ist das sitt-
liche Werturteil über den Straftäter ein in die Rechtsprechung ein-
gebauter *moralischer* Machtfaktor, der ob seiner demütigenden und
beschämenden Wirkung verhindert, daß Reflexion an die Stelle unkontrollierter Affekte tritt [. . .]. Aus diesem Grunde zielt die psychoanalytische Strafrechtskritik stets auf die Abschaffung der vom
Schuldprinzip transportierten ‚Ächtung des Bösen‘, auf eine Mobili-
sierung gegen die inhumane und moralisierende Selbstgerechtigkeit,
mit der die Angepaßten ihre Mitverantwortlichkeit verleugnen“
(Kargl 1982, S. 207–208).
  Kriterium der Zurechnungsfähigkeit bzw. Verantwortlichkeit für
das strafrechtliche Handeln ist es, „ob die Rechtsnorm überhaupt die
Möglichkeit hatte, im Motivationsprozeß des Täters wirksam zu
werden“ (Schreiber 1981 a, S. 51). In anderem Zusammenhang führt
Schreiber aus, die theoretisch unlösbare Freiheitsfrage könne im
Hinblick auf den konkreten einzelnen Täter und seine Situation bei
der Tat rückblickend nicht verläßlich beantwortet werden (Schreiber 1981 b, S. 33). Wird jedoch der Blick stärker auf die Rechts-
folgenseite gerichtet, ist maßgebliches Kriterium einer Differenzierung die von Moser in die Diskussion eingebrachte sogenannte „Ap-
pellfunktion“: Vermag das Strafrecht wenigstens insofern noch Ap-
pellcharakter zu entfalten, als die Täterin überhaupt erreicht werden
kann? (Moser 1971, S. 112) Andernfalls ist eine Verantwortlichkeit
abzulehnen.
  Der Schuldbegriff wäre – als Basis der Strafverhängung – nur
dann aufrechtzuerhalten, wenn die Strafe imstande wäre, von der
Schuld zu befreien (Gollwitzer 1964, S. 155). Eine solche „Erlösung“ findet jedoch nicht statt. Mit der Zurückdrängung der mora-
lisierenden Schuldidee aus der Strafverhandlung vermag sich der
Resozialisierungsgedanke, jener an der Täterin orientierte Strafzweck, stärker auch schon in der Hauptverhandlung zu entfalten.
Auch Roxin entwickelt in einer „teleologisch-kriminalpolitischen
Konzeption“ die Vorstellung, eine Schuldprüfung herkömmlicher
Art durch die Prüfung „strafrechtlicher Sanktionsbedürftigkeit im
Einzelfall“ (Roxin 1973 a, S. 12–17) zu ersetzen. Hier schimmert
die Idee durch, daß in der Strafverhandlung nicht nur der „End-
punkt“, sondern zugleich auch der „Beginn eines sozialen Prozes-

ses" festzulegen sei (Calliess 1974, S. 189). Eine Resozialisierung im eigentlichen Sinne könnte im Prozeß ihren Ausgangspunkt nehmen. Auf die Notwendigkeit einer Verankerung der Resozialisierungsidee bereits in der Hauptverhandlung wurde insbesondere von Haberstroh hingewiesen (Haberstroh 1979); der Täterin kann zu diesem Zeitpunkt durch eine entsprechende Ausgestaltung des Beweisverfahrens erstmals vor Augen geführt werden, daß sie „anders habe handeln können". Nur dann ist damit zu rechnen, daß sie selbst auf ihre Resozialisierung vertraut, und dieses ist eine der sichersten Garantien für deren Erfolg (Lüderssen 1978, S. 203–204). Hierzu ist nun aber die Aufdeckung der Tat- und Lebensgeschichte in einem umfassenderen Sinne notwendig, nämlich in einer auch das Unbewußte aufdeckenden, d. h. psychoanalytischen Vorgehensweise, schreibt doch Jäger (Jäger 1980, S. 60): „Die psychologische Wahrheitsfindung im Prozeß ist vielmehr so archaisch und die Reform daher so dringlich wie zuvor." Sofern kriminologisch bzw. lebensgeschichtlich relevante Daten im Prozeß erhoben werden, gehen sie in der Regel als „funktionsloses biographisches Entscheidungsbeiwerk" (Jäger 1980, S. 173) unter. Der psychologische Aspekt wird von Juristen „mitverwaltet" (Krauß 1980 a, S. 113).

Dem in diesem Zusammenhang aus verschiedenen Richtungen erhobenen Einwand, es gelte die Tat und nicht die Täterin aufgrund einer „Lebensführungs-Schuld" (Mezger 1938, S. 689) für ihr So-Sein zu bestrafen (Schild 1983, S. 70), ist entgegenzuhalten, daß nur durch Erhellung, nicht aber durch Verdeckung der Tathintergründe eine Bestrafung der Täterin als „fiktiver" statt realer Person zu verhindern ist. Die aufdeckende Methode impliziert nicht, daß die „Wahrheit um jeden Preis" erforscht wird (BGHSt 14, 358 (365)), was der BGH (unter Bezugnahme auf §§ 245, 52 ff, 252, 81 a ff, 95 ff, 69 Abs. 3 StPO) verhindert wissen will. „Es ist nur dann möglich, dem Drama des Subjektes zu lauschen, wenn man über das hinausgeht, was gesagt wird, und ermitteln kann, worin die Umwelt in ihrer bildenden Funktion versagt hat" (Jaccard 1983, S. 93). Der Ist-Zustand des Strafprozesses zeichnet sich jedoch noch durch eine starke generalpräventive Komponente aus; der Richter handelt bezogen auf die dort zutage geförderten Emotionen stellvertretend für die Gesellschaft (s. Kap. 2.4). Vor diesem Hintergrund stellt sich Schuld dar als „Schaltstelle" zur Umsetzung jener zur Abfuhr drängenden kollektivpsychischen Kräfte in das strafrechtliche System (Haffke 1980, S. 140), als „bloße Spiegelung emotionaler Bedürfnisse der Urteilenden" (Streng 1980, S. 656). Zynisch bemerkt

Streng, daß der Schuldbegriff zugleich auch die „Ruhebank der Strafrechtswissenschaft" und der „Kriminalpolitik" sei (Streng 1980, S. 678–679). Auch aus dieser Perspektive ist eine individual-psychologische Aufarbeitung des Tatgeschehens im Strafprozeß von Bedeutung:

> Je mehr Verständnis durch die Herausarbeitung der zur Tat führenden Determinanten geweckt werden kann, um so mehr werden Schuldprojektionen und damit auch überzogene Strafbedürfnisse vom Täter abgewendet. (Streng 1980, S. 656, Fn 58)

Nicht nur zur Bestimmung spezial-präventiver Maßnahmen für die Täterin, sondern auch zur mäßigenden Einwirkung auf Urteilende sowie die Öffentlichkeit ist der Psychoanalyse der Zutritt zum Gerichtssaal zu ermöglichen; denn nicht die Bloßlegung der Täterinpersönlichkeit steht zu befürchten, sondern umgekehrt erwächst durch eine psychoanalytische Aufdeckung die Chance, nicht verteufelt zu werden. Der Täter wird nicht länger so behandelt, „als wäre er bekannt" (Reiwald 1948, S. 47).

Nicht nur für die Beantwortung der Schuldfrage, der sogenannten Strafbegründungsschuld, sondern auch für die Frage der Strafzumessung, der sogenannten Strafzumessungsschuld, ist die „lebensgeschichtliche Verflochtenheit" der Täterin in den sozialen Prozeß miteinzubeziehen (Calliess 1974, S. 192). Entsprechende gesetzliche Anknüpfungspunkte hierfür liefern die in § 46 Abs. 2 StGB genannten Kriterien für die Strafzumessung. Gerade für die im Hinblick auf ein Resozialisierungskonzept stützenden Veränderungen der Täterin werden Informationen gebraucht „über die Art und Weise, wie sich Menschen mit ihrer eigenen und ihrer gesellschaftlichen Realität auseinandersetzen. Für den *subjektiven* Faktor (Hervorhebung A. W.) in diesem Prozeß erklärt sich die Psychoanalyse für kompetent" (Reinke-Köberer 1979, S. 34). Soweit dieser Gedanke an althergebrachten Traditionen zu rütteln vermag, ist „als eine wesentliche Tugend Langatmigkeit" (Sack 1974, S. 357) vonnöten. „Wollen wir eine verantwortbare Strafrechtspflege haben", mahnt Schreiber an, „wird in Zukunft eine besondere Aus- und Weiterbildung für den Strafrichter erforderlich sein" (Schreiber 1985, S. 1019). In diesem Zusammenhang ist nun die alte – schon von Alexander/Staub, Reiwald, Ferenczi erhobene – Forderung nach entsprechender Aus- und Fortbildung der Strafjuristen im psychoanalytischen Denken einzuwerfen, vermuten doch Juristen andernfalls hinter psychoanalytischen Erklärungen nach wie vor sehr rasch „einen Totalangriff auf das Strafrecht" (Eschweiler 1979, S. 2). Nur auf der Basis eines gewissen psychoanalytischen Verständnisses wird aber eine tatsächliche Erhellung unbewußter Anteile möglich sein (Wendl 1979, S. 76). Aber auch die Psychoanalyse muß sich in dieser Begegnung tatsächlich stützend verhalten; hat doch die oben beleuchtete Abwehrhaltung einen realistischen Aspekt. „Die Psychoanalyse beschert dem Richter und Staatsanwalt die Einsicht in eine Fülle beruflicher Probleme, hat ihn aber zumeist allein gelassen, wenn es um deren Verarbeitung ging" (Eschweiler 1979, S. 2). Der „einsichtige Strafjurist" (Haffke 1974, S. 289) bedarf der Stütze. Nur vor diesem Hintergrund vermag eine verantwortbare Entscheidung eines „souveränen" Richters (s. Kap. 2.4.4.2) zu erwachsen, nicht die eines von „schlechtem Gewissen" gebeutelten Individuums, das sich mit einem ebenso mit schlechtem Gewissen heimgesuchten Psychiater in einer „Gemengelage" (Schreiber 1985, S. 1017) arrangiert, um gemeinsam die mit vorliegendem Delikt aufkommenden Ängste mühsam im Unbewußten zu halten. So schildert auch Gimbernat Ordeig den Eindruck, daß „in der Art, in der die Juristen auf dem Schuldprinzip beharren, etwas irgendwie Verzweifeltes steckt" (Gimbernat Ordeig 1970, S. 382). Nur der Richter, der nicht mehr von seinem „autoritären Gewissen" gedrückt wird, vermag sein „humanistisches Gewissen" zu entfalten (Fromm 1963, S. 12). Das Ziel ist aber auch, ein anderes Verständnis von der Rolle des Sachverständigen zu gewinnen. „Entgegen den bisher dominierenden Vorstellungen vom ‚objektiven‘ Gutachter, der sich jeglichen ärztlichen Engagements zugunsten seines Probanden enthält, sollte er sich der betroffenen Person gegenüber in seiner ‚eigentlichen‘, d. h. ärztlichen bzw. therapeutischen Berufsrolle sehen und demgemäß die konkreten persönlichen Folgen der in Frage kommenden gerichtlichen Entscheidung in seine sachverständigen Überlegungen einbeziehen" (Crefeld 1990, S. 273). Daß der Gutachter sein *eigentliches* (Hervorhebung A. W.) Metier, nämlich Arzt und Therapeut zu sein, endlich auch forensisch einsetzen solle, wird auch von Schüler-Springorum gefordert (Schüler-Springorum 1984, S. 80), der im Hinblick auf die derzeitige Ausgestaltung der Sachverständigenrolle ein wesentliches Dilemma darin sieht, daß dem forensisch tätigen Psychiater „der eigentlich ärztliche Teil all dessen fehlt (Einfügung A. W.), woraufhin er studiert hat: nämlich die Heilung" (Schüler-Springorum 1984, S. 72). Diese Auffassung hebt sich ab von der traditionellen Haltung, die Rauch u. a. eigen ist, daß nämlich die „gutachtlichen Schlußfolgerungen nicht nach den Folgen für den Täter oder für die

Gesellschaft" auszurichten seien (H.-J. Rauch 1983, S. 395). In diesem „Seiltanz" zwischen richterlicher Unabhängigkeit und Entscheidungsabhängigkeit (Plewig 1983, S. 20) – dieser viel beschworenen „Krise im Sachverständigenbeweis" (Plewig 1983, S. 27) – wäre endlich aufzuzeigen, daß bislang die Belange der Angeklagten bei der immer wieder aufflammenden Debatte um „Kompetenzwahrung" seitens des Richters sowie „Kompetenzerweiterung" seitens des Sachverständigen paradoxerweise weitgehend an den Rand gestellt werden, vorherrschend ist die „Justizperspektive" (Plewig 1983, S. 66). Auf diese Art wird die Angeklagte gewissermaßen als „Problemquelle" (Luhmann, 1969, S. 121) isoliert, ein Umstand, der gerade auch durch das Gerichtszeremoniell verstärkt wird (Goldschmidt 1984, S. 25). Die eigentliche Sturzgefahr besteht jedoch für die Angeklagte. Um hier ein Netz zu knüpfen, das sie bei ihrem Fall in die Tiefe aufzufangen vermag, bedarf es der Stützung durch die tiefenpsychologische Betrachtung ihrer Biographie. Nur wenn der Psychoanalyse der Einlaß gewährt wird, besteht auch die Chance, daß die aus dem „Irrgarten der Säuglingsphantasien über Muttermacht" (Hagemann-White 1987, S. 26) gewonnene Perspektive entzerrt wird zugunsten einer Wahrnehmung der realen Lebenssituation einer konkreten Täterin. Das „Konzept des ‚objektiven Gutachters' als Paradigma beruht auf *unrealistischen* Vorstellungen über die menschliche Wahrnehmung und das Diagnostizieren an Personen. Es ist *dysfunktional* für eine am persönlichen Wohl des Probanden auszurichtende gerichtliche Entscheidung" (Crefeld 1990, S. 277). „Die Psychoanalyse kann es uns erleichtern, mit der ungeheuren narzißtischen Kränkung fertig zu werden, daß der sogenannte freie Wille des Individuums so frei nicht ist, daß er sich die Bedingungen für eine ‚angemessene' oder abweichende Entwicklung aussuchen kann" (Reinke-Köberer 1979, S. 26).

Zur Zeit setzt sich der engagierte Sachverständige noch dem Verdacht der Illoyalität gegenüber seiner Auftraggeberin, der Justiz, aus. „Ohne Zweifel bedeutet die Übernahme einer Gutachteraufgabe Verpflichtungen gegenüber der auftraggebenden Justiz. Dazu gehören z. B. Wahrhaftigkeit (auch im Sinne von Vollständigkeit), aber auch Verläßlichkeit, was die fachliche Dignität der Feststellungen und Wertungen betrifft. Doch unsere Forderung nach dem engagierten Sachverständigen hat ja gerade das Ziel der größeren fachlichen Güte im Gutachtergeschäft. Und Loyalität, auf die ein Gericht zu Recht Wert legt, schließt andere Bindungen nicht aus; sie müssen allerdings insbesondere dort, wo sie Konflikte beinhalten, verantwortungsbewußt miteinander abgestimmt werden." (Crefeld 1990, S. 279)

Der Einwand wird kommen: Stößt die Strafjustiz mit einer so weitgehenden Einbeziehung psychoanalytischer Verfahren hier nicht an ihre Grenzen, Grenzen des im Rahmen eines Prozesses Machbaren? „Entsteht eine Forschung nicht in dem Augenblick, in dem eine Praxis ihre eigene Grenze erreicht . . .?" (Foucault 1987, S. 120).

> Eine Grenze *als Grenze* zu begreifen heißt aber, sie bereits potentiell überschritten zu haben, da der Begriff der Grenze nicht nur das Begrenzte enthält, sondern auch das, was sich außerhalb der Grenzen befindet: der Mensch bezieht also dieses Jenseits der Grenze in die eigene Vorstellung ein und transzendiert hiermit ständig seinen Wirkbereich. (Caruso 1972, S. 101)

Für das Bemühen um Wahrheit als forensisches Ziel ist dabei jedenfalls gewonnen, daß der Wahrheitsgehalt zumindest um die Dimension unbewußt psychischer Zusammenhänge erweitert ist (Muck 1984, S. 11). In der Praxis ist die Notwendigkeit einer Aufrechterhaltung des derzeit ritualisierten Verfahrens neu zu durchdenken, steht dieses doch der „Aufdeckung und Diagnostizierung komplizierter psychologischer Vorgänge" (Jäger 1980, S. 59) entgegen. Neben der Funktion ist auch die Form der Expertenbeteiligung zu diskutieren, wobei der Sachverständige sowohl von seinem Selbst als auch vom Fremdverständnis her den Schleier seines Gehilfenstatus ablegen müßte, um sich als „selbständiger Helfer bei der Wahrheitsfindung" (Schreiber/Müller-Dethard 1977, S. 378) zu erkennen zu geben. Vor allem aber wäre der immer wieder diskutierte Vorschlag des Schuldinterlokuts, einer Zweiteilung des Verfahrens, entsprechend dem Dualismus von Unrechtsfeststellung und Sanktionsprüfung, ein wichtiger formaler Schritt in die von der psychoanalytischen Kritik gewiesene Richtung. Nur in einem solchen Rahmen ist sichergestellt, daß eine Eruierung der Angeklagten-Biographie nicht überflüssigerweise erfolgt. Im Hinblick auf die vom Gericht zu verhängenden Sanktionen gilt es schließlich zu bedenken, darauf hinzuwirken, daß die Schuldfähigkeit als Trennungslinie zwischen Schuld und Maßregel künftig weiter an Bedeutung verliert (Schreiber 1981 b, S. 37). Das Augenmerk des Strafrichters und des Sachverständigen richtet sich dann – anders als noch Rauch es forderte – schwerpunktmäßig auf die Konsequenzen des Urteilsspruchs für die Täterin, statt lediglich auf der Beantwortung der Frage zu verharren, „wie es im Kopf des Täters zur Tatzeit ausgesehen hat" (Sarstedt 1962, S. 111). Ein solches Konzept ist gleichwohl nicht als Preisgabe des strafrechtlichen Tatbestandskatalogs mißzuverstehen (Jäger 1980, S. 57).

Ich will keine Überzeugungen erwecken – ich will Anregungen geben und Vorurteile erschüttern. (Freud, 1916–17, S. 245)

Literaturverzeichnis

Abelin, E. L.: Some further observations and commands on the earliest role of the father, in: International Journal of Psycho-Analysis 56, 1975, S. 293–302

Abraham, K.: Versuch einer Entwicklungsgeschichte der Libido auf Grund der Psychoanalyse seelischer Störungen (1924), in: ders.: Psychoanalytische Studien, Bd. I, Frankfurt a. M. 1971, S. 113–183

Achenbach, H.: Historische und dogmatische Grundlagen der strafrechtssystematischen Schuldlehre, Berlin 1974

Adler, F.: Sisters in crime, New York 1975

Adomeit, K.: Wahrheitsbegriff und Rechtswissenschaft, in: Juristische Schulung 1973, S. 207

Adorno, T.: Zur Logik der Sozialwissenschaften (1961), in: ders.: Aufsätze zur Gesellschaftstheorie und Methodologie, Frankfurt a. M. 1970, S. 108–128

Albersmeyer-Bingen, H.: Stichwort: Macht, in: Lissner, A., Süssmuth, R., Walter, K. (Hrsg.): Frauenlexikon: Traditionen, Fakten, Perspektiven, Freiburg i. Breisgau, Basel, Wien 1989, S. 661–665

Alexander, F., Staub, H.: Der Verbrecher und seine Richter (1929), in: Moser, T. (Hrsg.): Psychoanalyse und Justiz, Frankfurt a. M. 1974, S. 225–343

Alternativ-Entwurf eines Strafgesetzbuches, Allgemeiner Teil, vorgelegt von Baumann, J. u. a., Tübingen 1966

Anselm, S.: Einleitende Gedanken zum Symposium „Theorien weiblicher Subjektivität", in: dies. (Hrsg.): Theorien weiblicher Subjektivität, Frankfurt a. M. 1985, S. 14–20

Anselm, S.: Die zweideutige Macht der Mütter (1985), in: dies. (Hrsg.): Theorien weiblicher Subjektivität, Frankfurt a. M. 1985, S. 66–91

Argelander, H.: Der Flieger, Frankfurt a. M. 1985

Ariès, P.: Geschichte der Kindheit (1960), München 1975

Arndt, A.: Strafrecht in einer offenen Gesellschaft (1968), in: Böckenförde, E.-W., Lewald, W. (Hrsg.): Adolf Arndt. Gesammelte juristische Schriften, Ausgewählte Aufsätze und Vorträge 1946–1972, München 1976, S. 207–240

Arndt, A.: Rechtsprechende Gewalt und Strafkompetenz (1961), in: Böckenförde, E.-W., Lewald, W. (Hrsg.): Adolf Arndt. Gesammelte juristische Schriften, Ausgewählte Aufsätze und Vorträge 1946–1972, München 1976, S. 241–268

Arzt, G.: Anmerkung zum Urteil BGHSt vom 06. 09. 1968, in: Juristenzeitung 1969 a, S. 438–440

Arzt, G.: Der befangene Strafrichter, Tübingen 1969 b

Bach, H., Heine, M.: Pseudonormalität und „Normalpathologie", in: Bach, H. (Hrsg.): Der Krankheitsbegriff in der Psychoanalyse, Göttingen 1981, S. 11–35

Badinter, E.: Die Mutterliebe (1980), München 1984

Baker Miller, J.: Die Stärke weiblicher Schwäche (1976), Frankfurt a. M. 1977

Balint, A.: Liebe zur Mutter und Mutterliebe (1939), in: Balint, M.: Die Urformen der Liebe und die Technik der Psychoanalyse, Frankfurt a. M. 1981, S. 116–135

Balint, M.: Frühe Entwicklungsstadien des Ichs. Primäre Objektliebe (1937), in: ders.: Die Urformen der Liebe und die Technik der Psychoanalyse, Frankfurt a. M. 1981, S. 93–115

Bamberg, E., Mohr, G.: Frauen als Forschungsthema: Ein blinder Fleck in der Psychologie (1982), in: Mohr, G., Rummel, M., Rückert, D., (Hrsg.): Frauen: Psychologische Beiträge zur Arbeits- und Lebenssituation, München, Wien, Baltimore 1982, S. 1–19

Bateson, G.: Geist und Natur. Eine notwendige Einheit, Frankfurt a. M. 1982

Bauer, F.: Im Kampf um des Menschen Rechte (1955), in: ders.: Vom kommenden Strafrecht, Karlsruhe 1969, S. 1–15

Bauer, M., Thoss, P.: Die Schuldunfähigkeit des Straftäters als interdisziplinäres Problem, in: Mit den Händen denken: Beiträge zur Psychiatrie; Klaus Dörner zum 50., Rehburg-Loccum 1983, S. 91–107

Bauriedl, T.: Beziehungsanalyse (1980), Frankfurt a. M. 1984

Bauriedl, T.: Symptome einer kranken Gesellschaft und Möglichkeiten der Gesundung. Zur Psychoanalyse von gesellschaftlichen Veränderungsprozessen, in: Klußmann, R., Mertens, W., Schwarz, S. (Hrsg.): Aktuelle Themen der Psychoanalyse, Berlin, Heidelberg 1988, S. 119–132

Beauvoir, S. de: Das andere Geschlecht. Sitte und Sexus der Frau (1949), Reinbek bei Hamburg 1968

Beck, U., Beck-Gernsheim, E.: Das ganz normale Chaos der Liebe, Frankfurt a. M. 1990

Beck-Gernsheim, E.: Mutterwerden – der Sprung in ein anderes Leben, Frankfurt a. M. 1989

Becker-Toussaint, H., Boor, C. de, Goldschmidt, O., Lüderssen, K., Muck, M.: Aspekte der psychoanalytischen Begutachtung im Strafverfahren, Baden-Baden 1981

Bendix, L.: Zur Psychologie der Urteilstätigkeit des Berufsrichters und andere Schriften (1932), Neuwied, Berlin 1968

Benedek, T.: Elternschaft als Entwicklungsphase (1959), in: Jahrbuch der Psychoanalyse 1960, Heft 1, S. 35–61

Benjamin, W.: Über den Begriff der Geschichte (1940), in: ders.: Gesammelte Schriften, Bd. I, 2, Frankfurt a. M. 1980, S. 691–704

Bennent, H.: Galanterie und Verachtung: Eine philosophiegeschichtliche Untersuchung zur Stellung der Frau in Gesellschaft und Kultur, Frankfurt a. M. 1985

Berger, R., Stephan, I.: Einleitung, in: dies: (Hrsg.) Weiblichkeit und Tod in der Literatur, Köln, Wien 1987, S. 1–9

Berger, T. L., Luckmann, T.: Die gesellschaftliche Konstruktion der Wirklichkeit, Frankfurt a. M. 1972

Bernfeld, S.: Zur Sublimierungstheorie (1931), in: Dahmer, H. (Hrsg.): Analytische Sozialpsychologie, 1. Bd., Frankfurt a. M. 1980, S. 139–157

Bertram, W.: „Eine fabelhafte Gelegenheit", in: Mit den Händen denken: Beiträge zur Psychiatrie; Klaus Dörner zum 50., Rehburg-Loccum 1983, S. 61–67

Binder, J.: Grundlegung zur Rechtsphilosophie, Tübingen 1935

Bindseil, I.: Zur gesellschaftlichen Fabrikation weiblicher Subjektivität (1985), in: Anselm, S. (Hrsg.): Theorien weiblicher Subjektivität, Frankfurt a. M. 1985, S. 21–49

Bion, W. R.: Eine Theorie des Denkens (1962), in: Psyche, 17. Jhrg., 1963, S. 426–435

Bischof, H. L.: Begutachtungsprobleme beim erweiterten Suicid im Lichte des neuen Strafrechts, in: Monatsschrift für Kriminologie und Strafrechtsreform, 65. Jhrg., 1982, S. 136–152

Bittner, G.: Sprache und affektive Entwicklung, Stuttgart 1969

Bloch, D.: Feelings that kill: the effect of the wish for infanticide in neurotic depression (1965), in: Psychoanalytic Review 52, 1965, S. 51–66

Bloch, D.: „So the witch won't kill me", Boston 1978

Bloch, E.: Naturrecht und menschliche Würde (1961), Frankfurt a. M. 1975

Blumenberg, H.: Wirklichkeitsbegriff und Wirkungspotential des Mythos, in: Fuhrmann, M.: Terror und Spiel. Probleme der Mythenrezeption, München 1971, S. 11–66

Böckelmann, ohne Vornamen: Zur schlechten Aufhebung der autoritären Persönlichkeit, München 1971

Bockelmann, P.: Bemerkungen über das Verhältnis des Strafrechts zur Moral und zur Psychologie, in: Jäger, H. (Hrsg.): Kriminologie im Strafprozeß, Frankfurt a. M. 1980, S. 11–20

Bockelmann, P.: Vom Sinn der Strafe, in: Universitäts-Gesellschaft Heidelberg (Hrsg.): Heidelberger Jahrbücher V, Heidelberg 1961, S. 25–39

Böhm, N.: Frauen – das kranke Geschlecht? Zur Epidemiologie psychischer Erkrankungen bei Frauen, in: Rommelspacher, B. (Hrsg.): Weibliche Beziehungsmuster. Psychologie und Therapie von Frauen, Frankfurt a. M. 1987, S. 71–101

Böhme, G.: Sinn und Gegensinn – über die Dekonstruktion von Geschichten, in: Psyche, 44. Jhrg. 1990, S. 577–592

Böhme, H., Böhme, G.: Das Andere der Vernunft. Zur Entwicklung von Rationalitätsstrukturen am Beispiel Kant, Frankfurt a. M. 1985

Böllinger, L.: Psychoanalyse und Strafjustiz, in: Seitz, W. (Hrsg.): Kriminal- und Rechtspsychologie. Ein Handbuch in Schlüsselbegriffen, München, Wien, Baltimore 1983, S. 162–158

Böllinger, L.: Die strafrechtliche Relevanz der Psychoanalyse. Möglichkeiten und Grenzen der Einbeziehung von Humanwissenschaft in die Rechtspraxis, in: Eschweiler, P. (Hrsg.): Psychoanalyse und Strafrechtspraxis, Königstein im Taunus 1979, S. 89–112

Bouchart-Godard, A.: Entwicklungsweg einer Tochter (1987), in: Konnertz, U. (Hrsg.): Die übertragene Mutter, Tübingen 1987, S. 19–28

Bovenschen, S.: Die aktuelle Hexe, die historische Hexe und der Hexenmythos. Die Hexe: Subjekt der Naturaneignung und Objekt der Naturbeherrschung (1977), in: Becker, G., Bovenschen, S., Brackert, H. u. a.: Aus der Zeit der Verzweiflung: Zur Genese und Aktualität des Hexenbildes, Frankfurt a. M. 1977, S. 259–311

Bovenschen, S.: Die imaginierte Weiblichkeit. Exemplarische Untersuchungen zu kulturgeschichtlichen und literarischen Präsentationsformen des Weiblichen, Frankfurt a. M. 1979

Bowlby, J: Verlust, Trauer und Depression (1980), Frankfurt a. M. Böllinger, L.: Psychoanalyse und Strafjustiz, in: Seitz, W. (Hrsg.): Kriminal- und Rechtspsychologie. Ein Handbuch in Schlüsselbegriffen, München, Wien, Baltimore 1983, S. 162–158

Bowlby, J.: Über das Wesen der Mutter-Kind-Bindung (1958), in: Psyche, 13. Jhrg., 1959/60, S. 415–456

Braun, C. von: Die schamlose Schönheit des Vergangenen. Zum Verhältnis von Geschlecht und Geschichte, Frankfurt a. M. 1989

Breitling, G.: Diskussionsbeitrag Round-Table-Gespräch „Mittäterschaft und Sozialcharakter", in: Studienschwerpunkt „Frauenforschung" am Institut für Sozialpädagogik der TU Berlin: Mittäterschaft und Entdeckungslust, Berlin 1989, S. 173–199

Brenner, C.: Elemente des seelischen Konfliktes. Theorie der modernen Psychoanalyse (1982), Frankfurt a. M. 1986

Brückner, M.: Die janusköpfige Frau. Lebensstärken und Beziehungsschwächen, Frankfurt a. M. 1987

Brückner, M.: Die Liebe der Frauen, Frankfurt a. M. 1983

Brückner, M.: Wendepunkte – Frauen auf dem Wege der Subjektwerdung (1984), in: Schaeffer-Hegel, B. (Hrsg.): Frauen und Macht, Berlin 1984, S. 150–160

Bruns, H.-J.: Neues Strafzumessungsrecht? „Reflexionen" über eine geforderte Umgestaltung, Köln, Berlin, Bonn, München 1988

Burlingham, D. T.: Die Einfühlung des Kleinkindes in die Mutter (1935), in: Imago 21, 1935, S. 429–444

Calliess, R.-P.: Theorie der Strafe im demokratischen und sozialen Rechtsstaat. Ein Beitrag zur strafrechtsdogmatischen Grundlagendiskussion, Frankfurt a. M. 1974

Caruso, I. A.: Soziale Aspekte der Psychoanalyse, Reinbek bei Hamburg 1972

Chasseguet-Smirgel, J.: Zwei Bäume im Garten. Zur psychischen Bedeutung der Vater- und Mutterbilder; Psychoanalytische Studien (1986), München, Wien 1988

Chasseguet-Smirgel, J.: Die weiblichen Schuldgefühle (1964), in: Chasseguet-Smirgel, J. (Hrsg.): Psychoanalyse der weiblichen Sexualität (1964), Frankfurt a. M. 1974, S. 134–191

Chesler, P.: Frauen – das verrückte Geschlecht? Reinbek bei Hamburg 1977

Chodorow, N.: Das Erbe der Mütter (1978), München 1985

Cohn, R.: Von der Psychoanalyse zur themenzentrierten Interaktion. Von der Behandlung einzelner zu einer Pädagogik für alle, 9. Aufl., Stuttgart 1990

Corbin, A.: Das „trauernde Geschlecht" und die Geschichte der Frauen im 19. Jahrhundert, in: Perrot, N. (Hrsg.): Geschlecht und Geschichte. Ist eine weibliche Geschichtsschreibung möglich? Frankfurt a. M. 1989, S. 63–81

Crefeld, W.: Der Sachverständige im Betreuungsverfahren, Familie und Recht 1990, S. 272–281

Dahmer, H.: Psychoanalyse und historischer Materialismus, in: Lorenzer, A. (Hrsg.): Psychoanalyse als Sozialwissenschaft, Frankfurt a. M. 1971, S. 60–92

Dante Alighieri, Die göttliche Komödie, Dantes Hölle, übertragen von Benno Geiger, Padua 1943

Deutsch, H.: Psychologie der Frau, Bern 1949

Deutscher Juristinnenbund (Hrsg.): Juristinnen in Deutschland. Eine Dokumentation (1900–1984), München 1984

Devereux, G.: Angst und Methode in den Verhaltenswissenschaften (1967), Frankfurt a. M. 1984

Dinnerstein, D.: Das Arrangement der Geschlechter (1976), Stuttgart 1979

Döpp, H.-J.: Narziß: ein neuer Sozialisationstyp? in: Häsing, H. (Hrsg.) Narziß, ein neuer Sozialisationstypus? Bensheim 1981

Dörner, D.: Verhalten, Denken und Emotionen, in: Eckensberger, L.-H., Lantermann, E.-D. (Hrsg.): Emotion und Reflexivität, München, Wien, Baltimore 1985, S. 157–181

Dörner, K.: Bürger und Irre. Zur Sozialgeschichte und Wissenschaftssoziologie der Psychiatrie, überarbeitete Neuauflage, Frankfurt a. M. 1984

Dörner, K., Plog, U.: Irren ist menschlich oder Lehrbuch der Psychiatrie, Psychotherapie, 5. Aufl., Bonn 1989

Dreher, E.: Das schlechte Gewissen des Strafrichters, in: Kaufmann, A., Bemmann, G., Krauss, D., Volk, K. (Hrsg.): Festschrift für Paul Bockelmann zum 70. Geburtstag, München 1979, S. 45–65

Dreher, E., Tröndle, H.: Strafgesetzbuch, 45. Aufl., München 1991

Dührssen, A.: Die biographische Anamnese unter tiefenpsychologischem Aspekt, Göttingen 1986

Durkheim, E.: Über die Anomie (1966), in: Mills, C. W. (Hrsg.): Klassik der Soziologie. Eine polemische Auslese, Frankfurt a. M. 1966, S. 394–436

Durkheim, E.: Über die Teilung der sozialen Arbeit, Frankfurt a. M., 1977

Ehrenzweig, A.-A.: Psychoanalytische Rechtswissenschaft, Berlin 1974

Ehrhardt, H.: Psychiatrie, in: Sieverts, R., Schneider, H.-J. (Hrsg.): Handwörterbuch der Kriminologie (1971), Berlin 1977, S. 344–415

Ehrhardt, H.: Die Schuldfähigkeit in psychiatrisch-psychologischer Sicht, in: Frey, E. (Hrsg.): Schuld, Verantwortung, Strafe. Im Lichte der Theologie, Jurisprudenz, Soziologie, Medizin und Philosophie, Zürich 1964, S. 227–263

Eicke, D.: Das Über-Ich – Eine Instanz, richtunggebend für unser Handeln, in: ders. (Hrsg.): Tiefenpsychologie, Bd. 1: Sigmund Freud – Leben und Werk, (Kindler „Psychologie des 20. Jahrhunderts"), Weinheim, Basel 1982, S. 493–508

Eisenberg, U.: Kriminologie, 3. Aufl., Köln, Berlin, Bonn, München 1990

Eissler, K. R.: Zur Notlage unserer Zeit (1968), in: Psyche, 22. Jhrg., 1968, S. 641–657

Elhardt, S.: Tiefenpsychologie. Eine Einführung, 9. Aufl., Stuttgart, Berlin, Köln, Mainz 1984

Ellscheid, G.: Das Naturrechtsproblem in der neueren Rechtsphilosophie, in: Kaufmann, A., Hassemer, W. (Hrsg.): Rechtsphilosophie, Heidelberg, Karlsruhe 1977, S. 23–71

Engelhardt, K.: Psychoanalyse der strafenden Gesellschaft, Frankfurt a. M. 1976

Engelhardt, D. von: Kriminalität zwischen Krankheit und Abnormität im wissenschaftlichen Denken des 19. Jahrhunderts, in: Kerner, H. Göppinger, H.-J. (Hrsg.): Kriminologie – Psychiatrie – Strafrecht, Festschrift für Heinz Leferenz zum 70. Geburtstag, Heidelberg 1983

Engisch, K.: Einführung in das juristische Denken, 5. Aufl., Stuttgart, Berlin, Köln, Mainz 1971

Engisch, K.: Vom Weltbild des Juristen, Heidelberg 1950

Engler, G.: Zum Bild des Strafrechts in der öffentlichen Meinung. Die weiblichen Befragten, Göttingen 1973

Erdheim, M.: Ethnopsychoanalytische Beiträge zum Verständnis der Gewalt, in: Dröge-Modelmog, I., Mergner, G. (Hrsg.): Orte der Gewalt. Herrschaft und Macht im Geschlechterverhältnis, Opladen 1987, S. 164–167

Erdheim, M.: Die gesellschaftliche Produktion von Unbewußtheit. Eine Einführung in den ethnopsychoanalytischen Prozeß (1982), Frankfurt a. M. 1990

Erdheim, M.: Die Wissenschaften, das Irrationale und die Aggression (1981), in: Duerr, H. P.: Der Wissenschaftler und das Irrationale, 1. Bd., Frankfurt a. M. 1981, S. 505–517

Erikson, E. H.: Identität und Lebenszyklus (1959), Frankfurt 1966

Erler, G. A.: Frauenzimmer. Für eine Politik des Unterschieds, Berlin 1985

Erler, U.: Mütter in der BRD, München 1976

Eschweiler, P.: Einleitung: Psychoanalytische Fortbildung von Strafjuristen, in: ders. (Hrsg.): Psychoanalyse und Strafrechtspraxis, Königstein im Taunus 1979

Exner, F.: Studien zur Strafzumessungspraxis der deutschen Gerichte, Kriminalistische Abhandlungen Heft 16, Leipzig 1931

Feer, H.: Die Sprache der Psychiatrie, Berlin, Heidelberg 1987

Feldmann, H.: Zum Krankheitsbegriff in der Psychiatrie, in: Bach, H. (Hrsg.): Der Krankheitsbegriff in der Psychoanalyse, Göttingen 1981, S. 99–103

Feltes, T.: Kriminalberichterstattung in der Tagespresse. Eine Analyse von Tageszeitungen des Frankfurter Raumes. Arbeitsbericht aus dem Seminar für Jugendrecht und Jugendhilfe der Universität Hamburg, Heft 3, Hamburg 1980

Fenichel, O.: Psychoanalytische Neurosenlehre, 2. Bd., (1945), Olten und Freiburg i. Breisgau 1975

Ferenczi, S.: Psychoanalyse und Kriminologie, in: ders.: Bausteine zur Psychoanalyse, Bd. 3, Arbeiten aus den Jahren 1908–1933, Bern, Stuttgart 1964, S. 399–421

Fischer-Homberger, E.: Krankheit Frau. Zur Geschichte der Einbildungen (1984), Darmstadt 1988

Fliess, R.: Ego and body ego (1961), New York 1972

Foucault, M.: Archäologie des Wissens, Frankfurt a. M. 1973 a

Foucault, M.: Die Geburt der Klinik. Eine Archäologie des ärztlichen Blicks (1973), Frankfurt a. M. 1988

Foucault, M.: Gefängnisse und Gefängnisrevolten, Gespräch mit Bodo Morawe, Paris, in: Dokumente – Zeitschrift für übernationale Zusammenarbeit, 29. Jhrg., Köln 1973 b, S. 133–137

Foucault, M.: Die Ordnung der Dinge. Eine Archäologie der Humanwissenschaften, Frankfurt a. M. 1971

Foucault, M.: Sexualität und Wahrheit, Bd. 1: Der Wille zum Wissen (1977), Frankfurt a. M. 1989 a

Foucault, M.: Überwachen und Strafen. Die Geburt des Gefängnisses (1976), Frankfurt a. M. 1977

Foucault, M.: Von der Subversion des Wissens (1974), Frankfurt a. M. 1987

Foucault, M.: Wahnsinn und Gesellschaft. Eine Geschichte des Wahns im Zeitalter der Vernunft (1973), Frankfurt a. M. 1989 b

Fouquet, C.: Führt der Weg der Frauengeschichte über die Geschichte des weiblichen Körpers? in: Perrot, M. (Hrsg.): Geschlecht und Geschichte. Ist eine weibliche Geschichtsschreibung möglich? Frankfurt a. M. 1989, S. 47–61

Fox Keller, E.: Liebe, Macht und Erkenntnis. Männliche oder weibliche Wissenschaft? München, Wien 1986

Fox Piven, F., Cloward, R. A.: Die unsichtbare Auflehnung – Steuerung der Innovationskraft und des Widerstandspotentials von Frauen (1984), in: Kickbusch, I., Riedmüller, B. (Hrsg.): Die armen Frauen. Frauen und Sozialpolitik, Frankfurt a. M. 1984, S. 135–162

Franssen, M.: Krankheit als Konflikt – Krankheit als Protest, in: Schneider, U. (Hrsg.): Was macht Frauen krank? Ansätze zu einer frauenspezifischen Gesundheitsforschung, Frankfurt a. M. 1981, S. 90–99

Frehsee, D.: Zur Abweichung der Angepaßten, in: Kriminologisches Journal 1991, S. 25–45

Freud, A.: Das Ich und die Abwehrmechanismen (1936), Frankfurt a. M. 1964

Freud, A.: Wege und Irrwege der Kinderentwicklung (1965), Stuttgart 1968

Freud, S.: Abriß der Psychoanalyse (1938), Frankfurt a. M. 1985, S. 7–61

Freud, S.: Aus den Anfängen der Psychoanalyse, 1887–1902. Briefe an Wilhelm Fließ (1897), Hrsg.: Bonaparte, M., Freud, A. und Kris, E., London (1950), Frankfurt a. M. 1962

Freud, S.: Das Interesse an der Psychoanalyse (1913), in: Scientia, Bd. 14 (31), S. 240–250 und (32), S. 369–384

Freud, S.: Studienausgabe (1969–1979), Frankfurt a. M. 1982, daraus:

– Die Traumdeutung (1900), Studienausgabe Bd. II

– Drei Abhandlungen zur Sexualtheorie (1905), Studienausgabe Bd. V, S. 37–145

– Bemühungen über einen Fall von Zwangsneurose (1909), Studienausgabe Bd. VII, S. 31–103

– Die zukünftigen Chancen der psychoanalytischen Therapie (1910), Studienausgabe Ergänzungs-Bd., S. 121–132

– Totem und Tabu (1912/13), Studienausgabe Bd. IX, S. 287–444

– Zur Einführung des Narzißmus (1914), Studienausgabe Bd. III, S. 37–68

– Triebe und Triebschicksale (1915 a), Studienausgabe Bd. III, S. 75–102

– Zeitgemäßes über Krieg und Tod (1915 b), Studienausgabe Bd. IX, S. 33–60

– Vorlesungen zur Einführung in die Psychoanalyse (1916–17), Studienausgabe Bd. I, S. 39–445

– Trauer und Melancholie (1917), Studienausgabe Bd. III, S. 193–212

– Jenseits des Lustprinzips (1920 a), Studienausgabe, Bd. III, S. 213–272

– Über die Psychogenese eines Falles von weiblicher Homosexualität (1920 b), Studienausgabe Bd. VII, S. 255–281

– Massenpsychologie und Ich-Analyse (1921), Studienausgabe Bd. IX, S. 61–134

– Das Ich und das Es (1923), Studienausgabe Bd. III, S. 273–330

– Einige psychische Folgen des anatomischen Geschlechtsunterschieds (1925), Studienausgabe Bd. V, S. 253–272

– Hemmung, Symptom und Angst (1926), Studienausg., Bd. VI, S. 227–308

314

– Die Zukunft einer Illusion (1927), Studienausgabe, Bd. IX, S. 135–189
– Das Unbehagen in der Kultur (1930), Studienausgabe, Bd. IX, S. 191–270
– Über die weibliche Sexualität (1931), Studienausgabe Bd. V, S. 273–292
– Neue Folge der Vorlesungen zur Einführung in die Psychoanalyse (1933 a), Studienausgabe Bd. I, S. 448–608
– Warum Krieg? (1933 b), Studienausgabe, Bd. IX, S. 271–286
– Die endliche und die unendliche Analyse (1937), Studienausgabe, Ergänzungsband, S. 351–392

Frisch, W.: Anmerkung zu BGHSt-Urteil vom 15. 12. 1987, in: Neue Zeitschrift für Strafrecht, 1989, S. 263–265

Fromm, E.: Anatomie der menschlichen Destruktivität (1973), Reinbek bei Hamburg 1977

Fromm, E.: Der Ungehorsam als ein psychologisches und ethisches Problem (1963), in: Fromm, E.: Über den Ungehorsam und andere Essays, Stuttgart 1982, S. 9–17

Fulde, I.: Vorwort zur deutschen Ausgabe, in: Langer, M.: Mutterschaft und Sexus. Körper und Psyche der Frau (1964), Freiburg i. Breisgau 1988, S. 11–15

Gambaroff, M.: Utopie der Treue, Reinbek bei Hamburg 1984

Gauthier, X.: Das Andere in der Natur. Gespräch mit L. Irigaray, in: Irigaray, L.: Zur Geschlechterdifferenz – Interviews und Vorträge, Wien 1987, S. 65–91

Gebser, J.: Gesamtausgabe, Bd. II, Schaffhausen 1978

Geißler, R.: Öffentliche Meinung und Meinungsbildungsprozesse, in: Heigl-Evers, A. (Hrsg.): Sozialpsychologie, Bd. 1: Die Erforschung der zwischenmenschlichen Beziehungen (Kindler, „Psychologie des 20. Jahrhunderts"), Weinheim, Basel 1984, S. 519–526

Gilligan, C.: Die andere Stimme (1982), München und Zürich 1984

Gibernat Ordeig, E.: Hat die Strafrechtsdogmatik eine Zukunft? in: Zeitschrift für die gesamte Strafrechtswissenschaft, Bd. 82, 1970, S. 379–410

Gibernat Ordeig, E.: Zur Strafrechtssystematik auf der Grundlage der Nichtbeweisbarkeit der Willensfreiheit, in: Roxin, C. (Hrsg.): Grundfragen der gesamten Strafrechtswissenschaft. Festschrift für Heinrich Henkel zum 70. Geburtstag, Berlin, New York 1974, S. 151–169

Glatzel, J.: Forensische Psychiatrie. Der Psychiater im Strafprozeß, Stuttgart 1985

Gleiss, I.: Psychische Störungen und Lebenspraxis. Entwurf einer psychologischen Perspektive der sozialen Epidemiologie, Weinheim, Basel 1980

Goethe, J. W. von: Faust, II. Teil, Gesamtausgabe, dtv, München 1961

Goethe, J. W. von: Wilhelm Meisters Wanderjahre, II. Teil, Gesamtausgabe, dtv, München 1961

Goldschmidt, O.: Der Stellenwert des psychoanalytischen Gutachtens innerhalb der Psychodynamik des Strafprozesses, in: Menne, K. (Hrsg.): Psychoanalyse und Justiz. Zur Begutachtung und Rehabilitation von Straftätern, Baden-Baden 1984, S. 23–39

Gollwitzer, H.: Neunte Vorlesung, in: Gollwitzer, H., Weischedel, W.: Denken und Glauben. Ein Streitgespräch, Stuttgart 1964

Göppinger, H.: Kriminologie, München 1980

Görres, A., Rahner, K.: Das Böse, Freiburg i. Breisgau 1982

Greenglass, E. R.: Geschlechterrolle als Schicksal. Soziale und psychologische Aspekte weiblichen und männlichen Rollenverhaltens, Stuttgart 1986

Grillparzer, F.: Das goldene Vließ, 1. Der Gastfreund, in: Sauer, A. (Hrsg.): Grillparzers sämtliche Werke, Bd. 2, Wien und Leipzig 1913

Groddeck, G.: Vom Wert der Krankheit. Mens sana in copore sano (um 1910), in: ders.: Krankheit als Symbol, Frankfurt a. M. 1983, S. 48–61

Groeben, A. von der: Nachdenken über den weiblichen Blick in der Wissenschaft, in: Neue Sammlung, 28. Jhrg., 1988, S. 125–205

Gronemeyer, M.: Die Macht der Bedürfnisse, Reinbek bei Hamburg 1988

Grosbüsch, G.: Die Affekttat. Sozialpsychologische Aspekte der Schuldfähigkeit, Stuttgart 1981

Grunberger, B.: Beitrag zur Untersuchung des Narzißmus in der weiblichen Sexualität (1964), in: Chasseguet-Smirgel, J. (Hrsg.): Psychoanalyse der weiblichen Sexualität (1964), Frankfurt a. M. 1974, S. 97–119

Gutwinski-Jeggle, J.: Das Arzt-Patient-Verhältnis im Spiegel der Sprache, Berlin, Heidelberg, New York 1987

Haars, H.: Psychiatrisch-psychologische Gutachten im Strafverfahren. Das Verhältnis zwischen Gutachter und Beschuldigtem im Vergleich zum Arzt-Patient-Verhältnis, Kiel 1978

Habermas, J.: Strukturwandel der Öffentlichkeit. Untersuchungen zu einer Kategorie der bürgerlichen Gesellschaft (1962), Neuwied, Berlin 1969

Habermas, J.: Erkenntnis und Interesse (1968), Frankfurt a. M. 1979

Haberstroh, D.: Strafverfahren und Resozialisierung. Eine Studie über Verstehen und Nicht-Verstehen, über Verstanden-werden und Nicht-verstandenwerden und deren Bedingungen in der Hauptverhandlung, Frankfurt a. M. 1979

Haferkamp, H.: Herrschaft und Strafrecht. Theorien der Normenentstehung und Strafrechtssetzung; Inhalt- und pfadanalytische Untersuchung veröffentlichter Strafrechtsforderungen in der Bundesrepublik Deutschland, Opladen 1980

Hafferl, A.: Lehrbuch der Topographischen Anatomie, Berlin, Göttingen, Heidelberg 1953

Haffke, B.: Differenzierung beim Strafzweck nach ödipalen und postödipalen Delikten? Kritische Anmerkungen zu Ehrenzweig's „Psychoanalytische Rechtswissenschaft", in: Monatsschrift für Kriminologie und Strafrechtsreform, 57. Jhrg., 1974, S. 280–289

Haffke, B.: Strafrechtsdogmatik und Tiefenpsychologie (1974), in: Jäger, H. (Hrsg.): Kriminologie im Strafprozeß, Frankfurt a. M. 1980, S. 133–172

Hagemann-Smit, J.: Das Mutterkonstrukt in psychiatrischen Gutachten, in: Recht und Psychiatrie, 5. Jhrg., 1987, S. 101–104

Hagemann-White, C.: Frauenbewegung und Psychoanalyse, Basel und Frankfurt a. M. 1979

Hagemann-White, C.: Die Kontroverse um die Psychoanalyse in der Frauenbewegung (1978), in: Psyche, 32. Jhrg., 1978, S. 732–763

Hagemann-White, C.: Macht und Ohnmacht der Mutter, in: Rommelspacher, W. (Hrsg.): Weibliche Beziehungsmuster. Psychologie und Therapie von Frauen, Frankfurt a. M. 1987, S. 15–30

Hammer, S.: Töchter und Mütter (1975), Frankfurt a. M. 1978

Hassemer, W.: Generalprävention und Strafzumessung, in: Hassemer, W., Lüderssen, K., Naucke, W.: Hauptprobleme der Generalprävention, Frankfurt a. M. 1979, S. 29–53

Hassemer, W.: Theorie und Soziologie des Verbrechens. Ansätze zu einer praxisorientierten Rechtsgutlehre, Frankfurt a. M. 1973

Haunert, D.: Geschlechtsspezifische Idealvorstellungen von Medizinern und Diplompsychologen über psychische Gesundheit, unveröffentlichte Diplomarbeit, Gießen 1980

Hauser, K.: Strukturwandel des Privaten? Das „Geheimnis des Weibes" als Vergesellschaftungsrätsel, Berlin, Hamburg 1987

Heidegger, M.: Sein und Zeit (1927), Tübingen 1963

Heidegger, M.: Unterwegs zur Sprache, Tübingen 1959

Heidensohn, F.: Women & Crime, Oxford 1985

Heimann, P.: Gedanken zum Erkenntnisprozeß des Psychoanalytikers, in: Psyche, 23. Jhrg., 1969, S. 2–24

Heinsohn, G., Steiger, O.: Die Vernichtung der weisen Frauen, Hemsbach üb. Weinheim 1985

Heller, A.: Theorie der Gefühle, Hamburg 1981

Helwig, P.: Psychologie ohne Magie. Der Mensch im Spannungsgefüge der Lebensdramatik, München 1961

Henseler, H.: Narzißtische Krisen (1974), Opladen 1984

Herzog, G.: Krankheitsurteile. Logik und Geschichte in der Psychiatrie, Rehburg-Loccum 1984

Hirschberg, W.: Wissenschaftliche Erklärung als Sprache und ihre Anwendung in der Psychiatrie, in: Fortschritte Neurologie Psychiatrie, 53. Jhrg., 1985, S. 191–200

Hofstätter, P.: Strafe und Vorwerfbarkeit in sozialpsychologischer Sicht, in: Bauer, S., Bürger-Prinz, H., Giese, H., Jäger, H. (Hrsg.): Sexualität und Verbrechen, Frankfurt a. M. 1963, S. 118–128

Hohm, B.: Die Entzauberung des Weibes. Versuch einer strukturtheoretischen

Betrachtung von „Menschsein" und „Geschlechtsein" als Bezugspunkt feministischer Kritik, Pfaffenweiler 1985

Honneth, A.: Kritik der Macht. Reflexionsstufen einer kritischen Gesellschaftstheorie, Frankfurt a. M. 1989

Horkheimer, M.: Neue Kunst- und Massenkultur, in: Die Umschau – Internationale Revue, Jhrg. III, 1948, S. 455–468

Horn, K.: Was heißt hier oraler Flipper? Narzißmus und gesellschaftliche Verhaltensanforderungen, in: Häsing, H. (Hrsg.): Narziß – ein neuer Sozialisationstypus? Bensheim 1981, S. 78–86

Horn, K.: Über den Zusammenhang zwischen Angst und politischer Apathie, in: Marcuse, H. (Hrsg.): Aggression und Anpassung in der Industriegesellschaft, Frankfurt a. M. 1968, S. 59–79

Horney, K.: Unsere inneren Konflikte (1945), München 1973

Horney, K.: Die Psychologie der Frau (1967), Frankfurt a. M. 1984

Husserl, E.: Die Krise der europäischen Wissenschaften und die transzendentale Phänomenologie (1935), Den Haag 1962

Husserl, E.: Phänomenologische Psychologie (1925), Den Haag 1962

Irigaray, L.: Körper-an-Körper mit der Mutter, in: dies.: Zur Geschlechterdifferenz. Interviews und Vorträge, Wien 1987, S. 95–115

Irle, M.: Macht und Entscheidungen in Organisationen, Frankfurt a. M. 1971

Jaccard, R.: Der Wahnsinn, Frankfurt a. M., Berlin, Wien 1983

Jacobsen, E.: Depression (1971), Frankfurt a. M. 1983

Jacobsen, E.: Das Selbst und die Welt der Objekte (1964), Frankfurt a. M. 1978

Jacobsen, E.: Wege der weiblichen Über-Ich-Bildung (1937), in: Psyche, 32. Jhrg., 1978, S. 764–775

Jäger, H.: Psychologie des Strafrechts und der strafenden Gesellschaft, in: Lüderssen, K., Sack, F. (Hrsg.): Seminar: Abweichendes Verhalten II, Die gesellschaftliche Reaktion auf Kriminalität 1, Frankfurt a. M. 1975, S. 107–127

Jäger, H.: Strafrecht und psychoanalytische Theorie, in: ders. (Hrsg.): Kriminologie im Strafprozeß, Frankfurt a. M. 1980, S. 47–64

Jakobs, G.: Strafrecht. Allgemeiner Teil. Die Grundlagen und die Zurechnungslehre, Lehrbuch, Berlin, New York 1983

Janeway, E.: Man's World, Woman's Place, New York 1971

Janssen-Jurreit, M.: Diskussionsbeitrag Symposium: Männlich-weibliche Machtmuster und ihr Einfluß auf Frauenkonflikte in der Öffentlichkeit, in: Schaeffer-Hegel, B. (Hrsg.): Frauen und Macht. Der alltägliche Beitrag der Frauen zur Politik des Patriarchats, Berlin 1984, S. 183–197

Joffe, W. G., Sandler, J.: Über einige begriffliche Probleme im Zusammenhang mit dem Studium narzißtischer Störungen (1967), in: Psyche, 21. Jhrg., 1967, S. 152–165

Johansen, E. M.: Betrogene Kinder (1978), Frankfurt a. M. 1980

Jones, A.: Frauen, die töten (1980), Frankfurt a. M. 1986

Joseph, B.: Verstehen und Nicht-Verstehen (1983), in: Psyche, 39. Jhrg., 1985, S. 991–1005

Kargl, W.: Die Jurisprudenz der Geisteskrankheit, in: Leviathan 1977, S. 301–332

Kargl, W.: Krankheit, Charakter und Schuld, in: NJW 1975, S. 558–563

Kargl, W.: Kritik des Schuldprinzips. Eine rechtssoziologische Studie zum Strafrecht, Frankfurt a. M. 1982

Kaufmann, A.: Einige Bemerkungen zur Frage der Wissenschaftlichkeit der Rechtswissenschaft, in: Kaufmann, A., Bemmann, G., Krauss, D., Volk, K. (Hrsg.): Festschrift für Paul Bockelmann zum 70. Geburtstag, München 1979, S. 67–73

Kaufmann, A.: Richterpersönlichkeit und richterliche Unabhängigkeit, in: Baumann, J., Tiedemann, G. (Hrsg.): Einheit und Vielfalt. Festschrift für Karl Peters zum 70. Geburtstag, Tübingen 1974, S. 295–309

Kaufmann, F.-X.: Kinder als Außenseiter der Gesellschaft, in: Merkur, 34. Jhrg., 1980, S. 761–771

Kaupen, W.: Die Hüter von Recht und Ordnung, Neuwied, Berlin 1971

Kellermann, L.: Richterpersönlichkeit und Richtertätigkeit, in: Deutsche Richterzeitung, 41. Jhrg., 1963, S. 286–290

Kerényi, K.: Die Eröffnung des Zugangs zum Mythos, Darmstadt 1967

Kernberg, O.: Borderline-Störungen und pathologischer Narzißmus (1975), Frankfurt a. M. 1978

Kernberg, O.: Normaler und pathologischer Narzißmus im Wandel, in: Kutter, P. (Hrsg.): Psychoanalyse im Wandel, Frankfurt a. M. 1977, S. 42–66

Kernberg, O.: Objektbeziehungen und Praxis der Psychoanalyse (1976), Stuttgart 1981

Kernberg, O.: The treatment of patients with borderline personality organisation (1968), in: International Journal of Psycho-Analysis 49, 1968, S. 600–619

Kestenberg, J. S.: On the development of maternal feelings in early childhood: observation and reflections (1956), in: Psychoanalytic Study of the Child 11, 1956, S. 257–291

Keupp, H.: Psychische Störungen als abweichendes Verhalten. Zur Soziogenese psychischer Störungen, München, Berlin, Wien 1972

Kitzinger, S.: Frauen als Mütter (1978), München 1983

Klein, M.: Frühe Angstsituationen im Spiegel künstlerischer Darstellungen (1929), in: dies.: Frühstadien des Ödipuskomplexes, Frankfurt a. M. 1985, S. 44–54

Klein, M.: Bemerkungen über einige schizoide Mechanismen (1946), in: dies.: Das Seelenleben des Kleinkindes, Stuttgart 1962, S. 101–126

Klein, M.: Die frühe Entwicklung des Gewissens beim Kind (1933), in.: dies.: Frühstadien des Ödipuskomplexes, Frankfurt a. M. 1985, S. 89–101

Klein, M.: Neid und Dankbarkeit (1958), in: dies.: Das Seelenleben des Kleinkindes, Stuttgart 1962, S. 177–191

Klein, M.: Zur Psychogenese der manisch-depressiven Zustände (1935), in:
dies.: Das Seelenleben des Kleinkindes, Stuttgart 1962, S. 44–71

Klein, M.: Über das Seelenleben des Kleinkindes (1960), in: dies.: Das Seelenleben des Kleinkindes, Stuttgart 1962, S. 72–100

Klein, M.: Die Trauer und ihre Beziehungen zu manisch-depressiven Zustän-
den, in: dies.: Das Seelenleben des Kleinkindes, Stuttgart 1962, S. 72–100

Kleiner, G. J.: Suicide in pregnancy, Boston, Bristol, London 1984

Kleinknecht, T.: Strafprozeßordnung, 35. Aufl., München 1981

Kleinknecht, T., Meyer, H.: Strafprozeßordnung, 39. Aufl., München 1989

Knibiehler, Y.: Das Ereignis und die Chronologie, in: Perrot, M. (Hrsg.): Geschlecht und Geschichte. Ist eine weibliche Geschichtsschreibung möglich?
Frankfurt a. M. 1989, S. 83–93

Kocka, J.: Familie, Unternehmer und Kapitalismus. An Beispielen aus der
frühen deutschen Industrialisierung, in: Reif, H. (Hrsg.): Die Familie in der
Geschichte, Göttingen 1982, S. 163–186

Kohen, J.: Wissenschaftliche Verarbeitung des Geschlechterverhältnisses und
die Mutter-Familie. Eine Kritik der modernen Familiensoziologie, in:
Schaeffer-Hegel, B., Watson-Franke, B. (Hrsg.): Männer Mythos Wissenschaft, Pfaffenweiler 1989, S. 177–188

Kohlenberger, H.: Die Transformation des Rechts auf dem Hintergrund der
gegenwärtigen kulturellen Lage, in: Universitas, 38. Jhrg., 1983, S. 823–
830

Kohut, H.: Die Heilung des Selbst (1977), Frankfurt a. M. 1981

Kohut, H.: Die Zukunft der Psychoanalyse (1975), Frankfurt a. M. 1985

Kolling, R., Mohr, G.: Psychische Störungen bei Frauen. Hinweise für Prävention und Therapie, in: Mohr, G., Rummel, M., Rückert, D. (Hrsg.): Frau-
en. Psychologische Beiträge zur Arbeits- und Lebenssituation, München,
Wien, Baltimore 1982, S. 123–148

König, R.: Materialien zur Soziologie der Familie, Bd. I, Bern 1946

König, R.: Das Recht im Zusammenhang der sozialen Normensysteme, in:
Lüderssen, K., Sack, F. (Hrsg.): Seminar: Abweichendes Verhalten I, Die
Selektiven Normen der Gesellschaft, Frankfurt a. M. 1975, S. 186–207

Krauß, D.: Der psychologische Gehalt subjektiver Elemente im Strafrecht, in:
Jäger, H. (Hrsg.): Kriminologie im Strafprozeß, Frankfurt a. M. 1980 a,
S. 110–132

Krauß, D.: Das Prinzip der materiellen Wahrheit im Strafprozeß, in: Jäger, H.
(Hrsg.): Kriminologie im Strafprozeß, Frankfurt a. M. 1980 b, S. 65–91

Krebs, W.: Zukunftserleben und Selbsttötung, Frankfurt a. M. 1982

Kris, E.: Some problems of war propaganda (1943), in: Selected papers of Ernst
Kris, New Haven, London 1975, S. 433–450

Krümpelmann, J.: Motivation und Handlung im Affekt, in: Stratenwerth, G.

(Hrsg.): Festschrift für Hans Welzel zum 70. Geburtstag, Berlin, New York 1974, S. 327–341

Krümpelmann, J.: Die Neugestaltung der Vorschriften über die Schuldfähigkeit durch das zweite Strafrechtsreformgesetz vom 04. Juli 1969, in: Zeitschrift für die gesamte Strafrechtswissenschaft, Bd. 88, 1976, S. 6–39

Kühne, H.-H.: Strafverfahrensrecht als Kommunikationsproblem. Probleme einer strafverfahrensrechtlichen Kommunikationstheorie, Heidelberg 1978

Kuhs, H.: Depression und Angst. Psychopathologische Untersuchungen des Angsterlebens melancholischer und neurotischer Kranker, Berlin, Heidelberg 1990

Kuiper, P. C.: Comment on the paper by Drs. Orgel and Shengold (1968), in: International Journal of Psycho-Analysis 49, 1968, S. 383–385

Kuwai, T.: Bild und Sprache und ihre Beziehung zur Welt. Überlegungen zur Bedeutung von Jung und Heidegger für die Psychologie, Würzburg 1988

Lacan, J.: Das Drängen des Buchstabens im Unbewußten oder die Vernunft seit Freud, in: ders.: Schriften II, Freiburg i. Breisgau 1975, S. 15–59

Laing, R. D.: Das geteilte Selbst. Eine existentielle Studie über geistige Gesundheit und Wahnsinn, Reinbek bei Hamburg 1976

Lambo, T.: Fragen und Antworten, in: Shepherd, M. (Hrsg.): Psychiater über Psychiatrie, Weinheim, Basel 1985, S. 157–190

Lamnek, S.: Theorien abweichenden Verhaltens, München 1979

Lamott, F.: Der Risikofaktor „Frau". Kriminalprävention und Mütterlichkeit, in: Monatsschrift für Kriminologie und Strafrechtsreform, 68. Jhrg., 1985, S. 325–339

Lang, H.: Zur Problematik der Übertragung in der Psychose in Abgrenzung zur Neurose, in: Psyche, 53. Jhrg., 1981, S 705 ff.

Lang, H.: Die Sprache und das Unbewußte. Jacques Lacans Grundlegung der Psychoanalyse, Frankfurt a. M. 1986

Langegger, F.: Doktor, Tod und Teufel. Vom Wahnsinn und von der Psychiatrie in einer vernünftigen Welt, Frankfurt a. M. 1983

Langelüddeke, A., Bresser, P. H.: Gerichtliche Psychiatrie, 4. Aufl., Berlin, New York 1976

Langer, M.: Das Bild der bösen Mutter (1953), in: dies.: Mutterschaft & Sexus. Körper und Psyche der Frau, Freiburg i. Breisgau 1988, S. 86–98

Langer, M.: Vorwort zur spanischen Ausgabe, in: dies.: Das gebratene Kind und andere Mythen. Die Macht unbewußter Phantasien, Freiburg i. Breisgau 1987, S. 13–16

Laplanche, J., Pontalis, J.-B.: Das Vokabular der Psychoanalyse (1967), Frankfurt a. M. 1986

Larenz, K.: Methodenlehre der Rechtswissenschaft, 4. Aufl., Berlin, Heidelberg, New York 1979 a

Larenz, K.: Richtiges Recht. Grundzüge einer Rechtsethik, München 1979 b

Lauter, H., Schreiber, H.-L.: Vorwort, in: Lauter, H., Schreiber, H.-L. (Hrsg.): Rechtsprobleme in der Psychiatrie (Aktion psychisch Kranke e. V.), Köln 1981, S. 7–10

Lautmann, R.: Justiz – die stille Gewalt, Frankfurt a. M. 1972

Leber, A.: Rückzug oder Rache. Überlegungen zu unterschiedlichen milieuabhängigen Folgen früher Kränkung und Wut, in: Jahrbuch der Psychoanalyse Bd. IX, Bern, Stuttgart, Wien 1976, S. 123–137

Lebovici, S., Soule, M.: Die Persönlichkeit des Kindes (1970), München 1978

Lehmann, F. F.: Unterschiede der Darstellung von Beziehungspersonen von Patienten in analytisch-psychotherapeutischen und in psychiatrischen Krankengeschichten, Düsseldorf 1984

Leibholz, G., Rinck, H. J.: Grundgesetz. Kommentar anhand der Rechtsprechung des Bundesverfassungsgerichts, 4. Aufl., Köln 1971

Lempp, R.: Familie im Umbruch, München 1986

Lévi-Strauss, C.: Diskussion mit P. Ricœur u. a., in: Reif, A. (Hrsg): Antworten der Strukturalisten, Hamburg 1973, S. 111–142

Loch, W.: Identifikation – Introjektion (1968), in: Psyche, 22. Jhrg., 1968, S. 1–286

Loewald, H. W.: Das Zeiterleben (1972), in.: Psyche, 28. Jhrg., 1972, S. 1053–1062

Lorenzer, A.: Die Analyse der subjektiven Struktur von Lebensläufen und das gesellschaftlich Objektive (1977/78), in: Dahmer, H. (Hrsg.): Analytische Sozialpsychologie, 2. Bd., Frankfurt a. M. 1980 a, S. 619–631

Lorenzer, A.: Über den Gegenstand der Psychoanalyse oder: Sprache und Interaktion, Frankfurt a. M. 1973 a

Lorenzer, A.: Sprachzerstörung und Rekonstruktion. Vorarbeiten zu einer Metatheorie der Psychoanalyse, Frankfurt a. M. 1973 b

Lorenzer, A.: Die Sozialität der Natur und die Natürlichkeit des Sozialen. Zur Interpretation der psychoanalytischen Erfahrung jenseits von Biologismus und Soziologismus. Ein Gespräch zwischen Alfred Lorenzer und Bernhard Görlich, in: Görlich, B., Lorenzer, A., Schmidt, A.: Der Stachel Freud. Beiträge und Dokumente zur Kulturismus-Kritik, Frankfurt a. M. 1980 b, S. 297–349

Lorenzer, A.: Zur Vorlage bei der März-Konferenz im Hamburger Institut für Sozialforschung „Konformismus", in: Journal 14, 1986, Psychoanalytisches Seminar Zürich, S. 43–53

Lorenzer, A.: Die Wahrheit der psychoanalytischen Erkenntnis, (1974), Frankfurt a. M. 1985

Lüders, W.: Narzißmus und Aggression (1985), in: Psyche, 39. Jhrg., 1985, S. 412–422

Lüderssen, K.: Grenzen des Legalitätsprinzips im effizienzorientierten modernen Rechtsstaat. Schluckt das Verfahrensrecht die sichernden Funktionen des materiellen Rechts? in: Denninger, E., Lüderssen, K.: Polizei und Strafprozeß im demokratischen Rechtsstaat, Frankfurt a. M. 1978, S. 188–237

Luhmann, N.: Ausdifferenzierung des Rechts, Frankfurt a. M. 1981

Luhmann, N.: Legitimation durch Verfahren, Neuwied, Berlin 1969

Lutzi, J.: Determinismus in der Psychoanalyse, in: Psyche, 34. Jhrg., 1980, S. 1022–1055

Mahler, M.: Die psychische Geburt des Menschen – Symbiose und Individuation (1975), Frankfurt a. M. 1980

Maihofer, A.: Buchbesprechung: Slupik, V., Die Entscheidung des Grundgesetzes für Parität im Geschlechterverhältnis, Berlin 1988, in: Kritische Justiz, 23. Jhrg., 1990, S. 368–372

Maihofer, W.: Objektive Schuldelemente, in: Geerds, S., Naucke, W. (Hrsg.): Beiträge zur gesamten Strafrechtswissenschaft. Festschrift für Hellmuth Mayer zum 70. Geburtstag am 01. Mai 1965, Berlin 1966, S. 185–217

Maisch, H.: Methodische Aspekte psychologisch-psychiatrischer Täterbegutachtung – Zur Rolle des Sachverständigen im Strafprozeß, in: Monatsschrift für Kriminologie und Strafrechtsreform, 56. Jhrg., 1973, S. 189–198

Maisch, H.: Vorurteilsbildungen in der richterlichen Tätigkeit aus sozial-psychologischer und forensisch-psychologischer Sicht, in: NJW 1975, S. 566–570

Mangabeira Unger, R.: Leidenschaft. Ein Essay über Persönlichkeit, Frankfurt a. M. 1986

Marcuse, H.: Triebstruktur und Gesellschaft (1965), Frankfurt a. M. 1968

Marx, W.: Das Problem der Sonderwelten bei Husserl, in: Fabro, C. (Hrsg.): Gegenwart und Tradition. Strukturen des Denkens. Eine Festschrift für Bernhard Lakebrink, Freiburg i. Breisgau 1969, S. 167–180

Mause, Lloyd de: Hört ihr die Kinder weinen. Eine psychogenetische Geschichte der Kindheit (1974), Frankfurt a. M. 1977

Mauz, G.: Das Spiel von Schuld und Sühne. Die Zukunft der Strafjustiz, Köln 1975

Mayer, E.: Zur Metapsychologie weiblicher Macht – Opfer oder Täter, in: Zeillinger, G. F. (Hrsg.): Psychoanalyse und Macht, Wien 1986, S. 141–155

Mayr-Kleffel, V.: Die Zwickmühle. Frauen und Männer zwischen Familie und Beruf, in: Deutsches Jugendinstitut (Hrsg.): Familie und Alltag, Reinbek bei Hamburg 1989, S. 54–81

Meerwein, F.: Zur Technik der sogenannten Aggressionsdeutungen (1978), in: Jahrbuch der Psychoanalyse Bd. X, 1978, Bern, Stuttgart, Wien 1978, S. 63–76

Menninger, K.: Selbstzerstörung (1938), Frankfurt a. M. 1978

Mentzos, S.: Interpersonale und institutionalisierte Abwehr, erweiterte Neuausgabe, Frankfurt a. M. 1988

Mertens, W.: Psychoanalyse, Stuttgart 1981

Meßner, C.: Die Tauglichkeit des Endlichen. Zur Konvergenz von Freuds Psychoanalyse und Diltheys Hermeneutik, St. Ingbert 1985

Meulenbelt, A.: Wie Schalen einer Zwiebel, München 1984

Mezger, E.: Die Straftat als Ganzes, in: Zeitschrift für die gesamte Strafrechtswissenschaft, Bd. 57, 1938, S. 675–701

Mies, M.: Methodische Postulate zur Frauenforschung – dargestellt am Beispiel der Gewalt gegen Frauen (1978), in: Beiträge zur Feministischen Theorie und Praxis, Nr. 1, 1978, S. 41–63

Mikinovic, S., Stangl, W.: Strafprozeß und Herrschaft. Eine empirische Untersuchung zur Korrektur richterlicher Entscheidungen, Darmstadt 1978

Milburn, D.: Kindesmord, Berlin 1982

Miller, A.: Am Anfang war Erziehung, Frankfurt a. M. 1980

Miller, A.: Du sollst nicht merken (1981), Frankfurt a. M. 1983

Mitchell, J.: Psychoanalyse und Feminismus (1975), Frankfurt a. M. 1985

Mitscherlich, A.: Auf dem Weg zur vaterlosen Gesellschaft, München 1973

Mitscherlich, A.: Das schlechte Gewissen der Justiz. Ist der § 51 noch zeitgemäß? in: ders.: Toleranz – Überprüfung eines Begriffs, Frankfurt a. M. 1974, S. 89–112

Mitscherlich, M.: Müssen wir hassen?, München 1972

Mitscherlich-Nielsen, M.: Die friedfertige Frau, München 1985

Mitscherlich-Nielsen, M.: Zur Psychoanalyse der Weiblichkeit (1978), in: Psyche, 32. Jhrg., 1978, S. 669–694

Moeller, M. L.: Einführung (1979), in: Franck, B.: Ich schau in den Spiegel und sehe meine Mutter, Hamburg 1979, S. 9–39

Moos, R.: Die Tötung im Affekt im neuen österreichischen Strafrecht, in: Zeitschrift für die gesamte Strafrechtswissenschaft, Bd. 89, 1977, S. 796–848

Moser, T.: Anhang: Einige Bemerkungen zur Psychologie der strafenden Gesellschaft, in: ders. (Hrsg.): Psychoanalyse und Justiz, Frankfurt a. M. 1974, S. 405–417

Moser, T.: Repressive Kriminalpsychiatrie. Vom Elend einer Wissenschaft. Eine Streitschrift, Frankfurt a. M. 1971

Mrozynski, P.: Einstellung und Wahrnehmung in der Strafgerichtsbarkeit, in: Monatsschrift für Kriminologie und Strafrechtsreform, 57. Jhrg., 1974, S. 48–56

Muck, M.: Berührungspunkte und Divergenzen der Denkstrukturen von Psychoanalyse und Justiz, in: Menne, K. (Hrsg.): Psychoanalyse und Justiz. Zur Begutachtung und Rehabilitation von Straftätern, Baden-Baden 1984, S. 11–22

Muck, M.: Wie entsteht Verhalten? in: Eschweiler, P. (Hrsg.): Psychoanalyse und Strafrechtspraxis, Königstein im Taunus 1979, S. 7–14

Müller-Braunschweig, H.: Die Wirkung der frühen Erfahrung, Stuttgart 1975

324

Müller-Dietz, H.: Mord und lebenslange Freiheitsstrafe, in: Hassemer, W. (Hrsg.): Sozialwissenschaften im Strafrecht, Neuwied 1984, S. 96–121

Müller-Dietz, H.: Der Wahrheitsbegriff im Strafverfahren, in: Zeitschrift für evangelische Ethik, 15. Jhrg., 1971, S. 257–272

Müller-Pozzi, H.: Identifikation und Konflikt. Die Angst vor Liebesverlust und der Verzicht auf Individuation (1985), Psyche, 39. Jhrg., 1985, S. 877–904

Musil, R.: Der Mann ohne Eigenschaften (1952), Reinbek bei Hamburg 1978

Nadig, M.: Diskussionsbeitrag Round-Table-Gespräch „Mittäterschaft und Sozialcharakter", in: Studienschwerpunkt „Frauenforschung" am Institut für Sozialpädagogik der TU Berlin: Mittäterschaft und Entdeckungslust, Berlin 1989, S. 173–199

Nadig, M.: Die verborgene Kultur der Frau , Frankfurt a. M. 1986

Nairne, K., Smith, G.: Leiden an der Wirklichkeit. Frauen und Depression, Reinbek bei Hamburg 1987

Neumann, E.: Die Große Mutter, Zürich 1956

Neumann, U.: Zum Verhältnis von philosophischer und juristischer Hermeneutik, in: Hassemer, W. (Hrsg.): Dimensionen der Hermeneutik. Arthur Kaufmann zum 60. Geburtstag, Heidelberg 1984, S. 49–56

Neumer-Pfau, W.: Töten, Trauern, Sterben. Weiblichkeitsbilder in der antiken griechischen Kultur, in: Berger, R., Stephan, I. (Hrsg.): Weiblichkeit und Tod in der Literatur, Köln, Wien 1987, S. 11–34

Nieder, G.: Tod als „letzter Ausweg"? (1979), in: Rabanus Marus Akademie, Georg Gebhardt (Hrsg.): Stichwort: Tod. Eine Anfrage, Frankfurt a. M. 1979, S. 57–83

Nitzschke, B.: Die reale Innenwelt. Anmerkungen zur psychischen Realität bei Freud und Schopenhauer, München 1978

Nitzschke, B.: Der eigene und der fremde Körper, Tübingen 1985

Oberlies, D.: Der Versuch, das Ungleiche zu vergleichen. Tötungsdelikte zwischen Männern und Frauen und die rechtliche Reaktion, in: Kritische Justiz, 23. Jhrg., 1990, S. 318–331

Oetjens, H.: Kritischer Rationalismus und Rechtssoziologie, in: Naucke, W., Trappe, P. (Hrsg.): Rechtssoziologie und Rechtspraxis, Neuwied, Berlin 1970, S. 11–28

Ogden, T. H.: On projektive identification (1979), in: International Journal of Psycho-Analysis 60, 1979, S. 357–373

Olivier, C.: Jokastes Kinder: Die Psyche der Frau im Schatten der Mutter (1980), Düsseldorf 1987

Olsen, F.: Das Geschlecht des Rechts, in: Kritische Justiz, 23. Jhrg., 1990, S. 303–317

Orban, P.: Menschwerdung. Über den Prozeß der Sozialisation, Frankfurt a. M. 1986

Orgel, S., Shengold, L. L.: The fatal gifts of Medea (1968), in: International Journal of Psycho-Analysis 49, 1968, S. 379–383

Osterland, A.: Frauen – das „eigene Geschlecht" (1978), in: Verein 3. Sommeruniversität für Frauen 1978 e. V. (Hrsg.): Frauen und Mütter, Berlin 1979, S. 23–38

Ostermeyer, H.: Die bestrafte Gesellschaft. Ursachen und Folgen eines falschen Rechts, München 1975

Ostner, I., Beck-Gernsheim, E.: Mitmenschlichkeit als Beruf. Eine Analyse des Alltags in der Krankenpflege, Frankfurt a. M. 1979

Otto, W.-F.: Die Gestalt und das Sein, Tübingen 1955

Oubaid, M.: Das Mutterdilemma (1987), in: Psychologie Heute 14, 1987, Heft 2, S. 20–26

Parin, P., Parin-Matthèy, G.: Medicozentrismus, in: dies.: Subjekt im Widerspruch, Frankfurt a. M. 1988, S. 61–80

Parsons, T.: Definition von Gesundheit und Krankheit im Lichte der Wertbegriffe und der sozialen Struktur Amerikas, in: Mitscherlich, A., Brocher, T., Mehring, O. von, Horn, K. (Hrsg.): Der Kranke in der modernen Gesellschaft, Köln, Berlin 1967, S. 57–87

Parsons, T.: The Social Distance (1951), New York 1964

Pawlowski, H.-M.: Überlegungen zur Gerechtigkeit des Rechts, in: Hablitzel, H., Wollschläger, M. (Hrsg.): Festschrift für Günther Küchenhoff zum 65. Geburtstag, Berlin 1972, S. 139–162

Perrot, M.: Die Frauen, die Macht und die Geschichte, in: dies. (Hrsg.): Geschlecht und Geschichte. Ist eine weibliche Geschichtsschreibung möglich? Frankfurt a. M. 1989, S. 225–248

Pestalozzi, H.: Über Gesetzgebung und Kindermord, Leipzig 1783

Peters, K: Strafrechtspflege und Menschlichkeit, Festschrift 1988, in: Küper, W., Wasserburg, K., (Hrsg.), Heidelberg 1988

Pfäfflin, F.: Vorurteilsstruktur und Ideologie psychiatrischer Gutachten über Sexualstraftäter, Stuttgart 1978

Pfeil, S. Graf von: Das Kind als Objekt der Planung, Göttingen 1979

Piers, M. W.: Kindermord – ein historischer Rückblick (1976), in: Psyche, 30. Jhrg., 1976, S. 418–435

Plack, A.: Plädoyer für die Abschaffung des Strafrechts, München 1974

Platen, H.: Kindsmord. Der Fall Weimar, Berlin 1988

Plewig, H.-J.: Funktion und Rolle des Sachverständigen aus der Sicht des Strafrichters. Eine empirische Untersuchung zum psychiatrisch-psychologischen Gutachten, Heidelberg, Hamburg 1983

Ploß, H.: Das Kind in Brauch und Sitte der Völker, Leipzig 1911

Podlech, A.: Der Gewissensbegriff im Rechtsstaat, in: Archiv des öffentlichen Rechts, 88. Bd., 1963, S. 185–221

Pohlen, M., Wittmann, L.: „Die Unterwelt bewegen". Versuch über Wahrnehmung und Phantasie in der Psychoanalyse, Frankfurt a. M. 1980

Pohlmeier, H.: Depression und Selbstmord, Bonn 1980

Prokop, U.: Weiblicher Lebenszusammenhang. Von der Beschränktheit der Strategien und der Unangemessenheit der Wünsche, Frankfurt a. M. 1976

Radbill, S. X.: Mißhandlung und Kindestötung in der Geschichte (1968), in: Helfer, R. E., Kempe, C. H. (Hrsg.): Das geschlagene Kind (1968), Frankfurt a. M. 1978, S. 37–65

Radbruch, G., Gwinner, H.: Geschichte des Verbrechens, Stuttgart 1990

Radbruch, G., Zweigert, K.: Einführung in die Rechtswissenschaft, 10. Aufl., Stuttgart 1961

Radbruch, G.: Eine Feuerbach-Gedenkrede sowie drei Aufsätze aus dem wissenschaftlichen Nachlaß. Vorwort zu einer geplanten Ausgabe des Vortrages von J.-H. Kirchmann „Über die Wertlosigkeit der Jurisprudenz als Wissenschaft", Tübingen 1952, S. 19–24

Rameckers, J. M.: Der Kindermord in der Literatur der Sturm-und-Drang-Periode, Rotterdam 1927

Rasch, W.: Die psychologisch-psychiatrische Beurteilung von Affektdelikten, NJW 1980, S. 1309–1315

Rasch, W.: Einführung: Die Bedeutsamkeit psychodynamischer Gesichtspunkte bei der Beurteilung der Schuldfähigkeit, in: Beck-Mannagetta, H., Reinhardt, K. (Hrsg.): Psychiatrische Begutachtung im Strafverfahren unter besonderer Berücksichtigung der Psychodynamik, Neuwied, Frankfurt a. M. 1989, S. 11–20

Rasch, W.: Schuldfähigkeit und Krankheitsdefinition, in: Lauter, H., Schreiber, H.-L. (Hrsg.): Rechtsprobleme in der Psychiatrie (Aktion psychisch Kranke e. V.), Köln 1981, S. 38–48

Rasch, W.: Tötungsdelikte, nicht fahrlässige (1975), in: Sieverts, R., Schneider, H. J. (Hrsg.): Handwörterbuch der Kriminologie, 3. Bd., Berlin 1975, S. 353–398

Rasehorn, T.: Der Kommentar: „Unter dem Talarenmuff von 1000 Jahren", in: Deutsche Richterzeitung 1968 a, S. 13

Rasehorn, T.: Was formt den Richter? Über den soziologischen Hintergrund des Richters in der Bundesrepublik Deutschland, in: Böhme, W. (Hrsg.): Weltanschauliche Hintergründe in der Rechtsprechung, Karlsruhe 1968 b, S. 1–29

Rasehorn, T.: Der Richter zwischen Tradition und Lebenswelt. Alternative Justizsoziologie, Baden-Baden 1989

Rauch, H.-J.: Brauchen wir noch eine forensische Psychiatrie? Eine unsystematische Betrachtung, in: Kerner, H., Göppinger, H.-J. (Hrsg.): Kriminologie – Psychiatrie – Strafrecht, Festschrift für Heinz Leferenz zum 70. Geburtstag, Heidelberg 1983, S. 379–395

Rauch, H.: Die klassische Strafrechtslehre in ihrer politischen Bedeutung, Leipzig 1936

Redlich, F. C.: Der Gesundheitsbegriff in der Psychiatrie, in: Mitscherlich, A., Brocher, T., Mering, O. von, Horn, K. (Hrsg.): Der Kranke in der modernen Gesellschaft, Köln, Berlin 1967, S. 88–110

Redlich, F. C., Freedman, D.-X.: Theorie und Praxis der Psychiatrie, Frankfurt a. M. 1976

Reik, T.: In Gedanken töten, München 1981

Reik, T.: Geständniszwang und Strafbedürfnis. Probleme der Psychoanalyse und der Kriminologie (1925), in: Moser, T. (Hrsg.): Psychoanalyse und Justiz, Frankfurt a. M. 1974, S. 29–223

Reinke-Köberer, E. K.: Frühe Beziehungsstörungen und kriminelles Handeln. Ein Beitrag der neueren psychoanalytischen Persönlichkeitstheorie zum Verständnis von Kriminalität, in: Eschweiler, P. (Hrsg.): Psychoanalyse und Strafrechtspraxis, Königstein im Taunus 1979, S. 15–34

Reiwald, P.: Die Gesellschaft und ihre Verbrecher (1948), Frankfurt a. M. 1973

Resnick, P. J.: Child murder by parents: a psychiatric review of filicide (1969), in: American Journal of Psychiatry 126, 1969, Vol. 3, S. 325–334

Rheingold, J. C.: The mother, anxiety, and death, Boston 1967

Rich, A.: Von Frauen geboren (1976), München 1979

Richter, H.-E.: Die Chance des Gewissens, München 1988

Richter, H.-E.: Eltern-Kind-Neurose, Psychoanalyse der kindlichen Rolle (1967), Reinbek bei Hamburg 1989

Richter, H.-E.: Die Gruppe. Hoffnung auf einen neuen Weg, sich selbst und andere zu befreien (1978), Reinbek bei Hamburg 1987

Richter, H.-E.: Die narzißtischen Projektionen der Eltern auf das Kind (1960), in: Bonn, H., Rohsmanith, K. (Hrsg.): Eltern-Kind-Beziehung, Darmstadt 1977, S. 357–381

Ricoeur, T.: Hermeneutik und Psychoanalyse, München 1974

Riehl, A.: Wenn Mütter ihre Kinder töten (1978), in: Psychologie Heute 5, 1978, Heft 2, S. 20–25

Riesenberg, R.: Das Werk von Melanie Klein (1977), in: Eicke, D. (Hrsg.): Freud und die Folgen. Die Psychologie des 20. Jahrhunderts, Bd. III, Zürich 1977, S. 210–249

Rifkin, E.: Toward a Theory of Law and Patriarchy, in: 3 Harv. Women's L.-J. 83/84, 1980

Rinne, O.: Medea. Das Recht auf Zorn und Eifersucht, Zürich 1988

Rode, I.: Frauenkriminalität, unveröffentlichtes Manuskript, Köln 1985

Rodenstein, M.: Somatische Kultur und Gebärpolitik. Tendenzen in der Gesundheitspolitik für Frauen (1984), in: Kickbusch, I., Riedmüller, B. (Hrsg.): Die armen Frauen. Frauen und Sozialpolitik, Frankfurt a. M. 1984, S. 103–134

Rohde-Dachser, C.: Ichstrukturelles Defizit (1983), in: Mertens, W. (Hrsg.): Psychoanalyse. Ein Handbuch in Schlüsselbegriffen, München, Wien, Baltimore 1983, S. 83–90

Rohde-Dachser, C.: Über das Schweigen der Frauen in der Psychoanalyse, Nachwort, in: Besch-Cornelius, J.: Psychoanalyse und Mutterschaft, Göttingen 1987, S. 108–123

Rohde-Dachser, C.: Weiblichkeitsparadigmen in der Psychoanalyse, in: Brede, K. (Hrsg.): Was will das Weib in mir? Tagung anläßlich des 70. Geburtstages von Margarete Mitscherlich-Nielsen, Freiburg i. Breisgau 1989, S. 73–97

Rosin, U.: Krankheitsbegriffe in Psychiatrie und analytischer Psychotherapie und ihr Einfluß auf die Arzt-Patient-Beziehung, in: Bach, H. (Hrsg.): Der Krankheitsbegriff in der Psychoanalyse, Göttingen 1981, S. 104–121

Rost, W.-D.: Psychoanalytische Modellvorstellungen zur Theorie des Alkoholismus (1986), in: Psyche, 40. Jhrg., 1986, S. 289–309

Rothacker, E.: Die dogmatische Denkform in den Geisteswissenschaften und das Problem des Historismus, Wiesbaden 1954

Rotter, F.: Verfassung und sozialer Wandel. Studien zur systemtheoretischen Rechtssoziologie, Hamburg 1974

Rottleuthner, H.: Rechtswissenschaft als Sozialwissenschaft, Frankfurt a. M. 1973

Roxin, C.: Zur jüngsten Diskussion über Schuld, Prävention und Verantwortlichkeit im Strafrecht, in: Kaufmann, A., Bemmann, G., Krauss, D., Volk, K.: Festschrift für Paul Bockelmann zum 70. Geburtstag am 07. Dezember 1978, München 1979, S. 279–309

Roxin, C.: Strafrechtliche Grundlagenprobleme, Berlin, New York 1973 a

Roxin, C.: Strafverfahrensrecht, 21. Aufl., München 1989

Roxin, C.: Kriminalpolitische Überlegungen zum Schuldprinzip, in: Monatsschrift für Kriminologie und Strafrechtsreform, 56. Jhrg., 1973 b, S. 316–325

Ruhs, A.: Die Diskurse der Macht (Lacans Beitrag zur Analyse von Macht), in: Zeillinger, G. F. (Hrsg.): Psychoanalyse und Macht, Wien 1986, S. 42–58

Rumpf, M.: Gute Mutter/Böse Mutter. Zur Rekonstruktion einer Ambivalenz (1984), in: Schaeffer-Hegel, B. (Hrsg.): Frauen und Macht, Berlin 1984, S. 112–122

Runte, A.: „Muttersprachliches". Diskurs analytischer Anmerkungen zum neuen Müttermythos, in: Beiträge zur feministischen Theorie und Praxis 21/22, 1988, S. 85–96

Sack, F.: Die Chancen der Kooperation zwischen Strafrechtswissenschaft und Kriminologie – Probleme und offene Fragen, in: Lüderssen, K., Sack, F. (Hrsg.): Seminar: Abweichendes Verhalten II, Die gesellschaftliche Reaktion auf Kriminalität, Bd. 1, Strafgesetzgebung und Strafrechtsdogmatik, Frankfurt a. M. 1975, S. 346–385

Sakuta, T.: Eine Studie über Kindestötung (1980), in: Acta Crim. Med. leg. jap. 46, 1980, S. 37–48

Sandler, J.: Die Beziehungen zwischen psychoanalytischen Konzepten und psychoanalytischer Praxis. Zum Verhältnis von Therapie und Theorie in der Psychoanalyse, in: Psyche, 37. Jhrg., 1983, S. 577–595

Sandler, J., Joffe, W. G.: Die Persistenz in der psychischen Funktion und Entwicklung, mit besonderem Bezug auf Prozesse der Fixierung und Regression (1967), in: Psyche, 21. Jhrg., 1967, S. 138–151

Sarstedt, W.: Der Strafrechtler und der psychiatrische Sachverständige, in: Die Justiz, 11. Jhrg., 1962, S. 110–119

Savigny, E. von: Übereinstimmende Merkmale in der Struktur strafrechtsdogmatischer und empirischer Argumentation, in: ders. (Hrsg.): Juristische Dogmatik und Wissenschaftstheorie, München 1976, S. 120–143

Scarr, S.: Mutter arbeitet (1987), in: Psychologie Heute 14, 1987, Heft 2, S. 28–31

Schaeffer-Hegel, B.: Diskussionsbeitrag Symposium: Männlich-weibliche Machtmuster und ihr Einfluß auf Frauenkonflikte in der Öffentlichkeit, in: dies. (Hrsg.): Frauen und Macht. Der alltägliche Beitrag der Frauen zur Politik des Patriarchats, Berlin 1984, S. 183–197

Schaule, A.: Tötungshandlungen von Müttern an ihren eigenen Kindern unter besonderer Berücksichtigung des Medea-Komplexes, München 1982

Scheffler, U.: Kriminologische Kritik des Schuldstrafrechts, Frankfurt a. M. 1985

Schelsky, H.: Wandlungen der deutschen Familie in der Gegenwart, Stuttgart 1954

Schild, W.: Der Strafrichter in der Hauptverhandlung, Heidelberg, Hamburg 1983

Schipkowensky, N.: Mitgehen und Mitnehmen in den Tod (1965), in: Zwingmann, Ch.: Selbstvernichtung, Frankfurt a. M. 1965, S. 248–261

Schlick, M.: Allgemeine Erkenntnislehre, Frankfurt a. M. 1979

Schmid, R.: Weltanschauliche Hintergründe in der Strafrechtsprechung, in: Böhme, W. (Hrsg.): Weltanschauliche Hintergründe in der Rechtsprechung, Karlsruhe 1968, S. 31–55

Schmidbauer-Schleibner, U.: Mutterschaft und Psychoanalyse (1978), in: Verein 3. Sommeruniversität für Frauen e. V. (Hrsg.): Frauen und Mütter, Berlin 1979, S. 351–378

Schmidhäuser, E.: Zur Frage nach dem Ziel des Strafprozesses, in: Bockelmann, P., Saller, W. (Hrsg.): Festschrift für Eberhard Schmidt zum 70. Geburtstag, Neudruck der Ausgabe Göttingen 1961, Aalen 1971, S. 511–524

Schmidt, E.: Lehrkommentar zur Strafprozeßordnung und zum Gerichtsverfassungsgesetz, Teil I: Die rechtstheoretischen und die rechtspolitischen Grundlagen des Strafverfahrensrechts, 2. Aufl., Göttingen 1964

Schmidt, E.: Die Verletzung der Belehrungspflicht gemäß § 55 II StPO als Revisionsgrund, in: Juristenzeitung 1958, S. 596–601

Schneider, H.-J.: Kriminologie, Berlin, New York 1987

Schneider, H.-J.: Psychoanalytische Kriminologie, in: ders. (Hrsg.): Kriminalität und abweichendes Verhalten, Bd. 1, (Kindler „Psychologie des 20. Jahrhunderts"), Weinheim, Basel 1983

Schneider, H.-J.: Meinungsbildung durch den Rundfunk über Straftaten und deren Ahndung. Aus der Sicht des Kriminologen, in: Schriftenreihe des Instituts für Rundfunkrecht an der Universität Köln, Bd. 32, Köln 1982, S. 41–69

Schneider, K.: Kraepelin und die gegenwärtige Psychiatrie, in: Fortschritte der Neurologie, Psychiatrie und ihrer Grenzgebiete, 24. Jhrg., Stuttgart 1956, S. 1–7

Schneider, K.: Klinische Psychopathologie (1946), 13. unveränderte Auflage, mit einem Kommentar von Gert Huber und Gisela Gross, Stuttgart, New York 1987

Schönke, A., Schröder, H.: Strafgesetzbuch, 22. Aufl., München 1985

Schorsch, E.: Affekttaten und sexuelle Perversionstaten im strukturellen und psychodynamischen Vergleich, in: Recht und Psychiatrie, 6. Jhrg., 1988, S. 10–19

Schorsch, E., Becker, N.: Angst, Lust, Zerstörung. Sadismus als soziales und kriminelles Handeln. Zur Psychodynamik sexueller Tötungen, Reinbek bei Hamburg 1977

Schrappe, O.: Bemerkungen zum unvollendet gebliebenen erweiterten Suizid im Verlaufe von Verstimmungspychosen, in: Monatsschrift für Kriminologie und Strafrechtsreform, 53. Jhrg., 1970, S. 191–219

Schreiber, H.-L.: Bedeutung und Auswirkungen der neugefaßten Bestimmungen über die Schuldfähigkeit, in: Neue Zeitschrift für Strafrecht, 1981 a, S. 46–51

Schreiber, H.-L.: Zur Rolle des psychiatrisch-psychologischen Sachverständigen im Strafverfahren, in: Broda, C. (Hrsg.): Festschrift für Rudolf Wassermann zum 60. Geburtstag, Neuwied 1985, S. 1007–1020

Schreiber, H.-L.: Das Schuldstrafrecht nach der Strafrechtsreform, in: Lauter, H., Schreiber, H.-L. (Hrsg.): Rechtsprobleme in der Psychiatrie (Aktion psychisch Kranke e. V.), Köln 1981 b, S. 29–37

Schreiber, H.-L., Müller-Dethard, G.: Der medizinische Sachverständige im Strafprozeß, in: Deutsches Ärzteblatt 1977, S. 373–378

Schroth, U.: Philosophische Hermeneutik und interpretationsmethodische Fragestellungen, in: Hassemer, W. (Hrsg.): Dimensionen der Hermeneutik. Kaufmann, A. zum 60. Geburtstag, Berlin 1984, S. 77–89

Schroth, U.: Probleme und Resultate der Hermeneutik – Diskussion – in: Kaufmann, A. (Hrsg.): Rechtsphilosophie, München 1977, S. 188–198

Schuh, J.: Kriminologische Aspekte der weiblichen Kriminalität (1986), in: Kriminologisches Bulletin : de Criminologie 12, 1986, Heft 1/2, S. 59–76

Schüler-Springorum, H.: Ehe? Verhältnis? – oder was? Zur Beziehung zwischen Juristerei und forensischer Psychiatrie, in: Hippius, H. (Hrsg.): Ausblicke auf die Psychiatrie, Berlin, Heidelberg 1984, S. 69–82

Schulte, R.: Das Dorf im Verhör. Brandstifter, Kindsmörderinnen und Wilderer vor den Schranken des bürgerlichen Gerichts. Oberbayern 1948–1910, Reinbek bei Hamburg 1989

Schulz, G.: Medea. Zu einem Motiv im Werk Heiner Müllers, in: Berger, R., Stephan, J. (Hrsg.): Weiblichkeit und Tod in der Literatur, Köln, Wien 1987, S. 241–264

Schumann, K. F.: Positive Generalprävention. Ergebnisse und Chancen der Forschung, Heidelberg 1989

Schumann, K. F., Berlitz, C., Guth, H.-W., Kaulitzki, R.: Jugendkriminalität und die Grenzen der Generalprävention, Neuwied, Darmstadt 1987

Schütze, Y.: Die gute Mutter. Zur Geschichte des normativen Musters „Mutterliebe", Bielefeld 1986

Schwacke, B.: Kriminalitätsdarstellung in der Presse, Frankfurt a. M. 1983

Schwarz, S.: Spaltungsprozesse und Spaltungserlebnisse aus psychoanalytischer Sicht, in: Klußmann, R., Mertens, W., Schwarz, S. (Hrsg.): Aktuelle Themen der Psychoanalyse, Berlin, Heidelberg 1988, S. 35–45

Segal, H.: Melanie Klein. Eine Einführung in ihr Werk (1964), Frankfurt a. M. 1983

Servadio, E.: Die Angst vor dem bösen Blick, in: Imago 22, 1936, S. 396–408

Sichtermann, B.: Vorsicht Kind, Berlin 1982

Simitis, S.: Die Bedeutung von System und Dogmatik – dargestellt am rechtsgeschäftlichen Problem des Massenverkehrs, ohne Erscheinungsort und -jahr

Simmel, G.: Zur Philosophie der Geschlechter, in: Philosophische Kultur. Gesammelte Essays. Leipzig 1911, S. 65–123

Simons, D.: Tötungsdelikte als Folge mißlungener Problemlösungen, Stuttgart 1988

Sloterdijk, P.: Zur Welt kommen, zur Sprache kommen, Frankfurt a. M. 1988

Slupik, V.: Die Entscheidung des Grundgesetzes für Parität im Geschlechterverhältnis. Zur Bedeutung von § 3 Abs. 2 und 3 GG in Recht und Wirklichkeit, Berlin 1988

Smaus, G.: Das Strafrecht und die Kriminalität in der Alltagssprache der deutschen Bevölkerung, Opladen 1985

Spangenberg, N.: Gewalt in Familien – Versuch über das „Böse" (1980), in: Bernecker, A., Merten, W., Wolff, R. (Hrsg.): Ohnmächtige Gewalt, Reinbek bei Hamburg 1982, S. 93–108

Spazier, D.: Der Tod des Psychiaters, Frankfurt a. M. 1982

Sperling, M.: Children's interpretation and reaction to the unconscious of their mothers, in: International Journal of Psycho-Analysis 31, 1950, S. 36–41

Spitz, R.: Zur Entstehung der Überich-Komponenten (1958), in: Psyche, 14. Jhrg., 1960/61, S. 400–426

Spitz, R.: Vom Säugling zum Kleinkind (1965), Stuttgart 1987

Steller, M.: Standards der forensisch-psychologischen Begutachtung, in: Monatsschrift für Kriminologie und Strafrechtsreform, 71. Jhrg., 1988, S. 16–27

Stoller, R. J.: Primary Feminity, in: Journal of the American Psychoanalytic Association 24, (5), 1976, S. 59–78

Stork, J.: Die seelische Entwicklung des Kleinkindes aus psychoanalytischer Sicht (1976), in: Eicke, D. (Hrsg.): Freud und die Folgen. Die Psychologie des 20. Jahrhunderts, Bd. II, Zürich 1976, S. 868–932

Stork, J.: Frühe Triangulation (1983), in: Mertens, W. (Hrsg.): Psychoanalyse. Ein Handbuch in Schlüsselbegriffen, München, Wien, Baltimore 1983, S. 69–76

Streng, F.: Richter und Sachverständiger. Zum Zusammenwirken von Strafrecht und Psychowissenschaften bei der Bestimmung der Schuldfähigkeit (§§ 20, 21 StGB), in: Kerner, H., Göppinger, H.-J. (Hrsg.): Kriminologie – Psychiatrie – Strafrecht. Festschrift für Heinz Leferenz zum 70. Geburtstag, Heidelberg 1983, S. 397–409

Streng, F.: Schuld, Vergeltung, Generalprävention. Eine tiefenpsychologische Rekonstruktion strafrechtlicher Zentralbegriffe, in: Zeitschrift für die gesamte Strafrechtswissenschaft, Bd. 92, 1980, S. 637–681

Strotzka, H.: Macht. Ein psychoanalytisches Essay, Wien, Hamburg 1985

Strzyz, K., Beier, C.: Narzißmus – drei Theorien, in: Häsing, H. (Hrsg.): Narziß, ein neuer Sozialisationstypus? Bensheim 1981, S. 137–143

Swientek, C.: Wenn Frauen nicht mehr leben wollen, Reinbek bei Hamburg 1990

Szasz, T.-S.: Geisteskrankheit – ein moderner Mythos? Grundzüge einer Theorie des persönlichen Verhaltens, Freiburg i. Breisgau 1972

Szasz, T.-S.: The Problem of Psychiatric Nosology, in: The American Journal of Psychiatry, Volume 114, Baltimore 1957, S. 405–413

Thompson, E. P.: Volkskunde, Anthropologie und Sozialgeschichte, in: ders.: Plebeische Kultur und moralische Ökonomie. Aufsätze zur englischen Sozialgeschichte des 18. und 19. Jahrhunderts, herausgegeben und eingeleitet von Groh, D., Frankfurt a. M. 1980, S. 290–318

Tölle, R.: Die Entwicklung der deutschen Psychiatrie im 20. Jahrhundert, in: Peters, U.-H. (Hrsg.): Psychiatrie, Bd. 1 (Kindler „Psychologie des 20. Jahrhunderts"), Weinheim, Basel 1983, S. 3–13

Totman, J.: The murderess: a psychosocial study of criminal homicide, San Francisco 1978

Tress, W.: Psychoanalyse als Wissenschaft, in: Psyche, 39. Jhrg., 1985, S. 385–412

Troje, H.-E.: Juristenausbildung heute. Eine rechts- und sozialwissenschaftliche Studie, Neuwied, Darmstadt 1979

Trube-Becker, E.: Gewalt gegen das Kind, Heidelberg 1982

Trube-Becker, E.: Frauen als Mörder, München 1974

Verein 3. Sommeruniversität für Frauen e. V. (Hrsg.): Protokolle von Töchtern über ihre Mütter (1978), in: ders.: Frauen und Mütter, Berlin 1979, S. 42–54

Versteeg-Solleveld, C. M.: Das Wiegenlied (1937), in: Imago 23, 1937, S. 304–329

Vogt, T.: Die Forderungen der psychoanalytischen Schulrichtungen für die Interpretation der Merkmale der Schuldunfähigkeit und der verminderten Schuldfähigkeit (§§ 51 a. F., 20, 21 StGB), Frankfurt a. M. 1979

Volk, K.: Wahrheit und materielles Recht im Strafprozeß, Konstanz 1980

Vormbaum, T.: Der strafrechtliche Schutz des Strafurteils. Untersuchungen zum Strafrechtsschutz des strafprozessualen Verfahrenszieles, Berlin 1987

Wächtershauser, W.: Das Verbrechen des Kindesmordes im Zeitalter der Aufklärung, Berlin 1973

Waelder, R.: Die Grundlagen der Psychoanalyse, Stuttgart 1963

Wahl, K., Tüllmann, G., Honig, M.-S., Gravenhorst, L.: Familien sind anders! Reinbek bei Hamburg 1980

Waismann, F.: Wille und Motiv, Stuttgart 1983

Wassermann, R.: Zur Soziologie des Gerichtsverfahrens, in: Naucke, W., Trappe, P. (Hrsg.): Rechtssoziologie und Rechtspraxis, Neuwied, Berlin 1970, S. 127–153

Watzlawick, P., Beavin, J.-H., Jackson, D.-D.: Menschliche Kommunikation. Formen, Störungen, Paradoxien, 8. unveränderte Auflage, Bern, Stuttgart 1990

Weber, J.: Motivationsvielfalt beim Filizid, in: Monatsschrift für Kriminologie und Strafrechtsreform, 72. Jhrg. 1989, S. 169–175

Weber, M.: Wirtschaft und Gesellschaft, Köln, Berlin 1964

Welzel, H.: Das deutsche Strafrecht, 11. Aufl., Berlin 1969

Wendl, P.: Konsequenzen psychoanalytischer Erfahrungen für die Verhandlungsführung in Strafverfahren, in: Eschweiler, P. (Hrsg.): Psychoanalyse und Strafrechtspraxis, Königstein im Taunus 1979, S. 50–76

Werle, R.: Justizorganisation und Selbstverständnis der Richter. Eine empirische Untersuchung, Kronberg im Taunus 1977

Werner, V.: Zur Bedeutung der informellen sozialen Kontrolle für „abweichendes Verhalten" von Frauen, in: Gipser, D., Stein-Hilbers, M. (Hrsg.): Wenn Frauen aus der Rolle fallen. Alltägliches Leiden und abweichendes Verhalten von Frauen, 2. überarbeitete Auflage, Weinheim, Basel 1987, S. 217–231

Werthmann, H.-V.: Die zwei Dimensionen der psychoanalytischen Interpretation, in: Psyche, 29. Jhrg., 1975, S. 118–130

Widlöcher, D.: Die Depression (1983), München 1986

Willi, J.: Die Therapie der Zweierbeziehung, Reinbek bei Hamburg, 1978

Willi, J.: Die Zweierbeziehung (1975), Reinbek bei Hamburg 1983

Windaus, E.: Kindesmißhandlung – eine narzißtische Kränkung (1982), in: Bernecker, A., Merten, W., Wolff, R. (Hrsg.): Ohnmächtige Gewalt, Reinbek bei Hamburg 1982, S. 81–92

334

Windaus, E.: Zur Psychoanalyse der Kindesmißhandlung (1987), in: Psyche, 41. Jhrg., 1987, S. 331–356

Winnicott, D. W.: Haß in der Gegenübertragung (1947), in: ders.: Von der Kinderheilkunde zur Psychoanalyse (1958), Frankfurt a. M. 1983, S. 77–90

Winnicott, D. W.: Klinische Varianten der Übertragung (1955), in: ders.: Von der Kinderheilkunde zur Psychoanalyse (1958), Frankfurt a. M. 1983, S. 222–229

Winnicott, D. W.: Primäre Mütterlichkeit (1956), in: ders.: Von der Kinderheilkunde zur Psychoanalyse (1958), Frankfurt a. M. 1983, S. 157–164

Witter, H.: Grundriß der gerichtlichen Psychologie und Psychiatrie, Berlin, Heidelberg, New York 1970

Wittgenstein, O. G. Graf zu Sayn: sagen – hören – sehen (1975), Frankfurt a. M. 1984

Wittgenstein, L.: Philosophische Untersuchungen, in: Werkausgabe Ludwig Wittgenstein, Bd. 1, Frankfurt a. M. 1989 b

Wittgenstein, L.: Über Gewißheit, in: Werkausgabe Ludwig Wittgenstein Bd. 8, Frankfurt a. M. 1989 a

Wodak, R.: Das Wort in der Gruppe, Wien 1981

Woesner, H.: Weltanschauliche Einflüsse im Strafrecht, in: Das Rechtswesen – Lenker oder Spiegel der Gesellschaft? Zwölf Beiträge nach einer Sendereihe des „Studio Heidelberg", Süddeutscher Rundfunk, Leitung Johannes Schlemmer, München 1971, S. 131–146

Wurmser, L.: Die zerbrochene Wirklichkeit. Psychoanalyse als das Studium von Konflikt und Komplementarität, Berlin, Heidelberg 1989

Wurmser, L.: Flucht vor dem Gewissen. Analyse von Über-Ich und Abwehr bei schweren Neurosen, Berlin, Heidelberg 1987

Würtenberger, T.: Die irrationalen Elemente bei der Strafzumessung, in: Böhme, W. (Hrsg.): Weltanschauliche Hintergründe in der Rechtsprechung, Karlsruhe 1968, S. 57–84

Zenz, G.: Einleitung zur deutschen Ausgabe (1978), in: Helfer, R. E., Kempe, C. H. (Hrsg.): Das geschlagene Kind (1968), Frankfurt a. M. 1978, S. 17–34

Zenz, G.: Kindesmißhandlung und Kindesrechte (1979), Frankfurt a. M. 1981

Ziehe, T.: Gegen eine soziologische Verkürzung der Diskussion um den neuen Sozialisationstyp. Nachgetragene Gesichtspunkte zur Narzißmus-Problematik, in: Häsing, H. (Hrsg.): Narziß – ein neuer Sozialisationstypus? Bensheim 1981, S. 119–136

Zimmer, H.: Die indische Weltmutter, Frankfurt a. M. 1980

Zumpe, L.: Tötung und Tötungsversuche eigener Kinder durch psychotische Mütter, in: Archiv für Psychiatrie und Zeitschrift für die gesamte Neurologie 1966, S. 198–208

Zwiebel, R.: Das Konzept der projektiven Identifizierung (1985), in: Psyche, 39. Jhrg., 1985, S. 456–468

Sachregister

Aberglauben 23
Abgrund 184
Abnormität 160, 186, 196, 203 f.,
   281, 284, 293
Abtreibung 19
Abwehr 39, 47, 68 f., 189, *222–223,*
   246, *247,* 251, 256, 263, 267
– aspekte 63, 264, 269
– charakter der Phantasie 48, *61–62,*
   254–255
– form 57, 66, 245, 250, 263 f.
– funktion 267, 290
– haltung 263 f., 267, 303
– und Identifikation 45, 55
–, institutionalisierte 263
–, interpersonale 263
–, kollektive im Strafverfahren 264
–, kollusives Modell 288
–, Kontaktabwehr 93, 102, 195
– methoden 245
–, primitive 57 f.
–, psychosoziale 263
–, reife 247
–, routinehafte 222
– signale 222
– strategien 161
– struktur 224, *247,* 248
–, Strafjustiz als Abwehrsystem
   262 f.
– vorgang 48, 222, 263
Affekt 90, *155,* 222, 224, 230, 233,
   237, 239, 242, 245, 248–251,
   253, 256, 261, 295 f.
– abwehr 245
– durchbrüche 244
– genese 296
– haushalt der Konformen 244, 248
– lage 25
– muster, kulturspezifisches 248
– tat 295, 297
– tatmodell als sexistisches Konstrukt 297 f.
– theorie 245

– verhalten 296
– vermeidung 296
– zustand 296
Aggression(s) 49, 62, 296
–, Autoaggression 32, 83, 88, 91,
   140
– delikte 236
–, Entstehung von 50, 52, 54
– nach Freud 53, 233
–, Heteroaggression 32, 82, 88
– des Kindes 41, 47, 49 f., 60, 67–
   69, 73, 84, 93, 116, 134
– der Konformen 254, 256, 258
–, konstruktive 233
– der Mutter 43, 64, *66–67,* 126 f.,
   134
– und Narzißmus 53 f., 54, 229
–, neutralisierte 59
–, normale 54
– und Phantasie 254 f.
– und Selbstdestruktion 83 f., 88–91,
   139
– und Sexualität 73
– und Strafrecht 232, 261
–, weibliche 73 f., 191, 207
– des Wissenschaftlers 211
Aktenuntersuchung 150
Alkohol 115–117, 125, 127, 129, *140*
Allmacht 21, 67, 90, 101, 104, 130,
   212–213, 226, 251, 282
Alltag(s)
– angst 182
– sprache 185
– theorie von Wahrheit 271
– wissen 265, 288
Altes Testament 21, 291
Altruismus 20, 32, 79, 80, 88 f.,
   141, 168
Ambivalenz 31, *45–46,* 93, 106,
   122, 257 f.
Angeklagte 147, 153, 216, 227, 265
   f., 268, 272, 276, 279, 282, 286 f.,
   304 f.

Angeschuldigte 217
Angst 14, 24, 48 f., 52, 60, 62, 68,
    120, 122, 126 f., 129, 131, 135,
    168, 175, 178, 207, 223, 235,
    251, 256, 266, 284
– abwehr 45, 200
– und Bedrohung 232, 244
– besetztes Delikt 245
– bewältigung 251
– Desintegrationsangst 135
–, Gewissensangst 248
– inhalte 48
– Konformer 236, 244, 246, 260,
    265, 275 f., 303
– und Kontrollverlust 62, 64, 134 f.
– kurve 245
– vor Liebesverlust 68, 86
– männliche vor der Frau 214
– reaktionen in der Begutachtungs-
    situation 162, 199 f., 203
–, Realangst 244 f.
– in der Therapie 58
–, Trennungsangst 38
–, unaussprechliche 245 f., 252
–, Urangst 162
–, Verfolgungsangst 48 f.
– zustand 159
Anklage 217
Anklammerung des Kindes 38
Anomie 25
Antike 24 f., 258
Antipsychiatrie 188 f.
Archaisch(e, er, es) 39, 58, 62, 73,
    80, 89, 209, 245, 247, 301
– Abwehrtendenz 151
– Destruktionspotential 53
– Größen-Selbst 226 f.
– Haß 60, 64, 135
– Kindheitsängste 200
– Phantasie 213
– Spaltung 62, 93, 122
– Über-Ich 87, 252
– Überzeugung der mütterlichen
    Zauberkraft 212
– Wut 74
–, narzißtische Wut 54

– Selbstrepräsentanzen 252
– Weltbild 80
Asymbiotisch 68
Aufklärungsepoche 162, 214, 290
Aufklärungspflicht des Sachverstän-
    digen 147
Aufopferung, mütterliche 106, 175
Auslösesituation für die Tat 184,
    295 f.
Außenwelt 37, 44, 48, 63, 91, 110,
    124, 137 f., 140, 234, 235, 247,
    249
Ausweg durch die Tat 30, 80, 118,
    177, 183–185
Ausweglosigkeit 29, 213
Autonomie des Kindes 71, 86, 130,
    141, 214
Autonomiestreben 38, 73
Autoplastisch 255
Autorität
– des Vaters 213
– des Gerichts 221, 268
–, Recht und männliche Autorität 287

Befangenheit, Ablehnung des
    Richters 274, 277
Befreiung 56, 72, 74 f., 91, 118,
    125, 127, 130, 138–140, 177,
    180 f., 229, 300
Belehrungspflicht des Sachverstän-
    digen 152 f.
Bemuttern 105
Berufskrankheit, weibliche 210
Berufstätigkeit 109, 170, 172
– der Frauen 107, 182
– der Mutter 108
– und Einfluß auf Tötungshandlun-
    gen 109
Berufswunsch 171
Beschuldigte 147, 152 f., 217, 272
Bestrafung 23 f., 59 f., 118, 121,
    139 f., 231 f., 232, 238, 240,
    282, 301
Beziehung(s) 25, 101, 116, 120,
    124, 130 f., 141, 155, 191, 195,
    248, 252, 258, 261, 294

– analyse 92, 94
– angebot 93, 194
– angst 92, 94, 252
– arbeit 104, 209
– aspekt 107, 195 f.
– bedürfnisse 77
– drama 134
– zum Dritten 70, 73
– dynamik 192
–, einschränkende Norm 93
– zwischen Frau und Mann 77, 102, 192
– geflecht 81
– gefüge 92, 100
– und Gefühl 49, 102
–, Gewaltbeziehung 169, 181
– Konservieren der Beziehung 178
– konstellation 73, 77, 98, 182, 297
– Leben für Beziehungen 104
– muster 24, 87
– partner 92, 94, 124, 143
– person 84, 249
– probleme 209
–, reife 84
– schaukel 93
– störung 32, 92, 107, 144
– struktur 157, 274
–, Täter(in)-Opfer-Beziehung 92 f.
– tötung 297
–, szenische 18
Beziehungslosigkeit, narzißtische 54
Beziehungssetzungen, abnorme 193
Bezugssystem 198–201, 203
Blick
–, böser 136
–, männlicher 87, 205
–, weiblicher 205
Blinder Fleck 16, 206
Böse(s) 13, 17, 31, 60, 137 f., 162, 168, 175–177, 181, 238, 251, 280, 300
– Bilder (Selbst und Objekt) 60
– Brust 48
– Frauen 175, 237, 291 f.
– Kind 59, 94, 134

– Mutter 73, 212, 252 f.
– Mutterimago 60, 63, 80
– Objekt 57, 59, 124, 140
– Objekt-Imago 124
– Schwiegermutter 181
– Selbst 49, 140
– Täterrolle 124
– Welt 93

China 21
Container 52, 55, 56, 61, 80, 122 f.

Daseinspsychopathologie 283
Definition
–, Fremddefinition von Krankheit 186
– der Krankheit 283
– der Macht 289
– des Objektes 151, 205
– psychischer Normalität 151, 197, 203 f.
–, Selbstdefinition von Krankheit 186
– der Selbsttötung 82
– des Subjektes 151, 205
– Verzicht auf Definition von Strafe 240
Delegieren 43, 66, 126, 265
Delikt(s) 13–15, 18, 20, 135, 143, 147, 173, 185, 236 f., 242 f., 245, 254, 256, 269, 286 f., 297, 299, 303
–, Aggressionsdelikt 236
–, angstbesetztes 245
– begehung 280
–, extremes 150
– chance 29
–, Gewaltdelikt 30
– gruppen (weibliche Beteiligung an bestimmten) 29
– häufigkeit von Frauen 26
– Kindstötung 22
– und Institution 148
–, prädeliktische Situation der Täterin 25
–, Schlüsseldelikt Kindesmord 24

339

– separierung 242
– spezifische Differenzierung 236, 242
– Tötung 19, 26, 28–30, 96, 167 f., 220, 236, 242 f., 287, 290, 296 f., 297
–, Vermögensdelikt 242
–, weibliches 205, 218, 286
Denken des Außen 149
Denksysteme 293
Depression 83, 87, 89, 91, 296
Depressiv(e, er, es) 49, 184, 296
– Bezug zur Wirklichkeit 209
– Entwicklung 197
– Erkrankungen 208
– von Frauen 182, 185, 207–209
– Reaktionen 190
– Stufe 49
– Symptome 184
– Zeiterleben 186
Destruktion(s) 43, 60
– ausbruch 43, 64
– der eigenen Person 87
– fördernde Konflikte 15
– Genese 52
– neigung 91
– potential (frühkindliches) 52 f.
Destruktiv(e)
– Impulse 13, 52, 55, 57, 61, 80, 85, 254
– Mutter 14, 35, 64, 106, 126, 162, 214, 244 f.
– Mutter-Kind-Bindung 243
– Phantasie 125
– Wut 59, 80, 253
Destruktivität(s) 51–55, 62 f., 66, 125 f., 162, 233
– des Kindes
– Bewältigung 55
–, irrationale 162
Determination 157, 160, 200, 286, 289, 294 f., 295, 302
Diagnose 150, 159, 161, 164, 166, 186 f., 190, 206, 210, 292, 304 f.
–, objektive 163
– befund 211

– katalog (ICD) 198
–, Krankheitsdiagnose 154, 186, 188, 293
–, Kränkungsdiagnose 293 f.
– kriterien 205
–, Persönlichkeitsdiagnose 154
Diagnostik
–, Klassifizierung der 163
–, psychatrische 161, 165, 183, 187, 199, 204, 210 f., 215, 283–285
– nach K. Schneider 283
– der Störung 196 f.
–, Zielgruppen der 164
Dialogpartner 158
Diskurs 156 f., 216, 287 f., 293
Dogmatik, juristische 218–219, 263, 266–268, 270
Doppelrolle des Sachverständigen 152, 165, 303
Dunkelfeld 27
Durchschnittsaffektdelikt 297

Einigungssituation nach Lorenzer 37, 39, 99
Eltern-Kind-Beziehung 24
Emotional(e, er, es)
– Austauschprozesse 13
– Balance 172
– Belastung 185, 248
– Besetzung des Kindes 39
– Beziehung 102
– distanzierter Beobachter 199
– Druck 254
– ergriffener Richter 266, 275, 301
– Erleben 69
– Grunddefekt 254
– Isolierung 42
– Krankheit 188
– Objektkonstanz 38
– Reaktion der Gesellschaft 230, 240
– Ungleichheit zwischen Geschlechtern 103
– Verstrickung des Untersuchenden 162
Emotionalität 243, 250, 253, 266, 279, 295

–, negative 56
Empathie 17, 52, 161, 163, 172, 193
Empirisch 18, 219, 233, 282
Empirie, intuitive 112
Entwicklung(s) 18, 35–37, 48, 52, 53, 56, 79, 99 f., 111, 214, 226, 242, 245, 253–257
–, abweichende 176, 234, 304
–, Fehlentwicklung 80
– front 63
– und Identifikation 43, 45 f.
– konflikt 42
–, kulturelle 235, 248 f.
– modell, triebtheoretisch 37
– motivation 178
– motorische 38
– möglichkeit 108
–, objektbeziehungstheoretisch 37 f.
–, negative Anteile der 59
–, normale 57
– der Persönlichkeit 182, 227
– prozeß 143
– psychologie 224, 244, 246, 262
– richtung 58
– des Selbst 58, 208
– raster, präödipal 242, 246
– situation 61
– stadium 67, 131, 246
– störung 32, 95
– strang 248
– stufe 41 f., 55, 73, 87, 278
– verlauf 38, 143
–, weibliche 28, 34, 70 f., 73, 75
Epilepsie 188, 192
Erhaltungsmechanismus 57, 247
Erinnerung *61–62*, 113 f., 121–123, 134 f., 193, 222
Erkenntnisinteresse 13
Ermittlung, strafprozessuale 270 f., 282
Ermittlungsverfahren 217
Ermittlungsverhalten des Gutachters 151 f.
Eros 233
Ersatz

– funktion des Kindes 71, 74 f., 106
– befriedigung, surrogatstiftende 254
– kontakt 107
– objekt für Aggressionsabfuhr 232
— opfer Kind 61 f., 80
Erwartung(s) 89, 93, 102, 105, 110, 137, 194 f., 198, 201, 230, 256, 264
– erwartungen 241
– formeln 194
– haltung 201, 256
– horizont 237
–, Sanktionserwartungen 240
Erziehung 25, 35, 46, 178, 212, 249, 258, 295
– zur Sauberkeit 183
Ethnologische Aspekte 18, 20, 83, 262
Exploration 148, 150 f., 153

Faust (Goethe) 22, 211
Feminität, primäre 73
Ferngesteuert 117, 138
Fiktion 255, 286 f.
Filizid 19
Forensisch(e, er, es) 18, 154, 285, 303, 305
– Abteilung eines psychiatrischen Krankenhauses 18
– Geschehen um die Täterin 222
– Praxis 147
– Psychiater 147, 150, 158, 163, 165, 186, 197, 200 f., 203, 212, 222 f., 296, 303
– Psychiatrie 15, 82, 149, 159, 161, 164 f., 196, 284, 295
– psychiatrisches Gutachten 18, 167
– psychiatrischer Exploration 284
– psychiatrischer Idealfall 185
– Psychologe 165, 217
– relevantes Krankheitsverständnis 288
– tätige Gutachter 165
– Verwertung 152
– Wahrheit 145, 271 f., 278

Fortpflanzungstrieb, primärer 41
Frauen 13, 18, 23, 27, 77, 119, 166–
173, 175–179, 181–187, 189–192,
218, 236, 253, 286 f., 289 f., 297 f.
–, Autonomie der 72, 191 f.
– beziehungen 102, 130, 132 f.
– bild 14 f., 28 f., 97, 190, 207, 291
– bild, psychoanalytisches 97
– delikt 218
–, Ehefrauenrolle 208 f.
–, Einteilung der 102, 175, 181,
290, 292
–, Erwartungen an 102, 170, 175,
209, 290
–, gesellschaftliche Situation von
14, 28 f., 96 f., 101, 105, f., 108,
199, 207 f., 214, 253, 292, 297
– gestalt 292
–, Hausfrauen 107, 109, 170 f., 182,
207, 209, 297
–, Identität der 76, 249
–, Krankheit der 292
– und Justiz 205 f., 215, 286 f., 290
– und Kind 74, 78, 103 f., 106, 109,
178, 183
– spezifische Konflikte 14
– spezifische Konfliktkonstellation
298
– kriminalität 13, 26–29, 236
–, Lebensalltag der 14, 107
– leiden 182, 184, 186 f., 207, 210,
215, 292
– leitbild 15
– und Mutter 33, 40, 101, 173, 180,
182, 191, 212
– muttern 77, 99–101, 103 f.
– und Partner 79, 101 f., 179–181,
192, 209
–, Problemlösungsverhalten der 29
– und Psychiater 196
– psychisch 207
– rolle 14
–, Selbstwertgefühle der 101, 192,
208
–, soziale Rücksichtnahme der 87,
181
–, straffällige 13
– als Täterin 19, 24, 26, 30, 32,
113, 123, 151, 157, 176 f., 179,
183, 199
–, Überforderung der 107, 210, 229
–, Unabhängigkeitsstreben der 191
–, Unterforderung 210
–, Versagenserlebnisse von 171
–, Verweigerung der 110, 171, 182,
257
Freiheit(s) 119, 128, 281, 290, 294
– entziehende Maßregel 147
– frage 300
– postulat 282
– strafe 113

Geburt 19, 25, 36, 40, 56, 47, 76,
81, 89, 103, 106, 110, 130, 133,
135, 170
–, kastrierende 78
–, psychische 37
Geburtenkontrolle 25
Gedankenentzug 283
Gedanken vor der Tat 176, 184,
294 f.
Gegenübertragung 204
Geheimnis (§ 203 StGB) 152 f.
Generalprävention 238–241, 301
Gerechtes Urteil 271, 277
Gerechtigkeit(s) 260, 271
– vorstellungen 229
Gericht(s) 15, 122, 147 f., 151, 156,
217, 219, 227, 264, 268, 286–
289, 297, 304 f.
– alltag 287
–, Aufgabe der Gerichte 264
–, Autorität des Gerichtes 268
–, Frauen vor Gericht 286 f., 289 f.
– saal 216, 265, 279, 302
– verfahren 118, 136, 279
– verfassungsgesetz 227
– verhandlung 237
– zeremoniell 304
Gerichtsbarkeit 221, 288
Geschichte 24, 35, 98, *113,* 119,
258 f., 278, 293

–, Abendländische 22
–, Fortschrittsgeschichte 24
–, Kindheitsgeschichte 24
–, Kulturgeschichte 234
– der Tiefenpsychologie 98
Geschichtsschreibung 24
Geschlecht(er, s) 70, 72, 77, 100,
    102 f., 106, 111, 151, 214, 236,
    290, 293
– Andere Geschlecht 106, 206, 287
– charakter 214, 292
– gegengeschlechtlich 168
– gleichgeschlechtlich 179
– gleichheit 70
– identität 102
– kategorie 206
–, männliches 70, 287
– reife 76
– rollen 107, 208
– unterschied 71, 86, 100, 103
– variable 205 f.
– verhältnisse 96
–, weibliches 22, 72, 85, 205
– des Wissenschaftlers 205, 287
Geschlechtsspezifisch(e)
– Rollenteilung 29, 95, 206, 208,
    236, 292
– Konfliktkonstellationen 293
– Aufspaltung 291
Gesellschaft
–, Einstellung der 21, 228
–, Familie als Spiegel der 251, 257 f.
–, Normen der 14
–, patriarchalische 24, 97, 287
–, rechtsstaatlich organisierte 14,
    230, 259
–, Veränderungen der 23
Gesellschaftlich-normativ 252
Gesellschaftliche Macht 213
Gesellschaftssystem, westliches 100
Gesund(e) 35, 67, 92, 171
– Entwicklung 226
– Gewöhnlichkeit 200
–, Mutter-Kind-Beziehung 32, 35
– werdung 293
Gesundheit(s) 106, 151, 203 f.

– begriff 235
–, Doppelstandard seelischer Gesund-
    heit 206
–, gewöhnliche 197
–, geistige 197, 204, 281 f.
– der Frau 292, 297
– des Mannes 292
– zustand 186
Gewalt 88, 91, 260 f., 272
–, phantasierte 255
– beziehungen 169, 181
– delikte 30
– monopol, staatliches 232
– ausübung des Richters 220, 227,
    272
– szenen in Videos 255
– verbrechen 297
– verzicht, gesellschaftlicher 232
– und Wissenschaften 162
Gewalttätigkeit gegen Kinder 24,
    27, 258
Gewissen 32, 61, 73, 224, 243, 260
– angst 245
–, autoritäres 303
–, Chance des 223 f.
–, Funktion des 223 f., 224
–, humanistisches 303
– und Naturrecht 223
– und Psychoanalyse 224
–, schlechtes 114, 117, 137 f., 186,
    220 f., 223, 229 f., 232, 288, 298
    f., 303
–, Sprachwurzel des 230

Haß 14, 43, *46–49*, 52, *54–56*, 60,
    62, 64 f., 71 f., 75, 80 f., 95 f.,
    106, 116, *125–127*, 134, 143,
    168, 172, 207
–, Selbsthaß des Alkoholikers
    140
Hauptverhandlung 147 f., 152, 154,
    179, 217, *265–266*, 300 f.
Hausfrau 107, 109, 171, 182, 207,
    209–210, 297
Heim (Erziehungs-) 113–117, 120,
    129, 131, 134, 139

Hermeneutisch 24, 164, 195, *273*, 275, 285 f.
Heterosexualität 77, 132, 179
Hexenverfolgung 292
Hilflosigkeit 183, 185, 207, 256, 297
–, primäre 256
Hilfswissenschaften der Jurisprudenz 219
Homöostatisches Gleichgewicht 36
Homosexualität von Frauen 114 f., 129 f., 132 f.
Hypersymbiotisch 68
Hysterie 197, 207, 215, 292

ICD 186, 197 f., 200, 203
Ich 45, *47–49*, 54, 58, *60–63*, 66, 83 f., 88, 122, 139, 196, 208, 222, 225 f., 229, 235, 245, 247, 252, 276
–, erwachsenes 98
–, erweitertes 56
– oder Du 77, 92, 143
– und Du 92, 143
– und Nicht-Ich 63, 138, 176
–, Hilfs-Ich 61, 140
–, Normal-Ich 36
–, Regression im Dienste des Ich 39
–, Verarmung des 247
–, zweites 176
Ich-Aufbau 37, 62, 66, 68, 70
Ich-Ebene 229, 276
Ich-Einschränkung 247
Ich-Entwicklung 247
Ich-Grenzen 212
Ich-Ideal 54, 66 f., 84, 225 f., 235, 252
Ich-Identität 37, 39, 44, 61 f., 66 f., 227
Ich-Instanz 222, 225
Ich-Spaltung 58
Ich-Stärke 192
Ich-Störungen 53
Ich-Struktur 58, 62 f.
Ich-strukturelles Defizit 73
Ich – Es – Über-Ich 33, 53, 225

Ideal 49, 89, 93, 107, 134, 178, 224–226, 229 f., 252, 271
– bild 107
– fiktion 36
–, konserviertes 90
– objekt 54
– vorstellungen 93
– welt, narzißtische 91
– zustand 90
Idealisierung 89, 101, 124, 129, 134 f., 177, 224, 228 f., 290
–, Abwehrfunktion der 290
–, exzessive 229
–, primitive 136
–, Richterideal und -idealisierung 220, *225–228*, 230, 252, 275–277
–, Selbstidealisierung 226, 282
Idealisiert(e, er, es)
– Außenwelt 140
– Ebenbild 89, 93, 139, 177
– Eltern-Imago 225, 227
– Mutter 68
– Mutter-Imago 67
– Mutterbild 60, 252
– Mutterrolle 106
– Penis 72
– Vater 73
Identifikation(s) (Identifizierung) 32, 36 f., 39, 41 f., 66–68, 77, 83, 86, 127, 131 f., 137, 166, 175, 191, 214, 243, 247, 254, 256, 276
– mit der Angreiferin 66 f., 126
–, Cross-Identifikation 70
–, Doppelidentifikation 41, 61, 89, 91, 98, 256
–, Ent-Identifizierung 39, 44
–, frühe 85
–, Funktion der 44–47
–, gestörte 43
–, globale 66–68, 70, 126 f., 129, 175
–, introjektive 68, 84
– mechanismus 44, 51, 67
– muster 44 f., 256

–, narzißtische 66, 68 f., 126, 130
– objekt 257
– mit dem Opfer 232, 243 f., 254, 256, 258
–, primäre 38
–, primitive 57
–, projektive 43, 49–52, 54–59, 61, 79 f., 122, 176
–, normale projektive 57, 122
–, übertriebene projektive 56, 122
– prozeß 43, 52, 60 f., 243 f., 254, 256, 258
–, reife 61
– mit dem Schuldunfähigen 298
– störung 143 f.
–, strukturelle 99
– mit der Täterin 243, 254, 256, 258
– mit männlichen Tätern 297
–, Überidentifikation 69, 166
–, Umkehridentifikation 61
–, Uridentifikation 37
–, Vorstufe der 46
Ideologie, neurotische 264
Imagination 156
Imago
– Eltern-Imago 225, 227
– Mutter-Imago 60, 63, 67 f., 74, 77, 80, 143, 150, 155 f., 174, 193, 212, 214, 243, 251 f.
– Objekt-Imago 50, 53 f., 68, 84, 124
– Selbst-Imago 50, 53 f., 68
Indien 21
Individualpsychologisch 242, 302
Individualtherapie 234
Individuation 38, 68, 70, 78, 8 f.
Infantizid 19
Innenwelt 44, 48, 63
Innerpsychisch(e, es) 34, 51, 60, 83 f., 90, 92 f., 96 f., 124, 126, 223, 225, 246
– Ambivalenz 134
– Angst 94
– Autonomie 38
– Kräftespiel 263
– Objektbild 60

– Realität 110
– Repräsentanzen 50
– Spaltung 253
Institution(s) 118, 129, 222, 260–263, 265
– dynamik 137 f.
– Strafvollzug 138
Institutionalisierte Abwehr 263
Institutionell 15, 148, 221, 248, 286
Institutionsbedingte Ohnmacht 128
Interaktion(s) 15, 37, 93, 99, 119, 198, 266, 299
– ansatz 99
– feld 195
– form 51, 99, 253
Interpretation 119, 158, 167, 191, 230, 239, 267, 271
–, Eigeninterpretation 186
–, Selbstinterpretation 138, 187
–, Testinterpretation 190
Intersubjektivität bei der Rechtsfindung 275 f.
Introjektion 42, 46, 49, 57, 61, 83–85, 87, 247, 251
Inzest 131, 134
Irrationalität 16 f., 162, 230, 241, 245, 260, 275, 292
– und Strafjustiz 260 f., 263, 268, 276, 278, 282
Isolation 93, 107 f., 141

Justiz 148 f., 151, 201, 212, 221, 227, 259, 268, 272, 282, 288, 304
–, Ausbildung in der 266, 267
Justizielles Mutterbild 148
Justizvollzugsanstalt 18, 113, 118

Kali 21
Kapitalverbrechen 244
Kastration(s) 72, 78, 81, 85
– angst 85 f., 132
–, soziale 85
Katastrophe 75, 129, 267
Katastrophenreaktion 54
Kategoriensystem 197 f., 203

Kind(er, es) 13 f., 17–27, 29–44, 47
f., 50, 56 f., 59–61, 64–67, 69,
71, 74–82, 87–89, 91–96, 100,
104–111, 116, 118, 125–127,
133–136, 141–143, 167–173,
175–180, 183 f., 186, 191, 200,
208, 212–214, 218, 224, 236–
238, 242, 246, 248, 250, 253–
256, 258, 292
–, Altruismus des 79
– erziehung 109, 207, 209, 258
– feindlichkeit 108, 258
– Funktion des 66
– garten 250
– gärtnerin 171
– mißhandlung 20, 27
– mord 22–24, 258
–, nichteheliches 19
– opfer 21
– psychologie 98
– schutzkongreß 258
– sterblichkeit 23
– als Teil der Mutter 64, 66 f.
– therapie 58
– tick 191
– psychischer Tod des 93
– tötung 19–26, 30, 78, 236 f., 243,
260
–, weiblichen Geschlechts 22, 33
– wunsch 32, 74–78, 130
Kindheits-Identifikationen 39
Kindstötung (§ 217 StGB) 19–21
Kindsvater 24, 180
Klassifikation 163, 189, 198, 284,
287
Kleinkind 46–49, 53, 212, 226, 243,
253, 255 f.
Klimakterium 28
Kollektivpsychologisch 234, 236,
239, 242, 301
Kollusionen bei der Partnerwahl
180
Kommunikationsmedien 237
Kompetenz 148, 185, 213, 289, 293
Kompetenzerweiterung des Sachverständigen 304

Kompetenzwahrung des Richters 304
Konflikt 290, 293, 304
– beendigung durch Tat 296
– feld, familiäres 244
– fördernde Normen 25
– in foro 270
–, frauenspezifischer 15, 287, 298
–, gesellschaftlicher 248
– hafte Lebenssituation 295
– und Kindestötung 109, 295
– konstellation 194, 242, 293
– lage 30, 287, 295, 297
– lose Gemeinschaft 234
– lösung 62
– lösungsstrategien 29, 298
– modell, psychoanalytisches 33
– muster bei der Partnerwahl 180
– der Mutter 25, 37, 41 f., 66, 76
– mit der Mutter 42, 68–70, 79, 93
–, narzißtischer 89, 91
–, ödipaler 249
–, oraler 41 f.
– situation 20, 78
– Statuskonflikt der Juristen und
Psychiater 289
– täterin 20
– trächtige Beziehungssituation 297
–, Triebkonflikt 84 f., 89, 91
– und Über-Ich 224, 235
– verdrängung 190, 222, 251
Konforme Bürger 231–233, 236,
239, 243, 246, 254, 259, 281
–, Gefühlsleben der 243 f., 248
–, Identifizierungsprozesse der 254
– und deren Interesse am Tötungsdelikt 31, 237
Konformität(s)
– und Abweichung 264, 281
– ängste 236
– erwartungen 230
Konstrukt 156, 275, 297
Kontaminierung 60, 124
Kontrolle 24, 116 f., 127 f., 135
–, Geburtenkontrolle 25
–, Impulskontrolle 58, 73
– über die Mutter 54

–, Selbstkontrolle 207
–, soziale 29, 238
– durch das Strafrecht 233, 240,
   260–262, 264, 271
– streben 51, 58, 117, 119, 122, 128
–, Triebkontrolle 233
–, verinnerlichte 29
– verlust 62, 74, 125, 127 f., 185
Körper 36, 110, 153
– bedürfnisse 37, 253
–, Besetzung des 71, 74, 81, 141
– bild bei Mädchen 71
– und Droge 140
–, innerer 85
– krankheiten 153 f., 160, 162 f.,
   187 f., 282 f.
– der Mutter 48, 78, 85, 312
– pflege 35
– als Teil des Selbst 87
– verletzung 26
körperlich(e, r) 103, 153, 163, 253,
   290
– Differenzierung 38, 68
– Entwicklung 255
– Leere 140
– nachgeburtliche Bindung 103
– Symptome 114, 187 f.
– Untersuchung 151 f., 159
– Kontakt in der Erziehung 37, 75,
   101, 103
Krank(e, en)
– geschichte 152, 184, 196, 211
– haus 117, 147
– rolle 187 f.
– schwester 171
– Sprache 216
Krankhaftigkeit 293
Krankheit(s) 36, 153, 185, 196,
   203, 208–210, 293 f., 297 f.
– bild 83, 163, 165, 188, 205, 283–
   285, 299
– diagnose 154, 293
– von Frauen 109, 182, 207, 208,
   210, 287, 292
–, Geisteskrankheit 188, 268, 189,
   204, 285

– und Gesundheit 151, 297
– modell 188
–, psychische 201 f., 208 f., 273,
   298
–, seelische 162, 188, 283
– der Täterinnen 186 f., 211, 214,
   287
– ursache 185
– urteil 164
–, Verhaltenskrankheit 188
– wert der Tat 199, 211, 214, 287
Krankheitsbegriff 151, 153, 216,
   280, 285 f., 299
–, juristischer 215, 280, 285–288,
   294
–, praktisch-sozialer 280
–, psychiatrischer 187 f.
Krankheitsdefinition 283
– Fremddefinition der Krankheit
   186
– Selbstdefinition der Krankheit 186
   f.
Kränkungsdiagnose 293
Kriminalität(s) 13, 30, 236 f.
– berichterstattung 237
–, Frauenkriminalität 13, 26–29,
   236
– theorie 29
Kriminal
– justiz 237 f.
– psychiater 166
– politische Zielsetzung 238, 300,
   302
Kriminologie 13, 18, 20, 27–30, 82,
   92, 201, 219, 286, 301
–, psychoanalytische 239
Kriminologisches Erkenntnisinteresse 250

Leben(s)
– entwürfe 159
– erfahrung des Richters 228, 241,
   267, 272 f., 289
– führungs-Schuld 301
– geschichte 15, 18, 32, 96 f., 112
   f., 119, 123, 143, 147 f., 154,

191, 194, 200, 203, 224, 232, 293, 301 f.
– krisen 194
– perspektive für Frauen 104, 207
– projekt des Mannes, Teilhabe am 102
– sachverhalt, juristischer 15, 222, 265, 267, 271, 278
– trieb 233
– unsicherheit, gesellschaftliche 259
– verhältnisse, kulturelle der Frauen 28
– wandel der Täterin M. 114 f., 129
– welt 50, 97, 257
– wünsche, Unterdrückung von 221
Libido 59, 62, 84, 90, 233
– organisation 46
Liebe(s)
– besetzungen 46
– beziehung 79, 129, 191
– erwartungen 192
– gefühle 48
– leben 46, 253
– objekt 38, 40, 45, 72, 77, 83 f., 133, 191
– Urform der 53
– verlust, Angst vor 68, 86

Mabiki-Typ 25
Macht
– beziehung 164
– der Diagnose 210, 216
–, diagnostische 216
–, formalisierte 212
– frage 212
– fülle 213
– gefälle 163
–, gesellschaftliche 213 f.
–, innere 213
– kompetenzen 215
– und Magie 213
–, magische 58, 136, 140, 155, 175, 213, 252
–, männliche 213
– der Mutter 104, 210, 212–214, 216, 304

– position 220
– des Staates 23
– über Töchter 104
– wörter 285
– zuschreibungen 289
– zuweisung 230
Machtlose Frauen 105
Männer
– in der Justiz 287, 289, 293, 297
– in der Psychiatrie 205–207, 209, 289, 293
– im Leben der Täterinnen 114 f., 129 f., 132–134, 169–171, 173, 177–181, 186, 190, 192, 209
Massenmedien 237
Masochismus, sekundärer 84
Medea 19, 78 f., 292
– Komplex 78
Medicozentrismus 203 f.
Melancholie *83–85,* 87 f., 91, 139, 182
Menstruation 28
Messer 113, 116, 118, 126, 131
– als Penissymbol 131
– phobie 118, 132
Metapsychologie 44, 90, 233
Metasprache 161
Minderbewertung des weiblichen Geschlechts 72
Mittelschicht 221, 236
Moralischer Machtfaktor 300
Moral, weibliche 86 f.
Mord 26, 83, 88, 118
Mord – Selbstmord 26
Mothering 41
Mutter
–, Abhängigkeit von der 36, 68, 71
–, Abwendung von der 71 f.
–, Aggression der 67, 69, 174
–, alleinerziehend 108
–, Allmacht der 21, 71, 73, 200, 251
– ansatz, psychoanalytischer 98
–, ausgeglichene 38, 41
–, berufstätige 108
– bild 14, 95 f., 105, 147, 155 f., 158, 166, 190, 192, 197 211, 215, 218

–, böse 73, 212, 252 f.
– brust 50 f.
– als Container 52, 55 f.
–, destruktive 14, 35, 43, 61, 162, 244
–, Erkrankungsrisiko der 207
– ersatz 133
–, Feindseligkeit der 35
–, geliebte 84
–, gewährende 47
– göttin 21
–, gute 15, 63, 108, 110, 170, 252
–, Haß der 56, 64 f.
–, Ich-Identität der 44
– identifikationen 243
– konflikt 25, 39, 42, 79
– liebe 14, 21, 23, 31, 106, 110, 139, 290
–, narzißtisch gestörte 89
–, normale 210
– objekt 251
–, perfekte 141
–, phallische 71 f.
–, primäre 36
–, Projektion in die Mutter 49, 64
–, psychologische Funktionen der 41
–, Rache an der 78
–, reale 214
–, regredierende 41, 61, 63
– rolle 14, 30, 33, 106 f., 141, 170, 173, 190, 192, 208 f., 259
–, Rückkehr zur Mutter beim Koitus 77
–, schlechte 109, 178, 286 f.
–, Sensibilität der Mutter nach der Geburt 36
– symbolik 21
–, tötende 15 f., 18 f., 32, 43, 63 f., 66, 79, 80–82, 92, 96, 100, 110, 143 f., 147, 236, 254, 292
–, Trennung von der 69, 106, 174, 177
–, Überforderung der 107, 210, 229
–, Unterforderung der 210
–, versagende 47, 68, 71, 84

Mütterlich(er, es)
– Alltagsleben 107–108, 209
– Spiegel 38
Mütterlichkeit 36, 39, 50, 76, 178, 252
–, primäre 36
Mutter-Kind-Beziehung 18, 30, 32–35, 40 f., 43, 44, 60 f., 79, 80, 98, 168, 244, 246, 249, 253, 257
–, normale 35
Mutter-Kind-Symbiose 36, 69
Mutter-Sohn-Beziehung 170, 179 f.
Mutter-Tochter-Beziehung 40, 69 f., 74, 102, 132 f.
Muttern 77, 99–101, 103 f., 107
Mutterschaft
– als Entwicklungsphase 40–42
– als Falle 109
–, Reproduktion von 99
–, soziale 39
Mythos 187, 255–256, 259, 269
Mythischer Gehalt des Strafrechts 256, 259, 269

Narzißmus 38, 53, 90, 229
–, normaler 225
–, kindlicher 38
– konzepte 89 f.
– theorie 53, 229
Narzißtisch(e, er) 38, 54, 69, 77, 90 f., 135, 139
– Besetzung 38, 71
– Idealwelt 91
– Identifikation 66, 68 f., 126, 130
– Katastrophe 89
– Konflikt 89, 91
– Kränkung 54, 73, 226, 304
– Mutter 95, 191
– Objektwahl 69
– Selbstmordtheorie 89 f.
– Störung 33 f., 67, 89
– traumatisierend 251
– Vollkommenheit 54
– Wut 53 f., 67, 73
Natur 30, 172, 220, 253
– und Kultur 98–100, 262

– als das Nicht-Identische 99
– recht 223 f., 263
Naturhaftigkeit der Frau 207, 212, 214, 290
Neid 48, 54
Neugeborenes 25, 65, 75
Neurose 16, 106, 161
Neutralität, gutachterliche 169
Norm(en) 15, 70, 239 f., 296
– adressat, normaler 281
– anwendung 15
– bruch 239
– codex der gewöhnlichen Gesundheit 197
– geleitete Wahrnehmung 199
–, gesellschaftliche 14, 25, 187, 203
–, männliche 205 f., 286, 293
– des Strafrechts 271, 278, 281, 300
– struktur in der Beziehung 92 f., 107
– treue 232
Normal 216, 280
Normalbürger 230, 244, 246–248
Normal-Ich 36
Normalität und Pathologie 34–36, 151, 175, 186, 192, 196 f., 201, 203 f., 234, 280, 296

Objekt 39, 44–57, 59, 63, 68, 76, 84, 87, 91, 99, 124, 135, 137, 139 f., 153, 158, 160–162, 181, 211, 219, 233, 251, 257, 271
– besetzung 44, 83
– beziehung 37, 47–49, 51 f., 58, 68, 86, 92
– beziehung, aggressive 49, 51, 53 f., 57
– beziehungstheorie 33 f., 70
– bilder 60
– bindung 257
–, Ersatzobjekt 232
– Justiz 227
– konstanz 38
– Mutter 73, 89, 91, 251 f.
–, Partialobjekte 48, 129
– repräsentanz 38, 44, 60, 66, 70, 137, 256 f.

– rollenzuschreibung 15
–, Schutzobjekt 245
–, Selbstobjekt 54, 135
– der Strafverfolgung 153
–, Untersuchungsobjekt 215
– Vater 70, 73
–, verkrüppeltes 57, 80
– verlust 49, 83
– vorstellungen 41
– wahl 45, 69
– wechsel 71
Objektive Gefährdungsdisposition der Mutterschaft 297
Objektivierte Irrationalität 260
Objektivierung 48, 285
Objektivität
– der Anamnese 151
– des Gutachters 161, 216, 276, 303 f.
– des Rechts 276
– der Symptome 159
– der Urteilsbildung eines Psychiaters 163
Ödipal 70, 73, 76, 224, 242 f., 249, 257
Ödipale Straftaten 242
Ödipuskomplex 35, 45, 85
Öffentliches Leben 101
Öffentlichkeit 23, 31, 102, 236 f., 243 f., 256, 268 f., 277, 302
Öffentlichkeitsgrundsatz der StPO 152
Ohnmacht 73, 128, 284, 297
– der Frauen 96, 104, 213
– des Kindes 101, 212
– des Richters 212, 226
Omnipotenz 38, 56, 58, 141, 212–214, 228
Opfer 17, 21, 26, 136, 142, 169, 211, 220 f., 228, 253–256, 258
– bereitschaft der Frauen 96, 104, 106
– haltung 181
– Identifikation mit Opfer 232, 243 f.
– Kind als Opfer 21, 39, 61 f., 75, 80, 92 f., 135, 167 f.

– und Melancholie 84, 88, 91
– mystische Einheit mit 135
– ritual 135
– rolle 124, 142, 256
Orale Phase 41 f.

Partner 93 f., 116, 124, 129, 131,
    134, 143, 166 f., 171–173, 178–
    183, 186, 191, 297
– beziehung 71, 78, 169 f., 170
– ersatz des Kindes 71
–, Rache am Partner 78
– suche 180
– wahl 132
Partnerschaft 130, 167, 181, 190
Pathologie
– und Normalität 34–36, 151, 175,
    186, 192, 196, 197, 201, 203 f.,
    234, 280
–, kollektive 262
Penis 72 f., 76, 78, 129–132
– neid 72
Persistenz 58
Persönlichkeit(s) 197, 201, 226, 290
–, Als-ob-Persönlichkeit 69
– analyse 151
– anteile der Mutter 49
– der Mutter 98
– des Richters 220–222, 224, 227,
    272, 276–278
– diagnose 154
– eigenheit 192
– entwicklung 45, 182
– faktoren 153
– fremdheit 295
– gehalt im Urteil 278
– komponenten, stabilisierende 226
– modell 295
– prägende Auseinandersetzungen
    249
– störung, narzißtische 89
– struktur 179, 249, 279
– struktur, infantile 191
–, Täterin-Persönlichkeit 148, 217,
    278, 290, 302
– theorien 284

– veränderung 192
Pflegevater 114, 129
Phantasie 31, 36, 39, 42, 47–51, 55,
    61 f., 69, 78, 125, 130–132, 155,
    192, 213–215, 222 f., 228, 230,
    244, 251, 254–256, 263, 293
– bildung 61
–, Größenphantasien 73, 89, 225
–, Wunschphantasien 37
Phantasie-Mythos 256
Plötzlichkeit der Tat 43, 184
Postödipale Straftaten 242
Prämenstruum 28
Präobjektal 212
Präödipal(e, er, es)
– Beziehungskonstellation 73
– Entwicklungsraster 242
– Kinderwunsch 76
– Mutter-Kind-Beziehung 257
– Mutter-Tochter-Beziehung 69
– Mutterbindung 76, 85
– Phase 69, 71
Prävention 241
Presse 20
Privatsprache 194
Projektion(s) 31, 35, 48, 51, 56, 59,
    208, 247, 251
– fläche 137
– mechanismus 232
– objekt 51
–, Schuldprojektion 232, 302
Projektive Identifikation (Identifi-
    zierung) 43, 49–52, 54–59, 61,
    79 f., 122, 176
–, normale 57, 122
–, übertriebene 56, 122
Prostitution 109, 114 f., 129
Prügelknabe 232
Pseudoempathie der Mutter 69
Psychiater(s) 122, 147 f., 150–152,
    154, 156, 158–163, 165, 182,
    184, 186 f., 189 f., 194, 196–
    198, 200–205, 212, 215, 216,
    283–289, 292, 297
– Alltagsbewußtsein des 195
– Beziehung zur Probandin 151 f.,

160, 163 f., 191, 193, 195 f.,
200, 205, 212, 215
– Definitionsobjekt 205
–, theoretische Einstellung des 158,
185
–, forensischer 147, 150, 158, 163,
165, 186, 197, 200 f., 203, 212,
222 f., 296, 303
–, männlicher 205 f., 287
–, Selbstreflexion des 161 f.
–, Selbstwahrnehmung des 200 f.
Psychiatrie 78, 149, 159–165, 187–
189, 195, 199, 202–204, 206,
218 f., 282–284, 288 f., 292
– als Grenzwissenschaft 202
– kritik 187–189
– und Sprache 154, 156 f., 159,
161, 190, 194
– Verhältnis zur Justiz 202 f., 218
f., 222 f., 288 f.
– Verhältnis zur Psychoanalyse 159
Psychiatrisch(e, er, es)
– Begutachtung 152, 165
– Bezugssystem 200
– Diagnose 283, 285
– Diagnoseprozeß 199, 210
– Gutachten 158, 179
– Krankenhaus 18, 147
– Krankheit und Wirklichkeit 208
– Krankheitsbegriff 215, 283, 286
– Krankheitsbilder 284
– Krankheitsdiagnose 154
– Literatur 16, 150
– Mutterbild 190, 215 f.
– Symptome 196
– Symptomschwerpunkte 184
– Wahrnehmungsprozeß 197–199
– Wissen 15
– Wissenschaft 160
Psychiatrisierung 164, 259
Psychisch(e, er) 24, 34 f., 41, 51,
58, 77, 79, 97, 109, 147, 186,
188 f., 194, 203, 207, 209, 220,
223, 233 f., 246, 252 f., 265, 281
f., 285 f., 298
– Abwehrstrategie 247

– Geburt 37
– Gesundheit 206, 235
– Kranke 201 f.
– Krankheit 189, 208 f., 298
– Lebensbedingungen 93
– Norm 204
– Realität 104, 246, 251
– Tod 93
– Wahrnehmung 209
Psychoanalyse 16, 39, 53, 96–98,
132, 147–149, 158, 161, 202,
218 f., 223 f., 234, 238–240,
243, 273, 275, 279, 282 f., 288,
295, 302–304
– und Gerichtsverfahren 279
– und gesellschaftliche Pathologie
234
–, gesellschaftlicher Erklärungswert
der 96–98
– und Justiz 148 f., 223
– und Psychiatrie 148
– und Spekulation 242
– und Sprache 158
– und Strafrecht 233, 236, 238 f.,
242, 246, 300
–, Wissenschaftsverständnis der
148
Psychoanalytiker 132, 196, 199,
279
Psychoanalytisch(e, es) 17, 47, 92,
95, 159, 257, 277, 279, 288, 299,
302
– Bündnispartner 239
– Erkenntnis 15
– Kriminologie 239
– Theorie 246
– Frauenbild 97
Psychodynamik 30, 63 f., 83, 192,
262, 266 f., 284
Psychologie 18, 30, 136, 162, 268,
284
Psychologisch(e) 28, 44, 53, 103,
122, 154, 201, 229, 247, 253,
267, 284, 301, 305
– Erkenntnis 268
–, esoterische 268

– Wahrheitsfindung 278, 301
Psychopathologie 165, 189, 283, 285
Psychopathologisch 154, 175, 185,
191, 263, 284, 297
Psychose 16, 161, 163, 184, 196,
252
Psychosexuelle Entwicklung der
Mädchen 70 f.
Pubertät 131, *134*

Rache 78, 181, 232
Rational 230, 242, 244, 259–261,
263 f., 268, 276, 296
Rationalisierung 212, 247, 250,
263 f.
Rationalität 162, 206, 260, 263, 276
Reaktion 15, 34, 37, 42, 48, 53, 60,
70, 91, 96, 99, 109, 159, 182,
232, 236, 244, 246, 256, 264,
279, 298
Reaktiviert(er) 40, 60, 173
– Haß 61
Reaktivierung 36, 40, 42, 49, 80
Realität(s) 21, 32, 33, 48, 50, 54,
80, 88–91, 93, 96 f., 104, 106 f.,
110, 121, 124 f., 140, 162, 176,
185, 226, 228 f., 234 f., 244,
250, 254–257, 281, 289, 291,
294 f., 302
– ferne 110
– prinzip 47, 235, 257
–, psychische 246
–, verzerrte 58
Recht(s)
– dogmatik 267
– frieden 269
– norm 281, 300
– sicherheit 264
– system 228
Rechtsprechung 19, 264, 269, 281
f., 298, 300
Recycling 55
Reflexion der eigenen Person 274–
276, 300
Regression 39, 40 f., 63, 226, 247
– im Dienste des Ich 39

Rekonstruktion 80, 143, 254, 265
Repräsentanz, intrapsychische 50
–, Objektrepräsentanz 38, 44, 60,
66, 70, 256 f.
–, Selbstrepräsentanz 44, 66, 84,
252, 256
Resozialisierung 154, 300–302
Richter
– ablehnung 274
– alltag 224
– ideal 220, 252
– persönlichkeit 221 f., 224, 227,
276
– untersuchung 229
Rivalität 45, 76, 130 f., 138
Rollen 40, 93 f., 127, 134, 180, 208,
263, 288
– träger 148
– verständnis 156, 284
– anforderungen 210
– beschreibung 156
– einteilung 95
– erfüllung 208
– erwartungen 103, 106, 156, 207
– fixierung 23
– inszenierung 266
– konflikt 152, 166
– muster 181, 208
– stereotyp 207
– verhalten 206, 265
– verknüpfung 288
– verteilung 77, 151, 188, 208
Romantik 290

Säugling(s) 37, 55 f., 78
– phantasien 55, 304
Schicht, soziale 229, 236, 287
Schlüsseldelikt 24
Schuld 49, 84, 95, 109, 169, 181,
186, 207, 232, 239, 270, 279–
282, 295, 298 f., 300–302, 305
– ausschließung 280, 294
– fähigkeit 147, 151, 288, 293, 298
f., 305
– gefühle 73 f., 81, 84, 88, 139 f.,
223, 229 f., 232, 247, 254

– interlokut 305
– minderung 298
– prinzip 107, 270, 281, 300, 303
– projektion 302
–, projizierte 232
– prüfung 286, 300
– spruch 279 f.
–, strafbegründende 281 f., 302
– strafrecht 286, 297 f.
–, Strafzumessungsschuld 281, 302
– Tat-Schuld-Prinzip 280
–, tragische 298
– unfähigkeit 147, 270, 282, 296, 298
– verstrickung 298
– vorwurf 296, 298
–, Willensschuld 281
– zuweisung 95, 186
Schuldig 29, 87, 106, 267, 298 f.
Schwangerschaft 28, 36, *40*, 41, 63,
    74, 76, 115, 130, 132, 134, 140
Schweigepflicht des Gutachters 153 f.
Schwiegereltern 183, 209
Schwiegermutter 156, 167, 170,
    185
– Mutterbindung des Mannes 170
– Verhältnis zur Schwiegertochter
    179–182, 183
Selbst
–, erweitertes 54
–, grandioses 58
– Größenselbst 225
– Kern-Selbst 54
– Mutter als das böse Selbst 49
– Pseudo-Selbst 69
–, wahres 69
Selbstanklagen 83, 139
Selbstbesetzung 44
Selbstbestimmung 280, 295
Selbstbewußtsein, mangelndes der
    Täterin 115, 123
Selbstdefinition von Krankheit 186
Selbstdestruktiv 29
Selbstgerechtigkeit des Angepaßten
    300
Selbstkontrolle, Mangel an 207
Selbstliebe 226

Selbstlob des Richters 221
Selbstmord 26, 32, 68, 82 f., 87 f.,
    90 f., 117, 141, 168
–, erweiterter 82
– Mordkomponente im Selbstmord
    82
– rate 83
– versuch 29, 168, 174
Selbsttötung 32, 79, 82, 87 f., 91,
    138 f., 140, 144
– impuls 124
–, partielle 82, 88
– tendenzen 82
Selbstverständnis 132, 149, 154,
    194, 226, 234
Selbstvernichtung 82, 87–91, 143
Selbstverstümmelung 83
Selbstvertrauen 67
Selbstverwirklichung 110, 290
Selbstvorwürfe des Melancholikers
    83
Selbstwertgefühl 67, 101, 225 f.
Separation 71, 75
Sexualität 46, 53, 71, 73
Sozialisation 99, 110, 205, 217,
    245, 248, 262
Sozialkontrolle 238, 271
Sozialpsychologie 210, 217, 229,
    243 f., 298
Spaltung(s) 47 f., 55, 57–59, 62, 80,
    93 f., 122–124, 137 f., 174–176,
    179, 181, 213, 221, 227, 246–
    248, 251, 253
– angebote der Mutter 93
– erleben 251
–, gut – böse 47, 55, 57, 175, 181,
    251
– mechanismus 63
Spekulation, Psychoanalyse und
    242
Spezialpräventive Straferwägungen
    239
Spielraumtheorie des BGH 241
Sprache 19, 65, 154 f., 157–160,
    173, 183, 189, 191, 194, 196,
    203, 216, 228, 278, 280, 291

– und Bild 155 f.
–, gestörte 160
– als Grenze 160
– Metasprache 161
– Privatsprache 194
– in der Psychiatrie 154, 156 f., 159,
  161, 190, 194
– in der Psychoanalyse 158
– Schlüsselfunktion 154
– analyse 159
Statistik 26–28
Stigmatisierung 298
Stillen 65
Stimmen, Hören von 184, 253
Strafandrohung 239 f.
Strafängste 240
Strafbedürfnis
–, der Täterin 137
–, kollektives *231–233*, 236, 240,
  242 f., 254, 260, 276, 299, 302
–, irrationales 245
Strafbegründung 240
Strafe 23, 48, 73, 84, 114, 140, 164,
  220, 232 f., 236, 239 f., 259–
  261, 269, 281 f., 300
– nach Freud 259
–, Lebenslängliche Freiheitsstrafe
  118, 137, 140
Straffälligkeit 15
Strafgefangene 296
Strafhöhe 281
Strafjurist(en) 198, 218, 220, 223 f.,
  229 f., 232, 237 f., 280, 289, 302 f.
–, Mutterbild des 218
Strafjustiz 164, 218, 222 f., 230,
  261–262, 270, 278, 305
– apparat 221
–, Ermittlungsbehörden der 147
– organe 148
–, Statuskonflikt 289
–, Verhältnis zur Psychiatrie 202 f.,
  218 f., 222 f., 288 f.
Strafmythos 259
Strafprozeß 148, 150, 153, 199,
  238, 246, 264 f., 269–272, 274,
  279, 301 f.

– ordnung 153, 270, 272
– als notwendiges Verfahren 271
Strafrecht(s) 211, 219, 232 f., 238,
  256, 259 f., 264, 270 f., 279,
  281, 295, 300, 303
– dogmatik 218, 263, 267, 269
–, konstruierte Welt konstruierter
  Begriffe des Strafrechts 219
– kontrolle 233
–, Menschenbild des Strafrechts 281
– modell 246
– normen 281
– ordnung 166
– pflege 241, 272, 302
– reformerisch 24
– system 238–240, 260–263, 289,
  298, 301
– theorie 231, 238, 240, 242, 244,
  246
– verständnis 242
– wissenschaft 218 f., 239, 271, 302
Strafrechtlich(e) 24, 147, 240, 244,
  256, 262, 281–283, 295, 300,
  305
– Sozialkontrolle 260–262, 264
Strafrichter 27, 220–223, 226,
  229 f., 272, 274, 279 f., 302, 305
Strafschärfung 239
Straftat 15, 26, 29, 238, 242, 265,
  280
Straftäter(in) 232, 240, 296, 300
Strafurteil 113, 118, 148, 154, 163,
  179, 217 f., 220, 223, 227, 239,
  264, 266, 267, 271–276, 278–
  282, 285, 289 f., 296 f., 299,
  301 f., 305
Strafverbüßung 168
Strafverfahren(s) 154, 256, 259, 263
  f., 268–272, 274, 277, 279, 299
–, Asymmetrie des 263
– als pathologischer Prozeß 263
–, Symbolik des 268
Strafverfolgung 20, 26, 153, 230
Strafverhandlung 256, 260, 268,
  288, 300
Strafverhängung 230, 240, 281, 300

–, unbewußte 276
Strafvollzug 240
Strafwesen 222, 230, 259 f., 263, 269
Strafwirkungen 240
Strafwürdigkeit des Täters (der Täterin) 280
Strafzumessung 164, 240–242, 267, 302
Strafzweck 238–240, 300
Subjekt(e, en, er) 44–46, 51, 53, 55, 59 f., 62 f., 80, 87, 99 f., 155, 157, 161, 163, 167, 174, 197, 216, 237, 253, 255, 291, 293, 299, 301
– Mutter 68, 88, 99
– Mutter-Kind-Dyade 100
Subjekt-Objekt-Bezug 219
Subjektiv(e) 190, 272, 285
– Interpretation der Täterin 119
– Bewertung des Psychiaters 159
– Gefährdungsdisposition der Mutterschaft 297
– Irrationalität 260
– Verbrechensmerkmale 268
Subjektivität 16, 98 f., 104, 112, 119, 159, 161 f., 164, 253, 275 f.
Sublimierung durch Sprache 65
Substitut 45, 66
Sühne 84
Sündenbock 66, 69, 232
Supervisionsgespräche 119
Sur-plus-Autorität 268
Symbiose 36–37, 64, 68, 77, 179, 191
Symptom 61 f., 112, 139, 159, 161, 163 f., 184, 191, 234 f., 297, 300
– übergreifend 185
System 32, 73, 188, 197–200, 210 f., 239, 251, 257, 262, 286
– strafrechtlicher Sozialkontrolle 262

Tabletten 115–117, 127, 175
Tabu 13 f., 35, 200, 216, 231, 243, 245, 259, 290

Tat
– anlaufzeit 296
– aufklärung 232
– vorgeschichte 188
Täterin
–, Beziehung zum Kind 177 f.
–, Beziehung zur Mutter 173–175
– persönlichkeit 302
Täter(in)psychologie 284
Terminierungsreaktion 182, 185
Testpsychologisch 151 f., 191
Textanalyse psychiatrischer Gutachten 158
Thanatos 233
Therapeut 58, 196, 303
Therapeutisch(e) 120, 154, 164 f., 303
– Beziehungslehre 195
Therapie 58, 97, 164, 273
– bericht 74–75, 58–59
Tiefenpsychologie 97 f., 242, 284, 304
Tod(es) 14, 20 f., 23, 35, 77 f., 80, 82–84, 89 f., 118, 126, 139 f., 177 f., 185, 213, 218, 246, 291
–, psychischer 93
– angst 35, 62, 74
– strafe 23
– trieb 17, 48, 53, 233
– wunsch gegen die Mutter 35, 60
– als Aufhebung der Trennung von der Mutter 89
Totschlag 26
Tötung(s) 13 f., 17, 19–21, 25–27, 29–35, 43, 60, 66, 74, 78– 83, 87–89, 91 f., 94 f., 109, 118, 125–127, 134–136, 139, 142 f., 181, 183, 200, 218, 236–238, 245, 258 f., 295, 298
– akt als perfekte Mütterlichkeit 178
– angst und Tötungswunsch 62
– begehren 67, 125
– delikt 19, 26, 28–30, 96, 167 f., 220, 236, 242 f., 287, 290, 296 f.
– handlung 20, 28, 35, 63, 78, 109, 139, 242

– instrumente 127
– kriminalität 26, 30
– motiv 21, 126, 138
– phantasien 254
– situation 79, 136, 138, 175
– verbot, gesellschaftliches 34
– verbrechen und Täter-Opfer-
Beziehung 92
– wunsch 35, 61 f.
– ziffern 24
Trauer 49, 83
Traum 36, 40, 125–127
Traumatisierung, frühe 251
Trennungswünsche der Töchter 70
Triangulierung 70, 257
Trieb 53 f., 60, 89–91, 100, 222,
229, *233–235*, 245
– bedürfnisse 41
– befriedigung 47, 53, 235
– derivate 57
– dynamisch 254
– energie 90, 233
– Destruktion durch Triebentmi-
schung 60
– haftigkeit 42, 77, 230
– impulse 69, 229, 244–247
– interessen 264
–, isolierter 54
– konflikt 82, 89, 91
– kontrolle 233
– modell 34, 225, 234, 236, 243, 246
– quelle 233
– regulierung 235, 247 f.
– regungen 47 f., 53 f., 235
– repression 235, 247
– schema 245
– schicksal 234
– struktur 238
– unterdrückung 247 f.
– vermischung 233
Triebtheoretisches 50
– Entwicklungsmodell 37
– Strafrechtsmodell 254

Über-Ich
–, archaisches 87

– Bildung 85–87
– Forderungen 85, 227, 236
– Strukturen 225 f.
Überemotionalisierung der Familie
248
Übertragung 59, 92, 266
–, individual- auf sozialpsychologisch 243
Überzeugung des Richters 228, 272,
273, 299
Übungsphase der Objektbezie-
hungstheorie 38
Unabhängigkeit
– des Kindes 70
– des Richters 229, 274 f., 304
Unbewußt(e, es) 35, 39, 53, 65 f.,
68, 79, 110, 112, 125, 129, 155,
157, 159 f., 162, 173, 196, 200,
213, 215, 244 f., 251, 256, 264,
265, 268, 279, 282, 291, 295,
299, 301, 303
– Konflikte 25
– Phantasie 62, 244
– Schuldgefühl von Verbrechern 88
– Szene der Hauptverhandlung 265
– Zusammenspiel von diagnosti-
scher und mütterlicher Macht
210
Ungeschiedenheit, primäre 36
Unkontrolliert(e) 59, 125, 127
– Affekte 300
Unschuld(s) 75
– vermutung 268
Untersuchung 14, 16, 20 f., 24, 26
f., 29 f., 36, 40, 65, 86, 90, 94,
109, 147, 150, 153 f., 168, 195
f., 206, 210, 221, 226, 228, 238,
257, 262, 269, 277, 285, 287,
296
–, psychiatrische 151, 154, 160
Untersuchungssituation 148, 150,
157, 166, 190, 193, 197, 210
Urteil
– und Kategorien 198
–, Gerichtsurteil 113, 118, 148, 154,
163, 179, 217 f., 220, 223, 227,

239, 264, 266, 267, 271–276, 278–282, 285, 289 f., 296 f., 299, 301 f., 305
–, Krankheitsurteil der Psychatrie 164

Vagina 76
Vater 14, 18, 21, 23 f., 35, 45, 70, 72 f., 76, 86, 103, 107, 114, 129, 132 f., 174, 177 f., 181, 185, 192, 213 f., 218, 224, 243, 257
– beziehung 79
– figur 224
–, kastrierender 14
–, phallischer 86
– vorbild 79, 132
Vaterlosigkeit 186, 257 f.
Vater-Substitut 257
Väterliche Rolle 18, 86
Verantwortung(s) 29, 103, 116, 207, 220, 282, 288, 299
– übernahme 182, 288, 300
Verbrechen(s) 15–17, 20, 22, 29 f., 96, 119, 161, 230 f., 233, 237, 239, 243 f., 260, 288, 297
– begriff, Ausweitung des 250
– aus Schuldgefühl 88
Verdrängung 14, 31, 47, 85, 106, 149, 174, 190, 216, 227, 231, 235, 247, 251, 253, 273, 290, 292, 295
–, des Eigensten 251
Vereinigungstheorie zum Straf- zweck 240
Verfolgung 299
Vergeltung 87, 91, 241, 279
Vergewaltigung 131, 189
Verhaltensnormen 109, 207, 281
Vermittlung von Natur und Kultur 98 f.
Vermittlungsaufgabe des Straf- richters 226
Vermögensdelikte 242
Vernehmung 147 f., 153
Vernunft, das Andere der 214
Versagung 39, 41, 48 f., 52 f., 55 f., 60, 80, 84, 235

Verschmelzung(s) 37, 39, 61, 63 f., 77, 80, 252
– wünsche 191
Verteidigung der Rechtsordnung 239
Verwöhnt 84, 114, 116, 125, 127, 134
Viktimologie 92
Vorsprachliche Ebene 135, 199, 246, 252
Vorwerfbarkeit 281

Wahnsinn 186
Wahrheit(s) 100, 119, 121, 199, 206, 224, 231, 269–273, 277– 280, 301, 305
–, affektive 278
–, Alltagstheorie von 271
–, forensische 145, 271 f., 278
– frage 272
– gehalt 119, 273 f., 305
– in der Person des Richters 273– 277
–, materielle 271
– als vielschichtiger Rekonstruk- tionsversuch 143
– der Tat 277–280
– verständnis 270 f., 278
Wahrheitsfindung 270–272, 276 f., 305
–, psychologische 278, 301
Wahrheitsbegriff 271 f.
–, korrespondenztheoretischer 271
–, pragmatischer 278
Wahrnehmung(s) 36 f., 45, 53, 60 f., 79, 81, 85, 112, 119, 131, 139, 158, 196 f., 199 f., 205, 216, 226, 291, 293 f., 304
–, desorganisierte der Täterinnen 293
– erleben 252
– funktionen 252
– horizont, selbstverständlicher 149
–, koenästhetische 36
– modus 197, 200, 205
–, normengeleitete 199

–, des Psychiaters 197–201
–, psychologische 148
– psychologische Barrieren der 248
– raster 160
– stil 199
– struktur 217
– system 197
– vorgang 16
– unrealistische Vorstellungen über menschliche Wahrnehmung 304
– zensur 265
Weiblich(e, er, es) 14, 21, 26, 29, 72, 76 f., 85–87, 95, 102 f., 109 f., 115, 141, 144, 151, 167, 172 f., 191, 205, 207, 209, 214 f., 238, 259, 270, 286, 291 f.
– Angeklagte 238
– Delikt 205
– Entwicklung 34
– Geschlechtscharakter 292
– Homosexualität 132
– Kinderwunsch 76
– Konfliktlösungsmuster 298
– Krankheit 207
– Kriminalitätsanteil 26
– Lebensgeschichten 167
– Macht 214
– Muttern 101
– Ohnmacht 104
– Phantasien 192
– Rollendefinition 29
– Selbstbewußtsein 141
– Sozialisation 29, 183
– Tötungskriminalität 28
– Triebschicksal 73
– Über-Ich-Bildung 85–87
Weimar, Monika 31, 237, 243, 259
Weltbild 21, 203
–, archaisches 80
– des Juristen 267
–, medicozentrisches 203
–, religiöses 21
Wertung
–, des Gutachters 169, 193, 286, 304
–, des Juristen 219 f.

Wiederannäherungsphase in der Objektbeziehungstheorie 38, 70
Wiederauftanken, emotionales 38
Wiedergutmachungstendenzen 49
Wiederkehr des Verdrängten 14, 79, 292
Wiegenlieder 65, 255
Willensfreiheit 281 f., 294
Wissenschaft 15 f., 30, 96, 112, 149, 160, 162, 199, 205, 211, 287
–, Erfahrungswissenschaft der Psychiatrie 201
–, Geisteswissenschaft 201–203
– und Gewalt 162
–, Humanwissenschaft 267, 289
– der Kommunikationsforschung 196
–, kriminologische 27
–, Naturwissenschaft 163, 201–203, 219, 234, 276, 270, 286
–, Normwissenschaft 201
–, Psychiatrie als Grenzwissenschaft 202
– der Psychoanalyse 149
–, Sozialwissenschaft 27, 219, 289
–, Strafrechtswissenschaft 218–220, 276, 302
–, subjektive Wissenschaft 164
Wissenschaftler 17, 162, 205
– Tötungsinteresse des 211
Wissenschaftlich(e) 16, 27, 97, 112, 148, 162, 165, 203, 206, 218 f., 234, 273, 283, 286, 292
– Psychiatrie 215, 290, 292
– Untersuchung über Verbrechen 17
Wut 43, 57, 63, 73, 84, 96, 143, 191, 243, 245, 253
–, archaische 74
–, namenlose 57
– und Wiederverschmelzung 63

Zerstörung(s) 54, 82, 85
– trieb 48 f.
Zorn 21, 59, 64, 191, 250
Zuschauerreaktionen 243

Zurechnungsfähigkeit 154, 285,
    294, 300
Zusammenarbeit der Strafjustiz mit

einem Hausgutachter 288
Zusammengehörigkeitsgefühl der
    Konformen 232

Autorenregister

Abelin 257
Abraham 46
Achenbach 281
Adler 30
Adomeit 272
Adorno 261
Albersmeyer-Bingen 215
Alexander/Staub 231, 255, 282, 299, 300
Anselm 66, 69, 85, 104, 109 f.
Argelander 228
Ariès 24
Arndt 218, 220, 231, 259 f., 272, 279 f.
Arzt 153, 274

Bach/Heine 195
Badinter 23, 287, 290
Baker Miller 87, 105
Balint, A. 53, 62
Balint, M. 42, 52 f.
Bamberg/Mohr 27
Bateson 15 f.
Bauer 219
Bauer/Thoss 164, 289
Bauriedl 17, 47, 77, 92 f., 107, 112, 175, 221, 223, 233
Beauvoir, de 106, 206, 291
Beck-Gernsheim 208, 210
Beck/Beck-Gernsheim 248
Becker 24
Becker-Toussaint 282
Bendix 220
Benedek 40–42, 173
Benjamin 25
Bennent 248, 291 f.
Berger/Luckmann 262
Berger/Stephan 291
Bernfeld 96, 148, 240
Bertram 184
BGHSt 152, 239, 241, 281 f., 296 f., 301
Binder 276

Bindseil 110
Bion 55–57, 59, 79
Bischof 150
Bittner 194
Bloch, D. 35, 60, 62, 67
Bloch, E. 229, 258, 269, 298
Blumenberg 269
Bockelmann 225, 268
Böckelmann 250
Böhm 205 f., 208–210
Böhme 275, 277
Böhme/Böhme 214, 275, 291
Böllinger 260, 264, 266, 286
Bouchart-Godard 74 f., 180
Bovenschen 290, 292
Bowlby 50, 73
Braun, von 208
Breitling 205
Brenner 223 f.
Brückner 73, 77 f., 119, 167, 172 f., 192, 207
Bruns 241
Buch Mose 291
Burlingham 65 f.
BVerfGE 153, 224, 239, 270 f.

Calliess 280, 301 f.
Caruso 227 f., 235, 249, 262, 305
Chasseguet-Smirgel 72, 212, 243, 256, 257
Chesler 207
Chodorow 39 f., 69, 76–78, 100, 102 f., 172
Cohn 215
Corbin 207
Crefeld 193, 276, 289 f., 303 f.

Dahmer 261
Dante 183
Deutscher Juristinnenbund 287
Devereux 138, 160–162, 167
Dinnerstein 101, 103
Döpp 249 f., 257

Dörner, D. 182
Dörner, K. 163, 166
Dörner, K./Plog, U. 185
Dreher 220 f., 223, 230, 274 f.
Dreher/Tröndle 240, 295
Dührssen 194
Durkheim 25, 232

Ehrenzweig 242
Ehrhardt 202, 297 f.
Eicke 226
Eisenberg 231
Eissler 17, 161
Elhardt 225 f., 264
Ellscheid 223 f.
Engelhardt 230, 232 f., 236, 243,
    245, 254, 256, 260– 264
Engelhardt, von 15, 285
Engisch 267, 274
Engler 238
Erdheim 16 f., 161 f., 206, 255
Erikson 39
Erler 107, 213
Eschweiler 303
Exner 242

Feer 157, 160, 162, 196
Feldmann 163
Feltes 238
Fenichel 90, 132, 135
Ferenczi 279
Fischer-Homberger 155, 292
Fliess 68 f.
Foucault 149, 157, 196, 212, 215 f.,
    218, 262, 279 f., 284, 288, 305
Fouquet 290
Fox Piven/Cloward 28 f.
Fox Keller 206, 211, 213 f.
FR 24, 31, 258
Franssen 206
Frehsee 248, 250
Freud 13 f., 31, 34–36, 45–47, 53,
    61 f., 69, 71 f., 76, 79, 82–85, 88
    f., 112, 126, 131–133, 155, 159,
    204, 225, 229, 231–235, 244,
    247, 259, 261, 273, 277, 290 f.

Freud, A. 45, 63, 67, 245, 247
Frisch 296, 298
Fromm 14, 162, 234, 303
Fulde 253

Gambaroff 36, 40, 79, 213
Gauthier 214
Gebser 213
Geißler 237
Genesis 21
Gilligan 86 f.
Gimbernat Ordeig 239, 303
Glatzel 186, 284 f.
Gleiss 186 f., 189
Goethe 167, 211
Goldschmidt 304
Gollwitzer 300
Göppinger 28, 236
Görres 17
Greenglass 187
Grillparzer 292
Groddeck 292
Groeben, von der 205 f.
Gronemeyer 216
Grosbüsch 295 f.
Grunberger 106
Gutwinski-Jeggle 154, 156, 158,
    166, 189

Haars 152 f., 217
Habermas 161, 237
Haberstroh 154, 265, 274, 288, 301
Haferkamp 281
Hafferl 186
Haffke 240, 242 f., 256, 263 f., 280,
    298, 301, 303
Hagemann-Smit 156 f.
Hagemann-White 72, 98, 104–106,
    110, 211–214, 304
Hammer 69, 75 f., 98, 104
Hassemer 233, 244 f.
Haunert 206
Hauser 172, 192, 262
Heidegger 113, 155
Heidensohn 27
Heimann 156, 163

Heinsohn 23 f.
Heller 249
Helwig 185
Henseler 83, 89
Herzog 164, 187, 202, 285 f., 290
Hirschberg 161
Hofstätter 242
Hohm 214, 290
Honneth 149, 160
Horkheimer 249
Horn 248 f.
Horney 77
Horney, K. 89
Husserl 155, 160

Irigaray 216
Irle 229

Jaccard 301
Jacobsen 37, 39, 44, 50, 61 f., 67 f., 84–87
Jäger 220–222, 239 f., 262, 267, 286, 299, 301, 305
Jakobs 239
Janeway 209
Janssen-Jurreit 213
Joffe/Sandler 90
Johansen 23
Jones 96
Joseph, B. 50

Kargl 162, 187, 191, 197, 202, 283, 300
Kaufmann, A. 273–276
Kaufmann, F. X. 250
Kaupen 221
Kellermann 227
Kerényi 269
Kernberg 34, 50 f., 54, 57–60, 63, 136 f., 225
Kestenberg 76
Keupp 210 f.
Kitzinger 107, 109
Klein 46–49, 56, 85, 87
Klein, M. 64
Kleiner 39–41

Kleinknecht 152, 271
Kleinknecht/Meyer 271 f.
Knibiehler 205
Kocka 249
Kohen 206
Kohlenberger 237
Kohut 53 f., 226, 228
Kolling/Mohr 210
König 248, 258
Kraepelin 283
Krauß 270, 273, 279, 282, 301
Krebs 82, 90
Kris 39
Krümpelmann 295, 298
Kühne 266, 268, 278
Kuhs 182, 185 f.
Kuiper 78
Kuwai 155

Lacan 157
Laing 148, 217
Lambo 159
Lamnek 27, 29
Lamott 297
Lang 167, 174
Langegger 188 f., 285
Langelüddeke/Bresser 153
Langer 244, 253, 255 f.
Laplanche/Pontalis 38, 44, 46, 53, 67, 155, 222
Larenz 219, 229, 275, 277
Lauter/Schreiber 202
Lautmann 227
Leber 251
Lebovici 61
Lehmann 196
Leibholz/Rinck 237
Lempp 258
Levi-Strauss 269
Loch 45, 69
Loewald 113
Lombroso 27
Londoner Schule 51
Lorenzer 37, 51, 96, 99 f., 159, 173, 194 f., 216, 234, 253
Lüders 54

363

Lüderssen 301
Luhmann 198 f., 201–203, 270, 272, 281, 304
Lutzi 157

Mahler 36–38
Maihofer, A. 293
Maihofer, W. 280
Maisch 165, 217, 221
Mangabeira Unger 183, 293 f.
Marcuse 97, 235
Marnix 218
Marx, W. 219
Mause, de 24
Mauz 30
Mayer 176, 212 f.
Mayr-Kleffel 208, 257
Meerwein 54
Menninger 85, 87 f.
Mentzos 235, 237, 247, 260, 263
Merton 29
Mertens 38, 86, 95, 225, 227, 235, 257
Meßner 215
Meulenbelt 70, 95, 101 f., 107
Mezger 301
Mies 119
Mikinovic/Stangl 156, 212
Milburn 19
Miller 17, 19, 53, 119
Mitchell 35, 60, 72, 79, 97, 112, 143
Mitscherlich, A. 220, 257, 282
Mitscherlich, M. 134
Mitscherlich-Nielsen 69–71, 77, 104
Moeller 71
Moos 294
Moser 166, 231, 284, 300
Mrozynski 221
Muck 279, 305
Müller-Braunschweig 37, 56–58, 61, 63 f.
Müller-Dietz 279 f., 288
Müller-Pozzi 44 f., 67 f., 70
Musil 288

Nadig 205, 224
Nairne/Smith 209
Neumann, E. 21
Neumann, U. 276
Neumer-Pfau 291
Nieder 84, 89
Nitzschke 155, 246, 278

Oberlies 236, 287
Oetjens 219
Ogden 51 f., 69
Olivier 104, 181
Olsen 287
Orban 32, 39, 44, 66, 195
Orgel/Shengold 75 f., 78
Osterland 104
Ostermeyer 231
Ostner/Beck-Gernsheim 172
Otto 269
Oubaid 96, 109

Parin/Parin-Matthèy 165, 176, 203–205
Parsons 198, 208, 256 f.
Pawlowski 277
Perrot 291
Pestalozzi 22
Peters 150, 219, 224, 266, 274, 288
Pfäfflin 157, 165 f.
Pfeil 20, 22
Piers 15, 23 f., 136
Plack 231, 233
Platen 243
Plato 31
Plewig 163, 268, 283, 299, 304
Ploß 21 f.
Podlech 224
Pohlen/Wittmann 197, 199 f.
Pohlmeier 90
Prokop 86, 105

Radbill 23 f.
Radbruch 220
Radbruch/Gwinner 24
Radbruch/Zweigert 267
Rameckers 22

Rasch 20, 26, 83, 92, 164 f., 200 f., 286, 289, 295–297, 299
Rasehorn 227–229, 265, 269
Rauch, H. 281
Rauch, H.-J. 161, 239, 304
Redlich 186, 197, 204
Redlich/Freedman 151, 153, 158–161, 176, 188, 201, 203 f.
Reik 230 f., 279
Reinke-Köberer 226 f., 245, 266, 289, 302, 304
Reiwald 231 f., 302
Resnick 20
Rheingold 65
Rich 106
Richter 66, 69, 223, 248, 282, 298
Ricoeur 259, 261
Riehl 30
Riesenberg 59
Rifkin 287
Rinne 292
Rode 26, 28–30, 109
Rodenstein 109
Rohde-Dachser 59, 214, 216, 291
Rosin 187
Rost 140
Rothacker 265
Rotter 264
Rottleuthner 202, 263
Roxin 240, 271, 281 f., 300
Ruhs 156 f., 216
Rumpf 110
Runte 157, 193

Sack 302
Sakuta 25
Sandler 36, 39, 51, 58
Sarstedt 165, 305
Savigny, von 218 f.
Scarr 108
Schaeffer-Hegel 173
Schaule 64, 79
Scheffler 219
Schelsky 248
Schild 211, 266, 279 f., 297–299, 301

Schipkowensky 82 f.
Schlick 270 f., 278
Schmid 221, 274
Schmidbauer-Schleibner 85, 98, 105
Schmidhäuser 270
Schmidt 272
Schneider, H. J. 26, 28, 237 f.
Schneider, K. 201, 283
Schönke/Schröder 19
Schorsch 298
Schorsch/Becker 200, 223, 288
Schrappe 150, 184 f.
Schreiber 285, 288, 300, 302 f., 305
Schreiber/Müller-Dethard 165, 305
Schroth 274 f.
Schuh 26, 29, 141
Schüler-Springorum 303
Schulte 265
Schulz 292
Schumann 233, 236, 239 f.
Schütze 249, 290
Schwacke 230, 238
Schwarz 246
Segal 57
Servadio 136
Sichtermann 106, 111, 209
Simitis 267
Simmel 286
Simons 156, 179, 185, 297
Sloterdijk 228
Slupik 293
Smaus 234, 238, 241, 244, 265, 269, 277
Spangenberg 13
Spazier 163–165, 189, 195, 201, 203
Sperling 66
Spitz 36 f., 45, 56, 60, 65, 68
Statistisches Bundesamt 26
Steller 154, 165
Stoller 73
Stork 39, 50, 70
Streng 230, 232, 242, 259, 276, 288, 301 f.
Strotzka 162, 215

Strzyz/Beier 252
Swientek 184, 186
SZ 255
Szasz 187

Thompson 14
Tölle 283
Totman 78
Tress 158
Troje 161
Trube-Becker 27 f., 109, 168

Versteeg-Solleveld 65
Vogt 239, 281 f.
Volk 271 f., 278
Vormbaum 269–272

Wächtershauser 22
Waelder 235
Wahl 209
Waismann 184, 294 f.
Wassermann 264, 267 f., 276
Watzlawick/Beavin/Jackson 195 f.,
    199, 203, 265
Weber, J. 168

Weber, M. 212
Welzel 240, 280 f., 295, 299
Wendl 223, 229, 265 f., 303
Werle 226, 229, 277
Werner 209
Werthmann 158
Widlöcher 208
Willi 180 f., 192
Windaus 60, 84, 129
Winnicott 36, 56, 64, 69, 246
Witter 154, 160, 283
Wittgenstein, L. 194, 283
Wittgenstein, O. G. 19, 187, 293,
    295
Wodak 161, 194
Woesner 218
Wurmser 184, 198, 224, 229, 245,
    250–252, 270, 278, 290
Würtenberger 241, 281 f.

Zenz 27, 30, 67, 258
Ziehe 251–253
Zimmer 21
Zumpe 150, 185
Zwiebel 51 f.